責任と正義

リベラリズムの居場所

北田暁大

Responsibility and Justice

Between "the social" and "the political"

KITADA Akihiro

勁草書房

なぜ今、リベラリズムなのか
——まえがきにかえて

リベラリズムへの懐疑のなかで

本書の課題は——学会誌の abstract 風に言うならば——「等しきものは等しく」という正義の黄金律に価値を見いだす政治・社会思想＝リベラリズムを、社会学的・政治（哲）学的・倫理学的な観点から再検討し、その可能性と限界とを測定する、というものである。このように言うと、「手垢に塗れたテーマを今更……」「可能性と限界なんて、もう十分すぎるほど検討されてきたじゃないか」といったご意見を頂戴してしまいそうなものだが、私としては大真面目にそのような「戯言」を吐いている。

確かに——冷戦が終結し……云々といった話を抜きにしても——自由な従属-主体《サブジェクト》の編成によって近代国民国家という想像の共同体が立ち上げられたという知見がほとんど常識となり、戦後日本のリベラリズムを主導してきた戦後民主主義の功罪が精緻な言説分析によって詳らかにされつつある現在、自由主義を言祝ぐことはもはや詩をうたうことよりも野蛮なこととなっているのかもしれない。折しも、テロの危険性、個人の情報保護やセキュリティの重要性を訴えかける「リベラルな」言説がリアル・ポリティクスの空間を席巻し、「リスク社会」「監視社会」といった社会像がますますリアリティを獲得しつつあるご時世である。自由な討議に開かれていると吹聴しながら、女性・障害者・子ども・外国人・労働者といったマイノリティを公的な自由のアリーナから排除し続け、排除・周縁化された者の実存を賭した価値を私的なドグマとしてラベリングする根拠＝イデオロギーとして機能してきたリベラリズム。そんなものを、今更ながらに「その可能性の中心」を見いだすべき対象としてとり上げるなどということは、たんなる時代遅れであるにとどまらず、現在の情況を根本的に誤測定する罪深き振舞いであるとすらいえるだろう。少なくとも、「自由や権利に対する意識が低いから、日本（人）はダメだ」式の良心的・啓蒙主義的なリベラル（と、その裏面としての戦後マルクス主義）のあり方が、ポストコロニアリズム論者やフェミニスト、そして「左旋回したポストモダニスト」（仲正［2002］）たちによる異議申し立てによって、瀕死の状態にあるというのは否定し難い事実であるように思われる。

　ではなぜ本書は、「自由」だとか「権利」だとかいった、現在、社会学的にそのいかがわしさが確証されつつある理論概念にわざわざ目を向けるのか。自己決定権を称揚する倫理（学）理論が、近代ナショナリズムを下支えしてきた優生学の言説と節合し、数知れない「生きるに値しない生命」の主体的な消滅を促してきた（いる）こと、意志的選択と自己責任を短絡させるリベラリズムの論理が、選択を断念する適合的選好をインプラントされた主体の「弱さ」を無価値化する強者のイデオロギーとして機能してきた（いる）こと、あるいは抽象的な権利を前面化する法制度のなかで、「権利語《ライツトーク》」を操作しえない人びとの《声》が抑圧され続けてきた（いる）こと……いくらでも列挙することのできるこうした明白な罪科を承知したうえで、それでもなお、リベラリズムを価値理念として「真面目にとりあげる taking seriously」ことなど一体可能なのだろうか[1]。

　私は、本書において、リベラリズムに投げかけられるこうした諸々の疑念に、リベラリズムの理論的洗練をもって応じていく、といった正攻法を採るつもりはない。むしろ、そうした疑念、リベラリズムに対する歴史学的・社会学的な懐疑を完全に共有しつつ、その疑念・懐疑が常識化しつつある状況の下で見失われかねない問題に照準するために、いわば戦略的・次善的にリベラリズムという政治思想をとりあげている（もちろん、自らの思想を「最善なき次善」と捉える反省的態度は、リベラリストの伝統的エートスはあるのだが……）。自由という価値の優先性を無前提に信奉し、フェミニストやコミュニタリアン、文化左翼（cultural left）などによって提示されてきた数多のリベラリズム批判を、「自由なき時代を知らない子どもたち」「左翼小児病を引きずる若年寄たち」の戯言として聞き流すなどということは、よっぽど能天気な自由愛好家でもないかぎり、現在においてはもはや不可能であろう。

では、リベラリズムへの懐疑が常識化するなかで見失われかねない問題とは何か——ごく粗っぽくいうなら、それは、《「社会的なるもの」の肥大と相俟った、「政治的なるもの」の盲点化》とでも表現されうる情況論的問題である。

社会（学）的なるもの／政治（学）的なるもの

「社会的なるもの the social」「政治的なるもの the political」という言葉を聞いて、多くの読者が真っ先に思い浮かべるのは、『人間の条件 *The Human Condition*』におけるハンナ・アレントの議論であろう。アレントによれば、「政治（的なるもの）」——より精確にいうなら、公的領域／私的領域を境界づける政治のなかで画定される公的な行為空間——の領域においては、けっして同一化しえない異質な他者との（他者性への畏敬をともなった）闘争的対話、行為（action）の折衝がなされるが、「ただ生命の維持のためにのみ存在する相互依存の事実が公的な重要性を帯び、ただ生存にのみ結びついた活動力が公的領域に現れるのを許されている形式」（Arendt [1958=1994: 71]）でしかない「社会的なるもの」の領域にあっては、反射的な行動（behavior）によって生の様式が規定され、ひとは自らの固有性を喪失した存在として画一化されてしまう。異質な他者との耐え難い対話に耐える「政治的な」徳性が、全体主義に代表される「社会的なるもの」の台頭を前に失われつつある〈近代〉を問題化すべく、アレントはこの対概念を、ポリス華やかなりし頃のギリシャ時代から発掘＝再発見してきたのであった。周知のように、こうしたアレントの透徹した社会診断は、近代における生-権力（「社会的なるもの」）の浸潤を主題化するフーコーの権力分析や、同一化しえない他者とのダイアローグ（「政治的なるもの」）の倫理的意義を強調する「ポストモダン政治学」などと様々な形で節合され、現代の政治-社会思想にとって欠かすことのできない重要な知的遺産の一つとなっている。

　私が、《「社会的なるもの」の肥大と相俟った、「政治的なるもの」の盲点化》という場合も、当然こうしたアレントの議論を念頭に置いてはいる。しかしながら、照準している問題の位相、ニクラス・ルーマンの明快な用語を用いて言うなら、観察のオーダーが異なっているといえるかもしれない。つまり、アレントが、社会に生起している出来事・事態を説明するための理念型としてかの対概念を提示したのだとすれば、私が問題化したいのは、社会を二階の次元（second order）で語ろうとするメタ言説＝社会理論——社会の意味論——における《「社会的なるもの」の肥大／「政治的なるもの」の盲点化》である。[2] 社会を語る言説（二次理論）が、「社会的なるもの」の論理によって支配され、「政治的な」契機を空洞化させつつあること。もっと直截的には、社会もしくは政治に関説するあらゆる言説が社会学化＝脱政治化しつつある言説の秩序、とでもいえようか。とにかくそのような言説状（情）況への違和が、本書の議論を駆動させた最大の契機であった。

　しかし、一九八〇年代の欧米における「ポストモダンの左旋回」といい、一九九〇年代以降の日本におけるカルチュラル・スタディーズ、ポストコロニアリズムの土着化（domestication）といい、リベラリズムに批判的な態度をとる思潮は、おしなべて「政治的なるもの」に鋭敏な感性を働かせ、「社会的なるもの」の微視的支配を「脱構築」してきたのではなかったか？　リチャード・ローティやテリー・イーグルトン（Rorty [1998] [1999]; Eagleton [1996=1998]）が揶揄ぎみに「文化左翼」と一括する知的潮流は、「社会的なるもの」の専横から「政治的なるもの」を救済すべく、理論的・実証的な研究を積み重ねてきたはずだ。《「社会的なるもの」の肥大／「政治的なるもの」

の盲点化》というのはまったくお門違いの＝的を逸した言説-診断なのではないか――こうした反論が寄せられることだろう。まったくもっともな話である。

実際、主流派の政治理論・社会理論における「政治的なるもの」の欠如を、もっとも鋭く剔出し、「社会的なるもの」の専横に抗う契機としての「政治的なるもの」の奪還を訴えかけてきたのは、いわゆる文化左翼の陣営に属する論者たちであった。たとえば、現代におけるグラムシ・ルネサンスの一翼を担った『ヘゲモニーと社会主義の戦略 *Hegemony and Socialist Strategy*』の著者であり、その名もずばり『政治的なるものの回帰 *The Return of the Political*』という著書を持つシャンタル・ムフは、「政治的なるものを把捉できない」リベラリズムの「無能さ」について、次のように語っている（Mouffe［1993=1998：2］）。

> 多くの自由主義者は〔冷戦終結後の民族的・宗教的ナショナリズムの台頭を前にして――引用者〕、自分たちの楽観的な予想がかくも明白に覆されたことで驚愕しつつ、こうした事態は、全体主義の後遺症にすぎないとか、あるいは「原始的なもの」が新たな装いのもとに勃興してきたのだ、とか宣揚することで対応してきた。彼らの応答によれば、あたかもこうした動きは、一時的な遅延であるにすぎず、やがて必ずや自由民主主義の普遍化への道筋が、整序化されていくことになる。……〔しかし――引用者〕実際にここで問題となっているのは政治的なるものであり、その消滅の可能性である。自由主義思想が、政治的なるものの本質と、何ものにも還元不可能な敵対関係の性質とを、十分に把握できていない事実こそが、現状での多くの政治理論家たちの無力を説明している。

ムフは「政治的なるもの」という言葉を、アレントというよりはカール・シュミットの用法――《敵／味方（友人）》の区別に準拠した行為空間――に則って用いているが、問題化しようとしている内容は、きわめてアレント（そしてフーコー）的なものである。[3] ムフによれば、ロールズに代表されるような現代の自由主義者は、（1）抽象化・脱文脈化された合理的主体像を前提としたうえで、（2）かかる合理的主体が合意しうる普遍的な原理を模索するという作業に専念しており、その結果、（3）政治的決定における具体的な社会的文脈（性・階級・人種・民族）の重層的なせめぎあい、「何ものにも還元不可能な敵対関係の性質」を見逃してしまっている。つまり、一見ラディカルに「個人の自由と人格の自律性」を希求しているように思われる現代リベラリズムは、その実、「政治的なるもの」（つまり（3））の対極にある、均質化・普遍化・抽象化を目指す「社会的なる」論理（つまり（1）と（2））に根深く毒されている、というわけである（Mouffe [1996]）。自由主義思想における《社会的なるものの肥大／政治的なるものの盲点化》を衝き、政治・社会思想に局地的・闘争的 agonistic な契機、他なるものに対する感受能力を奪還していくこと、フェミニストによるリベラリズム批判にも見いだされるような状況化された situated 問題意識――「リベラルな国家においては、法のルール（それは中立的、抽象的で、気高く、広まりやすい）は、女性に対する男性の権力を制度化するとともに、（権）力を男性的な形式（male form）において制度化する」（MacKinnon [1989 : 238]）――が、ムフやウィリアム・コノリーといった「ポストモダン政治学」論者（あるいはカルチュラル・スタディーズにコミットする知識人）に広く共有されていることは、まず間違いない。かくも明白に「政治的なるもの」への意志を打ち出している文化左翼の思潮を、「社会的なるものを肥大させる」思想として捉えるなど、趣味の悪い冗談（あるいはネオ・リベラリズム的な反動）でしかないのではなかろうか。

「社会的なるもの」の肥大／「政治的なるもの」の盲点化

ここで、メタ言説＝社会理論における《「社会的なるもの」の肥大／「政治的なるもの」の盲点化》という標語をもって私が考えていることを、(1)「**社会的なるもの」の肥大**、(2)「**政治的なるもの」の盲点化**、という二つの論点に分けて簡単に説明しておくこととしよう。

まず、メタ言説＝社会理論における「社会的なるもの」の肥大とは、次のような物の見方、知へのまなざしが一般化する事態を指している。すなわち、

【0－1】 世界に偏在するあらゆる出来事・事象(芸術・政治・法・経済・教育・学問・親密性……)は、特定の社会的・歴史的状況のなかでつねに文脈化されつつ、言説や相互行為を介して構築 construct されている。非歴史的な説明変数を用いて物事を説明する言説の様式(＝物語)は、「社会的諸関係にみられる従属の多種多様な形態」を隠匿するものとして、社会的・歴史的に相対化されなくてはならない。

フーコー流の系譜学・言説分析を援用した歴史研究や、構築主義的な科学論、反本質主義を掲げるフェミニズム／セクシュアリティ研究、批判法学以降のクリティカルな法理論……など、きわめて広範囲におよぶ知的潮流が、【0－1】のような社会‐認識論を共有していることは疑うべくもない。我々は何らかの事象・出来事を知的営為の対象とする場合、非歴史的に措定される「アルキメデスの点」から議論をスタートさせるわけにはいかず、むしろ、特定の言説領域で「アルキメデスの点」とされている理念(「合理的な行為主体」「天才」「女性性」といった諸理念)が、諸々の社会的・歴史的文脈のなかで「アルキメデスの点」として本質化されていった経緯とその政治的帰結をこそ、主題化すべきである。個別的な学問ディシプリンの境界を超出‐横断し、あらゆる知の社会性を浮き彫りにすることによって、自己反省的 self-reflective な新たな知のあり方を模索していくこと。現在進行中のカルチュラル・スタディーズというプロジェクトは、非自己反省的で脱文脈的な近代知のあり方を徹底して「脱構築」していくので

ある（吉見［2000］、栗原・小森・成田・吉見［2000］参照）。

繰り返し確認しておくが、私はこうした知のプロジェクトの可能性を否定するつもりはない（どころか自ら進んでコミットしようと考えている）し、そのプロジェクトを下支えする［0－1］のような社会-認識論が間違っているなどというつもりも毛頭ない。しかしながら、この転覆のプロジェクトが常識化・制度化し、大文字の真理を解体するはずの［0－1］が逆説的に「反転したアルキメデスの点」へと転化してしまった場合、それは、「社会的な」文脈に引きつけて物事を語る方法——つまり社会（学）的な変数をもって世界を分節化する語り口——以外の語り方を抑圧する大文字の「理論 the Theory」、「理論に対する抵抗についての理論」（Žižek［2001=2002:268］）となってしまうのではなかろうか、という（無用な?）危惧の念をどうしても抱いてしまうのだ。スラヴォイ・ジジェクは言う。「〈カルチュラル・スタディーズ〉は、伝統的な哲学的普遍主義を批判するにもかかわらず、実際にはある種の代用哲学として機能しているのだ。かくしていくつかの概念はイデオロギー的な普遍概念に変形される。たとえば、ポストコロニアル・スタディーズにおいては、『植民地化』という概念が主導的な概念として機能し始め、普遍的パラダイムへと祭り上げられている。その結果、性関係においては男性は女性を植民地化し、上流階級は下層階級を植民地化することになる……」（Žižek［2001=2002:263-264］）。

自らの視点以外の物の見方を「社会的な」文脈の作用の効果として相対化し、自己回帰的に自らの視点の万能性を担保する——とは言いすぎだろうが、かつてマルクス主義が陥ったのと同様の陥穽が、［0－1］の論理を突き詰めていった先に待ち受けているように思えてならない。確固たる「政治への意志」に支えられつつ、アレントと同じように同質化・画一化を迫る「社会的なるもの」に対する批判を展開してきた［0－1］のような社会-認識論は、批判の武器として「社会的属性」「社会的な言説編成」に照準する（反理論という意匠を施された）理論言語＝「理論に対する抵抗についての理論」を特権化することによって、分析レベルにおける「社会的なるもの」——それは、科学的・言語学的・民俗学的・人類学的・政治学的・芸術的タームを、分析レベルにおいてすべて括弧入れすることができる——の特権性を担保してしまう。**社会における「社会的なるもの」を相対化する言説が、社会理論**（**社会の意味論**）**における「社会的なるもの」の肥大＝社会学帝国主義を帰結するという逆理**。いわゆる「ソーカルの悪戯」とは、科学の世界におけるこうした「社会的なるもの」の肥大に対する、いささか不器用な自然科学者による率直（かつ愚直）な危機意識の表明であったとはいえないだろうか。

こうした分析レベルにおける「社会的なるもの」の肥大は、当然のことながら、「国家」「自由」「正義」といった論題を扱ってきた政治（哲）学や法（哲）学などの言説領域においても、無視しえないものとなってきている。いわゆる「ポストモダニズム」の動勢とは一応独立に、法が置かれた「社会的」文脈を主要な研究課題としてきたリアリズム法学や批判的法学（CLS：Critical Legal Studies）の伝統や、リベラリズムが捨象する「社会的」文脈の重要性を政治理論に奪還せんとした共同体主義（communitarianism）やマルチ・カルチュラリズム（multi-culturalism）の思潮は、一九八〇年代以降、ポストモダニズムやフェミニズムの理論的成果を積極的に吸収し、「自由や正義を具現化した秩序ある社会と法の支配を達成していこうとする法アカデミズムのプロジェクト」（和田［1996：1］）にたえず揺さぶりをかけてきた。伝統的な政治学や法学が「アルキメデスの点」として自明視してきた政治（学）的概念——「自由」「平等」「正義」など——を、具体的な「社会的」文脈に再配置し、その社会的・政治的効果を正確に測定していくこと。政治（哲）学・法（哲）学が対象としてきた事柄を、「政治（学）的な」概念によってではなく、「社会（学）的な」概念によって分節化していくという知的エートス（「ポストモダン法学における外在（主義）的潮流」Litowitz［1997］）は、もはや法（学）や政治（学）を語るうえで欠かすことのできない基本的な素養とみなされるようになっている。

かかる言説状況のもと、「国家」「正義」「自由」「平等」「福祉」といった伝統的な政治（学）的カテゴリーを

「社会的」文脈への配慮なしに語ること、つまり、「政治的なるもの」を「政治（学）的なる」理論用語によってのみ語ることは、ほとんど不可能になりつつあるようにみえる（**政治（学）的なるものの盲点化**）。「国家」といえば、近代的なナショナリズムと密接な関係を持つ「国民国家」のことを、「自由」「平等」といえば、ナショナリスティックかつヘテロセクシュアルなマジョリティ男性にとっての「自由」「平等」のことを、そして「福祉（社会）」「再分（国家）」といえば、自己身体への主体的なコミットメントを制度化する牧人権力の自己表象のことを意味する。「国家」「正義」「自由」「平等」といった政治（学）的概念は、あくまで「社会的」文脈との相関において「脱構築」されるべき素材＝対象なのであって、非歴史的かつ抽象的な哲学論議の対象になるようなものではありえないのだ。かくして、次のような「『政治（学）的なるもの』の盲点化」が規範的な知的態度として実定化されることとなる。

［０－２］「いかなる国家が望ましいか」「自由／平等の基礎づけ」「正義概念の再検討」「正しい再配分はどのようなものでありうるか」といった政治（学）的問いは、「国家／自由／平等／正義は、いかにして語られ、どのような社会的・政治的帰結を生み出したのか」といった社会（学）的な問いに置き換えられなければならない。

分析レベルにおいては、「社会（学）的なるもの」が「政治（学）的なるもの」に優越し、「政治的なるもの」の根源的な「社会」性――「ジェンダー」「クラス」「エスニシティ」「ナショナリティ」「セクシュアリティ」といった社会（学）的諸変数が、複雑に分離・混淆・敵対・節合していること――が暴き出されねばならない。「自由主義的言説を作り上げている諸要素は、決して結晶化したものとしては現れず、ヘゲモニー的闘争の場でありうる」（Laclau & Mouffe［1985=1992：278］）というわけだ。なるほどたしかに、ムフは「政治的なるものの再興」を高らかに謳ってはいた。しかし彼女の議論にしても、ジェンダー／クラス／エスニシティ／ナショナリティといった「社会（学）的な」概念によって、「政治（学）的な」概念の単純さを指弾する、といった理路をとっている点において、分析レベルにおける《「社会的なるもの」の肥大／「政治的なるもの」の盲点化》を後方支援する言説の系に属するものと考えることができるだろう。ロバート・ノージックはかつて「政治哲学の根本問題は、苟も何らかの国家がなければならないのかどうかにあり、この問題は国家がいかに組織さるべきかの問題に先行する」（Nozik [1974=2000:4]）と言ったが、【0-2】の知的エートスが浸透した現在においては、このノージックの言葉は次のように書きあらためられねばならない。すなわち、「政治哲学の根本問題は、自らの問いの形式＝ディシプリンが、いつ頃・いかなる社会的背景のなかで立ち上がってきたのか、そしてそれが、近代社会の成り立ちにどのような社会的効果をもたらしてきた（きている）のかといったことにあり、この問題は『国家はあるべきか』『国家はいかにあるべきか』の問いに先行する」、と。

分析レベルにおいて「社会（学）的概念」が他の学的領域の中軸をなす諸概念（美学における「美」、政治学・法学における「自由」「平等」、科学における「真理」など）に対して優越性を期待されるという「社会的なるもの」の肥大、そして、「政治的なるものの再興」を図る文化左翼のプロジェクトが逆説的に「政治（学）的な諸概念」のアクチュアリティを奪い去ってしまう（社会学的分析の素材・資料として道具化してしまう）という「政治的なるもの」の盲点化。こうした私の言説布置の読み取りが大雑把なものでしかないことは、重々承知している。しかしたとえば、リチャード・ローティが、「社会の不可能性」だとか「正義の無限性」「重層的決定」「規律権力」「他者性」といった理論用語をもって政治（哲）学的イシューをとり扱う文化左翼の文体に苛立ちを表明し、「自由」「平等」「再配分」といった論題をあえて素朴に語りあうこと、保守的なネオ・リベラリズムの手から「実効的な」政治的概念を奪還することの重要性を強調したとき、そこには、ここまで述べてきたのと同じような《問題状況への意志》が働いてい

たとはいえないだろうか。(4)

何が問題か――ふたたび「政治的なるもの」の方へ

ではいったい、《「社会的なるもの」の肥大／「政治的なるもの」の盲点化》と呼ばれるような事態の何が問題なのか？　自閉した諸学問の境界線に揺さぶりをかけ、新たな境界線を引き直していく作業のどこに問題があるというのか？　――現実に遂行されつつあるカルチュラル・スタディーズのプロジェクトというより、ローティが戯画化するようなある種の文化左翼の文体が、制度化・規範化されることによってもたらされかねない問題点を二つほど挙示しておきたい。

まず第一に、［0-1］のような社会-認識論（社会的文脈主義）があらゆる知の分野に浸透するにつれ、逆説的に「社会」という概念の「面倒くささ」をめぐる社会学内的な反省が忘れ去られてしまうのではないか、ということ。「社会的なコンテクストを重視する」というときの「社会」とは、いかなる意味を担わされた概念であるのか、それは「特定の社会学的属性（「ジェンダー」「クラス」「エスニシティ」……）を持った主体が織り成す意味空間」とか、そうした諸主体が「敵対的関係を繰り広げる場」といったようなものに還元する（「○○は社会的に構築されている」という認識を、「○○は、『ジェンダー』『クラス』『エスニシティ』……といった社会的属性を持つ諸主体、あるいは、それを囲繞する言説によって構築されている」という認識と等置する）ことができるようなものなのか？　あるいは、特定の言説・出来事・事象の背後で作用する社会的文脈（や権力関係）なるものを、分析者はいかにして抽出することができるのか……。こうした「社会」なるものの捉え難さをめぐる問題は、いわゆる「ホッブス的秩序の問題」や「コミュニケーションの成立条件」を考察してきた理論社会学や、現象学的社会学、エスノメソドロジー、社会構築主義、（フーコー的な）言説分析、そして「全体社会とはコミュニケーションの総体である」とするルーマンの社会システム論などにおいて徹底的に論じられてきたものである。

少なくとも、一九八〇年代以降の日本の社会学は、社会的属性や権力関係の分析によっては汲み尽くすことのできない「社会」の「不透明な表情のようなもの」（長谷［2002：68］）を感受し、それを記述する困難を受け止める民俗学的感性を養ってきた（内田［1989］、佐藤［1987］、佐藤［1998］、遠藤［2000］）。そこでは「権力」や「社会的コンテクスト」「文化」といった知識社会学的な諸理念が根本的に問い返され[5]、安易な社会反映論・権力論を禁じ手とするような風土が醸成されつつあったといえよう（注意すべきは、いわゆる社会構築主義もまた、こうした風土形成の一翼を担った思潮であったということである。中河［1999］、中河・土井編［2001］、赤川［1999］参照）。「社会的文脈を考察する」と言えてしまうことの問題性——定義上無敵である知識社会学的思考の野蛮さに対する自己反省——をめぐる社会学の再帰的問いが看過されたまま、「社会的文脈主義 social contextualism」とでもいうべきものがあらゆる知の分野に広がっていく事態。[6] 留まることを知らない政治主義的な社会学帝国の拡大に、ある種の気味の悪さを感じとっているのは、実はほかならぬ社会学者なのかもしれない。

そして第二に、「文化」「共有価値」「共同体」「関係性」……といった「社会（学）的」概念によっては説明することのできない（語り尽くすことのできない）価値の領域をあらためて考察していくという作業の持つ意味を、《「社会的なるもの」の肥大／「政治的なるもの」の盲点化》は見失わせかねない、ということ、である。この点にかんしても、一九九〇年代以降、社会-の-学たる社会学の内部から様々な問題提起がなされてきた。

たとえば、一九九七年に上梓された立岩真也の『私的所有論』という著作がある（立岩［1997］）。この著作が感動的だったのは——膨大な文献サーヴェイもさることながら——「関係性に照準する社会学的な理論によって、私的所有権・自己決定権の歴史規定性・政治的性格を批判する」といった論の道筋をたどるのではなく、「関係性」の問題に繊細なまなざしを向けつつ、それでも「関係性」によって語り尽くすことのできない「自己決定（権）」のあり方を精緻に描き出したからだったのではなかろうか。立岩は言う、「何かが歴史的な形成物であるとは、ひとまずそれだけのことであり、それ以上、それ以外の何かを意味するわけではない。ところが、本来は主張できないはずの規範的な主張を語ってしまう、また語られているかのように受け取ってしまうことがある」（立岩［1997：17］）。「主体的に死を選択する」「自発的に売春をする」といった「自己決定」の前提に作用する社会構造（情報の不完全性、適合的選好の問題など）の分析という社会学が得意としてきた議論に留まるのではなく、「そうした社会構造・歴史的負荷を知ったうえで、なおかつ自己決定を望むこと」の否定しきれなさを語る作業。当然それは、単純なリベラリズム肯定論でもなければ、「自己決定」を社会的文脈のなかに状況化するだけの素朴な「（括弧付き）構築主義」でもありえない。「やんちゃな自己決定主義と、しみじみとする共同体主義」（立岩［2000：14］）の狭間をぬって、ためらいつつも他者の自己決定を認め、それでもまだ逡巡せざるをえない我々の倫理的生のあり方を立岩は淡々と、しかし、したたかに記述していく。社会学的な理論装置によって文脈化＝括弧入れされていた「自由」や「平等」、「正義」「福祉国家」といった政治（学）的タームは、立岩の論述のなかで新たな生命を与えられ、真剣な考察の対象として再発見されていくのである。我々はそこに、真の意味で新しくスリリングな、社会（学）的な知と政治（学）的な知との「出会い方」を見い出すことができるのではなかろうか。

　立岩ばかりではない。たとえば、あまりにあっけらかんとした文体のために反発を受けることも少なくない宮台真司（宮台［1994］、宮台編［1998］）や瀬地山角（瀬地山［1992］［2001］）といった人たちによるリベラリズムへのコミットメント（あるいは橋爪大三郎もここに含まれるだろうか）や、かれらの確信犯的（偽悪的？）リベラリズムと距離をとりつつ、立岩同様の粘り腰でもって「自己決定」をめぐる倫理的・政治的問いに積極的にとり組んできた加藤秀一の一連の作業（加藤［1998］）なども、ある意味で［0－1］のような社会－認識論に収まりきらない「べき ought」論の地平を指向するものといえよう。[7] また、上野千鶴子とならんで一九八〇年代以降のフェミニズムを牽引してきた江原由美子が、「現在フェミニズムやジェンダー領域において生じている論争の多くが、暗黙に、リベラリズムとの関わりにおいて生じている」（江原編［2001：iv］）との認識に立ったうえで、新たなフェミニズムとリベラリズムの関わり方を模索すべく『フェミニズムとリベラリズム』という論集を編んだこと（江原［2001］）なども、一九九〇年代以降の言説の布置状況を考えるうえで興味深い出来事であった。(8) リベラリズムを「社会（学）的なる」変数でもって解体する作業の蓄積を元手に、「社会（学）的なるもの」からこぼれ落ちる「政治（学）的なる」諸概念をふたたび議論の俎上に乗せること。大仰な言い方かもしれないが、いま我々は、二巡、三巡した《政治（学）的なるものの回帰》とでも呼ぶべき局面に立ち会っているといえるのかもしれない。

もちろん、学問的言説の「場」において自らの位置どりを慮る知識人ばかりが、「社会（学）的なるもの」の彼岸にあるリベラリズム的価値を希求しているわけではない。むしろ、日常的な道徳的直観（友愛、共同性への帰属意識など、フォルマリスティックなルールに馴染まない諸価値）を付随化する法的な語彙体系の冷徹さに辟易としつつも、一方で法的・政治的な大文字の理念を必要とせざるをえない人びと、日常的な行為空間のなかで法言語に収まりきらない必要や欲求、価値があることを誰よりも深く洞察し、そうした必要・欲求・価値が法的・政治的言語へと翻訳されることを願って止まない人びと＝当事者たちこそが、切実に「政治（学）的なるもの」の再審を必要としている。

自己決定をとりまく社会（学）的前提を啓蒙されてもなお、最終的には自ら（他者）の決定を尊重したいと思ってしまうこと、権利語《ライツトーク》が前提とする近代的人間観に疑問を抱きつつも、時として権利を介した紛争調停に依存せずにはいられないこと、ケアの倫理とは程遠い福祉国家の冷たさに違和を感じながらも、「顔」の見えないニーズの充足・再配分の方法を望ましく思ってしまうこと、近代的な「作者＝権威者」概念、ロック的な権原理論の意固地さにあきれ返りつつも、自らの労働がある程度業績主義的・能力主義的に評価されることを好ましく感じてしまうこと……。こうした我々のあまたの「**それは分かる、しかしそれでも……**」を、「近代リベラリズムの諸前提そのままに、分け前の量だけ変えようとする改良主義」とイデオロギー論的に難詰するのはたやすい。しかし、社会（学）的な近代-自由主義批判の成果を積極的に肯定する当事者（たとえば、人工妊娠中絶を希望する女性）が苦渋の末に搾り出した「しかしそれでも……」という呟きを、「それは分かる」以前に安住する単純な保守主義者と同工のものとして理解・処理してしまうなら、大文字の政治的理念を拒絶する「批判的」な社会学帝国主義は、それ自体が個別的な倫理的決定の差異を抑圧する「批判のための方程式」と化してしまうだろう（ホームレスの権利やニーズ、性産業労働者や在日外国人の法的権利、子どもの権利と自由、障害者や女性の自己決定権といったイシューを考えてみてほしい。それはどこまでいっても法的-政治的な課題である）。

もちろん、小文字の政治に照準する「社会（学）的な」理論装置でもって大文字の政治を解体し、自己満足的なアイデンティティに介入 intervene していくことの重要性は疑うべくもない。そうした介入のおかげで、現在の我々は「多数派エスニック-男性-ヘテロセクシュアル-中産階級」中心に構築されてきた近代リベラリズムの功罪をある程度は確認することができるようになっているのだから。重要なのは、社会（学）的な批判／リベラルな政治理論のいずれが理論的に優越するか（あるいは政治的実効性を持つか）という問題に決着をつけることではない。精緻な社会（学）的な制度批判をどれだけ繰り返し提示しても、執拗に**「それは分かる、しかしそれでも……」**が回帰してくることの倫理的意味（なぜリベラルな価値を手放せないのか／手放せないのだとすれば、それとどのようにつきあうべきなのか）を少しばかり冷静に考えてみること、そしてその呟きがリベラルに対する絶望のあまり「それは分かる」以前の保守的言説に堕することがないよう、「それでも……」以降に問われている事柄を丁寧に分節化し適切な言語を与えていく（政治（学）的な諸言語を豊穣化させていく）こと——そうしたある意味素朴な作業を、素朴でない形で遂行していくことこそが、ある意味でもっともアクチュアルな政治的課題となっているのではなかろうか。「わたしたちには正義が必要だ、わたしたちには自由が必要だ、そしてわたしたちには正義および自由と折り合いがつけられるかぎりでの連帯が必要なのだ。しかしまたわたしたちは、他のどんなものにも負けず劣らず、わたしたちが生きる時代にふさわしい言語を必要としている。わたしたちは現に今どのように生きているのかを知る必要があるのだが、それができるためには、今・こことは違うなにか別の時と場所をもとめるノスタルジアへの逃避を断じて許さないような、そうしたなんらかの語《ワード》とイメージを用いるほかにはないのだ」(Ignatieff [1984=1999 : 196])。

小文字の政治を抑圧しない、小文字の政治のための大文字の政治学、あるいは、ポスト・リベラリズム時代における可能なるリベラリズムの探求。たとえばアマルティア・センやマーサ・ヌスバウムといった人たちが精力的に展開しているようなそうした知のプロジェクトを、私はどこまでも肯定していきたいと思う。

本書の見取り図

本書は、以上述べてきたような《「社会的なるもの」の肥大/「政治的なるもの」の盲点化》という言説状況——これも私の妄想が作り出したワラ人形なのかもしれないが——に対する私なりの応答として書かれたものである。社会学徒としての私が、ここ五、六年のあいだ逡巡しつつ考えてきたことを、その論旨の揺らぎも含めて、すべて書き出したつもりだ。本文を読んでいただければ分かるように、《「社会的なるもの」の肥大/「政治的なるもの」の盲点化》に対する私の態度は、このまえがきに書き記したほど明確なものではない。その不明瞭さゆえに、多くの読者を困惑させてしまうのではないかと思う。おおよそ読み易さというものを考慮に入れなかった書き手のせめてもの罪滅ぼしに、議論全体のおおまかな見取り図を提示しておくこととしたい。

＊

まず**第一部「責任の社会理論」**(第一章、第二章)は、「社会(学)的なるもの」によって、どこまで政治学的・倫理学的な問題を突き詰めることができるか、という課題にとりくんだものである。上野千鶴子が言うように、「社会的な変数でどこまで説明でき、どこからが説明できないか？　当然のことだが、それは限界まで『社会学帝国主義』を試してみることのなかでしか、あきらかにならない」（上野［2002：303］）。たしかに、社会学的な知の査証なき倫理理論・政治理論は、端的に空虚な思弁でしかないだろう。**第一部**において私は、ルーマンのシステム理論（や大庭健のシステム倫理学）に示唆を受けつつ、「行為の責任」という政治学的・倫理学的論題を、社会学的に突き詰めてみたつもりだ。社会学的な行為理論を再構成し、「自己決定」と「自己責任」を短絡する近代リベラリズムの基本理念を相対化したうえで、ポストモダン政治学が問いかける「責任」論などとの接合可能性を模索すること。たしかに、現代社会学が問題化してきたような「社会的文脈」の捉え難さを勘案しているという点において、「社会（学）的なるもの」の肥大から距離を置いているとはいえ、**第一部**の論述は、間違いなく「社会（学）的な」説明のスタイルを限界にいたるまで試してみるという「社会学帝国主義」にコミットしている。「帝国主義」に対する本格的な懐疑は**第二部**の課題である。

第二部「社会的なるものへの懐疑」（第三章、第四章）は、**第一部**で試された「社会学帝国主義」、「社会（学）的なるもの」によって政治学的・倫理学的問いを処理しうるという信念の限界をあきらかにする、という作業に当てられる。ここにいたってはじめて「社会的なるもの」の肥大を問題化するという思考のベクトルが明示化されるだろう。

我々は、「社会（学）的なるもの」を説明変数とした自由主義批判、他者の他者性を尊重する態度を無価値化しかねないというリベラリズム批判を知っている。しかし、だからといってなぜ、「社会（学）的なるもの」＝関係性にコミットしなくてはならないのだろうか。関係性、社会性、共同性、あるいは非社交的な社交性といった「社会学帝国主義」において自明とされる事実から、そうしたかかわりあいの形式にコミット「すべき」という当為がはたして導きだされうるのだろうか……。「なぜ道徳的でなければならないのか　Why be moral?」というきわめて

（マニアックな？）倫理学的な問いが、「社会学帝国主義」の臨界を指し示すものであることを論じ、「社会的であること」の《奇跡》を語っていくこと――これが**第二部**の主たる課題である。

第三部「リベラリズムとその外部」（第五章、第六章）では、「なぜ道徳的／社会的でなければならないのか？」という問いを真剣に受け止めたときに浮き彫りとなってくるリベラリズムの「可能性の中心」を考察していく。件の問いに真面目に応じようとしたとき、私にはいわゆるリベラリズム、すなわち、J・S・ミルが一見曖昧に見えつつその実精緻に定式化した自由原理を――様々な条件を付したうえで――肯定することしか思い至らなかった。私にとってリベラリズムとは、私が本質的なものと理解した問いに対する次善の回答でしかない（したがって私は、井上達夫のいう「正義の基底性」という価値に無条件にコミットすることはできない）。より豊かな知的資源を持った人であれば（“Why be moral?” の問いの持つリアリティを受け止めることのない、あるいは、受け止めたくない人は**第二部**以降の議論を**第一部**からの後退と考えるだろう）、問いを共有しつつ別様の回答を導き出すことができるのかもしれない。私はだから、「リベラリズムしかない」と胸を張って言うつもりはない。むしろ「今のところ、私はリベラリズムしか思いつかない」と素直に告白すべきであろう。「社会（学）的なるもの」によっては応えられない問いに対して、リベラリズムという「政治（学）的なる」思想が応答しうる可能性を、**第三部**では愚直に追求していくつもりである。

しかしながら、**第三部**（第五章第二節、第六章第三節）においても繰り返し言及されるように、リベラリズムは、けっして《「社会的なるもの」に対する「政治的なるもの」の優位》を確証するほど盤石な思想ではありえない。「公的なるものの私的なものに対する優先を保証するルール・の全域的妥当性」は可能か、といった問題を注意深く分節化していくと、今度は「リベラリズム＝政治（学）的なるもの」の臨界を確認しないわけにはいかなくなるのだ。**第四部**（第七章）において私は、「社会（学）的なるもの」の限界を克服されるべく導入された「政治（学）的なるもの」の限界を踏まえたうえで、再度「社会（学）的なる」問いの水準へと回帰していくだろう。議論は**第一部**における「責任論」の準位へと送り返され、リベラルな《正義》は「責任のインフレーション」を収束される社会的装置として、システム論的に捉え返される。《「社会的なるもの」の肥大／「政治的なるもの」の盲点化》への応答として開始された本書の議論は、かくして、二捻りぐらい入った「社会（学）的なるもの」への帰還をもってひとまず終了する。

＊

このように、《「社会的なるもの」の肥大／「政治的なるもの」の盲点化》に対する私の態度は、肯定と否定のあいだで幾度も揺らぎ続けている。そのため、多くの読者は、結局のところ私が、社会学的な関係論（「社会的なるもの」）を肯定しているのか否定しているのか、あるいはリベラリズム（「政治的なるもの」）を擁護しているのか批判しているのか、判然としないと感じることと思う。「問題が複雑だからこそ、文体も必然的に揺らぐのだ」などと言って責任を外化するつもりはない。だが、揺らぐ局面においては、その揺らぎの不可避性（なぜ揺らがざるをえないのか）を私なりに精一杯説明したつもりでいる。「やんちゃなリベラリズム」と「しみじみとした社会学帝国主義」のあいだで思考することの快楽（と苦痛）を、多くの読者と共有することができたなら、著者としてこれ以上の幸せはない。

ところで、右に記したような見取り図はあまりに抽象的すぎて本書が何を問題としているのか分かりにくいという読者もいることだろう。たしかにこの見取り図は、全文を書き終えた私が事後的・遡及的に捏造した物語のようなものであり、（こう言ってはなんだが）私以外の人にはその意義を見いだすことが難しいものかもしれない。だが、本文の具体的な論述は、たとえば、「意図的行為の記述と行為の責任」「行為の責任と、行為の結果に対する責任の差異」「物象化論／系譜学的思考の限界」「『である』から『べし』の導出可能性」「ルールに従うこと（rule following）」

「道徳的行為の動機づけ」「ロールズ、ノージック理論の批判的検討」「ラディカルな再配分-福祉国家の擁護」「リベラルな国家と《線引き》問題」「《正義》のシステム論的な再構成」……といった具合に、それなりに個別的かつ伝統的（紋切型的）な論点に照準しており、それほど読者に負担を強いるものではない（と思う）。ここに「まえがきにかえて」として述べたことは、全体を読み通した後にでも（そういう奇特な読者がいたとして、の話だが）思い起こしていただければ幸いである。

＊

私は自分がリベラリストであるかどうかいまだ確信を抱けてはいない。ただ「少なくとも公的な次元ではリベラルな価値が支配する世界の方が、そうでない世界よりも好ましい」とは思う。その意味では、リベラリストなのだろう。リベラルな理念が、人間の倫理的な生活すべてを支配する説得力を持つとは思わないし（友情・愛・ケア・嫉妬などは重要な倫理的資源だ）、リベラルな態度をとる人格類型がそのものとして道徳的に称賛されるべきものだとも思わない。私は、正義の優先を旨とするリベラリズムが、「権利語」を振りかざし他者への思いやりや友情、愛といったものの価値を付随化してしまうリーガリズムや、行為責任のあり方を厳格に切り詰め市場礼賛論を後方支援してしまうようなリバタリアニズムに陥らないよう再構成したうえで、「少なくとも公的な次元ではリベラルな価値が支配する世界の方が、そうでない世界よりも好ましい」という私の好みが、少しでも多くの人の共感を得ることができるよう議論を展開したつもりである。至らない点はいくらでもあるだろう。読者の皆さんの忌憚なきご意見をお聞かせ願えれば、と思う。

責任と正義
——リベラリズムの居場所

目次

なぜ今、リベラリズムなのか
——まえがきにかえて

第一部　責任の社会理論　responsibility socialized

第一章　コミュニケーションのなかの責任と道徳……5
一　問題としての「コミュニケーション的行為の理論」　ハーバーマス理論の再検討
【1】発語内行為の構造　6
【2】発語内行為はいかにして成立するのか　10
二　行為の同一性と責任　構成主義の行為理論
【1】コミュニケーションと行為　17
【2】共同の論理と協働の論理　23

第二章　構成主義的責任論とその限界……33

一　行為の責任・再考　構成主義的に「責任」を考える
【1】構成主義テーゼから「強い」責任理論へ　37
【2】「強い」責任理論の存在証明　41
二　ラディカルな責任のスタイル　ポストモダン政治学との対話
【1】耳を傾ける責任　異議申し立て＝行為記述の第一義性　48
【2】聞かないことの責任　沈黙の政治学　55
三　転回　強い責任理論は規範理論たりうるのか
【1】責任のインフレ問題　62
【2】「よりよき物象化」論は規範理論たりうるか　70

第二部　社会的なるものへの懐疑　skepticism on the social

第三章　Why be social?　私たちはなぜ責任をとる「べき」なのか？……83
一　事実／価値の二元論は失効したのか
【1】事実の価値被拘束性　86
【2】事実／価値の問題系と存在／当為の問題系の差分　89

二　存在／当為の「脱構築」を拒むもの

【1】サールの論証の〈当たり前さ〉について　94

【2】規範の他者／制度の他者　98

三　社会（科）学は倫理を語りうるか

【1】社会（科）学とヒューム問題　105

【2】社会学的思考の《原罪》　他者の問いの隠蔽　111

第四章　How to be (come) social?　ささやかなリベラルたちの生……119

一　ギュゲスの指輪は存在しない？

【1】アイロニスト／理性主義者／自然主義者　127

【2】アイロニカルな説得の不可能性　133

二　《制度の他者》から《規範の他者》へ

【1】問いの伝達不可能性　解答されつづけるが伝達されることのない問い　138

【2】《制度の他者》から《規範の他者》へ　フリーライダーへの頽落　146

三　《規範の他者》から《リベラル》へ

【1】長期的視点の導入　153

【2】対称性の承認　《権利》の生成　163

第三部　リベラリズムとその外部　liberalism and its others

第五章　《リベラル》たちの社会と《自由主義》のあいだ……183

一　《リベラル》たちのプロフィール　《自由主義者》との種差
【1】ルール準拠的態度　187
【2】理由の共同体　195

二　「自由主義」の条件　《リベラル》が《自由主義者》となるためには何が必要か
【1】自由原理と正当化原理　201
【2】正当化原理にコミットすることの奇特さ　205

三　「自由主義」を担保する《暴力》
【1】正当化原理の正当化　その1　ロールズ——原初の暴力　209
【2】正当化原理の正当化　その2　ノージック——事実上の独占　217

四　「自由主義」国家の不可能性？

第六章　可能なるリベラリズムのために　リベラリズムとその外部……229

一　リベラリズムのプロフィール　薄いがゆえに濃い
【1】リベラリズムのプロフィール　その1　その「薄さ」をめぐって　231
【2】リベラリズムのプロフィール　その2　その「濃さ」をめぐって　238
二　リベラリズムは外部とどのような関係を持つのか
【1】非《リベラル》たちとの関係　《自由主義者》のルールの適用可能性　246
【2】*（補論）贈与を受けるべき他者とは誰か　権利・合理性・尊厳　254
【3】非自由主義的《リベラル》との関係　「テロリズム」への倫理学？　267

第四部　「社会的なるもの」の回帰　the return of the social

第七章　正義の居場所　社会の自由主義……293
一　システム論によるリベラリズムの再定位　コミュニケーションとしての正義
【1】二つの「社会」概念　294
【2】《正義》とはどのようなコミュニケーションなのか　300
二　正義の居場所
【1】《正義》の居場所　その1　適度な複雑性としての《正義》　315

【2】《正義》の居場所　その2　足場なき寄食体としての《正義》　320

注

現実（主義）から遠く離れて
――あとがきにかえて

文献

索引

第一部　責任の社会理論

responsibility socialized

第一部では、行為の責任という倫理的事象を、英米系の行為の哲学（philosophy of action）や、社会システム論などの知見を参照しながら分節化し、社会化された責任理論（a theory of the responsibility socailized）の内実をあきらかにする——近代的な社会理論のなかで暗黙のうちに個人化・非社会化されてきた責任概念を、「社会（学）的なるもの」によって再構成する——と同時に、その理論的限界を画定していく。まえがきの言葉を用いるなら、第一部の課題は、「社会（学）的なるものによって政治学的・倫理学的な問題を追い込んでいくこと」というように表現することができるだろう。

＊

この課題を達成するために我々がまず着手すべきは、俗に「行為単位の同定問題」などと呼ばれる社会学基礎論的な問題である。「社会の最小構成単位は何か」「仮に最小構成単位が行為だとして、それはどのように同定 identify されうるのか」——パーソンズ以降の理論社会学がとり組んできたこうしたチマチマした問いは、一見、責任や倫理といった問題系と関係を持たないように思われるかもしれない。しかし、実にチマチマしていて好事家の玩具でしかないように見えるこうした問いこそが、ある社会理論が下すマクロレベルでの「社会診断」の内容を規定していると私は考えている。そこで第一章では、責任概念の具体的検討に先立ち、このミクロ—マクロ連関のあり方を、ユルゲン・ハーバーマスのコミュニケーション的行為の理論とニクラス・ルーマンの社会システム論を対照させながら、追尾していくこととしたい。ハーバーマス的な行為理論が前提とする同定理論（identification theory）の抱え持つ内在的難点、およびその難点が帰結する社会診断の問題性をあぶり出し、ルーマン流の構成主義的行為観を採用することの認識利得を確認していく。

続く第二章では、第一章で検討された構成主義的な行為（同定）理論にもとづき、「行為者の意図をもとに行為の責任を確定しようとする行為者中心主義」「コミュニケーションの《現場》から離れて行為の責任を特定化しようとする行為理論の非時間性・脱文脈性」に批判的な距離をとる責任理論を提示する。まずは、第一章で批判的に扱ったハーバーマス的な行為理論（および、多くの社会学的行為理論）が前提とせざるをえない責任についての考え方を「弱い」責任理論、構成主義的行為論によって導き出される責任観を「強い」責任理論と呼び、後者の理論的優位を確認したうえで（第一節）、「強い」責任理論とポストモダン政治学・倫理学との共闘可能性を検討していく。《「行為者中心主義的な行為理論」—「弱い責任理論」—「近代リベラリズム」》のトライアングルを再審にかけ、社会化された責任論を彫塑していくこと——それこそが第一章から第二章第二節までの主要課題である。

＊

しかしながら、構成主義的な行為観に立脚した「強い」責任理論は、それ自体として何らかの「よき」行為や「よき」信念の所有を動機づける倫理理論たりうるのだろうか？　むしろそれは、我々の帰責コミュニケーションを記述するだけのconstativeな叙述にすぎないのではなかろうか？　たとえば物象化論に対してしばしば投げかけられるこのような問い（物象化論は、我々の世界の事実を記述したにすぎず、物象化という事態に対する価値判断をなしえないのではないか）を、第二章第三節でとり扱っていく。「社会（学）的なるもの」を突き詰めていくなかで得られた「強い」責任理論の規範性（normativity）にかんする疑念。第二部で全面化されるであろうかかる自己懐疑の一端を、第一部の最後に呈示しておくこととしたい。

第一章　コミュニケーションのなかの責任と道徳

シュッツ（Schutz［1932=1982］; Schutz & Parsons［1977=1980］）が、ウェーバー以来パーソンズまで連なる行為理論の系譜に批判を投げかけたとき、分析対象たる「行為」の単位性の検討を重要な論点の一つにしていたことはよく知られているが、この看過しえぬ重要性を孕んだ問題提起は、行為類型の精緻化に勤しむ動勢の中で後景化させられていったように思われる(1)。

本章では、哲学的・倫理学的行為論や語用論などの知見を参照しつつ、行為の自己同一性＝単位性について対照的な見解を示しているハーバーマスとルーマンの議論を手掛かりに、「行為記述（観察）」「行為者の合理性」について整合的な理論化を模索し、最終的には道徳という間人格的な事象に社会学的な位置づけを与えることとしたい。社会学的行為論をめぐる基礎理論的な検討が倫理学的・政治学的な問題設定へと連接される地点を測定し、次章において展開される責任論の礎を固めておくこと——こうした地味といえばあまりに地味な作業を進めていくことが本章の課題である。

一　問題としての「コミュニケーション的行為の理論」　ハーバーマス理論の再検討

【1】発語内行為の構造

周知のように、ハーバーマスはコミュニケーション的行為の理論的構成にとり組むなかで、(1)発語内行為は行為遂行の最中にあって「当該行為は……である」という高階の自己指示をなしており、それゆえに、《かかる行為を遂行することが妥当であるか》という規範的な再帰的問いが、間主観的かつ明示的に呈示されやすいこと、(2)《かかる行為を遂行することが妥当であるか》という規範へと遡及可能である/ないという規準に依拠して設定される発語内行為/発語媒介行為の区別を、コミュニケーション的行為/戦略的行為という行為タイプ類型を指し示す指標として用いることができること、といった言語行為論の利点を前面化し議論を展開している。以下では、多くの社会学者がそうしてきたように、(2) いきなり(2)の論点に踏み込んで批判的な考察をなすのではなく、まずは(1)の言語行為の自己指示的性格について検討し、行為論としての言語行為論の存在身分を探っていくこととする。

ハーバーマスが依拠する言語行為論は微妙な揺らぎを孕みつつも、あらゆる発語内行為が明示的な（explicit）構造を持ちうるとする点においては、サールの発想を引き継ぐものである。すなわち、事実的に成立可能な言語行為は潜在的な統語論的構造として、命題内容pを項とし発語内効力の表示装置Fを関数とする構造（$F(p)$）を持つとされる。たとえば、

［1－1］　Keep off the grass.

という原初的（primitive）遂行発話は、当該発話が遂行している行為を示す「ト命令スル」というFと、当該発話文が表象する命題内容p（propositional content）「あなたが芝生に入らない」の合成として、

［1-2］　I order you that you keep off the grass.

といった具合に明示的に記述されうる。

このような形で、すべての発語内行為が$F(p)$という深層構造をとるならば、当の発話によって遂行されている行為を指示する遂行動詞を、世界と言語の関係（命令であれば世界が言語に適合 fit する）によって分類し、関数の種類を特定化することによって、「事実上無限にある発話（自然言語）を有限な学習によって理解することができる」という人間の能力を説明することができるだろう。(3) こうしたサールの見解に対して、ハーバーマスは両義的な態度をとっているように思われる。

まず、発語内行為が$F(p)$という明示的構造をとりうるということは、行為の遂行と同時に「この行為は……である」ということを潜在的に示しており、行為がすべて「自己同定的」な性格を持つことを示す。つねにすでに自らの遂行している行為の明示化（≠記述）が行われているのであれば（土屋［1991：165］）、その行為成立の妥当性について、当事者たちは自覚的に対処（討議）することができるであろう。この自己同定的なあり方こそが、発語内行為を発語媒介行為もしくは非言語的行為から際立たせるものであり、ハーバーマスがコミュニケーション的行為を発語内行為に重ねあわせながら理論展開する際の最大の武器となっている。

一方でサールのように、発語内効力表示装置Fを世界と言語の適合の方向性によって分類し、$F(p)$において示される発語内行為の充足条件を、伝統的な真理概念（世界と言語の「対応」）にもとづかせることは（Searle［1969＝1986］

Vanderveken [1994=1995]）、オースティンが切り開いた「真／偽」を「適切／不適切」という遂行的な事態として捉える思考からの後退であるとハーバーマスは考える（Habermas [1988=1990：150]）。この批判がサール批判として、あるいは真理条件的意味論と言語行為論の結びつき（これについてはRecanati [1987]；Searle [1995]）への批判として妥当なものかどうかはここでは不問に付すとして、かかる批判から彼が導き出す議論は、ダメット（Dummett [1978=1986]）の理解概念にも似た次のようなものである（Habermas [1988=1990：151]）。

聞き手Hが命令文を命令・指図・依頼などとして初めて理解するのは、（命題内容文のうちで告げられる）成功条件の知見に、話し手Sが内容pの要請を正統ないし実行可能と看做す理由を根拠づけうるための（発語内的成分のうちに含まれる）条件の知見が付け加わるときである。その際には、真理要求には還元不可能な規範的な類いの妥当要求が働いている。

すなわち、（1）の言語行為（命令）が成功するためには、

① 命題内容p（「聞き手が窓を開ける」）が真となるような世界が実現する、

というだけではなく、

② 話し手がその言語行為によって①の事態を成立させる「資格」を持ち合わせている（つまり、正当な「理由」が挙示できる）、という規範的な次元での妥当性が問われる、

というのである。とするならば、ハーバーマス流の「言語行為」は《I tell you that $F(p)$》といった形で、$F(p)$自体をthat節に含み、話し手の人称性を、ground levelの発語内行為の高階に位置づけたものといえるだろう。そして、話し手が「正当な理由を持つ」ということは、自分の恣意に依拠するのではなく、聞き手もおそらく共有しているであろう第三者的な規範に依拠して発話していることが前提とされるということであるから、《I tell you that $F(p)$》の$F(p)$の発話主体は話し手その人ではなく、抽象的な第三者である。したがって、［1－2］はサールが考えたように単純に$F(p)$という形式をとるのではなく、むしろ、

［1－3］　I tell you that X order that you keep off the grass.

といった形で捉えられるべきである（Xは命題内容部分の事態を実現させる権利を有する抽象的な「規範」の体現者であり、発話者は、自らの立場をXという人称に仮託することにより、当該発話を正当化する（橋元［1989］［1995］））。真理性・正当性・誠実性などの妥当性はそれぞれ、that節内の命題の真理値、IによるXへの仮託の有根拠性、IとXの同一性（たとえば演劇のセリフはIとXの齟齬を前提とした不誠実なもの）について討議に付されることとなるだろう。

以上のように、ハーバーマスによる言語行為論批判・改鋳は、言語行為のすべてを説明するものではないものの、少なくとも発語内行為のある部分については、「項＝命題内容／関数＝発語内効力」を合成した関数論的な形式性を備えるものであるとして、それなりに整合的な議論を展開しているといえる。このようにかなりの程度一貫したハーバーマス流の議論はしかし、本章の課題である行為と行為者性《エージェンシー》の問題を考えるさいには、非常に問題を孕むものだといわねばならない。項を改めてこのことを論じることとしよう。

【2】 発語内行為はいかにして成立するのか

行為をたんなる身体的な行動と区別せしめるもの、それが「その行為を行おうとする意図」の存在であろうことはまず疑いがない。しかしながらもちろん、意図の何たるかをめぐっては非常に面倒な論争があるので深入りすることは避け、さしあたり通例に従い、ある行為が意図的であるとは、「なぜ」という問いに対し、当の行為者が一定の理由を挙げることができる場合であるとしよう（Anscombe [1957=1984]）。さてここで問題としたいのは、疑いなく意図的行為の典型である発語内行為における意図の身分なのだが、この問題を検討していくと、それなりに整合的であると思われるハーバーマスの前述の議論がいささかやっかいな困難を抱えていることが分かる。この点について論を進めていくこととする。

対話的コミュニケーションにおける発話（utterance）の意味について本格的な考察をなしたグライスの提案を改訂したストローソン（Strawson [1971]）によれば、話し手Sがxという発話によって何事かを意味するには、Sは、①Sの発話xが、特定の聞き手Aに、ある特定の反応rを喚起（produce）することを意図し、②また、AがSの意図①を認識するよう意図し、③さらに、AによるSの意図①の認識が、Aがrの反応をなすAの理由の少なくとも一部として機能するよう意図しなくてはならないという。

スペルベルとウィルソン（Sperber & Wilson [1986=1993]）の示唆に従って、①の意図を、聞き手に何かを知らせる「情報意図」、①の意図を認識させようとする②の意図を「伝達意図」と呼ぶこととする。たとえば、「教室から今すぐ出て行け」という言語行為の場合、この発話によって聞き手が教室から出て行く事態、もしくは少なくとも聞き手Hが「Hが出て行こう」という信念を持つ事態が実現されることを意図するのが①の情報意図であり、「今すぐ出て行け」が「独り言」でも「冗談」でもなくほかならぬ「命令」であることを聞き手に了解させようと意図することが②の伝達意図である。すなわち（非常にリスキーな一般化ではあるが）先の発語内行為の議論に照らしていうならば、情報意図は命題内容pについての、そして伝達意図はある発語内効力Fを持つ発語内行為を自らがなしているということについての意図であると、とりあえずはいうことができるだろう。だとすれば、ストローソン流の意図についての議論は、ハーバーマスが想定するのと異なり、規範的-人称的次元という付随的要件を加えるなら完全にコミュニケーション的行為論と適合するものなのである。(4)

しかしながら問題は、右の意図-理解図式じたいが不整合である可能性があるということ、すなわち、コミュニケーションにおいては、一見もっとも基底的であるように思われる情報意図①が不必要であり（したがって定義上③も不要）、②の意図さえ（実現されないまでも）了解されるなら、とにもかくにもコミュニケーションは成立し、「意味」なるものも成り立っているように思われ、したがって、ハーバーマス（あるいはサール）が提示する言語行為の「深層構造」の普遍性が、発語媒介行為どころか発語内行為においてすら危ぶまれるという点にある。解説しよう。

たとえば、「教室から今すぐ出て行け」という命令の発話は、「聞き手が教室から出て行く」という命題と「……と命令する」という遂行動詞の合成において明示的に示されうる。とすれば、話し手Sの情報意図①は「聞き手が教室から出て行く」という事態の実現、もしくはそうした事態の実現を聞き手が志向する事態の成立についての意図であろう。しかしもし、聞き手が「先生の授業を聞いていたいんです」などと涙ぐましいことを宣って、当該発話を「命令」として了解していながら、同時に従わなかったり、あるいは命題的態度を共有しないのであれば、情報意図は達成されず、ただ伝達意図②のみが達成されることとなる（橋元［1990］の例を借用した）。つまりは、命令なら命令といった形で、何らかの行為をその行為たらしめようという意図すら聞き手に了解されるならば、その言語行為の命題内容の如何がどうであれ、ともかくも発話の意味理解は成立してしまうわけだ。このきわめて自然で自明にも思われる直観は、たしかに素朴なものではあるが、資する意味は存外大きい。

まず、「何らかの行為をその行為たらしめようという意図I」が了解されて初めて、ある発語内行為が遂行されたことになる・ということは、当該発語内行為の成立可否の「鍵」は、話し手というよりも、聞き手の側にあることを示している。このことは、オースティン自身がすでに論じていたことで、「了解の獲得（securing of uptake）」と呼ばれる発語内行為全般に備わるべき機制である（Austin [1962 = 1978 : 194]）。パラフレーズしていうならば、ある言語行為をその行為たらしめるのは、聞き手による話し手の意図 *I* の uptake なのであって、話し手の意図や言語的・社会的慣習の存在それ自体は、行為の成立にさいしては二次的な役割しか果たしていないということである[5]。

たとえば、国語学を専攻する大学院生の就職推薦書に指導教官が、

［1-4］当該生徒は、語学に堪能で英独仏韓語など幅広く習得しており、小生の授業にも休むことなく毎回出席しております。

といった記述を施したとしよう。このとき［1-4］を「推薦」と uptake するか「皮肉」と uptake するかは、書き手の意図によって一意的には確定できない。グライス流の「会話格率」論でいけば、［1-4］は国語学の就職推薦文としては関連性のないことを述べすぎており、発話の意味が「推薦」ではない（量／関連性の格率違反）ことが受け手に看取されるということになるが、もしかすると専攻分野の業績よりも外国語能力の方が重宝され、とにかくも真面目であることが重要とされる奇妙な国語学研究室かもしれない。だとすれば、［1-4］は「皮肉」などでは決してなく、立派な推薦文であるということにもなろう。結局のところ、［1-4］を「皮肉」にするも「推薦」にするも、［1-4］の読み手が、国語学研究室の制度的背景、書き手の性格、推薦状の書き方の習慣などについての知識（文脈）を動員して行う意図の uptake 次第なのである。すなわち、行為をその行為たらしめるのは、話し手の意図そのものではなく、聞き手側の意図構成作業なのだ。

以上のような「行為の事後遡及的成立」とでも呼ぶべきあり方は、実はハーバーマス自身も（部分的には）認識している。彼のいうところでは、自明化された非主題的知識を前景化するにさいしては、

［1-5］　私は、Yに金をいくらか与えるよう、君に要請する。

のような明示的発語内行為は、

［1-6］　Sは、［1-5］を発言したことによって、聞き手Hに〝p〟を要請した。

といった記述（三人称過去形）に変換されなくてはならない（Habermas［1988=1990:107］）。たしかに、（1）発語内行為の自己指示的性格ゆえに、聞き手による「了解の獲得」を待って初めて発語内行為は成立する、（2）「討議」は討議に付される行為遂行の最中においてではなく事後的に行われざるをえない、というハーバーマスも承認しなくてはならない二つの要件を満たすためには、言語行為の分析的記述は［1-6］のような三人称過去形、あるいは、より一般化された、

［1-7］　現在言及されている発話Uの話し手Sは、Hに〝p〟を要請する発語内行為をした。

のように記述される必要がある。しかし、このことを認めたとたんに、ハーバーマス流の「言語行為論」は（1）行為の単位性の一意化（発語内行為が$F(p)$という潜在的な統語論的特徴によって一意的に画定されること）、（2）行為者に帰属

せられる意図・欲求・信念といった志向的要素の身分画定、（3）発語内行為と発語媒介行為のアプリオリな区別の維持、という理論の屋台骨とでもいうべき論点を突き崩されてしまうこととなる。以下でそれをみていくこととする。

ここで、一般に「アコーディオン効果」(Feinberg [1968: 106]) と呼ばれる、行為とその記述の関係についての哲学的議論を言語行為に敷延して参照することとしよう。

野球の試合において、Aが突如大声で「危ない」と叫んだ場面を考えてほしい。周囲の状況としては、この発話の直前には投手の投じた球が打者Bの頭部に当たりそうになる事態があり、さらに発話の直後にはベンチでくつろいでいたCが心臓発作で倒れるという出来事があったとする。そして、Aの挙動が居合わせた野球仲間により事後的に「Aは、音声を発したのだ (D)」「Aは、Bに球に当たらないように警告したのだ (E)」「Aは、Cに (意図的に) 心臓発作を起こさせたのだ (F)」というようにD、E、Fによって証言されたとする。ここで勘案されるべきは、証言者それぞれの解釈図式の相違などということではなく、外延的に措定可能な一つの出来事=行為の記述が複数の適切な形をとりうること、したがって、三つの証言が同一の人物によっても語られうるということである。

読者はすでに、右の証言が「同一」であるはずの出来事=行為をそれぞれ、発話行為 (D)、警告という発語内行為 (E)、発語媒介行為 (F) として記述を施していることにお気づきのことと思う。ということはつまり、

【1-8】 同一である行為xが、同時に発語内行為であり、かつ、発語媒介行為である (ありうる)、

ことを以上の事態は示しているように思われるのである。もし、このことが認められるのであれば、

［1-9］　発語内行為はすべて$F(p)$の統語論的構造をもち、発語媒介行為はもたない、

というハーバーマス（やサール）の議論の前提とから、

［1-10］　同一である行為xが、$F(p)$という統語論的構造を持つと同時に持たない、

という到底認めがたい帰結が導き出されてしまう。

これは何とも不都合なことではなかろうか。しかも、我々はすでに【1】で確認したように、発語内行為が基本的に$F(p)$という形式をもつという議論の妥当性は認めているのだから、さしあたり［1-9］の命題は阻却できない。とすれば、問題はやはり［1-8］にあると考えるのがよかろう。

［1-8］の問題性を浮き彫りにするには言語行為の事例ではなく、より一般的な意図的行為をめぐる「アコーディオン効果」の事例で考える方が分かりやすい。たとえば、ある一連の身体的振舞いは、「指を動かした」「電灯をつけた」「部屋を明るくした」「下着泥棒に警告を与えた」「下着泥棒に心臓発作を起こさせた」というように他様かつ多様に、しかもそのすべてが適切な形で記述されうるだろう。このとき、ある同一のタイプ的行為が派生しトークン次元でそれら多様な記述を施されているのでは、ない。そうではなくて、記述の対象となっている当の身体的振舞いの「区切り」自体もそれぞれの記述において多様なのである。つまり「本来的にはいかなる具体的な行為も自然的な区切りをもたない」のだ[6]（盛山［1995:204］）。

したがって、行為の事後的かつ三人称的な記述は、行為の帰責者とされる者の身体的振舞いの「どこからどこまで」区切りを入れるか（**出来事の特定化**）、当の記述を真たらしめる信念・知識・意図をいかにして行為者へと帰属さ

せるか（行為の個別化）、という二点の捉え方によって、「正しい」記述を複数個持つこととなってしまうわけで、そもそも［1-8］にいう「同一の行為x」にはライプニッツ的自同律が成り立ちえないのである。

かくして［1-8］の命題が偽（あるいは無意味）であるということになり、とりあえず［1-10］の異常な結論は回避されたように思われる。しかし、ハーバーマスは眠れない。彼の議論はその理論的要請からして［1-8］をどうしても認めなくてはならないからである。周知の次の議論をみてみよう。

わたしは、すべての当事者がその発話行為で発語内的目標を、しかもそれだけを追求するような、言語に媒介された相互行為を、コミュニケイション的行為に数えることにする。これに対して、当事者のうち少なくとも一人が、その発話行為で相手に発語媒介的効果を喚起しようとしている相互行為を、わたしは、言語に媒介された戦略的行為をみなす。オースティンはこの二つの場合を、異なる相互行為類型として区別しなかった（Habermas［1981=1986:33］）。

ここで言われていることは、要するに、(1)「発語内行為の連鎖＝コミュニケーション的行為／発語媒介行為の混入する行為連鎖＝戦略的行為」、かつ、(2)「コミュニケーション的行為≠戦略的行為」、ということである。もし(2)が成り立つのであれば、両相互行為が形成する二つの集合は互いに排反の関係にあるということであり、両相互行為を構成する単位行為である発語内行為と発語媒介行為もまた、排反関係にある集合を形成するものでなくてはならない。さて、発語内行為と発語媒介行為が互いに排他的な行為類型であると主張するのなら、両行為の個別の例はけっして重なりあってはならないはずである（でなければ相対的な差ということになり、オースティンへの批判が無為となる）。とするならば、可能であるすべての「発話行為」がまずは自同性を持っており、それがハーバーマスの掲げる諸基準により発語内的／媒介的行為へと重複することなく割り振られうるということになる。すなわち、ハーバーマスは「行為の同一性」を、規準適用以前に前提しなくてはならないのだ。このことは、ハーバーマスが理論に一貫性を持たせようとするかぎり、［1－8］の主語「同一である行為」の実在を含意しなくてはならないことを意味するだろう。しかしながら、「行為は事後的に、三人称的記述を真とするかぎりで達成される」というハーバーマスも同意する議論を妥当とするなら、アコーディオン効果の存在ゆえに、［1－8］の命題は偽（あるいは無意味）たりうるのであった。やはりハーバーマスは眠れそうにない。

以上のことにより、ハーバーマスの理論はその内に、到底認めがたい矛盾を孕んでいることが示されたはずである。行為の自己同一性を前提とする言語行為論的議論は、それが行為の分類学に留まるものではなく、いやしくも言語的行為の一般理論たろうとするのであれば、避け難い困難を抱えてしまうのだ。ではいったい我々は「行為」の自同性をアプリオリに前提することなく、いかにして行為を捉えることができるのであろうか。

二　行為の同一性と責任　構成主義の行為理論

【1】　コミュニケーションと行為

Aが何げなく腕を伸ばしたとき、たまたま隣に居合わせたBの顔に拳が触れてしまい、Bがムッとした表情で「何するんだ！」とAに抗議した場面を考えてみよう。怒れるBにAの「行為」を記述させるならば、おそらく、

［1－11］　Aは、Bを殴った。

といったものとなろう。もちろん、Aが意図的にBに触れたのでない以上、紛れもなく意図的行為である「殴る」をAの行為とするこの記述は正しいとはいえない。しかし、解釈者たるBの側に、［1-11］の記述を導き出すうえで有意味に連関する想定（assumption）として、

［1-11a］　Aは暴力的な人物である、

［1-11b］　AはBのことを普段からよく思っていない、

［1-11c］　一般に授業中に腕を伸ばしたりなどしない、

といったようなものがあった場合、Bはけっして「言い掛かりをつけた」わけではないということもまた我々の直観に近しい事実であろう。

このようにAの振舞いを解釈するうえで関連性（relevance）の高い知識・信念の集合が、［1-11］の事後的な行為記述を一応（prima facie）妥当なものとして成り立たせる場合は十分にありうる。このとき、AはBを殴るという「行為」の帰責者＝行為者として、コミュニケーションのなかで適切に主題化されているのだといえよう。しかし、Aに「殴ろう」という意図が存在していなかった場合、端的に［1-11］が指示する事態は存在していなかったのであり、その意味でAにとっては何とも不条理な事態が成り立ってしまっているように思われるのもまた直観に親しい事実である。ではいったい「AがBを殴る」という（意図的）行為は出来事として存在したのだろうか、それとも存在していなかったのであろうか？

もし、Aが汚名挽回を図るならば、さしあたり、Bの抗議に対して「ごめん、わざとじゃないんだ」といった具合に釈明し、［1-11］の記述を却下させるような情報をBに与えなくてはならない。しかしながら、そうした釈

明は、ふたたび対話というコミュニケーションをBの行為（抗議）に接続しているのであり、ある時点tで［1－11］の記述が妥当であるような状況が整っていたという《歴史》を否定するものではない。この場合、《［1－11］はある時点tにおいて一応成り立っていた》と考えるべきであり、後の時点$t+1$における釈明によって「誤解」が正された場合は、［1－11］の一応の成立というコミュニケーションにおける事実そのものがなくなるのではなくて、《時点$t+1$の情報においては［1－11］は棄却される》ということが承認されたにすぎない。すなわち、時点tでの「殴ろう」という意図の不在は、コミュニケーションにおける「AがBを殴った」という意図的行為の記述の不当を意味しないのである。以上のことは、先に言及した［1－4］の「推薦／皮肉」の事例と同様の問題が、言語的な振舞い以外のコミュニケーションについても指摘されうることを示している。

どうやら我々は、ある行為をその行為たらしめようとする意図（「殴ろう」）の存否に関係なく、ある特定の意図的行為（「AがBを殴る」）を世界のなかに現出させてしまうコミュニケーションというものを、行為者の意図により定義的に統一性を与えられる「行為」概念を含まない形で定義する必要があるようだ。そこで我々は、コミュニケーションを、

［1－12］　ある身体的振舞い（非振舞い）が、時間的に後続する出来事E_2の原因である出来事E_1として観察されたときに、受け手が、出来事E_1としての「行為」にともなう（entail）意図や信念を文脈的な情報群から推測して、状況と整合的になるような「行為」の三人称的記述を与え（すなわち、受け手、あるいは、聞き手が行為者と行為を特定化 specify し）、そのように理解したことを「行為者」へと顕示すること・の連続的継起、

と捉えることとしよう。(7)

詳論は別の機会に譲るが、私はほとんどの意図的行為の記述は陰に陽に、少なくとも二つの出来事への言及を含んでいると考えている。[8] たとえば［1-8］の記述では、まず「結果」たる『Bが殴られること』と記述されるような出来事」が観察され、そこから遡及的に出来事「Aが何かをしたこと」がその「原因」として措定される。ここではじめてある出来事E_1は意図的行為として理解されるべき「ある身体的振舞いX」と画定されるのである。したがって行為の三人称的‐事後的な記述とは、

① 因果的な関係にある（複数の）出来事を世界から抽出する所作（因果帰属）と、

② 原因とされる出来事を「ある行為者」による適当な「意図」「信念」を伴った「行為」として個別化する所作（行為の合理化説明）、

とのアマルガムなのであり、コミュニケーションとはまさしくこの行為記述が相互的になされる過程として捉えることができるだろう。「結果」の観察が、「原因」たる出来事＝行為の説明へと遡及的に導くわけであり、お好みなら、発語媒介行為としての記述が発語内行為の記述を遡及的に規定すると言ってもよい。

このように考えるなら、Aの「『Bを殴ろう』という意図」が存在していなくとも、少なくとも「『Bが殴られること』と記述されうるような出来事」は存在していたとはいえるのであり、何らかの出来事がBの身に降りかかった《歴史》を否定することなく、「『AがBを殴った』という意図的行為＝出来事」の存否を行為記述の相互過程＝コミュニケーションにおける当事者による「検証」へと委ねることができる。［1-12］は、かかる行為と出来事の存在論をクリアしうる定義だと思われる。

「誤解」であっても何でもいい。さしあたって［1-12］のようなプロセスがとにもかくにも続くこと――これ

こそがコミュニケーションなるものの一にして全であり、煎じ詰めていえば、コミュニケーションとは「意図的行為を観察（記述）する過程」そのもののことなのだといえる。［1－4］の書き手に「推薦」の意図であったかどうか、［1－11］のAに「Bを殴る」という意図があったかどうかは、その意図が帰属される人格にとっては紛うことなく大問題であるが、その意図の在／不在と［1－12］の過程の実現とは、厳密にいって無関係である。したがって、言語行為論（あるいはハーバーマス）や社会学的なメッセージ伝達モデルが前提とするような、《意図（メッセージ）→理解》図式は根本において転倒しているといわなくてはならない。精確なコミュニケーションの図式は、実に奇妙ではあるが、意図の所有者としての「送り手」を図式から削除し、世界の観察者としての受け手／聞き手のみが「意図的行為」の「理解」を提示しあう《理解→理解》図式とでも呼ぶべきものである。コミュニケーション当事者は、互換可能な立場として「話し手」「聞き手」に割り当てられるものではなく、基本的には相手の意図的行為を観察＝記述する観察者として捉えられなくてはならない。

こうした我々のコミュニケーションに対する見解に、ハーバーマスの論敵であったルーマンの近年の議論は非常に近い位置にあるように思われる(9)。

ルーマンはコミュニケーションを、(1)ある情報の選択、(2)その情報の伝達のあり方についての選択、(3)受け手による(1)と(2)の差異の観察＝理解の選択、という三つの選択の不可分の総合であるとする。先の例［1－4］に即していうならば、(1)推薦文を書いた指導教官は文に記された言語的情報を（他の情報を棄却したうえで）選択的に提示し、(2)その情報を「皮肉」であるという意図がある程度顕在化しうるような伝達の様式をとり、(3)読み手は、そこに記された言語的情報（推薦）と伝達の形式（無関連情報の過剰）の差異を見てとり、自分がその推薦文に対して与える解釈を選択する——この過程の総体がコミュニケーションなのだ。重要なことは、ルーマンがこの(1)(2)(3)を「不可分」の過程としており、したがって、受け手による「理解」が完了してはじめて先行する行為の意味が獲得される・としていることである。つまり「送り手」の側の選択である(1)や(2)といった「伝達」それ自体は、さしあたりなんらかの選択の提示にすぎない。それに対する応答によってはじめてコミュニケーションが完結することになり、その応答のいかんに応じて、コミュニケーションという統一体がいかなるものとして成就しているのかを読み取ることができる」というわけだ（Luhmann [1984=1993 : 242-243]）。

ここにおいて、一般には「行為」とされる(1)や(2)は、観察者＝受け手による uptake（読みとり）の契機へと格下げされ、ある人格に意図・動機・利害関心といった内包的要素を帰属させる過程（Zurechnungsprozesse）のなかで構成されるものと捉えられている（Luhmann [1984=1993 : 261]）。すなわち、行為の連接がコミュニケーションとなるのではなくて、逆にコミュニケーションのなかにおいて「行為」「行為者」が構成されるのである。「意図の伝達」がコミュニケーションなのではなく、「『意図の伝達』の帰属過程」＝「意図的行為の観察過程」そのものがコミュニケーションなのだ。かかる見解は、［1-12］をもってコミュニケーションを定義した我々の見解ときわめて近しいものといえるだろう（ただし私見では、端的に(3)の継起のみでよいと思われる）。

さて、以上のようにコミュニケーション／行為の関係を捉えるルーマンは、既述したような言語行為論的な行為観については懐疑的な姿勢を見せている。彼によれば、オースティンによる発話行為／発語内行為／発語媒介行為の区分は、コミュニケーションを(1)(2)(3)へと「相互に切り離して考えることに関心が向けられてしまって」おり、「行為」が理解をまってはじめて構成されるものであることを見落としている（Luhmann [1984=1993 : 222]）。つまり、「行為」の先験的な自同性が前提されているのである。彼のいうコミュニケーションの三つの契機がオースティンの区分に重なりあうものであるかどうか、また、オースティン自身も「了解の獲得」に言及しており「理解」と言語行為の密接な関係をおぼろげには看取していたように思われることなど、ルーマンの言語行為論解釈に疑問点がないわけではないが、少なくとも、言語行為論が胚胎する行為観——コミュニケーションに先立つ自同的な行為の措定、受け手による uptake の理論における副次化――の問題には十分本質的な批判をなしているといえよう。

【2】 共同の論理と協働の論理

ここで、ハーバーマスとルーマン（および本書）の《相互（行為）性》についての見解を対置させ、その差異からうかがわれる（1）「行為者（≠行為）の合理性」観、（2）「道徳」の社会学的位置づけ、の相違を急ぎ足で確認しておくこととしよう（なお（2）については第七章で再度言及する）。既述したような社会学基礎論としての「行為」論の相違が、より大きな社会性の次元を考察するうえでの基本的視座を分かつ契機となっていることが、理解されるはずである。

ある行為者が合理的であるという事態をいかにして捉えるかという論題に関して、行為の自同性を認める立場と、行為をコミュニケーションの構成物と見なす立場（［1-12］）とでは、著しい対照を見せることとなる。[10]

まず、行為が潜在的な統語論的構造を持つとする立場においては、その抽象的な構造を適切に用いて言語を使用（use）できることこそが、ある行為者が合理的であることの不可欠の要件となる。すなわち、合理性は行為者の側に内属している能力（competence）のことであり、その適切な運用を習得することこそが、社会性-相互行為の場面へと参入する条件となるのである。チョムスキーの言語能力についての見解からも察せられるように、このように行為者（言語使用者）の合理性を捉えることは、自然言語の統語論的構造の解明を課題とする一派にとっては動かしがたい前提なのだといってよい。[11] 実際、自然言語（言語行為）の抽象的構造を分析の基盤に据えるハーバーマスも、幼児の言語能力獲得過程に経験的な証拠を求めたチョムスキーにも似て、コールバーグ流の発達心理学に熱いエールを送り、自らの掲げるコミュニケーション的理性の経験的証拠として換骨奪胎せんとしているが（Habermas

[1983=1991]）、こうしたことは、（言語）行為単位のアプリオリな自己同一性を認める理論的スタンスが、「合理性」を行為者自身に備わった能力へと還元する傾向を持つことを示している。

一方で、「行為」なるものの自同性を前提とせず、それを、コミュニケーションにおける意図・動機・欲求などの帰属によって構成されるものと理解する場合、合理性は行為者に備わる能力などではなく、むしろ、行為の観察者（受け手あるいは聞き手）が行為の解釈にさいして前提する「行為者信念の整合性」として捉えられる。かかる整合性をいかに定義するのか、という点については哲学・認知科学の土壌において多様な議論が戦わされており一意的に見定めることはできないが、ここではさしあたり一般に「善意の原則 principle of charity」（Davidson [1984=1990]）と呼ばれる規範的原則にならって、

[1-13]　解釈者によって帰属せられる行為者の信念・知識はおおよそ真であり、かつそれらの信念・知識が形成する体系はおおよそ整合的である、

こととしておこう。

しかし、もちろん[1-13]だけではコミュニケーションは可能ではない。[1-13]はつねに裏切られる可能性があるからだ。したがって、

[1-14]　行為者は、いったん自分が[1-13]の意味で不合理になっていることに気づけば、自らの把持する信念・態度をより合理的なものとするように調整する、

という二階の（second order）合理性を勘案しなくてはならない（Føllesdal［1981］）。

重要なことは、行為者に事実［1－13］にいう合理性が備わっていようがいまいが、さしあたり［1－13］［1－14］を観察者（解釈者）が前提することができるかぎりで、「理解」は十分可能になるということである。[12] 誤解された場合、解釈者が提示する三人称的記述を阻却する事由を挙げることにより、自分が［1－13］の意味での合理的存在であることを示しうるということ、あるいは相手が「言い間違い」をしている場合には、あえてその間違いに言及せずとも、その相手が［1－13］を指向する存在であると想定できるなら（［1－14］）十分「何とかうまくやっていける」こと——こうしたコミュニケーションの常態は、右の合理性の想定において可能になっている。要するに、行為者に備わる能力としての合理性が相互行為を可能にするのではなく、他者についての合理性の前提こそが、コミュニケーションをもたらすのである。ルーマンがいうように、「コミュニケーションをとおして意思の疎通が首尾よくおこなわれたのか失敗に終わったのかに関してコミュニケーションできる、あのメタ水準のコミュニケーションがつけくわえておこなわれるのであれば、直接のコミュニケーションにおいて、すべてのことをあらかじめおこなう必要はない」（Luhmann［1984=1993：240-241］）のだ。

ハーバーマスとルーマンの理論が内包する「行為者の合理性」についての見解の差異はいまやあきらかであろう。観察者による uptake に先んじて「行為」「行為者」が措定されうるか否かについての議論の分岐は、合理性は行為者に内備される能力であるか／観察者が行為者に帰する前提であるか、という行為者の合理性の捉え方の相違を導くこととなる。ハーバーマス的な合理性は、基本的には行為者すべてに統語論的な構造（形式性の条件）という形であらかじめ備わっており、普遍的に共有されている。その意味でこの手の合理性を《共同の合理性》と呼ぶことができよう。一方で、［1－13］［1－14］で示される合理性は、コミュニケーションが続いていくために当事者＝観察者に必要とされる前提的な想定であり、いってみればコミュニケーションに不可欠の道具である（その意味でこの議論はDennet[1987=1996]流の道具主義に近い(13)。「何とかやっていく」ことの前提として措定されるこの手の合理性は《協働の合理性》と呼ばれてしかるべきであろう。かくて《共同の論理》と《協働の論理》——ハーバーマスとルーマン（および本書）の行為論をこのように対照して表すことが、あるいは許されるかもしれない。

以上のような合理性についてのスタンスの相違はさらに、行為の帰責性を特異に主題化するコミュニケーション、すなわち、道徳コミュニケーションの社会における位置づけをも分岐させることとなる。まずは、《協働の合理性》にそくして考えた場合、道徳についてのコミュニケーションはどのように捉えられるだろうか。

先に論じたように、コミュニケーションとは意図的行為の観察の継起であり、そこでの観察とは行為者に意図や信念・欲求を帰属させることである。とするなら、コミュニケーションとはどんなものであれ、行為者の行為に対する帰責性が問い-問われる過程であるということができるだろう（Davidson［1980=1990:71］）。しかしいうまでもなく、いかなる信念や知識が、帰責性を問う段で関連性のあるものであるかは状況によって異なっている。たとえば、我々は野球で盗塁するとき、ゲームにおける行為の帰責を指し示す「アウト／セーフ」の判定を、社会的地位や資産の多寡といったゲーム外の判定基準で裁断されることは通常ない。これは、野球における「行為」の記述の真偽を判断するうえで必要な文脈的情報のなかに、行為者の社会的属性が原則的に含まれていないからである。行為の帰責性は、つねに文脈的情報と相関的に査証されているのであり、その意味で「帰責性を問う」という所作そのものはあらゆるコミュニケーション一般に見受けられる事態なのだといえよう。つまり、行為の責任を問い-問われするのは、「道徳」の専売特許ではないのである。では、経済的でも法的でもない、他ならぬ道徳的なコミュニケーションにおいて、呼び出される文脈的情報とはいったいどのようなものであろうか。

ここで再びルーマンの議論が参考になる。ルーマンは、道徳的コミュニケーションを、観察者が善／悪の二項コードを用いて、ある人格を「全体として」評価し、尊重／軽蔑のいずれかへと指示するものとして捉えている

(Luhmann [1978] [1984=1993] [1989e=1992])。要するに、道徳的コミュニケーションにおいて関連性のある文脈的情報とは、行為者が、「野球選手」「官僚」「教師」……といった何らかの役割的存在としてではなく、そうした役割的属性を超越的に統括する（とされる）全人格的な存在として尊敬に値するか否かを判断するうえで必要と思われる一連の情報群なのである。かかるルーマンの議論を先の我々の議論の視角から捉え返してみることとしよう。

我々は先に、行為記述（観察）の構造が、(1)因果的な関係にある少なくとも二つの出来事を措定する過程と、(2)原因とされる出来事を、整合的な信念・欲求・意図を伴ってなされたある行為者の行為として個別化する過程、のアマルガムであると論じた(14)。道徳に限らず、一般に帰責の過程とは、結果とされる出来事E_2（「Bが殴られる」と記述されうるような何らかの出来事）のある特定の記述（「Bが殴られた」）のもとでの実現について、行為者が何らかの賛同的態度（pro-attitude）――つまり、その実現を望ましいと思う態度――を持ちあわせていたか否かを文脈的情報を鑑みつつ、判断することである。観察者は、文脈と整合的な信念や欲求を行為者に帰属させ、原因とされる出来事E_1について「AがBを殴ったこと」と記述することが適切かどうかを折衝しあうわけだ。もし、AにBを殴ろうという意図がなかったことが(1)外的に観察可能な出来事と(2)文脈的情報にそくして立証されるなら、出来事E_1を「AがBを殴った」という行為として記述することは、事後的に不適切なものとして阻却される。しかしながら、道徳的コミュニケーションにおいては、この阻却可能性を(1)と(2)が担保しえないのである。

もちろん、いかなる状況に定位するかによって、因果的に連接される出来事の抽出のあり方も、また関連性が高い文脈的情報の特定化のあり方も異なってくる。こうした状況拘束性こそが帰責の過程を可能にすると同時に制限する条件なのだが、道徳的コミュニケーションにおいては、(1′)原因とされる出来事E_1の、さらなる究極的な原因として行為者の「人格性」が措定され、(2′)かかる「人格性」はあらゆる状況において原因として作用する、とされる。つまり、一般の帰責過程のように《「行為」が原因とされる観察》がなされるのではなく、《「行為者」が、原因とされる行為のさらなる原因として観察》されるのだ。

「殴ろう」という意図はなかったというAの弁明があり、かつその弁明を裏づけるに十分な情報が入手されているにもかかわらず、「そもそもそういうヤツだ」式にAの人格性が言及され、《［1－11］ AがBを殴った》という記述が阻却されない場合には、［1－11］のように記述される行為のさらなる究極的原因としてAの人格性が措定されている（(1′)）。また盗塁の判定で、人格性が問われることはまずあるまいが、「授業」「売買」「組織内の決定」などの状況では微妙になってくるわけで、かかる人格性は状況に応じた文脈情報群の境界を横断する可能性を持つこととなる（(2′)）。こうしたコミュニケーション状況では、人格性という概念自体が、個別的な状況にかんするいかなる情報からも行為記述の証拠としての能力を剝奪するものとして定義されている。「原因としての人格性」の想定こそが道徳的コミュニケーションの構成的規則なのであり、ここにおいては、(1)や(2)はもはや免責の規準となる資料としては働かなくなるのである。こうした意味において、道徳とはまさしく「目的の王国」の住人たち（のみ）が振舞いを見せる舞台にほかならない。そして我々は時として、ごく日常的に「目的の王国」へと入り込んでいくのだ。

以上のような「道徳」というコミュニケーションの捉え返しは、社会学的には相反するように映る二つの含意を持つ。

まず第一に、道徳の現代社会における機能の限定化。

［1－13］［1－14］で示されるような合理性の想定により、観察者は、少なくとも行為者が「現下の状況」とはなはだしい不整合をみせる信念を持っておらず、また非整合であることが分かれば修正する用意のある存在であること、すなわち関連性のない情報を棄却する者であることを、前提にできる。このことは、行為解釈においてそれぞれ異なる文脈情報群I_1およびI_2を要請する状況S_1およびS_2であれば、状況S_1における行為の記述の適切さの評価に

I_2が適用されない（あるいはI_1に比して副次化される）ということが前提にできる、ということである。[15] ルーマンの診断する機能的分化を遂げた近代社会は、これらの状況が関連する情報群を「法」「経済」「教育」「芸術」「科学」……という形でそれぞれ特化し、状況を自律化させることにより、行為解釈にまつわる観察者の負担を軽減する社会であるが、かかる社会においては、行為者を全人格的に評価する道徳コミュニケーションは、もはや全範域的な「社会統合」の基礎を提示するものとしては提示されえず、ある特異なテーマ（全人格性）を扱うコミュニケーションの一類型として存在するにとどまることとなる。つまり、ある結果としての出来事の、究極的な原因として人格性まで遡及するコミュニケーションのあり方は、文脈情報群の境界線を恣意的に横断するものとして機能を限定されなくてはならないのである。

その一方で、あらゆる行為は、その意図の如何、在／不在、そして現下の状況を画定する文脈的情報の如何にかかわらず、つねに道徳的コミュニケーションによる帰責化の可能性に晒されていることにもなる。すでに繰り返し論じたように、行為とは観察者の uptake においてはじめて出来事として特定化されるのであって、行為者が当該行為を遂行しようとする意図の不在は、コミュニケーションにおけるその行為の不在を意味しないのだった。とすれば、あらゆる行為はつねに道徳的なコミュニケーションから観察される（善い／悪いとして区別される）可能性を——あくまで可能性として、であるが——持っていることとなろう。たとえば、官僚によるあくまで正当な手続きに則った行為、企業による法的に問題のない投資という行為すら、その行為者の人格性を原因とする「善い／悪い」行為として査証される可能性を免れないのである。もちろん、かかる観察が、関連性のある情報にもとづいてなされたものであるか否かによって阻却されうることは十分に考えられるが、少なくとも、官僚や企業によるある種の行為を（後に帰責性については棄却されるとしても）出来事としてコミュニケーションにおいて俎上にのせることにはなる。機能的に縮小された「道徳コミュニケーション（道徳システム）」はけっして無力となったのではなく、自律化したコミュニケーションの状況（＝自律したシステム）においては自明化されて存在を認知されない（因果的に関係する）出来事を、「行為」としてテーマ化し、世界的事態として現象させるという特異な機能を担うこととなるのである（Luhmann [1994]）。

こうしたルーマン的な「閉じられているがゆえに、開かれている」道徳の概念化は、まさしく《協働の合理性》を基調とした論理から導かれる帰結である。いわゆる、（1）近代におけるサブ・システムの自律化という事態も、（2）「意図せざる行為」のコミュニケーションにおける主題化という事態も、既述の《協働の合理性》においてコミュニケーションを理論化するまなざしから導出されているのだ。

一方のハーバーマス的な《共同の合理性》観は、行為をコミュニケーションにおいて構成されるものとみず、《発語内行為の接続＝コミュニケーション的行為／発語媒介行為がひとつでも含まれる行為接続＝戦略的行為》のアプリオリな区別を前提とするがゆえに、両者は外延的にも内包的にも重なってはならず、したがって双方の相互行為が世界的事態として現れる場所を実体的に峻別しなくてはならなくなる。そして、その実体的な場の区分こそが、ハーバーマスの用語法における「生活世界＝社会統合の場／システム＝システム統合の場」という区分図式に他ならない。かくて、「道徳」はつねにすでに――いかなる状況＝システムにおいても――問われうる位相学的な位置づけを与えられることはなく、社会統合の基礎としての「道徳」を討議する場（公共圏）が、システムとは別途用意されなくてはならなくなるのである。つまり彼の理論機制においては、「システム」が生活世界（道徳）の領野に足を踏み入れてはならないように、道徳もまた「システム」へところ構わず恣意的に介入してはならないわけだ。国家社会主義の破産が、経済システムに対する民主主義的の観点からの「政治的統合様式による制御」に起因するという一九九〇年での彼の時代診断は、まさしく民主主義的討議によってもたらされる道徳のシステムに対する自律性を謳うと同時に、道徳の領域としての生活世界がシステムへと恣意的に侵入することを戒めたものといえるだろう（Habermas［1990=1994］）。以上のように対照させるなら、「閉じられているがゆえに開かれている」道徳の機能を見積もるルーマンと、「閉じられている範囲で開かれている」道徳の生活世界における実現を図るハーバーマスとで、いずれが現代という近代における「道徳」の位置を精確に評定しているのかは簡単には断言できないということが理解されるはずだ。

＊

本章では、社会学基礎論としての「行為論」についての議論を、行為の単位措定に対するハーバーマスの見解やルーマンの行為／コミュニケーション-差異の議論を素材とし、ルーマンの立場に近しいものを覚えつつも、用語系としては極力ルーマン語を排しながら、進めてきた。このなかで、行為の単位性および行為者の合理性に対する捉え方の差異が、《現代社会における「道徳」の位置づけ》という、きわめてマクロな社会学的考察の分岐をもたらしていることを示してきた（と信じたい）。

我々は、自らの「道徳」への決断主義的直観からルーマン／ハーバーマスの対立を捉えて立場を決めるのではなく、社会学基礎論としての「行為論」に対する理論化の一貫性・整合性を見極めたうえで、両者の対立についての位置を精確に確定し、現代社会における「道徳」の実定性＝積極性を見極めていく必要がある。私見では、ハーバーマス的に、行為の自同性を認めたうえでその抽象的な構造を精緻化していく試みは、行為の類型論-分類学としては成り立ちえても、その単位性までをも議論の射程に入れた「行為理論」としては貫徹しえず、したがって、行為の帰責性についても十分な理論化が施されるとは思えない。行為をコミュニケーションにおいて構成される観察対象へと（分析上）格下げすることで初めて、「つねに・すでに問われうるにもかかわらず、社会全域的に適用されることはありえない」道徳のヤヌスの双顔が見えてくるはずである。社会学が「決断主義」にも「道徳の類型論」

にも堕ちずに倫理学との折衝を図るためには、「行為」を理論的与件としては手放す「行為（観察）論」、《共同の論理》を断念し《協働の論理》に踏み込む「関係論」こそが準備されなくてはならない——こうした《協働の論理》に裏打ちされた倫理理論・社会理論の可能性と限界を第二章以降では、探っていくこととしよう。

第二章　構成主義的責任論とその限界

第一章で確認したように、日常を生きる我々にとって自明に映る行為（や出来事）の単位性は、実はそれほど確定的なもの（意図や社会規範によって確定されるようなもの）ではなく、行為者と行為を解釈する観察者とのたえざる折衝プロセスのなかで逐次・事後的に構成されていくものであった。私は、たとえあなたを傷つける意図がなくとも、「あなたを傷つける」という行為をなしうるし、逆に、あなたを傷つける意図をもってある振舞いをしたとしても、「あなたを傷つける」という行為をし損なうことだってある。私が何を為したのかは、その行為を解釈するあなたの uptake なしにはけっして確定しえないのだ。だから、行為＝社会システムの要素があって相互行為（interaction）が生起するのではない。単位行為に分節化されていないコミュニケーションがまず先にあって、そのコミュニケーションのさなかで様々な文脈的情報（信念・知識）をもとに単位行為が逐次単位行為として分出されてくるのである——こうしたルーマン的な行為観を、さしあたり我々は構成（構築）主義的な行為理論と呼んでおくこととしよう。

かかる構成主義的な行為理論によって、我々は、

① 行為者の意図（や計画など）をもとに行為記述を確定しようとする行為者中心主義、そして
② コミュニケーションの《現場》から離れて単位行為を特定化しようとする行為理論の非時間性、

を相対化することができるようになる。第一章では、こうした構成主義的な知見の利得を、仮想敵（ハーバーマスのコミュニケーション的行為の理論）との対照から浮き彫りにしつつ、「行為者中心主義」を相対化したときに見えてくる道徳コミュニケーションの特質・機能的位置価を剔出したのであった。一見「非人間主義的」で「冷徹な」ルーマンのシステム論・コミュニケーション論が、逆説的にも「人間主義的」なハーバーマス以上に道徳という「倫理的なもの」を実定的かつ肯定的に受け止めるロジックを内包しうる――そんな私の予断は、ある程度信憑性を獲得しえたのではなかろうか。しかし、ルーマン的な行為理論と「倫理的なもの」とが邂逅する局面は、第一章で記述されたような道徳コミュニケーション分析の場面に限定されるものではない。むしろ、もっと直截に、構成主義的な行為理論がそのまま、そのものとして――つねに・すでに――「倫理的なもの」に触れている、といえる論題が存在する。それが「行為の責任 responsibility」をめぐる問題系である。

第一章第二節での私の結論は次のようなものであった。すなわち、「コミュニケーションとは意図的行為の観察の継起であり、そこでの観察とは行為者に意図や信念・欲求を帰属させることである。とするなら、コミュニケーションとはすべて、行為者の行為に対する帰責性が問い-問われする過程であるということができるだろう」と。あなたが私のある振舞いに対して「殴ったな」という行為記述＝観察を提示するとき、もちろん、あなたはたんに行為の単位確定をしているのではない。あなたは、その記述＝観察によって、自分に関係する世界の出来事が誰の責任でもって遂行された行為であるのかを特定し、当該出来事の生起に責任有りとみなされた人物（私）に記述＝

観察の言語化という形で異議を申し立てて（claim）いるのである。リチャード・テイラーが言うように「ある種の人間の振舞いを誰かの行為であると主張するとき、おそらく我々は、何事かを記述しているのでは全然なくて、むしろ何事かを、すなわち、当該行動に対する責任をその人物に対して帰して（impute）いる」のだ（Taylor [1966: 100]）。

行為記述（観察）が「すなわち（eo ipso）」当該行為の／に対する帰責行為であるとするなら、我々は「行為の単位性」と同様に「行為の責任」にかんしても構成主義的な態度をとらなくてはならないこととなる。「行為の単位性」と同じく「行為の責任」も、他者による記述＝観察＝異議申し立てによって初めて世界内に現象するのであって、他者とのコミュニケーション以前に確定されうるものではない。とすれば我々は――先の①②と照応させていうなら――、

①′　行為者の意図（や計画など）をもとに行為の責任を確定しようとする行為者中心主義、

そして

②′　コミュニケーションの《現場》から離れて行為の責任を特定化しようとする行為理論の非時間性、

に対しても批判的な立場を採らなくてはならないのではなかろうか。

①′②′に対して批判的な姿勢をとるということは、行為者の意図や予見の帰属可能性などを勘案しつつ、（第三者的）法＝《規準》にもとづいて責任を阻却すること（たとえば殺意の有無など）を論理の軸としてきた近代リベラリズムに、根元的な異議を突きつけるということでもある。構成主義的な責任論は、リベラリズムが前提とする法に準拠した抽象的な責任概念の「行為者中心主義」「非時間性・脱文脈性」を脱構築し、行為を観察する他者、責任発

生の時間性（動態性）を奪還すべく論理を展開するであろう。本章の課題は、ルーマン的-構成主義的な行為理論を「責任」論として敷延・展開していく可能性とその限界とをできるかぎり精確に書きとめていくことである。システム論的とも形容されうる我々の「行為」観は、行為と出来事、責任とのかかわり（倫理的なもの）を問題化する社会（科）学にとって、どのような理論的・倫理的含意を持ちうる（持ちえない）のだろうか――本書の冒頭で述べた「社会的なるもの」を極限まで引き伸ばし、その臨界を探っていくこととしたい。

第一節ではまず、①に対する批判的検討から立ち上がった責任理論（「強い」責任理論と呼ぶ）が、「行為」と「行為の（意図せざる）結果」との二分法を前提としてきたドミナントな社会学理論に対して与えうる理論的示唆を再度考察し、類型論的な行為理論――それは前章で検討したハーバーマスの行為観とある種の形而上学を共有している――が持つ意図せざる倫理的コミットメントについて批判的に検討する。次に、類型論からの脱却を図るシステム論的な責任-行為論と、近年様々な形でとりあげられる「ポストモダン政治学」との節合平面について考察する。類型論的発想では捉え切れない責任の微妙な実定性を捕捉しようとする点において、本書の議論は、「他者性の政治学」「ポストモダン政治学」などと呼ばれる潮流と重なり合う部分を持つだろう（第二節）。しかし我々は、システム論的行為観による、（1）行為者定位型の行為論に対する認識論的・存在論的批判、（2）責任概念の再構築の意義と可能性、を完全に認めつつも、それが直接的に何らかの倫理的-政治的主張を導き出すものとは考えてはいない。それは重大な点において、規範理論としては失効してしまっているのだ。第三節では、次章以降へのつなぎとして、我々の責任理論が倫理／政治の領域にたどりつきえていない理由を、「ポストモダン政治学」や大庭健が展開している「システム倫理学」などをとりあげつつ、述べていくこととしたい。我々は責任ある社会を構想していくためには、第一章および第二章第一節・第二節で展開される責任理論を看過することはできないが、さりとてそこにとどまっているわけにもいかないのである。

一　行為の責任・再考　構成主義的に「責任」を考える

ここではまず、構成主義的行為観にのっとった我々の行為責任についての見解を、「強い」責任理論と呼び直し、その特徴を説明していくこととしたい（【1】）。続く【2】では、我々の見解と、一般的な社会学的行為論で採用されている「弱い」責任原理とを比較検討し、「強い」理論を本書が支持する哲学的根拠について概説する。

【1】　構成主義テーゼから「強い」責任理論へ

我々は第一章で、行為記述（観察）および責任発生の事後遡及的-物語的性格について確認した。つまり、行為記述の同一性およびその責任は、行為者が自らの行為をどう意味づけるかに一義的には関係なく、観察者（解釈者）による事後的な観察を通じて構成されると考えられるのであった（この点については、Thompson［1981＝1992］の第四章も参照）。このとき我々は、コミュニケーションにおいて（一応）帰属される責任にかんして、ある意味グロテスクといえるほどに「強い」見解にコミットすることとなる。

たとえば、我々の理論によると、ある人B（行為観察者）が、Aの何らかの身体的振舞い（「指を動かす」「Cに向けて発砲する」という意図的行為）を、後続する戦争を引き起こした行為として観察した場合、Aは――意図するとせざるとにかかわらず――「戦争を勃発させる」という行為をなしたことになる。もちろん、Aは意図的に戦争を起こそうとしたわけではなく、自分の子供を惨殺した暴君Cに復讐を図っただけのことかもしれない。つまり、Aは意図的に「指を動かし」「Cを射殺した」のだが、「戦争を惹起する」という意図的行為をなしたわけではないのかもしれない。しかし、そんな同情すべき事情がAにあったとしても、我々の理論は、Aの振舞いを「戦争を勃発させた」行為として記述する人（体制寄りの検察官？）の主張を第三者的な観点から却下することはできないだろう。なにしろ、Aの身体的振舞いから戦争勃発にいたる出来事の因果的連鎖（「指を動かす」↓「引き金が引かれる」↓「発砲」↓「Cの死」↓「国際情勢の変化」↓「戦争勃発」）が何らかの形で観察されうるならば、Aは「戦争を惹起する」という意図的行為をしなくとも、「戦争を惹起する」という行為をなしうる（そして、自らの意図的行為の意図せざる結果に対してではなく、自らの行為に対する責任を問われる）のだから。これは、《行為記述＝帰責行為は、行為者の意図にもとづいてではなく、行為観察者による「結果」観察から遡及的になされる》という構成主義テーゼからごく自然に導かれる帰結にほかならない。

もちろん、第一章でも述べたように、実際のコミュニケーションにおいては、行為記述にかかわる相当な因果連鎖の設定や、結果をもたらす意図の存否の確認などによって、責任の「重さ」は調整されており、よほどのことがないかぎり、Aが「戦争惹起の責任」を問われるようなことはないだろう。だがその場合でも、我々の「強い」見解によれば、Aは特定の社会における因果的知識／意図咀嚼の度合い（責任阻却事由についての信念システム）によって、責任の「重さ」をいわば政策的に軽減されたにすぎず、「戦争を惹起した」と記述されうる行為をなしたという歴史そのものが否定されたことにはならないのである。[1] Aの住まう世界にBのような記述をなす観察者が少なくとも一人でも居るのなら、Aはその世界のある時点で一応戦争責任を問われる候補者となりうるのであり、机上の理論家が、第三者的な因果理論や行為理論を携えてAを勝手に免責するわけにはいかないのだ。

こうした我々の「強い」責任理論は、社会学でよく言及されるところの《行為／行為の意図せざる結果》という二分法的概念の身分を微妙なものとする。もちろん、戦争の勃発は、Aの行為を記述するさいに言及される出来事であって、それ自体Aの行為の部分を形成するものではない（つまり、Aの身体的挙動のなかに物理的に「戦争勃発」という出来事が含みこまれるわけではない）。その限りで、行為とその結果とは当然区別されてしかるべきである。[2] だが、もし《行為／行為の意図せざる結果》という二分法の自明視が、「意図せざる行為」と呼ぶべき理論カテゴリー――行為者Aが「aをしよう」という意図Iの下で遂行した行為aの意図せざる結果Rを、その記述のうちに含むAの行為a'――の見落としに繋がるのなら、それは見咎められねばならないだろう。かの二分法は、行為者の意図にもとづく行為責任（C射殺の責任）と、意図せざる結果に対する英雄的な結果責任（戦争勃発への責任）という二分法を呼び込み、「強い」理論が問題化しようとする「意図せざる行為」に対する責任を見えにくくしてしまうのである。構成主義的な観点からするならば、Aは少なくとも意図的に指を動かしさえすれば、おおよそ世界に生起するあらゆる行為をなすことができる／なすことになってしまう、つまり、意図するとせざるとにかかわらず行為してしまうのだ（彼／女は自分がいかなる行為をなすか／したのかを自分一人で知ることはできない）。《行為／行為の意図せざる結果》という二分法を立てる社会学的行為論は、ときとして、行為者の特定の意図を行為の成立要件に含める「行為者中心主義」に、それこそ意図せざる形でコミットしてしまっているのではなかろうか。

かかる「強い」責任理論は、たしかに「厳しすぎる」かもしれない。なにしろ、ペスト蔓延の原因として魔女の呪いを見いだすような共同体においては、魔女であると認定された人は、指を動かし、料理をしただけで、「ペストを蔓延させた」ことにもなってしまいかねないのだから（我々の責任理論は、魔女裁判を批判することができないのだ）。しかしその一方で、「強い」理論は、行為者の意図如何によって阻却されえない責任についての我々のある種の直観に親しい帰結をも導くことができる。たとえば、行為遂行時において完全に合法で一般的な道徳規範の同意を獲得していた企業の活動が、工場排水によって河川の水質を悪化させ、さらに近隣の住民を死に至らせたという、誠に残念なことに実例に事欠かない事例を想起してみればよい。このとき、我々の理論は、当該企業の行為を「近隣の住民を殺した」と記述し、企業の「殺人」の責任を問いたいとする当事者住民たちの道徳的直観を一応妥当なものとして承認することができる。住民たちの道徳的直観は、事態を処理するにあたって、当該企業の「行為の意図せざる帰結」――このとき、企業の行為と住民の死は独立した二つの出来事である――ではなく、まさしく当該企業の「行為」――このとき、企業の行為は「すなわち」住民の殺害であり、両者は同一の出来事である――の責任を問おうとするだろう。意図せざるものであろうと何であろうと、企業のやってきたことは「殺人」と呼ばれるにふさわしいとかれらは考えるかもしれない。我々の理論は、住民たちの訴え（「お前たちはウチの子供を殺したんだ！」）がいささかもメタフォリカルな誇張表現などではなく、いたって正当な行為記述でありうることをごく自然に説明することができるのである。

こうした「強い」責任理論は、「行為者の意図」と「行為者のなしたこと」が乖離せざるをえない多文脈的(polycontextual) な近代以降のコミュニケーション環境の下で、様々な点から必要とされてきている(3)。資本家の合法的な企業活動に「搾取」という行為の名を与えたり、合意の下での役割分業に「男性による支配」との出来事名を与えたりといったプロジェクトは、それらの行為がもたらした出来事を「意図的行為の意図せざる結果」として記述することに保守的な心性を見いだす批判的な論者たちによって多様かつ他様な形で実現されてきた。たとえば、資本家の行為は、たとえ善意にもとづくまったく合法的な活動ですら、すなわち「搾取」行為であり、理解ある夫の日常的な振舞いはすなわち「女性への支配」でありうる――搾取や男性による支配は、行為者の行為がもたらした意図せざる／偶然的な結果ではなく、まさしくかれらによる行為なのである。「強い」責任理論は、「それはわれわれの行為ではなく、意図せざる結果だ」と宣って、当該結果の生起を自らの行為として認めようとしない企業／資本家／男性たちの「言い逃れ」を――法と異なり――「一応」許容しない（岡野八代が展開している政治的責任論を参照。岡野［2002］）。その意味で、行為（の解釈）が多文脈化する近代社会における責任のあり方に新たな視角を提供するものといえるだろう（ただし、後の議論のために繰り返し注意を促しておくが、こうした「強い」責任理論が獲得する理論的成果は、魔女狩りの犠牲者たちの屍の上に積み上げられていることを忘れてはならない）。

ここまでの議論で、我々の採用する「強い」責任理論が、ある種の（左翼的な？）道徳的直観に適合することが理解されたことと思う。しかし、我々の責任理論は、頼りないといえば頼りないそうした道徳的直観に適合するというだけで真なる理論として認められてよいものだろうか。資本家の振舞いを「搾取」として、あるいは工場排水の垂れ流しを「殺人」として記述することに抵抗を示す「健全」な道徳的直観――ここには保守的な道徳教義のみならず、《行為／行為の意図せざる結果》の二分法図式にのっとり、「意図せざる行為」という範疇を看過してきたおおよその（批判的）社会学理論も含まれる――もまた存在する以上、我々は直観に訴える以外の正当化の方途を探らなくてはならない。そこで、我々の責任理論が採用する「行為と出来事の存在論」をあきらかにし、我々がコミットする存在論が、《行為／行為の意図せざる結果》の二分法を採用する伝統的理論に対して持つ優位性を論証しておく必要がある。直観のみならず、存在論的・形而上学的に優位性を確保できるなら、我々は「強い」責任理論にコミットする強力な理由を持つこととなろう。

【2】「強い」責任理論の存在証明

「強い」責任理論と「弱い」責任理論との対照をはっきりさせるために、いま一度「暴君Cの射殺事件」における、行為者Aの行為責任について考えてみよう（ただし、ここでの「強い」理論家と「弱い」理論家は、ともに関係する出来事の因果連鎖にかんする信念をおおよそ共有しているものとする）。

くどくど述べてきたように、「強い」理論によれば、「指を動かす」とでも記述しうるAの身体的振舞いは――指の動きから戦争勃発まで適切な因果連鎖をたどることができるなら――すなわち「戦争を惹き起す」行為として認証され、Aは「戦争を惹起した」行為について、責任を問われることになるかもしれない[4]。一方、《行為／行為の意図せざる結果》の二分法に準拠する「弱い」責任理論によるなら、Aはある出来事E_tの生起（たとえば「Cの射殺」）にまでは行為の責任を問われ、E_tに引き続く出来事E_{t+1}（たとえば「議会の混乱」「指揮系統の多元化」「戦争勃発」）の生起については、意図せざる結果についての責任（結果責任）を帰属されることとなる。両方の判断とも、因果についての認定は同じ、つまり、原因たるAの基礎的な（basic）身体的挙動から戦争勃発にいたるまでの因果連鎖があることは承認しているのだが、「弱い」理論は、行為責任の判断において必要とされる因果連鎖を断ち切る何らかの《規準》——Aの意図や、行為遂行時の予見可能性の有無など——を設定し、《行為の責任／行為の意図せざる結果生起に対する二次的責任》とをタイプ的に区別する。もちろん、「強い」理論は、そのようにして導入される《規準》を、規約以上のものとしては考えない。「強い」理論にとって、責任はあくまで一種類なのであって、本質的責任（行為責任）／副次的責任（結果責任）といった区別は存在しえないのである。

結局、責任についての「弱い」理論と「強い」理論との違いは、「行為責任」と「行為の結果に対する責任」との差異を理論的に有意味なものとして認めるか否か、という点に求めることができるだろう。この区別をめぐる対立は、ある程度までは「どのような場合に／どこまで責任を帰属するか」という問題をめぐる道徳的直観の相違に由来していると考えることもできるが、行為と出来事をめぐる存在論的見解の差異によってもたらされたものと捉えることもできる。つまり、責任についての「強い」理論と「弱い」理論は、たんに政策的・便宜的な次元において対立しているというのではなく、より深い形而上学レベルにおいて袂を分かっているように思われるのである。

では、私が先程から言及している「行為と出来事にかんする存在論」とは、いったいどのようなものなのであろうか。ここでは、次のような問いに解答を与える試みをさしあたって「行為と出来事にかんする存在論」と呼んでおくこととしたい。すなわち、

［2-1］　C射殺事件（と記述されうるような出来事）において、Aの行為は、「指を動かす」「Cを射殺する」「議

会を混乱させる」「戦争を惹き起こす」というように記述されうる。ところで、このとき、①彼は四つの行為を為していると言うべきであろうか。それとも、②ただ一つの行為を為しているのだろうか？

傍点を付した部分は、アンスコムの名著『インテンション』第二六節からそのまま引用したものである（Anscombe [1957=1984: 87]）。この、ハイデガー流の存在論の深遠さとは程遠い、素朴とも奇妙ともとれるアンスコムの問いかけはしかし、行為の同一性を考察するうえでこのうえなく示唆的な試金石を提供してくれるものだ。

たとえば、右の問いに①の形で答える論者は、「行為の同一性をその行為の性質（property）によって画定する」という理論的嗜好を、②のように答える論者は、「行為の同一性を、特定の時空領域を占めるという外延的規準によって画定する」理論的嗜好を持っていると考えられる（もちろん他の好みもありうる）[5]。前者によれば、「指を動かす」「*C*を射殺する」「議会を混乱させる」「戦争を惹き起こす」とは個々別々の四つの行為にそれぞれ与えられた記述であり、後者によれば、それらは一つの行為＝出来事（ある時空領域sにおける、*A*の身体的振舞い）に対して与えられる四つの記述ということになろう。このように、アンスコムの問いは、行為＝出来事の同定規準（存在論）にかんする解答者の見解をあぶり出す有効なテストとして機能しうるのである。

さて、このアンスコムの問いに対して、件の「強い」／「弱い」責任論者はどのように応答するだろうか。つまり、かれらは自らの責任理論を組み立てるにさいして、どのような「行為と出来事の存在論」を採用すると考えられるだろうか。私は、「弱い」責任論者は①の解答を、「強い」責任論者は②の解答を支持すると考える。

まず、我々が採用する「強い」責任理論にとっては、基本的にアンスコム自身もコミットする②の解答を採用した方が合理的である。行為観察者によって「*A*は戦争を惹き起こした」という記述が（それなりに整合的な理由をともなって）提示されるなら、*A*は意図的に指を動かし*C*を射殺しただけで、たとえ戦争を勃発させる意図を行為時点で持っていなかったとしても、戦争の惹起という行為を為したことになり、その行為の責任を問われうる――これが「強い」責任理論の見解であった。この見解を維持するためには、記述「指を動かした」と「戦争を惹き起こした」が同じ行為＝出来事についてのものであると考えた方が理に適っている。もし①の解答を採用するなら、Aは「指を動かす」「戦争を惹き起こす」という二つの行為を遂行したことになり、Aは《戦争の勃発という出来事の生起について有責である行為を為したと同時に、有責でない行為を為した》などという奇妙な結論を引き受けなくてはならなくなるだろう。件の解釈者はAに戦争惹起の意図がなくとも、Aの意図的行為「指を動かす」が、す、な、わ、ち戦争惹起の行為であると考えたからこそ、彼／女を非難したのではなかったか。「戦争の惹起と指を動かすことは異なる行為であり、Aは指を動かす行為の行為者であるが、戦争惹起の行為者ではない（戦争の勃発はAの行為の意図せざる結果である）」といった見解を拒否する以上、「強い」責任理論は②の存在論にコミットするものと思われる。

一方、「弱い」責任理論は、基本的に①の解答の方に折り合いがいいように思われる。それは、《行為／行為の意図せざる結果》の二分法に準拠するという「弱い」理論が持つ基本方針に由来する。「弱い」理論の大前提は次のようなものと考えられる。

［2‐2］　Aはたんに復讐のために、指を動かしCを射殺したのであって、自らの身体的振舞いによって戦争を惹き起そうとなどとは意図していなかったし、また、戦争の惹起は「通常人の感覚からして」行為遂行時には予見不可能であったと考えられる。意図や予見などによって自らの行為を調整することはある振舞いが行為であることの重要な要件である。戦争の勃発は、行為者としてのAの操作が及ぶ範囲にない以上、「戦争を引き起こす」はAの行為記述としては適切ではない。Aは「戦争を惹き起した」行為の責任ではなく、自らの行為（Cを射殺する）の意図せざる結果につき、結果責任を問われるべきだ。

この前提においては、(1)「*C*を射殺する」行為と「戦争を勃発させる」行為とが、性質を違える別個の行為・出来事であり、かつ、(2)問題となっている*A*の振舞いにどのような記述を与えるのが適切かは、意図や予見の帰属可能性の測定によって、ある程度見定められる（当然、「弱い」論者内部でも(2)における測定規準の内実をめぐっては見解が分かれるのだが）、ということが暗黙のうちに主張されている。このうち(2)は①の支持者が必ずしもコミットする主張ではない（これが先に「折り合いがいい」と弱い表現を用いたことの理由である）が、(1)はまさしく①の存在論を前提とした主張といえる。つまり、①の支持者は必ずしも「弱い」責任論者ではないが、「弱い」責任論者は、基本的に①の存在論——行為・出来事を何らかの性質の例化として捉える理論——の支持者たりうるのである。かれらにとって、戦争を惹き起こす行為と指を動かす行為とが同一の行為＝出来事であるなどというのは信じがたい存在論的主張なのだ。[6]

このように、「強い」責任理論と「弱い」責任理論とは、行為と出来事の存在論についての見解を違えていると考えることができる。行為＝出来事の同一性について、「強い」理論は、特定の時空領域を占めるという外延的規準によって画定する存在論（外延的理論）に、「弱い」理論は、性質によって画定する存在論（性質理論）に、それぞれ親近性を有しているのである。

ここで、少なくない社会学理論（や「結果的加重犯」というカテゴリーを重用する刑法学など）において、「弱い」責任理論-内包的理論が採用されている（きた）という学説史的事実に注意を促しておきたい。行為と行為の意図せざる結果との対照に理論的意味を見いだすギデンズや、[7]行為の同一性を「行為者の投企」によって担保しようとするシュッツは言うに及ばず、[8]第一章でもとりあげたハーバーマスなどはある意味その典型といえるし、また格文法理論などに示唆を受けつつ行為の構造を類型化する宮台真司をはじめ、[9]ウェーバー以来の社会学的行為理論の常道である類型論的な行為論を展開する（性質によって行為タイプをつぶさに分類する）[10]論者は一括してその範疇に含めていいだろう。これらの論者たちの行為論は、基本的に第三者（あるいは行為当事者）の視点から行為の性質を特定化し、行為記述に含まれる出来事の範囲を画定しうる、つまり「行為者がなにをしたのか」は行為者もしくは行為理論を提供する理論家が判定しうるという確信のうえに成り立っている。もちろん、かれらは責任について「弱い」理論を採用するというわけではない。しかし、もし「弱い」理論に賛同しないというのであれば、「弱くない」責任にかんする見解と自らの行為理論との整合性を示さなくてはならないだろう。それは存外困難をともなう作業になるのではなかろうか。

さて、我々はこのように、多くの社会学的行為論が同意するであろう「弱い」責任論-性質理論を拒絶し、「強い」責任理論-外延的理論にコミットするのだが、その理由を簡単に述べておくこととしよう。

まず何より、先にも軽くふれたように、性質理論を認めるなら、我々は日常的直観と大きく齟齬をきたす奇妙な結論を受け入れなくてはならなくなる（この論点については Davidson［1980=1990］を参照）。なるほどたしかに、性質理論に従い「ブルータスがシーザーを殺したことはブルータスがシーザーを刺したことと同じではない」と述べることは自然に響く。しかし、ならば「A氏の自殺」と「A氏がビルから飛び降りたこと」とは別の出来事なのであろうか？　また、「ゲンは大いに笑った」と「ゲンは笑った」とは異なる出来事を指示する記述なのであろうか？(11)　性質理論によれば、私たちは適切な記述の数だけ――そして副詞が追加されるたびに新しい――行為を為すことになってしまうのである。これは、べつだん性質理論そのものの失効を意味するものではないが、少なくともその説明力に疑いを抱かせるに十分な反証例にはなっている。「A氏の自殺」と「A氏がビルから飛び降りたこと」は、同一の出来事＝行為についての二つの記述であるとみなした方が合理的なのではなかろうか。

もちろん、Cの射殺と戦争惹起の責任の「重さ」が異なるように思われる以上、両者を出来事として個別化し、かつ、行為であるような出来事と行為でない（たんなる帰結）出来事とを区別する《規準》を手に入れようとする

（このことによって、「戦争を引き起こした」という記述はAの行為記述としては不適切なものと判定される）のは、ごくまっとうな指向である。「人間は行為でないような出来事に対して、責任をとらされることはない」という直観こそが、「弱い」理論家に、出来事・行為を性質によって個別化する存在論を採用させるのだ。しかし、縷々述べてきたように、この存在論は両刃の剣なのであった。我々は、この理論によって「Aは戦争を惹起した」という行為記述（ここではAは戦争惹起の責任を問われる）の不適切さを指摘し、戦争勃発につき「Aの行為の意図せざる結果」であると考えることができる（ここではAは結果の責任を問われる）のだが、同時に、「芥川の死」と「『羅正門』の著者の死」とを異なる出来事・行為としてみなさなくてはならなくなる。この健全な直観の不健全な帰結をどう処理するかが、「弱い」理論にとっての試金石となるだろう。(12)

我々はそうした面倒な処理作業にかかずりあう必要はない。「強い」理論を支持する我々は、「Aは戦争を惹起した」ことを適切な行為記述として認め、かつ、Aはその行為について一応責任ありと判断すればよい。水銀入りの工業用水を垂れ流した企業は、字義どおり「住民を殺した」のであり、「君は仕事を続けてもいいよ」と優しく囁く男は、字義どおり「女性を支配している」のである。これらの行為記述は「行為の意図せざる結果」を――ラディカルな政治的意志に担保されつつ――擬人的に表象した誇張表現などではない。ここまで見てきたように、魔女たちの屍の上に立ってもなお、我々はこうした見解（外延的理論＋「強い」責任理論）を維持する理由を持っているのである。

＊

以上本節では、第一章で提示された「強い」責任理論の輪郭をあきらかにする（【1】）と同時に、一般的な社会学的行為論が前提としていると思われる「弱い」理論に抗して、「強い」理論を支持する根拠について論じてきた

(【2】)。ここまでの議論は、責任論の展開であると同時に、類型学的な色彩の強い社会学的行為論一般に対する批判でもあったことに注意してほしい。我々は行為=出来事を性質によって個別化しようとする理論そのものを批判の俎上にあげた。それはすなわち、性質を見いだす第三者=理論家が行為を類型化する営為そのものの失効を確認する作業であったのだ。かくしてルーマンとともに社会学的行為(類型)論という幻想を断念した我々は、ついで「強い」責任理論のパースペクティブが可能にする社会学的地平を検証していかなくてはならない。第二節では「強い」責任理論を前提とした社会理論の(不)可能性について考察していく。

二　ラディカルな責任のスタイル　ポストモダン政治学との対話

第一節で概観してきた我々の「強い」責任についての見解は、近年日本でも注目を集めている他者性の政治学/差異の政治学/承認の政治学(以後、総称して「ポストモダン政治学」と呼ぶ)といった知的潮流において展開されている他者論・責任論の地平と、重なり合う部分を持っている。本節では、「強い」責任理論と「ポストモダン政治学」とのあいだに見いだされる節合点を、(1)異議申し立て=行為記述の第一義性(聞くことの責任)、(2)「声なき声」に対する責任(聞かない行為の責任)、という二つの論点にそくして概観していくこととしよう。

【1】　耳を傾ける責任　異議申し立て=行為記述の第一義性

先にも述べたように、日常的なコミュニケーションのさなかで他人の行為をあえて記述する人は、行為論に執心する社会学者や哲学者とは異なり、傍観者的な態度で「適切な行為記述」を探索しているのではなく、相手の行為を記述-提示することにおいて、相手に何らかの責任を帰属させ、かつ、自らの記述に対する応答(response)を行為者から引き出し、責任を問いあう《場》へと行為者をいざなっていると考えられる（応答を意図せずに「アンタは私を侮辱した」と言うことはできるだろうか?）。つまり、語用論的・コミュニケーション論的なアスペクトから眺めたとき、行為記述という行為は、相手の行為に異議を申し立て（claim）、行為者の応答を要請する振舞いとして捉えられるのである。かかる異議申し立て行為に責任発生の第一次的役割を見いだす点において、おそらく我々の「強い」理論は、《規準》による責任の第三者的審級からの処理に抗い、帰責コミュニケーションの現場性を奪還せんとする「ポストモダン」的な政治への意志、異議を申し立てる《声》をエンパワーする理論指向と密やかに共鳴することとなろう。この共同戦線において可能となる合意事項を、まずは確認していくこととしたい。

前節までに何度も言及してきたように、日常世界に生きる我々は基本的に「弱い」責任理論家として、すなわち、行為の責任とその結果に対する責任とを区別する様々な《規準》を携えつつ、コミュニケーションを営んでいる。外延主義的な存在論を採用し、「強い」理論にコミットする哲学者であっても、「荷物を持ちましょうか」という善意の申し出に、「年寄りだと思ってバカにすんなよ」と言い返されたなら、戸惑いを隠すことはできまい（「バカにしたんじゃない」と言いたくもなるだろう）。けだし、行為の責任とその（意図せざる）結果に対する責任とを区別したい・区別できるはずだという思いは、このように当の行為が行為者の意図の下において「善き」ものであった場合、より先鋭的なものとなるのではなかろうか。重要な会議に向かう途中、溺れている子どもを救助したがために遅刻してしまったとき、あなたは、ただの怠惰で遅刻した同僚と同列に扱われることに心から納得できるだろうか。悪しき道徳的意図の下に遂行された行為と、善き意図の下になされた行為の悪しき副次的効果は区別されるべきだ――おそらく、こうした非常に強力な道徳的直観こそが、我々を《規準》探しゲームに駆り立てるのである。

この《規準》については、実に様々な定式化が施されてきた。その代表的なものとしては、倫理学の領域においてよく取り沙汰される二重効果の原理（Principle of Double Effect）を挙げることができる。かなりこまやかにこの原

理を分析している論者もいるが、(13) ごく大雑把にいえば、

［2-3］ある道徳則に照らしてあきらかによい（問題のない）結果の生起を意図した行為が、あきらかに道徳的に悪い、もしくは望ましくない副次的効果をもたらした場合、行為者はたとえ行為遂行時に予見可能であっても、かかる副次的効果発生についての責任を問われない、

というものである。これは、意図（intention）と予見（foresight）とを区別し、予見可能ではあっても意図していなかった出来事の生起については、行為者の道徳的責任を問わないとする「意図中心主義」的な《規準》の典型である。また、政策的な要請から、意図せざる副次的効果発生についても責任の所在を明確にしなくてはならない法学においても、「予見不可能な結果の生起については、行為者の責任を問わない」とする予見可能性原理、「行為遂行時に想定可能なリスクにもとづいて行為者の責任を判定する」リスク原理、「行為者の身体的動静が悪い結果の〝遠い〟原因である場合、行為者の責任を問わない」とする近因原理（Principle of proximate cause)、あるいは、「行為者の身体的動静が惹き起こす因果連鎖は、他者の意志行為の介入によって遮断され、その因果的介入後発生した出来事については行為者は責任を問われない」とする少々込み入った原理（Hart & Honoré [1959＝1991]）など多種多様な《規準》が提示されており、責任阻却の《規準》をめぐる論争は、まさしく百家争鳴といった観を呈している。

いうまでもなく、我々の「強い」理論は、第三者的な観点から打ち立てられるこうした諸々の《規準》に対して懐疑的な態度をとらざるをえない。善意の意図からなされた行為であろうがあるまいが、副次的な効果の発生を意図／予見してしまおうがいまいが、かかる効果＝出来事を含めた行為記述を誰かが提示するなら、行為者はその行為

責任を為したことになってしまうのであり、その行為の責任を負わされることとなる。とすれば、《規準》とは、責任の有／無を判断する哲学的な検証基準などではなく、有責な行為の責任の「重さ」を測定する規約的・プラグマティック的な概念装置にすぎないと考えるべきであろう。問題は、このプラグマティックな概念装置たる《規準》を、責任を問い-問われるコミュニケーションの《現場》から離脱させ、責任のあり方をめぐる第三者的・非時間的な決定根拠（ground）とするときに生じる。規約的な《規準》を（人間学的な考察によって担保された）非時間的な妥当性を要求しうる哲学的・認識論的原理と解するとき、我々は、抽象的な審級に位置する《規準》への忠誠の名の下に、「わたし」の行為を記述し異議を突きつけてくる観察者の声を封殺してしまっているとは考えられないだろうか。「アンタの会社が私の子どもを殺したんだ」と訴えかける遺族の切実な声＝異議申し立てに対して、「当時における当社の活動は完全に合法的かつ道徳的にも問題のないものであり、また、公害病の発生は当時の科学の水準からして予見不能なものでした」と対応する広報担当の残酷さは、《規準》違背の事実にではなく、むしろ、かの人の《規準》フェティシズムに由来しているように思われる。

こうした考察におよぶとき、おそらく我々は、ジャック・デリダによる「〜に対して応答する（répondre a）」／「〜の前で応答する（répondre devant）」、あるいはステファン・ホワイトによる「他者への責任」／「行為への責任」という二つの応答可能性＝責任（response-ability）の区別、およびその対概念を踏まえて展開される独特の正義論と限りなく近い場所に位置していることになる。説明しよう。

まず、「〜の前での応答」「行為への責任」とは、何らかの規範的理論、デリダ風にいえば《法／権利（doroit）》に対する応答可能性＝責任のことを意味する。「道徳的、法的、政治的共同体の枠組みのなかでは、我々は正当に大文字の他者を代表する権限を認められた法律や法廷や陪審の前で応える」（Derrida [1988]; 引用は White [1991=1996: 105] より）。道徳的によい行為、合法的な行為、政治的に推奨される行為を、正当化の理由とともに書き記したりストを仮にここで《法》と呼ぶなら、かかる《法》に対して真摯に応答し、自らの行為が《法》から逸脱した場合に潔く非難を甘受する覚悟を持つことこそが、《法》の前で応える＝責任をとるということにほかならない。こうした、行為する者がいわば直接的に《法》ととり結ぶ関係を指示するものとしての責任について、ホワイトは次のように述べる。

ここでポスト・モダンの思想家が主張しようとしているのは、この責任に応えるためには、ある点でつねに思想の変数を固定したり停止したりすること、行為者間の特殊性や差異のうち少なくともいくつかの次元が無視されるか、同質化されなければならないということである。この責任感覚に基づいて行為することは、ありうべき洞察の源泉を閉ざしてしまうこと、考えうる行為の進路に関して弁護可能な矛盾のない決定をおこなうために、人々を同じものとして扱うことを必然的に意味するのである。モダンの思想家はこの責任感覚への関与を、道徳的高潔さかあるいは実用的効率性かのいずれかの意味での自己正当化と結びつけている。しかしながらポスト・モダンの思想家は、そこにより深い知られざる支配への意志が働いていることを見いだすのである（White [1991=1996 : 27]）。

強い政治的意志ゆえに言葉が過ぎてしまっている部分をのぞけば、ここで述べられている「ポストモダンの思想家」の主張には、おおよそ賛同することができる。

《法》の前での応答＝責任という点にかんしていえば、先の広報担当者は紛うことなく「責任ある」態度を貫いていたといえるのだが、問題は、そうした「責任ある」態度が、（1）「アンタの会社がウチの子どもを殺したんだ」と訴えかける行為観察者＝異議申し立て人の、具体的かつ状況づけられた声、一般化しえない出来事の固有性に対する拘泥を、普遍的な適用可能性を指向した《法》の名の下にそぎ落とし、あまつさえ、(2)そうしたそぎ落としの残酷さを「道徳／効率性に適っている」という理由づけによってキレイさっぱり漂白してしまう、という点にこそ見いだされなくてはならない。おそらく、二重効果の原理（[2-3]）などの責任阻却の《規準》は、「よき」「合法的」「推奨されうる」行為の意図せざる副次的効果への配慮義務を行為者に対して免除することによって、彼／女が安んじて《法》の前での応答に専心することを保障する（自己正当化する）アリバイとして機能しているのだ。《法》の前での応答＝責任の内包する暴力とは、その《法》の規範内容が持つ暴力性のみならず、《法》の遵守に固執する道徳的態度を自然化する暴力性をも意味するのである。

こうした独特の暴力性に彩られた《法》の前での応答＝責任に対して、「〜に対しての応答」「他者への責任」とは、責任を問い-問われする現場（venue）において、異議を申し立ててくる個別的かつ具体的な他者の声を尊重し、「それに対して」耳を傾ける態度のことをいう。世界の出来事のなかで「わたし」の行為を殊更に問題化し、その行為責任を問うてくる他者は、行為者の意図と《法》との「道徳的」でありつつも自己完結的でしかない関係に責任を限定することの限界を我々に教えてくれる。「わたし」は自分が「何をしたことになっているのか」を、こうした他者の声なしに知ることはできないのだ。「ウチの子どもを殺した」と訴える遺族は、企業が《法》の前で責任があるか／ないかを問うているのではなく、自らの特殊な関心・信念・欲求のもとで世界に生起したある出来事を行為として再解釈し、その行為記述「に対して」応答すべく企業に迫っている。それはいわば、帰責コミュニケーションの《現場》の内／外を境界づける《規準》という防御壁を突き崩す実践なのだ。他者に対する応答＝責任は、行為者が《法》の前での責任に自足すること、あるいは《法》の名の下に異議申し立ての個別性・特異性を消去することをけっして許さないのである。

「承認の政治学」「差異の政治学」「他者性の政治学」「配慮の倫理学」……といった具合に様々な意匠を施された

「ポストモダン政治学」の言説群は、基本的には、「《法》の前で」の責任ある態度を指向する〝善き〟近代的主体の意図せざる暴力を指弾し、個別的かつ具体的な他者の声＝異議申し立てに「対して」耳を傾ける倫理を唱導するものであるといっていいだろう（Benhabib [1986=1997]）。もちろん、デリダが力説するように（Derrida [1994=1999：56]）[(14)]、こうした他者性を尊重する倫理は、けっして手放しに他者・マイノリティの立場を称揚し、《法》・《規準》の存在そのものを否定するものではありえない（《規準》がなくては我々は、いかなる行為にも踏み出すことができない）。むしろ、《法》や《規準》を遵守しようとする「善き」意志が避け難く抱えむ「固有の暴力」（Gilligan [1982=1986：178]）を、他者の声を傾聴することによって鋭く自覚しつつ、それでも何らかの行為遂行を決断していくという息苦しい態度こそが、「正義」としての脱構築が目指すものなのだ。その意味で、「ポストモダン政治学」とは、近代リベラリズムが措定するよりはるかに「強い」責任主体――ちょうど我々の「強い」責任理論が想定しているような――のあり方を構想するものともいえよう。

かくして、我々の「強い」責任理論と、他者の他者性に対する政治的・倫理的感受性を主題化する言説とが、行為の責任のある／なしを、他者の記述の如何にかかわらず、第三者的な《規準》によって裁定-決定しようとする理論の暴力を指弾する点において、意外にも近い位置にあることが確認されたことと思う。いずれの理論も、行為の責任を決定する権利を、行為者および第三者的《規準》から奪取し、行為観察者のもとへと差し戻そうとする確固たる指向を持つ。「強い」責任理論は、ポストモダン政治学と手を携えつつ、責任の宇宙を実定的な責任阻却規準から解放し、責任を問われている行為者を、《イマ-ココ／我-汝》において行為観察がなされる現場へと連れ出していくのだ。

【2】聞かないことの責任　沈黙の政治学

社会の不正義を高らかに糾弾するジャーナリスト・社会運動家から、必死の思いで自らの被害体験を語るサヴァイヴァーの《声》にいたるまで、我々の「強い」責任理論は、世界のなかから特定の出来事を殊更にとり出し、それをある行為者の有責行為として記述=異議申し立て《クレイム》する観察者のポジションを後方支援しうる可能性を持つ。かれらのクレイミングを「いいがかり」「幼稚なざれ言」として一蹴しようとする《法》・《規準》フェチたちの暴力を、我々は野放しにしておくことはないだろう。しかしながら、「善き」意志にはつねに副次的効果がついてまわるものだ。「行為記述が一つでも提示されれば、責任は一応発生する」という構成主義的なスタンスは、同時に、「声がなければいかなる意味においても、行為の責任は発生しえないのか[15]」というしごくもっともな疑念を呼び起こしてしまう。つまり、声を聞く責任については雄弁に語りえた当の論理が、今度は別の政治的暴力を招来しかねないのである。

たとえば、あまりに苛酷な被害の記憶ゆえに、被害者がそれについて想起することも言葉を与えることも（なかば無意識的に）回避してしまったとしたら？　たとえば、加害者が加害行為を為すだけではなく、その被害者の存在をも抹消することによって、加害の痕跡を跡形なく消し去ってしまうような絶対的な悪なるものがあったとしたら？（Arendt [1951=1972]）。あるいは——サティーや割礼のように——被害者が被った苦痛を、「悲惨な凌辱を受けた」と記述し、そのことによって被害者の受動性を構築する人道主義者と、「英雄的な自己犠牲」と褒めたたえるネイティブ・エリートとの狭間で、被害者が自ら主体的に出来事を表象することを禁じられてしまったとしたら？(Spivak [1988=1998]) ——周知のように、こうした《声なき声》というテーマは、ホロコーストをめぐる歴史家論争やフェミニズム、ポストコロニアリズム、サバルタン・スタディーズなどの文脈において、盛んに論じられてきている。責任発効における異議申し立ての声=行為記述の一義性を論じ、そのことによって「ポストモダン政治学」

と手を携えるにいたった我々の責任論は、はたして、かかる《声なき声》という問題に対してどのように応答することができるのだろうか。

「強い」理論による応答の可能性について考える前に、まずは《声なき声》なるものを、行為のなされる現場へと差し戻し、我々の用語系に翻訳しておくこととしたい。

　被害者が《声》をあげることそのものを抑圧する場面は、我々の日常にもひろく観察される。その典型が、「からかい」という相互行為様式であろう（江原［1985b］参照[16]）。たとえば、「いやぁ、さすがに*A*女史はデキるねぇ。〃仕事に生きる自立した女性〃ってのはやっぱり夜もスゴいのかい」といった（書いてて情けなくなるような）からかいがなされる場面を考えてみよう。このどうしようもない上司*B*のからかいに抗議しようとするとき、*A*はいわばダブル・バインド的な状況に追い込まれることとなる。というのも、*B*は発話内容のみならず、この発話が「マジメなものではない」というメタ・メッセージを伝達しているため、*A*が、あきらかに女性蔑視的で、文脈を逸脱したこの上司の言語行為を正当にも自分への侮辱として記述‐提示したとしても、マジメではない状況枠組みを理解しない場違いな「無粋者」として遇されてしまう可能性があるのだ（この上司のほかに、こうした状況定義を受け入れるオーディエンスがいるなら、事態はより深刻なものとなろう）。このとき、*A*に許された選択肢は、決然と異議を申し立て、「無粋者」として当該コミュニケーション空間から逸脱するか、あるいは、コミュニケーション空間に居続けるために愛想笑いをしてその場をやり過ごすか、のいずれしかない。無粋なよそ者か、シモネタを解する名誉男性か――このあまりに悪趣味な選択は、しかし、セクシャル・ハラスメントという概念がある程度浸透するまで、多くの女性たちにとって硬い現実性をもって現れていた（いる）のではなかろうか。

　ここで上司が為していることは、自らの「状況定義権」を用いて、*A*からなけなしの《声》を奪うことにほかならない。もちろん彼は*A*の《声》の内容を知らないわけではない。そうではなくて、*A*が発したいであろう《声》

の内容を十二分に知っていながら、あるいは知っているがゆえに、からかうのだ。つまり、*B*は、*A*による行為記述（「侮辱です！」）の内容の「適切／不適切」「真／偽」を問題化しているのではなく（*B*は自分の言語行為が「侮辱」であることを知っている）、行為記述という行為に及ぶことを不適切なものとするような状況を設定し、そのことによって*A*が事実上**主体的**に異議申し立てを断念せざるをえないように仕向けているのである。*A*がかりに「侮辱だ」という行為記述に及んだとしても、*B*は飄々として「んな大袈裟な」と言っておけばいい――異議申し立ての却下はあらかじめ折り込み済みである――し、*A*が口を噤んだならこれ幸いと涼しい顔をしておけばよい。いずれにせよ、彼は自らの行為の責任をとる必要はない（ことになっている）。「アンタの会社がウチの子どもを殺した」と迫られた先の広報担当者は、たしかに残酷ではあったのだが、一応他者の《声》を聞いたうえで、「いや、殺人ではない！」と行為記述内容の適切さにつき反論を繰り出している――つまり他者の《声》とたたかっている――といえるのだが、からかいのコミュニケーション空間における行為者＝上司は、行為観察者＝他者の《声》とたたかうことすらなく、「他者の《声》をなかったことにする」というヨリ根源的な暴力を行使しているのである。(17)

こうした「からかいの政治学」に内包されているような暴力と同型の構造は、政治的マイノリティたちの《声なき声》をとり巻くコミュニケーション環境に見いだすことができる。たとえば、レイプ。サイヴァイヴァーによる行為記述の行為（訴えること）そのものが、同時に「傷モノのオンナ」というレッテルの受け入れを意味してしまう、そんなセクシュアリティ規範が浸透している社会では、サヴァイヴァーは何とか振り絞って《声》を発したとしても、レイプという実体的・物理的暴力のみならず、否定的なレッテル貼りという事後的に加えられる暴力にも耐えなくてはならない(18)（「アンタが誘ったんじゃないの？」という侮辱すら受けてしまう！）。想起するもおぞましい記憶に苛まれつつそれでも何とか《声》を絞り出しても、「あやふやな記憶にすぎない」と言い放つ修正主義者によってまたもや傷つけられるホロコーストの帰還者、そして「従軍慰安婦」たち……。《声》を発することが二度目の暴力を喚起するような状況においては、まさしく、「サイヴァイヴァー／サバルタンは語りえない」のである。《声》を聞かない暴力ではなく、《声》を奪う暴力、異議を跳ね返す暴力ではなく、異議を封じる暴力――《声》を発することに苦痛を感じるサヴァイヴァーに「主体的に語れ」と言うことが二度目の暴力への加担を意味するのだとすれば、こうした制度的ともいえる構造的暴力、《声》に晒されることのない行為の責任について、我々の「強い」責任理論はどう考えればよいのだろうか。少なくとも、「心して聞くのでどうぞお話し下さい」というのでは済まされまい。このとうてい簡単には答えられない難題に対し、ここではさしあたり二通りの回答を書き留めておくこととしよう。

まず第一の回答は、「サイヴァイヴァー／サバルタンは語りえない」という命題を、世界内の出来事と行為に与えられる新たな記述（物語）のための信念枠組み、「声を発することを不可能にする行為」という新たなメタレベルでの記述を可能にする語彙として捉える、というものである。たとえば、先の上司Bの言語行為を、たんなる事実確認的な言語行為でも、「侮辱する」という発語媒介行為でもなく、「Aによる異議申し立てをあらかじめ封じ込める」という行為として再記述し、その行為に対して責任を見いだしていくというやり方だ。もちろん、我々の「強い」理論によれば、Bにそうした意図がなくとも構わないし、またAが直接Bに対してそうした記述を提示する必要もない。A以外の第三者、たとえばフェミニスト・グループがBの行為を「《声》の封じ込め」として確定する記述を提示すればよいのだ（実際、我々の社会は、セクシュアル・ハラスメントという新たな語彙を導入することにより、《声なき声》を再生産し続ける企業・学校が「やってきたこと」の責任を問い始めている）。我々の「強い」理論は、たしかに他者の《声》を尊重するが、責任立証のために「さあ、語りなさい」と強制することはないだろう。被害者の《声》がないことは、責任を問うべき行為が存在しないことを意味しない、つまり、「《声》があれば責任は生じる」という「強い」テーゼの「裏」は真ではないのだから。

いま一つの回答は、おそらくは「ポストモダニスト」たちにはあまり同意してもらえない、しかし、本書の立場からすればごく自然に導かれる、実在論的とも形容しうる回答である。すでに述べてきたように、責任とは記述相関的に構成されるものだが、行為・出来事の方は記述と独立した個別的な存在者にほかならない（出来事の記述／出来事の存在論的な差異が、同一の出来事に対して与えられる記述の複数性を担保したことを想起されたい）。この出来事はたとえある時点tで記述を与えられていなくとも、何らかの因果的経路を経てある人の心的状態に影響を及ぼしている可能性がある。とすれば、tにおいては、記述するための語彙不足のため記述されなかった出来事も、後には因果的経路をたどって「たった一人の証言者just one witness」の証言＝記述へと行き着くに違いない。けだし、この因果的経路が完全に遮断されていたなら、我々は《サイヴァイヴァーは語りえない》とすら言うことができないのではなかろうか。つまり、完全な意味で「サイヴァイヴァーは語りえない」わけではないこと、完全無欠の「忘却の穴」はありえないということに我々は賭け、そこからかつて存在したであろう出来事・行為の記述を開始し、その行為責任をあきらかにしていくしかないのではなかろうか。《サバルタンは語りえない》と語りうること自体が、このか細い因果的経路の存在を裏づけているように思われる。ある時点で記述を与えられていないからといって、出来事そのものが存在しなかったことにはならない――こうした実在論的なパースペクティブを前提にしてはじめて、後世における責任遡及がスタートするのである。

こうした二つの回答は、私の考えではべつだん対立するものではない（それどころか、第一の回答は第二の回答を前提とする）[19]。が、「ポストモダニスト」のなかには、第二の実在論的な回答を拒絶する人もいることだろう。私自身は、歴史記述論などの文脈におけるラディカルな構成主義（物語論）に抗いつつ、ある種の実在論を擁護する哲学的かつ政治的根拠があると考えているのだが、この点については別のところ（北田［2001a］）で少々論じたことがあるのでここでは割愛させていただく。しかし、いずれにせよ、《声なき声》の存在が責任論にとって重要な問題を提起しており、それに対して「強い」理論がけっして無力というわけではないこと、および、少なくとも第一の回答の主張について、我々の「強い」責任理論がポストモダン政治学の批判精神と合流しうること――この点にかんしては、十分とはいかないまでもある程度確認されたのではなかろうか。我々の責任論は、《声なき声》に対する敏感な政治的感性をエンパワーしうるのである。

＊

以上本節では、我々の責任論と「ポストモダン政治学」との「共闘可能性」について、ごく大ざっぱな見取り図を描いてきた。行為／行為の記述の存在論的差異やら、外延主義的な出来事の存在論やらといった、ウルトラにモダンな語り口をいまだ手放さない人からのラブコールなど、「ポストモダニスト」にとっては迷惑なばかりであろう。しかしながら、少なくとも次の一点において、かれらと我々の問題意識は軌を一にしているのである。すなわち、

［2-4］　多様かつ他様な《声》たちを抑圧する《「行為者中心主義的な行為理論」-「弱い責任理論」-「近代リベラリズム」》のトライアングルは、「モダン」な政治理論・法理論を根深く規定し続けてきたが、行為解釈の空間が多元化せざるをえない現代社会においては、理論的にも政策的にも窒息寸前であり、ラディカルな治癒が施されなくてはならない。

近代リベラリズムの主体は、行為者による行為の定義権を――たとえばロックの加害原理などによって――担保する「弱い」責任理論の下で、やすんじて「強い責任主体」たりえていた。ウェーバーから丸山眞男にいたるまで

繰り返し参照されてきた「結果責任を引き受ける強い自己」とは、あくまで結果の責任――「したこと」の意図せざる結果――を主体的に引き受ける自己なのであって、己で行為記述を画定する意志と特権を与えられていたといえるのである。[20] しかしもし責任を、行為者が引き受けようが／引き受けまいが生じてしまうものとして捉えるなら、かかる「強い自己」は、勝手に自分の行為を記述し、その「意図せざる結果」への英雄的な対処のあり方に自己陶酔する、誠に身勝手‐無責任な主体であるとはいえないだろうか。我々は「ポストモダニスト」同様、英雄的な決断主義に酔いしれる「モダン」な自己、およびその自己のあり方を理論的に支援する《**「行為者中心主義的な行為理論」―「弱い責任理論」―「近代リベラリズム」**》のトライアングルの欺瞞を、けっして野放しにしておくことはできない。

三　転回　強い責任理論は規範理論たりうるのか

自由に形成される行為者の意図や予見の帰属可能性によって、行為責任の範囲を限定しようとする主体‐責任モデルに対して、構成主義的な行為観に立脚した我々の「強い」理論は、責任発効の「原点」を行為解釈者に見いだすことにより、責任の宇宙を行為者による行為のコントロールから解放し、責任なるものを帰責がなされる応答 response の現場へと差し戻していく。第二節でみたように、こうした我々の責任論は、自律した行為主体（とその責任）に定位する「近代主義」的な言説に抗して立ちあげられる「ポストモダニズム」の倫理的地平と、ある程度重なりあうものであった。しかし、本当に我々の責任論は倫理理論として盤石なものといえるのだろうか？　それは、我々の日常生活における道徳的行為や態度選択の指針となりうるものなのだろうか？　このことは、我々と同趣の行為‐責任論を展開しているルーマンが、倫理的なコミットメントに対し徹底して冷ややかな態度を貫いていた事実を考えるとき（Luhmann [1989=1992]）、かなり深刻な問題として立ち現れてくるはずだ。本節では、「強い」責任論がはたして倫理理論たりうるのか、という根元的な問題について考えていくこととしたい。

【1】 責任のインフレ問題

私は第一章からこの第二章の第二節にいたるまで、構成主義的な行為観（プラス外延主義的な存在論）から「強い」責任理論へ、そして「ポストモダン」的な倫理・政治構想へと通じる論証の経路が当然見いだされうるかのように議論を進めてきた。しかし、この議論のはこび、どこかウサン臭くはなかろうか。というのも、ルーマンのシステム論との相同性が見いだされる構成主義的な行為概念は、あくまでコミュニケーション・行為・責任をめぐる社会的事実、あるいはこう言ってよければ語用論的事実を記述するものであったはずなのに、その事実記述がいつの間にか、「《声》の尊重」「《声なき声》のエンパワー」といった政治的主張の根拠となってしまっているように思われるからだ。つまり、「強い」責任理論なるものが、

① 責任にかんする事実についての主張（「強い」理論は正しい責任概念を提示しており、「弱い」理論よりも説明理論として説得的である）なのか、

あるいは

② 規範的主張（「強い」理論が提示する責任概念を採用することにより、我々は道徳的な行為や態度選択についての指針を得ることができる）なのか、

ここまでの記述ではどうにも曖昧なままなのである。いったい、「強い」理論は、語用論的・コミュニケーション

論的な事実を説明する言説――言語の世界への合致――なのだろうか。それとも、何らかの規範内容に踏み入る倫理学理論――世界の言語への合致――なのであろうか。

この第二章、とりわけ第二節での本書の論述は、あきらかに「強い」責任理論を②の路線にそって解釈したもの、つまり、その言説の提示によって人びとの道徳的信念を組み替えることを意図した規範理論を提示するものであったように思われる。たとえば、私はほとんど説明を加えることなく、企業やセクハラ上司、歴史修正主義者たちの振舞いを「暴力」という言葉で言い表してきた。しかし、暴力とは、それ自体に道徳的非難の意が含み込まれた「濃い概念」(Williams [1985=1993 : 215-217]) にほかならない。とすれば、私は、暴力という言葉を用いることによって、すでに「非難されるべき」事柄を知っており、その事柄を排除するための規範的ツールとして「強い」理論を捉えていたことになるだろう。では本当に「強い」理論は、実践理性に訴えかける倫理的・道徳的言説であると考えてよいのだろうか。

舌の根も乾かぬうちから前言撤回するようで申し訳ないのだが、私自身は「強い」理論がそれ自体として規範的主張たりうるとは考えていない。それは、倫理理論としては「弱すぎる」のである。

ここで、先に私が促しておいた注意――魔女の屍の上に「強い」理論は成り立っている――を思い起こしてほしい。「何をしたことになっているのか」の定義権を行為解釈者に委ねることによって、水銀をたれ流す企業の行為責任の剔出に成功した「強い」理論は、一方で、指を動かし料理をしただけで「世界の秩序を乱した」ことにされてしまう魔女たちの責任をも承認してしまうのであった。もちろん、こうした魔女たちの災難は、何も宗教的なコスモロジーによって因果関係の知が規定されていた時代特有のものとはいえない。「社会が階級闘争で引き裂かれれば、ユダヤ人が労働者を扇動したと言われ」、「金融危機が起これば、ユダヤ人が金融制度を陰謀でコントロールして危機を引き起こしたと言われ」(Connolly [1991=1998 : 189-190]) 続けてきた現代の「魔女」ユダヤ人のことを想起してもらえばよい。サルトルが『ユダヤ人』で鋭く指摘したように、すべての「悪しき」結果の原因をユダヤ人の行為に見いだす反ユダヤ主義の論理は、原因の除去という「善行」に専心することを鼓舞し、みずからの行為責任への反省を曇らせることとなる。このとき、反ユダヤ主義者たちはあくまで忠実に「強い」理論を己が行動原理として行為していることに注意しよう(21)。魔女狩りを禁じえない責任理論の行き着く先は、無理やりにでも「悪い」出来事の原因を誰かの行為に見つけだし、自らの行為の責任をやすんじて免除する、壮大な無責任の体系とはいえないだろうか。

こうした魔女狩りを何らかの形で適用範囲から排除できないのなら、「強い」理論は倫理理論としてはあきらかに失効してしまっているといわねばならない。《何らかの行為の記述Hがあり、かつ行為者に行為者性——ある記述の下で意図的に行為を為していること——を帰属することができるなら、それだけで行為者は行為Hの責任を負うことになる》とすれば、とんでもない責任のインフレを我々は許容することになり、結局は交換価値を失った紙切れ同然の大量の責任手形を背負い込むしかなくなるだろう（ユダヤ人の災厄はユダヤ人自身に、わが子に対する私の虐待の責任は私の親にあるのだ!）。それはまさしく、どこにでも責任があるがゆえにどこにも責任がない、無責任の体系と呼ばれるにふさわしい。かかる無責任の体系を論理的に許容する責任理論が、道徳的行為の指針を与える規範理論たりえないのは、火を見るよりあきらかである。もし「強い」理論が、規範理論たらんとするのなら、やはり魔女狩りを排除する何らかの補助原理を必要とするのではなかろうか（この点は、ケアの倫理に対するKymlicka［1990=2002］の批判も参照）。

＊

このような「強い」責任理論の倫理理論としての弱さについて、他者への責任や《声》の尊重を重視する「ポストモダン政治学」の論客はどのように応答するだろうか。かれらは、魔女狩りのような「言い掛かり」的な責任帰属とサヴァイヴァーの訴え（帰責）とを区別する何らかの《規準》、耳を傾けるべき行為記述とそうではない行為記述とを分別する手立てを持ち合わせているのだろうか。ここでは想定されうる「ポストモダン」的回答を二つほどとりあげ、それがはたして「強い」理論を規範理論へと鍛え上げるのに、十分な論拠を提示しうるものかどうか検討していくこととしよう。

まず第一に想定される回答は、「区別は可能か？」という、問いの構造そのものを脱臼させるもの、たとえば、「耳を傾けるべき行為記述と、そうではない行為記述とを区別する《規準》など存在しない。他なるものに種類などない。我々は絶対的・普遍的な《規準》のない状況の下で、それでも行為するために、どこかで《規準》を暫定的に採用し、他者の《声》を遮る決断をしなくてはならないのだ。我々は、この息苦しい決断の瞬間を耐えなくてはならないのである」といったものだ。これをデリダの見解であると言ってもさほど的を逸していないように思う。この実存主義的とも形容されうるような回答は、（1）「客観的な因果帰属手続き」や「責任阻却のための客観的規準」などの《規準》による、《声》の選り分けをあくまで拒絶しつつ、（2）《規準》の相対化によって安直な相対主義的見解に陥ることを回避しようとするものであり、道徳的確信に満ちあふれた「強い自己」を想定した決断主義とは異なる、いわば**怖ず怖ずとした決断主義**を表明するものといえる。この他者への畏怖に限界づけられた決断主義はおそらく、魔女を糾弾する検察官の訴状とサヴァイヴァーが必死に絞り出した《声》とを、何らかの《規準》によって差異化することはない。その検察官の《声》とて個別的・特殊的に状況づけられた他者性を帯びていることをアプリオリに否定する根拠など存在しないのだから。重要なのは、出来合いの《規準》がないところで、他者の顔に直面しながら、その《声》をときとして遮る自らの原罪を自覚し続けることなのである。

私はこうした怖ず怖ずとした決断主義の主張内容をほとんど全面的に肯定する。だが、その正しさはほとんどトリヴィアルなものであることに注意しなくてはならない。つまり、個別的な状況を超越して提示される道徳理論（「善き」行為の指針）の暴力を知悉しているがゆえに、いかなる実定的＝積極的な《規準》を提示することも拒絶する決断主義――これはけっして論駁されえないトリヴィアルに真な主張、あらゆる「ハードな」行為選択の場面で立ち現れてくる決断の困難（神野［2002］の言う「剰余」[22]）を記述したものにすぎないように思われるのだ（ローティによるクリチッチリーへの応答をみよ。Rorty［1996］を参照）。

たとえば、私が今、煙草を吸うべきか否かを決定する客観的な《規準》はたしかに存在しない――身体の健康のためには吸うべきではないが、目下携わっている仕事を首尾よくやりおおすには吸うべきかもしれない――が、それでも私は吸う／吸わないのいずれかの行為を選択・決断しなくてはならない。これは《規準》の普遍的な妥当性を懐疑したうえでの、怖ず怖ずとした決断にほかならない（私は死を覚悟して煙草を吸うのだ）わけだが、逡巡の末に選択された喫煙するという私の決断は倫理的なものといえるだろうか。この事例に「他者がいない」[23]「決断の緊急性がない」というのであれば、授業での教師の質問に必死の形相で挙手して答えようとする*A*と*B*のいずれを指すか、といった場面を考えてみればよい。*A*と*B*はライバル関係にあり、授業の場面で自分の優秀さを他の生徒に誇示できることに生きがいをかけているとする。さらにマスコミの情報によれば、最近の高校生はささいなことで自殺もしくは殺人に及ぶこともあるという。このことを知っている私は、*A*／*B*のいずれを指すのかを裁定する《規準》を持たないのだが、それでも今すぐいずれかを指さねばならない。このときやはり私は怖ず怖ずと決断しているとはいえないだろうか。

あるいは私は、デリダのいう「他者性」なるものの深みをまったく誤解しているのかもしれない。つまり、他者の顔の唯一性が顕現する場面と、他者性がまったく問題とならないような呑気な場面とを同一視しているのかもしれない。しかし、ならば、いったいいかなる《規準》が他者性が関与する／しない場面とを境界づけるというのであろうか。怖ず怖ずとした決断は、『実存主義とは何か』のサルトルが描き出したような状況設定（レジスタンスに参加するか、年老いた母親のもとに残るか）ではたしかに感動的であり、倫理にかんして何事かを語っているかのように映る。しかし、それは我々があらかじめそうした状況を倫理的に重要であると認定しているからなのではなかろうか。すなわち、怖ず怖ずとした決断主義は、あらかじめ一般的に倫理的に重要とみなされている場面を事例として持ち出すからこそ、説得力を獲得しているように思われるのだ。だとすれば、それは倫理的な事象とそうでない事象とを区別する《規準》――《規準》は不可能であると言表しつつ――をあらかじめ密輸入していることとなってしまう。そうでないのだとすれば、怖ず怖ずとした決断主義は、それ自体としては、何ら倫理的な主張を含意するものではなく、行為選択にさいして往々にして観察される主観的な心理葛藤を constative に記述したものにすぎなくなるだろう。そのとき、我々はそこから何らかの倫理的含意を汲みとりうるという淡い幻想を潔く払拭しなくてはならない(24)。

問いの脱臼という「脱構築」の王道的戦略とは異なる、もう一つの「ポストモダン」的回答は、かなり率直に、聞くべき《声》／聞かなくてもいい《声》の区別を打ち立てるもの、すなわち、フーコーから示唆を受けた社会的権力という説明概念を加えることにより、権力の多／寡もしくは有／無を測定し、それによって社会的マジョリティ／マイノリティという属性同定を実行するという方法である。この方法に則った論者は、真理として認定されやすい知に比較的アクセスが容易な人びと、すなわち、ドミナントな世界解釈の方法を入手しやすい人びとをマジョリティ、そうでない人びとをマイノリティと呼び、世界を解釈するうえで「正当」とされる語彙を持ち合わせていない後者の《声》の尊重を訴えかけることができる。この方法によれば、マジョリティの《声》とは――いかに切実なものであっても――《声》の多様性を抑圧するものとして、異議を叩きつけられるべき、脱中心化-解体されるべき対象として捉えられるだろう。支配的な真なる知（因果関係についての知識）を振りかざす「魔女狩り」検察官の《声》は、「聞かれるべき」どころか、むしろマイノリティの側から異議を突きつけられるべきものなのである。

文化的他者論とでも呼ぶべきこうした議論は、「ポストモダン政治学」に与するかなり多くの論者によって陰に陽に採用されており、財や政治的権利の配分如何（客観的《規準》）によって権力関係を測定する「社会学的」分析や、政治的コンテクストに無関心な他者論などとは異なる第三の途を切り開く方法論として広くポピュラリティを獲得している。しかし、こうした一見説得的な議論にも、私は手放しで賛同することはできない。

まず、文化的他者論は、権力という明確な《規準》を挿入する典型的な規準擁立論であること、したがって、具体的な《規準》内容を特定することに躊躇する決断主義とは基本的に袂を分かっているという点に注意しなくてはならない。といえば、「いや、フーコー的な意味における権力とは実体概念ではなく、複雑に入り組んだ関係性を指し示す概念なのだ」「権力は、その多寡を第三者が測定できるような実体ではない」といった反論が突き返されることだろう。もちろん、フーコーのいう権力には客観的な《規準》に照らし合わせて同定される権力者／被権力行使者といったものは存在しないのかもしれない。しかしそれなら、なぜ文化的他者論者は、マイノリティ／マジョリティを識別できるのだろうか。当事者言説によって？　ならば文化的他者論者は、分析に先立ってマイノリティ／マジョリティー区別の当事者による構築過程を精査しなくてはならない。その準備作業はどういう手続きにのっとってなされるのであろうか？　やはり私には、「言説の闘争」とか「ヘゲモニー」といった表現によって文化的他者論を展開する人びとが、真理＝知の配分を規定するヨリ潜在的で深層的な権力関係・社会構造を前提しているようにしか思えない（盛山和夫によるフーコー的権力論批判もみよ。盛山［2000：第八章］参照）。権力者／被権力行使者の区別を無効化するというフーコー的権力論は、結局、知の配分状況の認定をめぐって撤廃したはずの区別（と《規準》）を呼び戻し、論駁対象であったはずのマルクス主義的なイデオロギー論、あるいは知識社会学に「堕して」しまうのではなかろうか。

もちろん、具体的な《規準》の設計は、それ自体非難されるべきものではない。問題は、文化的他者論が前提とする《規準》――知の配分状況によって測定される権力関係――が、前節で批判的に検討した二重効果の原理や近因原理などのモダンな《規準》とくらべても、説得的な《規準》たりえない、という点にある。たとえば、「お前が横でゲームをしていたから、試験に落ちたんだ。お前がオレを落第させた」などと友人Aに言われたなら、私は「ゲームをする」という私の行為と「Aが落第する」という出来事とのあいだの因果的繋がりが希薄である（遠い）ことや、因果の鎖を断ち切る出来事（Aの「ゲームへの参加」という意図的行為）が存在したことを主張して、Aの落第に対する私の責任を否認することだろう。よしんばAが社会的マイノリティであったとしても、私（こちらはマジョリティであるとする）はAの発言をやはり真面目に扱うことはないように思う。このごく自然な直観を否定する《規準》ははたして妥当なものといえるだろうか。「この事例は政治的イシューを扱ったものではなく、不適切である」という予想される反論に対しては、先に怖ず怖ずとした決断主義について指摘したことを繰り返しておこう。すなわち、文化的他者論は、権力関係という《規準》が上手く適用されうる事例のみを扱い、そこからいわばエモーショナルな説得力を引き出しているのだ、と。政治的に重要な責任とそうでない責任とを有意味に区別するメタ《規準》を提示することができないかぎり、文化的他者論は、少なくとも責任をめぐる理論的考察としては失格の烙印を免れえないのである。

＊

このように、怖ず怖ずとした決断主義にしても、文化的他者論にしても、「強い」責任理論が帰結する責任のインフレ状況を首尾よく収束させることはできない。それは「無責任の体系」の回避に失敗しており、したがって規範理論としての資格を欠いていると考えられる。我々は、「ポストモダン政治学」の政治的態度をほとんど手放しで肯定しつつも、責任理論・規範理論としての不備を見逃すわけにはいかないのである。やはり、何か別の手を考えなくてはならない。

【2】「よりよき物象化」論は規範理論たりうるか

「弱い」責任理論が設ける恣意的な《規準》を「脱構築」し、人びとが問い‐問われする現場において生成する責任のダイナミズムに定位する「強い」理論は、有意味な規範理論たりうるためには、自らの理論によって生み出される責任のインフレをどうにか収束させなくてはならない――この課題に対してポストモダン政治学は、社会的権力関係という《規準》をもって応答するわけだが、その《規準》を実効化するには、さらに《規準》が適用される行為文脈の区別、政治的文脈と非政治的な文脈とを区別するメタ《規準》を提示できなくてはならないのであった。しかしおそらく、「あらゆる事象は権力の作用を受けている」と主張するロジックの枠内では、かかる文脈の区別は、端的に「不可能」としてまたしても決断主義に先送りされるか、あるいはあまりに自明なものとして前提され、まともな考察の対象として扱われないか、のいずれかであろう。他者や責任にかんする哲学的言説から直接、政治的文脈／非政治的文脈を区別する《規準》が導き出されるわけではないのである。

では、こうした困難をともなう文脈区別作業を（一応）回避し、一般に非政治的と目されるような場面・コミュニケーションの現場に照準しつつ責任の問題を考察している大庭健の「システム倫理学」[25]は、責任のインフレを首尾よく鎮静させることができているだろうか（大庭［1989］［1991］［1997］など）。細かな解釈の異同はあっても、我々と同様にルーマン流の社会システム論から倫理学への展開を図っている大庭であるから、もし彼の議論がインフレ収束に成功しているとすれば、我々としては実に心強い援軍を得たことになる。しかし、残念ながらそうはうまくいかない。大庭のシステム倫理学は、「ポストモダン政治学」同様、「強い」責任を主題化しながら、そこから帰結する責任のインフレを処理しきれていないのである。

大庭の基本戦略は、（1）《規準》＝コードによる行為観察（ある身体的振舞いXを——bでもcでも……でもなく——a「として」捉えること）の社会的・時間的な安定化が、コミュニケーションの連接としての社会システムの継続にとって不可欠であることを認めたうえで、（2）その《規準》によって排除された「ノイズ」が、《規準》の硬直化（物象化）を阻む可能性に賭ける、というものである。いわば「もっとマシな物象化をもたらすかもしれないノイズを聞き取る＝応答する感性」を推奨する議論といえよう。ここでは、《規準》があることそのものが批判されている（ノイズが存在すること自体が「よい」といわれている）わけではないし、また、ノイズをもたらす他者も「文化的マイノリティ」に限定されているわけでもない。なにしろノイズをシステムに持ち込む他者はつねに「遙か隔たった第三世界からやってくる」わけではなく、「いくら『諭して』も、頑として口を開かない子供」や「いくら『経済事情を説明して』も、〝駄々〟をこねる老人」、そして「いくら『理を尽くして説明して』も、かさにかかって頑なに当初の計画を強行しようとする役人・経営者」もまた、他者たりうるのだから（大庭［1989：299］）。

この議論は、理解しがたい言動をとるお役人をも「他なるもの」をシステムに呼び込む契機として認める点で、文化的他者論より、はるかに哲学的に誠実である。「魔女狩り」検察官の《声》を、サヴァイヴァーの《声》と識別する《規準》はないとする我々の見解とも折り合いがよい（というより、読者も先刻お気づきのように「強い」責任理論とは大庭由来のものにほかならない）。しかし、ということは、ナイーブであるけれども一貫したインフレ防止策を持つ文化的他者論とは異なり、システム倫理学は責任のインフレを「ポストモダン政治学」以上に肥大させてしまうということでもある。

まずシステム倫理学は、《脱‐物象化に寄与する「よい」ノイズ／寄与しない「悪い」ノイズ》を何らかの《規準》にもとづいて区別する、という戦略を禁じ手とする。この方法は、文化的他者論と同じく、実定的に機能している《規準》にかかわるオルタナティヴを提示するものだが、もちろん、システム論自体はいかなる特定の《規準》も擁護するものではないのだから、新しく推奨される《規準》の正当化作業は、システム論の展開とは独立になされねばならない。ノイズはコミュニケーションに何らかの形で接続され、観察された後、あくまで事後的にシステム状態への寄与を測定されるものである以上、こうした安直なインフレ打開策は慎重に回避されなくてはならないのである。

かかる禁じ手を自らに課したシステム倫理学は、理論家による強制的なインフレ収束政策を断念し、社会構成員（当事者）たちが用いる《規準》＝コードによるインフレ縮小効果をある程度認めつつ、それがデフレに転化しない程度に収まるよう人びとに呼びかけることとなる。理論家は《規準》を膠着化させないよう、当事者たちに人-間関係の一次性を（「当たりか外れか分からないが、ともかくも他なるもの＝ノイズに心を開きなさい」といった具合に）粘り強く説いていく……（読者もお気づきの通り、このインフレ収束政策は、怖ず怖ずとした決断主義の主張内容とよく似ている）。「よりよき物象化」を目指すこうした主張に対しては、

① 《規準》によるデフレ＝物象化は道徳的に「悪い」ことなのか（物象化に対して警戒心を持つことは、よい《規準》によるよい物象化の実現よりも、道徳的によいことなのか）、

② 物象化＝デフレに対する一般的・概括的批判は、特定の《規準》にコミットすることなく（＝先の禁じ手に触れることなく）可能なのか（実は理論家による強制的なインフレ収束政策が遂行されているのではないか）、

という疑念が即座に浮かんでくる。

まず（過度の）物象化＝膠着自体が悪いのかという問題（①）。たしかに、デフレによる貨幣価値の高騰は、様々

な側面において経済生活を悪化させるので「悪い」もしくは「好しくない」ということができるけれども、行為解釈の《規準》＝コードのデフレについてはたして同じようなことがいえるだろうか。もし、その《規準》が「よい」――効率が「よい」だけではなく、道徳的にみて「よい」――ものであるなら、むしろデフレは歓迎されるべきなのではなかろうか。つまり、機能不全を起こしている疲弊しきった「近代主義」的な諸《規準》に代えて、ヨリ適切な《規準》を提示すればよいのであって、何も《規準》の時間的・社会的安定化＝物象化一般を批判する必要はないように思われるのである。[26]この論点については、次章でも「物象化は『悪い』ことなのか」という形で詳論する。

また、かりに「過度の物象化＝膠着は悪い」ということを認めたとしても、いかなる《規準》適用が「よい物象化」を招くのか「悪い物象化」を招くのかを、理論家が先取りして想定することなく、「当たりか外れか分からないが、ともかくも他なるもの＝ノイズに心を開きなさい」と言うことは不可能であるように思われる（②）。理論家は、現実社会における特定のコミュニケーション空間が、「悪い《規準》」を自明視していると判断しているからこそ、かかる「悪い」自明視（物象化）からの解放を説いているのだろう。大庭が数々の「非人‐間的な」具体例を――人間的／非人間的を分かつ根拠を示すことなく――持ち出すこと自体それを証左している。とすれば、システム理論家は、すでにして特定の《規準》にコミットしていることとなる。このコミットはそれ自体「悪い」ことではないけれども、少なくともシステム論から導き出される論理的帰結ではあるまい（システム論は「関係の一次性」を含意するかもしれないが、特定の複雑性の縮減の仕方を指示することはない）。それでもなおかつ、システム倫理学は具体的《規準》内容の善悪の判断には踏み込まない、と言い張るのであれば、それは自らの道徳的コミットメント（特定の《規準》の支持）を隠蔽することになってしまうのではなかろうか。それは道徳的に「悪い」ことではないが、少なくとも誠実な知的態度とはいえまい。

結局、システム倫理学の突き当たっている壁は、怖ず怖ずとした決断主義が陥った隘路と同趣のものといえる。《法》と他者とのあいだで投企される怖ず怖ずとした決断主義、どう転ぶか分からないノイズへの応答可能性を尊重する態度は、けっして決断‐応答の瞬間を「宙づり」にはできていないのである（ためらうべき瞬間を、どこかしらに想定している）。ここではインフレは収束されていると同時に、まったく放置されているともいえる。表面上決断主義によって放置されたはずの責任のインフレは、実は理論家の予断によって相当収束しきっているのだ。このウラとオモテの使い分け、あるいは確信犯的な混同――物象化の度合いが強まることが「よくない」のか、それとも、物象化の内容によって「よい」ものと「悪い」ものがあるのだろうか――こそが、あたかもシステム倫理学や「脱構築」的正義論が倫理理論たりうるかのような幻想を生み出している。しかし、表面が貫徹されれば、それは倫理理論ではありえないし、また裏面が貫徹されれば、それは愚直に（ほかならぬ「この」《規準》にコミットすることの理由を提示することなく）《規準》を提示するモラリズムにすぎないのである。

＊

我々は、《「強い」責任理論は、それ自体として道徳的行為・態度選択の指針を与える規範理論たりうるのだろうか？　それは実は、責任帰属にかんするコミュニケーション論的・語用論的事実を説明したものにすぎないのではなかろうか？》という疑念を払拭すべく、「強い」責任理論が規範理論たりうるために欠かすことのできない《責任のインフレ処理》を、「ポストモダン政治学」「システム倫理学」が首尾よく――「強い」責任概念と整合的に――行いえているかを検討してきた。が、その結果ははなはだ悲観的なものであった。

政治的マイノリティ／マジョリティを差異づけする《規準》を持ち出す文化的他者論は、インフレ収束にある程度成功しつつも、責任理論としてはあまりに狭い範囲しか扱いえていないし、また、「怖ず怖ずとした決断主義」

「システム倫理学」の方は、「強い」責任概念を尊重するものの、インフレ収束に失敗、あるいは、インフレ収束のための《規準》を密輸入してしまっている……。こうなってくると、「強い」責任概念を犠牲にするか、インフレ収束を断念するかのいずれかしか途はないかのように思えてくる。「強い」責任理論は、それ自体として（いかなる特定の《規準》も外挿することなく）規範理論たりえないのではなかろうか。

しかしどうだろう。「強い」責任理論が、それ自体として規範理論たりえないということは、はたして嘆くべきことなのだろうか。我々は、先の疑念を払拭されるべきものと決めてかかる必要はないのではなかろうか。おそらく、我々が提示した「強い」責任理論は、社会システムにおける責任発効の語用論的事実を包括的に説明したもの、「弱い」責任理論では説明できなかったような責任についての我々の直観をヨリ単純に扱いうる理論にすぎないのだ。このこと自体、べつだん嘆くべきことでも何でもない。次のような説明理論としての認識利得は、たしかに手に入れることができるのだから。

①「弱い」責任理論が何らかの《規準》によって行為責任／結果責任を二種の責任概念として類別しようとするところを、「強い」責任理論は一種の責任概念だけで済ませることができる。これは、「強い」責任理論が「弱い」責任理論に比して単純性の点で優れている（余分な存在者を増やさない）ことを示している。

②にもかかわらず、「強い」責任理論は、行為責任／結果責任という区別が日常的に使用されている事実を説明することができる（あまりに行為記述の幅＝アコーディオンを広げてしまうと、コミュニケーションの接続、すなわち行為解釈-応答の継起の合理性を損ない、過剰な複雑性が生み出されてしまう。そこでコミュニケーション・システムは、かかる複雑性を縮減するために、行為解釈の安定性を担保する《規準》を生み出す。行為／結果という区別は、行為解釈＝観察の安定的継続のために構成された規約的・恣意的区別なのであって、けっして存在者の種を区別するものではない）。このこ

とは、「強い」責任理論が、「弱い」責任理論を包含しうることを示している。

③　高度なシステム分化によって、行為解釈＝観察が多文脈化する社会においては、「行為者がしようと意図していたこと」と「行為者がしたことになっていること」とは乖離せざるをえない。高度に分化した社会システムにおける責任は、もはや行為者の意図や予見可能性に重きをおく「弱い」責任理論では、捕捉することはできない。このことは、「強い」責任理論のプラグマティックな有用性を示している。

問題は、説明理論としてこうした様々な利点を持つ「強い」責任理論が、それ自体規範的な含意を持ちうるかのように錯視するときに生じる。「強い」責任理論は、たしかに、マイノリティの異議申し立てをエンパワーする契機となりうるのかもしれない。しかし、それは同時に、「魔女狩り」裁判での検察官、そして最悪なことに反ユダヤ主義者たちの底なしに破廉恥なユダヤ陰謀説をも（意図せざる形で！）勇気づけるものであったことに注意しよう。「強い」責任理論は、責任をめぐる語用論的事実を説明するものにすぎず、コミュニケーションにおいて当事者たちによっていかなる責任が主題化される（べき）かについては、何ら語らないし、また語りえないのである（だから、本当は、「マイノリティの異議申し立てのみならず、反ユダヤ主義者の言い掛かりをもエンパワーしてしまう」と言うべきではなく、「両者をともに説明する」と言うべきであった）。責任という素材を扱ったというだけで、何か倫理の領域に足を踏み入れたかのように思ってしまう、怖ず怖ずとした決断主義、システム倫理学、そして我々の予断はすみやかに解除されなくてはならない。

したがって、我々はいやしくも「よりよい社会の構想」という倫理的・政治的な領域に足を踏み入れようとするのであれば、「強い」責任理論の提示で満足するわけにはいかない。「強い」責任理論が提示する責任概念を前提としたうえで、どうしたら「よりよい」責任処理のメカニズムを構想することができるのか、記述理論としての「強い」責任理論にどんな道徳原理をプラスすれば「よりよい社会」を構想することができるのか――こうしたまさしく社会-倫理学的な問いに我々は取り組んでいかねばならないのである。我々は、怖ず怖ずとした決断主義のように、自らのコミットする《規準》を密輸入するのでも、また文化的他者論のように《規準》を正当化する作業を「政治への意志」の名の下にオミットするのでもなく、「よりよい」責任処理メカニズムを可能にする《規準》を、その支持理由とともに第四章以降で提出していくつもりだ。そこでは、《正義》という責任処理メカニズム（社会制度）と、そのメカニズムの稼働原理となるリベラリズム――行為者定位型の「弱い」責任理論と手を携えつつ政治思想・法思想を生み出してきた近代リベラリズムとは毛色を違えたリベラリズム――という《規準》が好意的にとり上げられるだろう。我々は、「強い」責任理論を（「ポストモダン政治学」や「システム倫理学」のように）リベラリズムに対抗する原理としてではなく、リベラリズムを豊かにし、鍛え上げていく「社会存在論」（W・コノリー）としてとり扱っていく。

「それでも……」と言う声が聞こえてきそうである。いわく、「責任論は他者の尊重という倫理的コミットを《つねに・すでに》含んでおり、たんなる事実問題には回収できない」「いや、そもそも事実／価値という二分法を前提することが問題だ」……。リベラリズムをめぐる考察に入っていく前に、次章では、こうした想定されうる反論に応答しつつ、第四章以降の議論の足場を固めておくこととしたい。

第二部　社会的なるものへの懐疑

skepticism on the social

我々は第二章三節において、「強い」責任理論の規範性にかんする疑念、すなわち、

① 「強い」責任理論は、それ自体として道徳的行為・態度選択の指針を与える規範理論たりうるのだろうか？ それは実は、責任帰属にかんするコミュニケーション論的・語用論的事実を説明したものにすぎないのではなかろうか？

という疑念は、結局のところ解消不可能であるという結論に達した。第二部では、こうした疑念の解消不可能性を、別の角度から検討していくこととしたい。

＊

まず第三章では、①の疑念を、存在／当為をめぐる古典的な問題設定に倣い、

② 「責任は応答する人-間関係において構築される」という社会的事実の認識（関係性テーゼ）から、「他者／人-間関係を尊重せよ」という当為命題を導出することができるか、

と読み替えたうえで、「強い」責任理論の倫理理論としての不自然さを明らかにしていくこととしたい。「責任がある」のを認めることと「責任をとる」こととの懸隔とでもいえようか。ともかくも、そうした存在／当為のあいだの溝を埋めるのは容易なことではない。容易でないにもかかわらず、「強い」責任理論や少なくない

社会理論は、そうした作業が可能であると自認している（あるいは「②の問い自体が間違っている」と言えば、問題が片付くと考えている）。かかる自認が誤認にほかならないこと——社会的なるものへの懐疑を払拭しきれないこと——を確認しつつ、道徳的・社会的制度にコミットするという行為・態度の特異性をあきらかにするのが第三章の課題である。

＊

続く第四章では、②の問いに徹底して「No.！」と応答する他者、「なぜ道徳的でなければならないのか」と誠実に問う他者（《制度の他者》と呼ばれる）を、社会的な協同空間に誘い込むことが可能であるかどうかを、契約論的な方法論を採りつつ精査していく。この契約論は、《制度の他者》を、「ある程度の合理性と道理性（共感能力）を持ち、他者に対する道徳的配慮をなすことができる存在（《リベラル》）」にまで仕立てあげていく（説得していく）というものであるが、間違ってならないのは、この契約論がすべての可能的契約者たちを《リベラル》化することを目指してはいないということだ。むしろ、我々は、契約交渉・説得作業の過程のなかで、数多くの「脱落者」たちの存在を確認することとなろう。この契約論の眼目は、理解可能な（intelligible）形で《リベラル》となることを拒む他者たちの存在を確認し、《リベラル》的な人格類型の特殊性・特異性を浮かび上がらせることにある。

原初的な社会性しか持たない《リベラル》ですら、我々の倫理的世界においては、ローカルで特殊な存在にすぎないこと——第四章で展開される疑似契約論は、「社会（学）的なるもの」の限界を確定するために持ち込まれたヒューリスティックな理論装置なのである。「社会（学）的なるもの」の彼岸に位置する他者たちと、《リベラル》のありうべき関係については、第三部で詳細に論じられる。

第三章　Why be Social?　私たちはなぜ責任をとる「べき」なのか？

第二章までの我々の考察は、ルーマン流のシステム論から倫理にかかわる問いを駆動させようとする「善き」意志を挫折させかねないものであった。すなわち、行為の単位性をラディカルに解体するシステム論の知見は、（1）行為責任の無限性を「暴露」することにより、我々の生活世界における倫理的関係のあり方を攪乱‐異化してくれる一方で、（2）かかる異化をもたらすノイズの内実については徹底して不可知の立場をとるため、システム倫理学を構想する「善き」こころの持ち主による《「よき」ノイズ／「悪い」ノイズという区別》の密輸入を促してしまうのであった。それは結局、討議倫理学的なスタイルから距離を置いてスタートしたはずのシステム倫理学が、行為のタイプ的自同性を前提としたうえで《推奨されるべき行為タイプ＝コミュニケーション的行為／そうでない行為タイプ＝戦略的行為》の区別をなし、前者の制度化（公共圏の実定化）を図るハーバーマスの戦略と、意図せざる形で合流してしまうというアイロニーを物語っていた。行為責任の無限性（根元的恣意性）をあきらかにし、不作為のような「行為」の責任の理論化を可能にするシステム論の言説の地平は、ついに倫理の領野へと到達しえないのだろうか？

しかし、こうした何とも悲観的な診断は、当然のことながらシステム倫理学に対してフェアとはいえない。というのも、第二章でも確認したように、大庭流のシステム倫理学は、いわゆる「他者性の政治学」などとは異なり《よきノイズ・聞くべき声／悪いノイズ・聞かなくてよい声》の区別を権力（配分の多寡）関係のような《規準》にもとづいて事前に確定するようなことはせず、事後的に「よいノイズ」だったと観察されうるかもしれない可能性に「賭ける」といった論理構成をとっているのだから。つまりシステム倫理学においては、「マイノリティの声だから聞くべき」「性的弱者の声だから聞くべき」「手続きに適っているから聞くべき」といった「……だから聞くべき」式のロジック――それは当然同定可能な《規準》を前提とする――ではなく、「聞くべき声／聞かなくてよい声」の区別をいったん括弧入れしたうえで、他者の声を聞くこと一般の道徳性をまず前面化し、しかる後に応答可能性としての責任の裾野を広げていくという方針がとられているのである。その意味で《規準》の密輸入という批判は、システム倫理学には当たらないのかもしれない。だが、もしそうなのだとすると、システム倫理学は「他者性の政治学」（や討議倫理学）がある意味免除されているようなやっかいな問いに回答しなくてはならなくなる。すなわち、「責任があるのは分かった。しかし、責任をとるべきなのか？」という問い、言い換えるなら、

【3-1】「責任は応答する人-間関係において構築される」という社会的事実の認識（関係性テーゼ）から、「他者／人-間関係を尊重せよ」という当為を導出しうるか、

というきわめつきにアナクロな問いに、システム倫理学は真摯につきあわなくてはならないように思われるのだ。素直に「……だから聞くべし」といった《規準》を打ち立てる論法にあっては、当該《規準》に適った行為をなすこと（=他者の声に応答すること）は定義上「よい」こととされるので[(1)]、「応答する／責任をとることははたして『よ

い』ことなのか？」「責任があるのは分かった。しかし、私は責任をとるべきなのか？」といったメタレベルでの問いに答える必要は生じてこない（そこでは「……である／ない」という規準にもとづく当為命題――他者への尊重原理――は議論の与件となっている）。しかし、「マイノリティの声である／でない」といった《規準》の自明視を拒絶するのであれば、つまり、何らかの《規準》にもとづく規範を議論の与件として組み込まないのであれば、責任措定＝帰責メカニズムの根元的恣意性という端的な帰責コミュニケーションの事実確認から、一足飛びに「他者を尊重すべき」との当為命題に到達するわけにはいかないだろう。言い掛かりをつけてくる認識論的他者と、悲壮なまなざしでもって苦痛を訴えかけてくる文化的他者との境界線＝区別の規準をとり払ったシステム倫理学は、もはや《耳を傾けるべき他者／耳を傾けなくていい他者》の差異を前提しえないために、「耳を傾けること」そのもののよさをめぐる素朴な、そして不気味な問いかけに耳を塞ぐわけにはいかないのである。

本章では、責任をめぐる関係性テーゼから「他者／関係への尊重原理」をはたして導出しうるのかという問題、あえて垢にまみれた言い方をするなら、存在 Sein から当為 Sollen を導くことができるのかという問題への応答可能性について考えていくこととしたい。ちなみに、以下の議論の射程は、システム倫理学のみならず、マルクス主義の影響下にある物象化論やフーコー流系譜学を政治的に援用する議論、あるいはレヴィナス＝デリダ流の責任論にも及ぶはずだ。ウェーバーの亡霊は、いまだ社会（科）学を遂行する我々の身体に執拗にとりついている――このの居心地の悪い事実を抑圧したり、あるいは健忘したりすることなく、我々はしばらく不健康な問いにつきあっていかなくてはならない。

一　事実／価値の二元論は失効したのか

【1】事実の価値被拘束性

［3－1］の問いかけが、《「である」から「べし」を導出してはならない》というヒュームの禁則に則って提示された修辞疑問であることはいうまでもない。したがって、このどうにも評判の悪い「存在／当為」「事実／価値」の二分法が維持できないことを証明してやれば、問いの設定そのものが失効し、システム倫理学者の応答義務はすみやかに解除されることとなるだろう。これは、もし成功するなら相当に効果的な戦略ではある。が、はたして上首尾に貫徹されうるのだろうか？　哲学史的にきわめて多様な議論が積み重ねられてきたこの問題について文献学的にフォローすることは到底私の能力の及ぶところではないけれども（だからこそ）、素人独特の勇み足に開き直り、ナイーブな検討を施していくこととしよう。

「である」言明と「べし」言明、事実判断と価値判断、存在言明と当為言明……こういった二世界を架橋する論証的・概念的経路を、「自然主義的誤謬 naturalistic fallacy」「価値自由 Wertfreiheit」などの名の下に遮断する試み[2]は、よく知られるように、今世紀の良心的な倫理学者・社会科学者たちによってたえず攻撃の的とされてきた。古いところでは「決断主義に陥ってしまう[3]」「価値から自由な〝事実〟を措定するのは、悪しき科学主義にほかならない」というものから、「事実確認的 constative な言明も行為遂行的 performative な構造を持つ[4]」といった言語行為論の用語系を流用する昨今の「脱構築」的な批判にいたるまで、反（「非」でも何でもいいのだが）二元論陣営の攻勢はとどまるところを知らず、かかる言説状況のなか、ウェーバー／ヒュームの亡霊はことごとく退散を余儀なくされたかのようにも思われる。だが、本当なのだろうか？　本当にそうした二元論は失効を証明されたのであろうか？　むしろ、「決断主義」や「科学主義」が容認されるとき自らの存在の道徳的意義が危ぶまれかねない倫理学者・社会学者たちの「実存的不安」こそが反二元論の信憑性を担保しているのではなかろうか？——こうした社会（科）学の存立にかかわる根元的な問いには後に立ち戻ることとして、さしあたり、ウェーバーの亡霊に畏敬の念を抱きつつ、つまり、「すべての事実は社会的に構築されている」「中立的な〝事実〟とはイデオロギー的である」といった社会（科）学的公理を自明視することなく、それらの公理が何をどこまで言えている（いない）のかを考えていくこととしよう。

我々はまず、「事実／価値」の問題系（FV：Fact and Value）と「存在／当為」の問題系（SS：Sein und Sollen）との種差をしっかりと弁えておかなくてはならない。(5) 思うに、少なくない反二元論の主張は、おおよそ健全で妥当なFVにかんする見解から、一足飛びにSSにかんする不健全で還元論的な主張へと飛躍してしまっている。この点を最初に確認しておくこととしたい。

すべての、とまではいかないにしても非常に多くの反二元論が、次のような論証のスタイルを採用していることにかんしては、おおよそ同意をえることができるのではないか。

【3-2】　あらゆる事実にかんする言明・判断は、発話者の関心（信念・価値・欲求のアマルガム）によって規定されており、したがって関心から独立した「剝き出しの事実」など存在しえない。事実（判断）と価値（判断）の差異は相対的なものである。

価値（世界がどうあってほしいか／どうあるのが好ましいか）の側から、事実（世界はどのようであるか）を相対化するこの見解にしたがうなら——「発話者の関心が関与しないと間主観的にみなされる言明が事実言明である」というように——事実言明を価値言明の一つの下位類型として位置づけることができる。とすれば、真偽が付値可能な事実言明（「北田は煙草を午前中に四本吸った」）と、真理値を与えることができない価値言明（「煙草を吸うべきできない」）との論理カテゴリーの差異を前提とするヒュームの禁則は音を立てて崩れ去ってしまうだろう（「北田は煙草を午前中に四本吸った」は非難の言語行為になりうる）。実際、ヒュームの禁則／ウェーバーの価値自由テーゼに対する攻撃は、多様なヴァリエーションを内包しつつも、基本的に［3－2］のような主張を武器として展開されてきたといえる。

私は、価値被拘束性テーゼ、すなわち［3－2］そのものは完全に正しいと思う。たとえば、サール（Searle［1979］）がいうように、《［3－3］　猫がマットの上にいる》という一見純然たる事実言明ですら、発話に関連する文脈的情報をそぎ落とした言明、すなわち文脈度ゼロの言明などではなく、明示化されていない様々な背景知（猫とマットが銀河系外の宇宙空間にあるわけではないこと、猫とマットがワイヤーで吊り下げられたりしていないこと……などなど）をともなって理解されうるものであり、価値言明と同様、言明外的な諸信念によって文脈化されている。［3－3］のような事実言明が文脈を貫く「字義通りの意味」を持つように思われるのは、当該言明が「事実に対応している」という形而上学的性質を備えているからではなく、端的に、事実言明なるものが言語の制度として文脈の変化に比較的安定性を示すとされているからなのである。パトナムの洗練された言い回しを採用するなら、「事実とは、それを信じることが合理的であるような何かのことであり、あるいはより正確には、事実（ないし真なる言明）という観念は、それを信じることが合理的であるような言明という観念の理想化なのである」（Putnam［1981=1994：297］）。

こうした形での「事実言明／価値言明」の相対化の主張（事実言明の価値被拘束性）は、もしそれが強い存在論的含意——「事実言明の価値言明への相対化」ではなく「事実の価値への相対化」を主張する——を持たないのであれば実に穏当なものであり、パラダイム論が登場するはるか以前、それこそウェーバーの「価値分析論」やマンハイムのイデオロギー論以来、社会（科）学も共有してきた認識視座であったといえる。実際我々も第一章、第二章において、出来事＝行為記述を一意的に収束させる根拠は世界のうちに備わっているわけではなく、記述が遂行される文脈や記述者の関心によって「どこまでが単一の出来事であるか」が伸縮するということを確認してきた。「弱い」責任理論が前提とする「行為と出来事の存在論」を採らないかぎり、「何が起こったか（何が事実か）」についての記述が多様かつ他様でありうること、そして殊更に行為を記述するという行為そのものが「評価的 evaluative」な要素を持ちうるということは認めざるをえない。我々はもはや事実言明を、特権的に世界との対応を担保された特殊な言明として捉えるわけにはいかないのであり、その意味で「価値 values がなければ、我々は世界なるもの a world を持つことができない」というパトナムの診断にもまったくの留保なしに首肯することができる（Putnam [1990:141]）。FV の問題系にかんして遂行されるこうした健全な「脱構築」は抗いがたい、端的な真理といえよう（とはいえ、私は不健全な脱構築など見たことがないのだが……）。

【2】 事実／価値の問題系と存在／当為の問題系の差分

しかしながら、こうした健全さが「存在＝である／当為＝べし」の差異をめぐるSSの問題系にまで貫かれうるかどうかはまた別問題である（事実／価値、存在／当為、男／女、中心／周縁、西洋／非西洋……といった具合に、思いつく限りの二元性を十把一からげに解体してしまうというのはけっして褒められた慣行ではない）。「事実／価値」と「存在／当為」との違いについては様々な論じ方が可能だが、ここでは社会学的な価値被拘束性テーゼにかかわるかぎりでの論点に焦点を絞ることとしよう。

まず、単純な直観的事実として、価値（言明）と当為（言明）は意味論的に等価ではない。《自分の命にかえても困った隣人を助ける》という利他的な行為を、好ましい＝価値ありと感じ、できることならそのような行為をする人間でありたいと願っている人が、にもかかわらず「命にかえても困った隣人を助けるべきだ」（ちなみに、この「べき」は「できる」を含意している）と考えなかったとしても、べつだんその人が殊更不合理な人間であるというわけではあるまい。件の利他的な行為を好ましいと価値判断しつつ、その一方で「そもそも他人を助けるというのは好ましくない」と考えているのなら、信念間に明白な矛盾が見いだされるのだから非合理の烙印を押されても仕方ないが、「好ましいとは思うがすべきだとは思わない」と判断することに何ら論理的な矛盾を見いだすことはできない（せいぜいその人は意志が弱いのである）[6]。価値と当為との異同をめぐる詳細な分析については専門的なメタ倫理学に委ねることとして、当面我々としては、価値（言明）と当為（言明）とが密接な関係を持ちつつも、意味論的に等価なものではないこと、したがって価値言明にかんする議論をそのまま当為言明にも適用しうると考えるわけにはいかないということを確認しておくだけでよい。事実／価値の差異が首尾よく「脱構築」されたとしても、それは存在（である）／当為（べし）の差異が相対化されたことを意味しないのである。

次に、FVの問題系を「脱構築」するさいに採用されていた論証スタイルが、存在言明から当為言明への論理的演繹を禁じるヒュームの掟を脅かすものではないという点に注意を促したい。事実の価値被拘束性論では、一般に連鎖論法（sorites）とか滑り坂論法（slippery slope）などと呼ばれる議論（Burg [1991]）、すなわち、「いくつかのaがFであり、FであるaとFでないaとの間に原理的な区別がないなら、すべてのaはFである」という論証形式が採用されていた（Fordor & Lepore [1992=1997 : 38]）。「禿げ」と「禿げでない」との境界線がはっきりしないという事実から、「禿げは存在しない」もしくは「みな禿げである」と結論づける珍妙な議論と同じように、事実／価値の相対論は、両項を分かつ境界線の曖昧さをつくことによって「すべては performative である」「価値に拘束されていない事実言明など存在しない」という結論を導き出したのであった。こうした論法は、FVの問題系が基本的に言明間の論理的・概念的関連性（relevance）を扱っていたからこそ信憑性を担保しえたのであって、言明間の方向性をもった関係を問題化するヒュームの禁則を解体するだけの説得力を持ち合わせてはいないように思われる[7]。

たとえば、《[3-4]　女性は男性に比して、他者への思いやりがある》という言明が事実言明として間主観的に認定されてしまうような社会（そんなに昔のものではない！）を考えてみよう。この言明は当該社会において、

[3-5]　女性は生物学的に男性より劣っている（労働力としての価値に劣る）、

[3-6]　思いやりがある種が、家事や育児を担当するのが望ましい、

などといった信念・欲求と絡み合って、

[3-7]　女性（だけ）が子育てをやるべきだ、

という当為的信念を社会成員が持つこと（そして[3-7]と命題内容を同じくする言明を述べること）を促す可能性がある。この社会では[3-7]の当為の信念は、[3-4]の言明を発話する理由の一部を形成する信念、および、[3-5]、[3-6]という信念・欲求と意味的・概念的に密接な関係を持っているので、[3-4]を発話することは、文脈次第では「女性が家事をやるべきだ」という言外の意味を伝達することになるかもしれない（「君は助手だ」という発話が、「私のカバンを持つべきだ」を言外に意味するように、である）。つまり、全体論的に結びつく信念・知識の体系のなかに位置しているという点において、事実言明（事実についての信念・の表象）と当為言明（当為についての信念・の表象）とは、形而上学的に同身分である／意味的に結びついているということができる。

しかし注意すべきは、ここで確認されたことがたかだか

［3－8］　事実言明と当為言明とが論理的・概念的な関係性を持つ、

という事実、すなわち両者に形而上学な身分差異がないということだけであって、

［3－9］　事実言明から当為言明を論証的に導出しうる、

ということではない、ということである。

たしかに［3－8］によって、我々は［3－4］という事実（とされる）言明が、様々な形で他の信念・価値と結びついていること、したがって［3－4］と［3－7］とのあいだに意味的関連性が存在していることを認めることができる。だが、［3－4］と［3－6］と、［3－7］の否定の連言から形成される言明（「女性は男性に比して他者への思いやりがあり、かつ、思いやりがある種が家事を担当するのが望ましいが、女性（だけ）が子育てをやるべきではない」）が有意味である以上、［3－4］〜［3－7］間の関連性の認識が、［3－4］から［3－7］への（方向性を持った）導出関係をも自動的に保証するわけではあるまい。要するに我々は、FVの問題系で確認されたような事実言明の価値被拘束性テーゼから（［3－8］）、一足飛びに「事実言明から当為言明の（論理的）演繹」を禁じるヒュームの掟の失効［3－9］を宣告するわけにはいかないのだ。言明・信念・命題の論証的方向性のない意味的関連性をめぐる議論（FVの問題系）においては、滑り坂論法は有効性を発揮しえたのだが、《存在言明（である）↓当為言明（べし）》という論証の方向性を持つSSの問題系においては、滑り坂論法は上首尾に効果を発揮することができない。境界線の非決定性の認識から、境界線の両岸の差異を相対化する健全な戦略は、その潑剌たる健全さでもってヒュームの亡霊を精神分析的な意味において否認しているだけであって、否定しきれてはいないのである（もちろん、このことはヒュー

ムの禁則が正しいということを意味しない。確認されたのは、SSの問題系のFVの問題系への還元不可能性にすぎない）。

以上の議論――事実／価値を相対化する議論の正しさ（FVの問題系）を認めたとしても、それは必ずしも存在から当為への演繹を禁じるヒュームの掟を瓦解させること（SSの問題系）にはならない――が正しいとすれば、イデオロギー（あるいは「価値システム」「言説編成」「パラダイム」「意味連関」「コード」でもよい）被拘束性の認識をもってヒュームの亡霊を駆逐し、何とか自らの紡ぎ出す言説の政治的効果を留保しようとする批判的社会学お得意の方法論は説得力を失ってしまう。あらゆる事実は価値に拘束されるという素朴な真実の確認から、「……すべき」という当為言明を差し控える論者に「科学主義者」とか「プチブル（！）」とかといったレッテルを貼り、かれらを批判の槍玉にあげるというやり方は、FVの問題系とSSの問題系とを混同した典型例にほかならない。ここにウェーバー殺しの真相がある。すなわち、事実言明の価値被拘束性（この被拘束性自体は客観的・間主観的に記述しうる。ウェーバーの価値分析を想起せよ）を承認したところで存在言明から「……すべし」という当為を導き出すことはできない、すなわち当為を語る倫理の領野は「価値分析」の彼岸にあるということ（価値自由）を憎々しいまでに明瞭に語ってしまったからこそ、マックス・ウェーバーは批判的社会学の父殺しの対象とならねばならなかったのである。[8] 彼を殺しておくことによって社会（科）学者は心おきなく「批判的」たりうるのだ。

こうした社会（科）学の実存的病理に対する診断には後にまた立ち戻ることとして、その前にFV／SSの問題系を混同することなく（つまり、滑り坂論法で存在／当為を相対化するのではなく）、SSの問題系における論理的演繹の可能性を論じたサールの論証を検討しておくこととしよう。［3-8］を認めてもなおヒュームの禁則は「残っている」といわれたところで、我々の日常的な直観は、《AはxするとBに約束をした》《約束をした以上、Aはxした方が望ましい》という事実判断からの《Aはxをすべきだ》の導出を妥当なものとみなすだろう。サールの論証は、「剝き出しの事実」とは異質な「社会的事実」という概念を持ち出すことによって、この直観の正当化を試みるものということができる。(9) 実は約束をめぐるサールの論証は、言語制度にかんするトリヴィアルな真理を語ったものにすぎず、サールも認めるようにそれ自体倫理学的な含意を持つものではない（Searle [1969=1986 : 315]）のだが、サールの議論の道徳哲学としての失効は、《「制度内的視点」と「制度外的視点」の混同》という道徳規範をめぐる重要な論点の所在を逆照射してくれるように思われる。節をあらためて検討していくこととしよう。

二　存在／当為の「脱構築」を拒むもの

【1】 サールの論証の〈当たり前さ〉について

「である」から「べし」を導出するサールの論証は、以下のような手順で遂行される（Searle [1969=1986 : 315–316]）。

① 「スミスさん、あなたに5ドル支払うことを、私はここに約束いたします」という言葉をジョーンズが発した（ジョーンズによって約束という発語内行為が遂行されたという出来事の記述）
② ジョーンズは、スミスに対して5ドル支払うことを約束した（約束行為の事実記述）
③ ジョーンズは、スミスに5ドル支払う義務を自分に課した（コミットメントの事実記述）
④ ジョーンズには、スミスに5ドル支払う義務がある（支払い義務発生の事実記述）
⑤ ジョーンズは、スミスに5ドル支払うべきである（当為言明）

この論証のポイントは、①→②／②→③／③→④／④→⑤のいずれの言明間の導出過程においても、「評価的言明、道徳原則、あるいはその種のもの」が外挿されていないという点にある。つまり、サールによれば、①→⑤の導出は「人は一般に約束を守るべきだ」といった道徳原則・評価言明を外挿することなく、純然たる「事実」のみを媒介として遂行されているのである。たとえば、①と②を媒介する前提は、《ある一定の条件下にあって、「スミスさん、あなたに5ドル支払うことを、私はここに約束いたします」という言葉を発した人は誰でも、スミスに5ドル払うことを約束する》という事実言明であって、そこにはいささかも評価的な言明は介在していない。その他、《約束した者は、自らに義務を課す（②→③）》《自らに義務を課した人は、その時点で義務を課せられる（③→④）》《xする義務がある人は、その義務にかんして、xすべきである（④→⑤）》などの社会的制度を構成する規則言明が、そしてそれのみが右の論証の前提として関与している。「べし」が突如登場する《xする義務がある人は、その義務にかんしてはxすべきである》にしても、たしかに端的な社会的制度にかかわる事実（＝制度的事実 institutional fact）を記述したものにすぎず、べつだん実定的な道徳原則を述べているとはいえない。もちろん制度的事実の記述についての細かな論点に修正の余地は見いだされようが、〝道徳原則を密輸入することなしに「である」から「べし」を導出する〟という基本方針にかんして、サールの論証はある程度成功を収めていると、とりあえずはいうことができる。[10]

このサールの論証に対しては、「導出」を媒介する構成的ルールの内容如何にかかわるコマゴマとしたものから、論証の倫理学的意義を懐疑する根元的なものにいたるまで、実に多様な反論が寄せられてきた。主著『言語行為』の最終章では、一九六四年の「いかにして『である』から『べし』を導出するか」以降寄せられたそれらの批判に対する、サールにしては（?）比較的誠実な応答が記されており、おおよそ説得的な反論が展開されている。[11] 詳細については直接『言語行為』を参照していただくこととして、ここでは、我々の問題関心にかかわるかぎりで、二つの論点――二つの意味における、制度の外部の問いの隠蔽――を確認しておくこととしよう。

まず第一に我々は、サールの論証が示しえたのは、結局のところ《我々が関与する約束の制度のもとでは、「x

すると約束する」と発語した事実から、「xすべし」が導出しうる》ということ、もっと一般化していえば、《「である」と「べし」を橋渡しする制度が関与する事柄においては、「である」から「べし」を導出することができる》というまったくもってトリヴィアルな真実であったということに注意しなくてはならない。すなわち、約束という社会的制度を成り立たせる構成的条件のなかに、定義上「(約束した行為の遂行) 義務」「約束する者による義務へのコミットメント」が含み込まれているからこそ、《xすると約束をした》という事実から《xすべし》を導く推論は妥当性を獲得するのであって、かかる制度を成り立たせる構成的ルールを見つけることのできない事案については、サールの議論は何ら語りえていない (し、また語るつもりもない) のである。したがって、いわゆるヒュームの禁則が主たる攻撃対象とした《「xすることは快い」、したがって「xすべきだ」》というような演繹――これは、「快いことをすべきだ」という道徳法則を挿入しない限り成功しえない――の扱いにかんしては、サール式の議論はだんまりを決め込むしかないはずだ。もちろん、「xをすることは快い」と発話する事実から「xすべき」を導出することを可能にする制度 (の構成的ルール) を考案することも (相当に繁雑な手続きを踏まえるなら) 論理的には可能であろう。しかし、その制度はもはや約束が制度であるというのと同じ意味において「制度である」と述語づけできるようなシロモノではあるまい。間主観的に共有しうる構成的ルールを含む制度に包摂されない制度の外部――そういった領域をサールの論証が open question として放置しているという事実を、まずは確認しておく必要がある。

ここでサールに最大限妥協して、問題の焦点をとりあえず「間主観的に共有しうる構成的ルールを含む制度」に限定したとしても、彼の議論はいま一つの《制度の外部》、精確にいえば《制度にとっての外部》を隠蔽してしまっている――これが第二の留保事項である。この点を確認するために、マッキーの示唆にしたがって (Mackie [1977=1990])、(1) 約束制度の構成的ルールを端的に受容する**当事者の視点**と、(2) 当該制度の妥当性を括弧入れする**観察者の視点**の区別を導入しておこう。

マッキーによれば、サールの論証に現れる⑤の言明は、この(1)(2)いずれの視点から記述されているかが曖昧であり、この曖昧さこそがサールの論証に独特な信憑性を与えてしまっているのだという。⑤は約束制度を承認する制度内当事者の視点(1)からすればたしかに、

《⑤a　ジョーンズは、スミスに5ドル支払うべきである》

という素の「べし」言明にほかならないが、制度の外部に立つ観察者（たとえば火星人のフィールドワーカー）の視点(2)からすれば、

《⑤b　……という状況の下では、制度の内在者は「ジョーンズは、スミスに5ドル支払うべきである」と言う》

といった引用符つきの言明として解釈されるべきだろう。もし⑤を⑤bとして解釈するなら、約束にかんする構成的ルールを共有しない外部観察者は、③も④も引用符つきの言明として記述するはずであり、してみれば②と③の間に《約束制度を承認すべし》という制度を肯定するメタ原理が挿入されていることとなる（①と②までは約束制度を承認せずとも括弧なしで記述できる）。これでは、評価的言明を挿入しないというサールの論証の大前提に抵触してしまう。

もちろん、サールの議論はこうした批判によってはいささかも揺るがない。というのも、サールの趣意はあくまで、約束のように構成的ルールをもった制度については、制度外的な記述⑤bのなかに現れる引用符は解除されるということ、つまり、

［3-10］　制度においては外的視点による記述は内的視点による記述（⑤a）と同義になる、

という点にあるからだ。おそらくサールは、こうした引用符解除の機能までも制度なるものについての事実として捉えているのであり、だからこそ彼は制度外的視点を持ち出すタイプの批判を「もっとも説得力が小さい」と言い放つことができるのである。(12) こうしたサールの議論はどこまでいっても正しい。だが、その正しさは、「制度を承認する制度内の参加者の視点にとっては、制度外的な記述は引用符解除される」といういささかトートロジカルなものであるという点に注意しなくてはならない。(13) 制度外的な視点を持ち出す批判へのサールの反論は、基本的に「私は、制度を認める人たちはどのようにして〝である〟から〝べき〟を導出するか、について考察しているのであり、制度そのものに従う〝べき〟かどうかという問いについては考察していない」というものである。それはすなわち、私は《制度（にとっての）外部の問い》は扱いませんという実に率直な告白にほかならない。《制度の外部の問い》を抑圧したところに成立する「である」から「べし」への導出に我々はいったいどれほどの意義を見いだすことができるだろうか。

【2】 規範の他者／制度の他者

サールの論証の射程はここまでみてきたように相当に限定的なものであり、到底ヒュームの禁則を覆すものとはいえないのだが、その失効ゆえに逆説的に道徳制度＝ゲームなるもののある意味残酷ともいえる本質について我々に教えてくれる。すなわち、制度とは、制度内当事者の選択のあり方を、構成的ルールが指令する行為（＝すべき行為）をする／しないという制度内的な選択問題——この約束 a を守るかどうか——に限定することによって、当該制度の存立そのものを問い返す《制度（にとって）の他者》の問い——制度へのコミットに同意すべきか否か——を抑圧する、きわめて社会的な装置、社会に生きる人々の認知的な複雑性を縮減するメカニズムなのである。あるいはこういってもいい。制度に内在する人は、すべき行為を「しない」ことはできるが、すべき行為をすべきという規範に従うべきかどうかを問うことはできない——制度とは「醒めることを禁じられた夢」（永井均）なのだ、と。サール流の存在から当為導出の論証は、「夢から醒めないかぎり『である』から『べし』を導くことができる、そして制度は夢から覚めないことをも構成的ルール（［3-10］のこと）として含む」という社会（学）的事実だったのである。それは《なぜ人を殺してはならないのか？》という少年の切実な問いを、「事実殺してはならないから」と答えて済ます、人間的（humanistic）ではあるがどうにも非倫理的な態度を正当化することだろう。

さて、ここで所期の問題、すなわち

［3-1］「責任は応答する人-間関係において構築される」という社会的事実の認識（関係性テーゼ）から、「他者／人-間関係を尊重せよ」という当為を導出しうるか、

という問いに立ち戻ることとしよう。

もしこの問いがサールの言う意味での制度をめぐる問いであるのなら、我々がここまで見てきたようにそれは抗い難い（が、トートロジカルな）真理であり、殊更に否定するには及ばない[14]。しかしながら、［3-1］は制度的事実という概念を導入し、制度を成り立たせる構成的ルールを挿入しさえすれば架橋されるような「である」と「べし」を扱っているといえるだろうか？　私は、［3-1］の問いは、サールの論証が議論空間から放逐した《制度の外部》に触れるきわめて根元的な問いであるように思う。つまり、［3-1］はサール流の導出の及ばないところ、制度の彼岸にある問いなのではなかろうか。

ここで、約束制度においてある程度成功したような《制度の外部》の隠蔽工作が、［3-1］の問いに対しては通用しないという点に注意を促しておきたい。

たとえば、約束のように「である」と「べし」を媒介するルールを内包する制度の場合、《Aはxすると約束した。xすると約束した以上、「Aはxすべき」と制度内の人びとは考える》という外的（三人称）記述は、引用符解除ルール［3-10］を介して、《（私は）xすると約束した。xすると約束した以上、xすべきである》に変換されるため、両記述にまたがる《「xすべき」と制度内の人びとは考えるが、はたして（私は）xすべきか》という問いは抑圧され、xしない者は制度を承認したうえでのルール違反者（「私はxすべきだが、この約束に限って私はxしない」）として制度内に登記されることとなる。「悪事aを働く者も、つねに・すでに〝aすべきではない〟という命法を承認している」といったカント的議論とは、実にこの制度による外部隠蔽という**社会学的事実**――けっして文法的事実ではない――を追認するものにほかならないのである。(15)

ところが、［3-1］の問いにかんしては、こうしたある意味幸福な制度による外部遮断はうまく機能しえない。というのも、［3-1］が問うているのが、外部遮断を可能にする引用符解除ルール［3-10］そのものの妥当性の如何、つまり「その内部において、外的視点による記述と内的記述との同義性を保証するような制度＝ゲームに、なぜコミットしなくてはならないのか」というメタレベルの問題だからである。引用符解除ルールが使えない以上、三人称的記述と一人称的記述にまたがる《「制度（関係性）にコミットすべき」と制度内の人びとは考えるが、私は制度（関係性）にコミットすべきなのか？》という問いを隠蔽することはできないし、また当然のことながら、制度にコミットしない者を制度を承認したうえでのルール違反者とみなすわけにもいかない。もしあなたが、「いや、［3-1］が問題とするような事柄についても、引用符解除ルールを見いだすことができる」「そもそも［3-1］の問い自体が文法的に無意味である」と言いたくなるようなら、そのときあなたは、［3-1］の問いの意味を誤解しているのであって、［3-1］は引用符解除ルールの妥当性の由来を、つまり、その真理が文法的なものたりうるのかどうかを問うているのであって、［3-1］の問いを真面目に発する者は、引用符解除ルールの真理が「社会学的」「物理的」なものであることまで否定しているわけではない。この点、くれぐれも誤解なきように)。

　こうしたことは、［3-1］の扱う問題が、約束のような特定の実定道徳を懐疑する者（「xすべき」と制度内の人びとは考えるが、私はxすべきか）が、制度の外部にいるのとはまったく異なった意味において制度の《外部》にあるということを意味している。

　実定道徳の外部に立つ《規範の他者》は、（1）人類学的まなざしによって《［3-11］制度内の人々は「xすべし」と考えている》と記述することができ、かつ、（2）内的な視点においては［3-11］中の引用符（「xすべし」）が解除されることを承認（前提）したうえで、（3）「では、私はxすべきか」と問いかける、いわば局所的partialな道徳アナーキストなのであり、「仮に自分が制度に内在するならば、自分はどうすべきと判断するか」ということは分かっていると考えられる（もちろん「どうするか」を分かっているわけではないが）。制度の内在者は彼女を悪人呼ばわりするかもしれないが、少なくとも自らの行為が（制度内的に）ルールに適うものか背くことであるかを判別する能力potentialを帰属することができるという点で、決定的に理解不能な他者というわけではないのである。

　しかし、［3-1］の問いを誠実に発する人は――右の（2）の要件をクリアしていないのだから――「仮に自分が制度に内在するならば、自分はどうすべきと判断するか」ということが分からない（あるいはそれほど自明のものとは考えられない）ような人なのではなかろうか。自らの行為が（制度内的な）ルールに適うものか背くことであるかを判別する能力を欠く人物――それは、制度に内在する我々にとって、たんなる道徳アナーキスト＝悪人などではなく、もっと根元的な次元で理解しえない他者と映ることだろう。彼は、制度のルールに度々違背したり、ルールの妥当性にいちいちケチをつけてくる厄介者ではなく、制度への内在の仕方をまったく心得ていない（制度への内在を局所的にではなく全面的に懐疑する）《制度の他者》、ウィトゲンシュタインの用語をもじっていえば制度の制度性を容赦なく懐疑する制度盲なのである。

おそらく［3－1］の問いは、制度にとっての「外部」にあるのではなくて、制度の内部／外部－差異の《外部》に位置しているのだ。制度の「外部」に位置する他者＝《規範の他者》は、約束なら約束といった特定の道徳制度を局所的に懐疑する（「私はこの道徳規範に従うべきか」）のに対して、制度という問題設定の《外部》から問いかける《制度の他者》は、制度なるもの一般の存立根拠（「なぜ制度に内在すべきか」）を疑ってかかる。前者に対しては、ウィトゲンシュタイン風に「根拠などない、盲目的に従え」と言い放っておけばよいが、後者に対してはそうはいかない。なにしろ、《外部》には盲目的に従うべきルールそのものが存在しないのだから（ここまでの議論を共有しつつ、「ところでルールは存在する。したがって、［3－1］の問いは無意味である」と続けるのがウィトゲンシュタイン派（？）の基本戦術である）。[16][17]

こうした「外部」と《外部》の差異に照応して、［3－1］のような《外部》への問いには、つねに二重の意味での誤変換の危険性――すなわち、（1）［3－1］を制度内的な問いに変換することによりサール流の論証の適用範囲に収めるという危険（《制度の他者》の「ルール違反者」化）と、（2）［3－1］の《外部》性を「外部」へと変換する危険（《制度の他者》の「特定ルールに対する懐疑者」化）――がついてまわることとなる。

（1）の誤変換の典型例は、「関係性のなかでどうにか生きながらえているのに、その恩恵を足蹴にしてコノ私に固執するというのはどう考えても非人間的な言い草にすぎない」といったものである。こうした主張においては、あたかも関係性とその尊重とを媒介する制度があり、それを否認する者は当該制度のルールに違背する者であるかのように捉えられているわけだが、もちろんそれは幻想にすぎない。繰り返し述べているように、約束行為とその履行義務の引き受けとを媒介する制度は実定的に存在するが、関係性と関係性尊重義務の引き受けとを媒介する制度などというものはありえない。したがって、当然ルール違反（者）なるものは存在しえないし、違反者を咎める理由を形成するルールもまた存在しない（「君の体は君だけのものじゃないんだよ」という親の関係論的な（？）説得を無視してカラダを「売る」高校生を、約束を破る人と同じような意味で「ルール違反者」と呼ぶのはどこか奇妙ではなかろうか)。この誤変換をおかした人は、わざわざ哲学的根拠＝関係性テーゼなど持ち出すことなく――ローティや立岩真也のように――私たちの日常的直観に訴えかける様々な悲惨を具体的に提示し、結果的に人びとが「他者を尊重しなければ」と感じるように仕向け（説得し）さえすればよかったのである。[18]

つぎに、(2)のタイプの誤変換は、「君は制度を懐疑すると言う。だが、いかに君が否定しようとも、否定という行為そのものによって君は制度にコミットしてしまっている、つまり、つねに・すでに制度にとらわれてしまっているのだ。その根元的事実に目を瞑るわけにはいかない」というやや形而上学の匂いを漂わせるものである。たとえば、高橋哲哉が責任＝応答可能性について次のように述べるとき、こうした論法が採用されている。[19]

私は責任を果たすことも、果たさないこともできる。私は自由である。しかし、他者の呼びかけを聞いたら、応えるか応えないかの選択を迫られる、責任の内に置かれる、レスポンシビリティの内に置かれる、このことについては私は自由ではないのです。他者の呼びかけを聞くことについては私は完全に自由ではありえない。……もしもこの点についても私が完全に自由であろうとするなら、他者の存在を抹殺するしかない。他者からの呼びかけをいっさい聞きたくないとすると、他者が存在しないところに私は生きるしかないことになるんですね（高橋［1999：27］)。

先にも言及したように、約束のような制度についてならば高橋‐レヴィナス的な議論の妥当性はまったく疑いえない。たしかに、xするという約束を果たさないという選択をした人も、「一般的にはxすべきだが……」との良心の声を聞かざるをえない以上、約束という制度の内にある＝制度にコミットしている、ということはできる。しかし、「理性の事実」に訴えるこうした論法は、制度の「外部」ならぬ、制度の内部／外部の《外部》にある問いを発する人にとって、けっして意味をなすものではありえないだろう。実定道徳の妥当性を否定する《規範の他者》はつねに・すでに「一般に約束は守るべき」と判断してしまっているということができるが、制度そのものを懐疑する制度の他者が「つねに・すでに他者の声に耳を傾けるべき」と判断しているとはいえないはずだ（特定の規範の存立を逆説的な形で担保する「規範の違反者」および「規範の妥当性を懐疑する者」の否定行為と、《制度の他者》の懐疑とを混同してはならない）。

「人を殺してなぜ悪い」と言いのける少年は、「一般に人を殺すべきではないが、私は殺したい」とフリーライダー的な主張をしているのではなく、「仮に自分が制度に内在したとして、そのとき自分は殺すべきではないと判断すべきなのか」と問うているのであり、また、[3－1]を問う《制度の他者》も「一般に責任をとるべきだが、私はとりたくない」と言っているのではなく、「責任があると認めることは、責任をとるべきと承認することである」とする制度に内在すべき理由を、いささかの邪心もなく――私的な自己利益に突き動かされることなく――率直に問うているのである。[20] 高橋的な「つねに・すでに論法」は、制度の《外部》に立つ《制度の他者》を、個々の制度の妥当性を懐疑する道徳アナーキストと読み違えることによって、我々を安心させる道徳教義を導き出しているように思われる。

＊

本節において我々は、まず、（1）「である」から「べし」への導出を企図したサールの議論が《「である」から「べし」への導出を可能にする構成的ルールを含む制度においては、「である」から「べし」を導出することができる》というトートロジカルな機制を内包しているという事実の検討から始め、（2）そうした制度を持ち合わせない以上、関係性テーゼから他者への尊重原理への導出がサールの流儀では正当化されないこと、つまり［3-1］の問いが制度の《外部》にある問いであることを確認した後、(3)その《外部》性を隠蔽する様々な戦略（《外部》の「外部」化）が成功しえていない空しさについて概観してきた。もはや、我々が関係性テーゼから他者の尊重原理への導出可能性について否定的に語るとしても、それはヒュームの禁則に則ってのことではない。我々は、［3-1］の問いが制度の《外部》にあるからこそ、そしてその《外部》性を特定の道徳規範によって抑圧する良識の欺瞞（非倫理性）を自覚せざるをえないからこそ、関係性テーゼから他者の尊重原理の導出可能性を懐疑するのだ。第一章・第二章で展開した責任理論によっては、いまだ倫理の領域へとたどり着くことはできていないのである。

三　社会（科）学は倫理を語りうるか

【1】社会（科）学とヒューム問題

前節まで、「リベラリズムの可能性と限界をめぐる省察」という本書の主題と一見交差しない《存在から当為への導出》というテーマに（しかもただ否定的な結論を得るためだけに）照準してきたのには、それなりの理由がある。すなわち――責任論に限らず、社会制度・社会規範一般にかかわる問いに定位する多くの社会学的言説（とりわけ「批判的」であることを標榜する良心的な社会学）は、強調点の違いこそあれ、基本的に「あらゆる事象は、人間の関係性の所産である」という関係性テーゼの事実確認をもとに、陰に陽に「関係性の所産にすぎないものを、実体化／物象化することはよくない」という疎外論スレスレの価値判断を自らの議論に挿入してしまっているように思われるのだ。もし前節までの我々の議論が正しいとすれば、そうした疎外論的な価値判断の密輸入は厳しく戒められなくてはならない。この密輸入の実例を、「歴史神学なき物象化論」「系譜学的相対化の戦略」に絞ってごく簡単に検討しておくこととしよう。

A　歴史神学なき物象化論

我々は前節において、《関係性テーゼ→他者の尊重原理》の導出はそれを媒介する制度がありえないため、不可能であるというよりも（制度にとって）無意味であると論じたが、こうした批判を脱臼させるべく媒介となる制度を見つけ出してしまう（作り出してしまう）という道筋もありうる。おそらく、「俗流」マルクス主義と呼ばれる一連の潮流、ポパーが暴力的に《歴史主義 historicism》の名の下に一括した歴史神学を携えたマルクス主義(21)はそうした道筋を選択していた。たとえば、エンゲルスは『共産党宣言』に先駆けて発表された「共産主義者とカール・ハインツェン」というテクストのなかで次のように述べている（Institut für Marxismus-Leninismus beim 2k der SED [1959=1960:339-339]）。

共産主義は教義ではなくて、一つの運動である。それは原理ではなくて、事実から出発する。共産主義者はあれこれの哲学を前提とするのではなく、これまでの歴史全体、特殊的には、文明諸国における現在の事実上の諸成果を前提とする。……共産主義は、理論にかんするかぎりは、この闘争におけるプロレタリアートの地位の理論的表現であり、プロレタリアートの解放諸条件の理論的総括である。……現在の生産および交通様式のもとでの生産諸力と交通諸手段が日ごとに成長して、個人的交換と私有財産とでは、もはやまにあわなくなっているから、一言でいえば、工業や農業や交易の共同経営が、工業や農業や交易自体にとっての物質的必然性となる時期が近づいているから、それだからこそ、私有財産は廃棄されるのである。

いわゆる史的唯物論と関係性テーゼとの微妙ならざる差異についてはここではとりあえず目を瞑ることとして、重要なことは、マルクス主義が史的唯物論という時間的差異を含み込んだ歴史神学を導入することによって、《「である」→「べし」》の論理的導出という問題を、《現在までの「である」→未来時点での「である」》という出来事の経過にかんする事実確認の問題へと首尾よくすり替えたということである。史的唯物論という媒介項の妥当性を承認する議論空間＝制度においては、「これまでの歴史全体、特殊的には文明諸国における現在の事実上の諸成果がある」という事実言明と「工業や農業や交易は共同経営される」という事実確認とが、何らの価値判断言明を外挿することなく架橋されうる。エンゲルスは、「工業や農業や交易は共同経営されるべき」と言うかわりに、未来時点での事実記述を提示することによって、存在／当為の問題を論理カテゴリーの差異ではなく、時間的差異の問題へとズラしたのである。あとは未来時点での事実記述に描かれた社会状態の実現を「速める（ヴィリッヒ―シャッパー）／速めない（マルクス―エンゲルス）」という相対的・政治的判断のみが残るのみ、というわけだ（「我々は社会過程の速度を知っていない。しかし、それの方向性を知ることは可能なのだ」。Bukharin [1923=1974:50]）。制度を構成するルール＝史的唯物論の科学としての特権性を主張して反論を封じておけば――《規範の他者》に対して「ブルジョア的」というレッテルを貼っておけば――すべてはうまくいく。だから、「マルクス主義は乗り越え不可能な哲学である」という言辞も、実はマルクス主義という議論空間＝制度における文法的事実を言っているにすぎないのである。

こうした「俗流」マルクス主義の歴史神学は、いかにも一九世紀的な進化論的アヤうさを帯びてはいるのだが、ある意味一貫した形で《存在／当為》の問題をクリアするものといえる。(22) 翻って、二〇世紀的な視点からしていかがわしいものとしか映らない史的唯物論や歴史法則を捨象した「洗練された」マルクス主義、経済-社会理論としての野心を捨てて政治理論に自己限定したマルクス主義の方はどうであろうか（ここで私はルカーチ、グラムシからラクラウ&ムフにまでいたる「頽落」の系譜について考えている）。こうした歴史神学を欠いたマルクス主義は、掛け金＝史的唯物論なしの投機、勝ちをあらかじめ定められたがゆえに得るところの少ない賭けのようなものではなかろうか。制度の構成的ルールをなす歴史法則の存在が、「存在と当為の（現実運動による）止揚」を担保し、未来における事実判断から現在のあり方の測定を可能にしていたのだとすれば、歴史法則なき物象化論なるものは、たんなる疎外論――それは人間が本来あるべき姿を想定せざるをえないので、当為判断を不可避に持ち込む――と大差ない。けだし「物象化はそれ自体〝悪い〟ことなのか」（永井［1998:198］）、「物象化論は〝批判的〟たりうるか」（中野［1993c］）、といった問いがどこまでも有意味たりうる所以である。密かに疎外論的な道徳規範を挿入しつつ、歴史神学なき物象化論（最近では社会構築主義という別称を持つ）[23]を「洗練する」批判理論と、プロレタリアート独裁を乗り切ったユートピア＝共産主義社会を「実現の可能性があるなら、追求してみるに値すると思う」と言ってしまう廣松渉のいずれが（廣松［1990:268］）、論理的な次元で誠実性を貫徹しえているか――我々はじっくり考えてみる必要があるだろう[24]。

B　系譜学的相対化の戦略

歴史神学なき物象化論とならぶ今一つの「隠れ疎外論」としては、ミシェル・フーコーの「系譜学」に倣いつつ、近代社会における様々な身体統制の技術――日常生活に浸透する不可視の権力――の「誕生」を示していく戦略を挙げることができる。この議論の戦術は概略次のようなものである。

① 目的論的な歴史段階論を拒絶し、歴史の外部に立つ「外の思考」を目指す（**歴史神学との相違**）。

② とはいえ、実証主義のごとく価値に拘束されない「事実」なるものを想定することなく、その「事実」の事実性が間主観的・社会的に構築されるプロセスを問題化する（**実証主義との相違**）。

②a　この事実性構築のプロセスを、（非抑圧的な）不可視の権力と名指す。

②b　この事実性構築のプロセスの背後に、実体的な社会学的要因を想定しない（知識社会学との相違）。

③　自らの言説が特定の価値に拘束されていることを認めるため、系譜学は真実の暴露に興味を持たない。むしろ事実なるものの物語的性格を開示し、真理を語る「大きな物語」に縛られない多様な物語記述の可能性を示唆することを目指す。

こうした系譜学の方法は、本来あるべき社会状態を想定したり（疎外論）、自らの分析の価値中立性・客観性を前提したりする（客観主義）ことなく、自明化された真理が構成される動的プロセスを——安易な社会的要因など持ち出す（知識社会学）ことなく——そのものとして描くことにより、生活世界において自明とされている諸事象の当たり前さを相対化することを目的とする。自明とされている諸事象としては、「国民国家」「国語」「安全性」「セクシュアリティ」などがとりざたされ、《近代社会における○○の誕生》といった形で議論が展開されることが多い。こうした議論は、○○が当たり前のものになっていったプロセスを描く一方、《○○誕生以前》への回帰を必ずしも指向するわけではないので、疎外論を密輸入した物象化論の論理機制とは一応異なっているとはいえる。系譜学は「関係性を尊重せよ」とは命じたりはしない（そんなことを言ったとたん、「関係性こそ重要だ」という——実に近代的な（！）——物語に加担することになってしまう）。それは、ただひたすら相対化の作業に勤しむのである。[25]

ここで注意すべきは、こうした系譜学は自らを貫徹するために、一つのきわめて重要な倫理的問い、すなわち《なぜ相対化するのか？》《相対化することは「よい」ことなのか？》という自己言及的な問いを封印しなくてはならないということである。[26] もし、この問いに《そこに解体されるべき、「真理」があるから》と答えるなら、それは疎外論を密輸入した物象化論と大差なきものとなってしまう。系譜学は「非歴史的に真であると思われている言明が、実は言説システムの所産であった」という事実を述べることはできるが、その事実を分析する行為自体について「いい」とも「悪い」ともいうことはできないのである。また——同じ事態《コイン》の表裏なのだが——もし《そこに「権力」が作動しているから》などと答えてしまえば、せっかくのフーコー流「不可視の権力論」が台なしになってしまうことにも注意しよう。フーコーの権力論の核心は、社会の作動要因として匿名的・微視的な権力を発見したという点にあるのではない(27)。稲葉振一郎がいうように、「『不可視の権力』論の最大の意義は、『語られざる禁止』の水準、権力として意識されていない出来事を『権力』と名指すことによって明るみに出すところにある」のであって、その名指しがいったん遂行されたなら（②a）、その出来事は「権力」などではなく、明示化・顕在化された制度的事実になる（稲葉［1999］）。権力があるから系譜学を開始するのではなく、ある出来事に「権力である」と述語づけしていく行為そのものが系譜学なのである。「権力があるから相対化の作業を始める」と言うならば、それは、自らが扱う出来事の背後に権力という社会的要因を想定する新手の知識社会学と化してしまうだろう。

かくして系譜学は、右記①から③の要件を忠実に守り、疎外論でも知識社会学でもない系譜学たらんとするなら、《なぜ相対化するのか？》《相対化することは「よい」ことなのか？》というポジショニングの問いを遮断しなくてはならないこととなる。遮断しなくてはならないということは要するに、答えられないし、また答えてはいけないということだ。ところが、少なくない自称フーコー主義者たちによる「系譜学」は、分析者のポジショニングという問題を何の躊躇もなく語り、自ら批判的であることを易々と告白してしまう、つまり「なぜ相対化するのか？」という問いに答えてしまう。それはそれで悪いというわけではないのだが、件の問いの遮断なき系譜学が、たんなる俗流知識社会学にすぎないという事実に無頓着すぎはしないだろうか(28)。

系譜学的相対化の戦略は、もしそれが系譜学のルールに忠実であるなら、倫理的な問いを遮断せざるをえないし、また、もしそれが倫理的な野心を持つなら凡庸な（権力を説明変数にする）知識社会学へと転態してしまう。いうまでもなく、前者はたんなる制度的事実の歴史記述であり、後者はあらかじめ前提された道徳観を歴史的事象に当てはめてみるいわば歴史的応用倫理学にほかならない（前者は物象化の分析、後者は疎外論を挿入した物象化批判と相同的である）。《言説によって構成される「真理」が、独り歩きしてしまっている》という疎外論的な価値判断のみが、系譜学を批判理論たらしめるのだが、そうした前提を挿入した系譜学はもはや系譜学たりえない。したがって、系譜学的相対化が自動的に「批判的であること」を保証してくれる（「である」と「べき」を架橋してくれる）というのは、最初から批判的でありたい「善き」社会学者たちの儚い夢なのである。

【2】社会学的思考の《原罪》他者の問いの隠蔽

もちろん以上の考察は、社会（科）学的な知の失効を宣告するものではまったくない。そうではなくて、行為者の集合以上の何かとして社会なるものを捉える思考、つまり、個人間の関係であれ相互行為であれコミュニケーションであれ、ディスクールであれ、ともかく関係性なるものの持つ特異な存立形式＝創発特性（emergent property）を固有の問題対象として捉えようとする思考そのものが避け難く抱え込んでしまう《原罪》について、とりあえず確認しただけのことだ（《原罪》を抱えていることは、それ自体べつだん罪なことではない）。社会学的な思考は、様々な形で――「価値被拘束性論」「歴史神学の挿入」「相対化の戦略」――《「である」→「べし」》の導出を「解決」したのだと自らに言い聞かせてきた。しかしそれは、問題の「解決」などではさらさらなくむしろ「隠蔽」「抑圧」であったこと――このことは関係性＝制度の学としての社会学がいわば宿命的に引き受けざるをえない《原罪》として、まずはしっかりと自覚しておかなくてはならない(29)。

しつこいようだが今一度、この《制度の学》という出発点の設定が持つ隠蔽の戦略について図式的に復習しておくこととしよう。かかる隠蔽の戦略は、以下のような三つの「倫理的次元」の関係を、何らかの形で操作することによって達成されている。[30]

①　制度内的な次元

「である」から「べし（べし1）」へと架橋する構成的ルールが存在するため、特定制度あるいは制度一般に対する懐疑的姿勢が排除されている次元［「Aはxするという約束の発語内行為をした」→「Aはxすべき（べし1）である」］

②　制度の「外部」の次元

制度iの存在を認知しつつ、iに規範的にコミットしない《規範の他者》が住まう次元［「私は一般にxすべき（べし1）ということは分かっている。しかし、私はxすべき（べし2）なのか」］

③　制度の《外部》の次元

制度が存在することの意味が分からない《制度の他者》が住まう次元［「私はそもそもなぜ道徳的であるべき——制度にコミットするような存在であるべき——（べし3）なのか」］

本章でとり上げてきた様々な社会（科）学的知は——ものすごく図式的に言い表すならば——この三次元の関係を次のような形で「混線」させていると考えられる。

①　関係論的・社会学的な規範理論（疎外論を密輸入する物象化論）

先述（102頁）の(1)と(2)——《制度の他者》の「ルール違反者化」と「特定ルールに対する懐疑者化」——のように、制度の《外部》の問いを、制度内的なそれに誤変換する（「べし3」を「べし1」のレベルで取り扱う）レトリックを駆使するもの。関係性・共同性の網目のなかでこそ「個人」「主体」が存立しうるという事実認識から、関係性への規範的コミットメントを相対化する問い（《外部》の問い）の無意味さを論じる（共同体主義、物象化論、システム倫理学など）。

② 歴史神学

「である」と「べし」を架橋する構成的ルール＝歴史法則を創造し、個人的・主観的な観点から提示される「べし2」「べし3」の問いを（無意味化するというよりも）無力化する（いかに個人がそのような問いを発しようとも、歴史法則は貫徹される）。サールの議論が共時的なレベルで「である」と「べし」とを架橋するルールを定式化するものであったとすれば、歴史神学は通時的なレベルで作用する構成的ルールを「発見」「創造」する。

③ 系譜学的相対化の戦略

「べし」の問いを扱わないという前提をとりつつ、暗黙のうちに①と同様の疎外論（「べし3」の「べし2」「べし1」への誤変換）を挿入するもの。「本来的関係性から個人が疎外されている」といった疎外論的な記述は回避するものの、分析者による素材選択の時点で特定の「べき」論――系譜学的に「相対化されるべき」対象の選択――が密輸入されている。

重要なのは、関係論的な規範理論、物象化論・系譜学的批判のいずれもが暗黙裏に回答を与えてしまっている《【3-1】関係性テーゼから、関係性／他者への尊重原理を導出しうるか》という問いが――「なぜ道徳的であらねばならないのか」という問いと同様――制度の《外部》にある問いであるということだ。制度内的な次元で「xすべきだろうか」と言う人に対しては、「あんた、xするって約束したじゃないの。あれはウソだったわけ」と突き返せばいいし、制度の「外部」の次元で「私はxすべきなのだろうか」と悩む人に対しては、「根拠はない、盲目的に従え。終局点は根拠なき前提ではなく、根拠なき行動様式なのだから」と「教える立場」から諭してあげればよい。しかし、構成的ルールを内蔵する道徳の制度（言語ゲーム）に参加すること自体の根拠を問う《制度の他者》には、我々はもはや説得の術をもちえないのではなかろうか。自分が道徳的・社会的制度のおかげで生きながらえていることを認めたとしても、道徳的に生きるべきだとか、他者との関係を尊重すべきだと考える必要はない（少なくともそこに論理的な必然性はない。社会的慣習が必然性を擬制している可能性はあるけれども）。もちろん、［3-1］の問いが有意味である（=理解可能である intelligible）以上、問いを発する人は「狂人」ではないし、また、あらゆる道徳的規範を遵守する人であっても［3-1］の問いを発しうる以上、《制度の他者》はつねに道徳的な「悪人」であるというわけでもない。おそらく、制度の学たる社会学は、「狂人」でも「悪人」でもない《制度の他者》が発する根源の問いを、自らの存在理由たる社会-制度を保護するために、右の三つの戦略などを携え、無意識のうちに聞き違えてきたのだ。ウェーバーの幽霊／ヒュームの亡霊に対する社会学による過剰なまでの否認行為は、まさしく精神分析的な意味での否認だったのである。

では、制度学としての社会（科）学的な知は、こうした自らの《原罪》を前に、倫理的な領野へのコミットを自制し、ひたすら制度的・社会的事実、社会構成員による理解の方法（ethno-method）の記述に勤しむべきなのであろうか。(31) あるいは、「人々は現におおよその場合関係性／他者を尊重している」という社会学的事実を抽出し、その事実として存在する価値観——それ自体は哲学的に説明されうるものではない——に希望を託すべきなのだろうか。前者は、社会学による倫理的コミットそのものを、後者は「社会学-哲学」と「倫理的-政治的領域」とのあいだに論証的経路を見つけようとする試みを断念するよう我々に薦める。いずれの方策も、《……ゆえに、他者／関係性を尊重すべし》という（物象化論的な）議論の仕方を潔く断念する、したがって制度学的知の《原罪》を十分に自覚する誠実な語り口だといえよう。たとえば、次のように述べる立岩真也などは、あきらかに後者の方策（「事実としての価値」に賭ける）を採っており、疎外論を密輸入する物象化論の地平をはるかに越え出る議論のスタイルを模索していると考えられる。

そのような価値（私が制御しえないものとしての他者を、操作しようとしない価値観――引用者）を私達は持っており、多分失うことはないと思う。人は、操作しない部分を残しておこうとするだろう。それは、人間に対する操作が進展していく間にも、あるいはその後にも残るだろう。それは全く素朴な理由からで、他者があることは快楽だと考えるからである。……その起源は問わない。問う必要がないと思う。なにかしらもっともな起源があるのかもしれないし、ないのかもしれない。何にしてもわけというものがあるのだとすれば、多分あるのだろう。しかし、それが見つかったところでそれはそれだけのことである（立岩［1997：115-116］）。

立岩はここで「他者を尊重することは快を増大させるから、他者を尊重すべきだ」と言っている（つまり、功利主義によって他者尊重原理を正当化している）のではない。おそらく、《何らかの根拠（起源）から論理的・概念的に「他者を尊重すべし」を導出しようとしても、結局のところ無為に終わらざるをえない。しかし、他者を尊重しなくても生きていけるのに多くの人々がだいたいの場合そうしないでいる以上、きっと他者を尊重すること自体に快があるのだろう。快は尊重の論理的な理由＝根拠ではないが、少なくとも偶然的・因果的な原因を形成しているのではないか》と、『私的所有論』の著者は述べているのだ。だから、「人は操作しない部分を残しておこうとするだろう」というのは、論理的に演繹された言明ではなく、たぶんヒューム的な因果則に基づいた予測言明であり、また立岩にとって賭けるに値する希望なのである。ローティもまた同じようなことを言っている。(32)

私は……「他者の苦しみに対する感覚的な傾向性のなかに、道徳的責務の出所を位置づけ」ようとは思っていない。たぶんそういった傾向性はあるのだろうが、それは、あまりにフニャフニャしていて――悪質な人間の苦しみへの無関心にも結びつくことができる――ほとんど当てにすることのできないものである。我々は己が幸運、ゆえなく苦しんでいる人をみるといつもゾッしてしまうという人びとが今現在数多くいるという幸運にただひたすら感謝すべきなのである（Rorty [1996: 42]）。

立岩-ローティはもはや、物象化論のような第三者の視点に立った理論によって「他者を尊重すべし」を導き出そうなどとはしない。かれらは《原罪》を抑圧することなく十分に自覚したうえで[33]、いわば確信犯的にやりすごす。かくしてかれらは《制度の他者》に対して、物象化論のように高圧的な態度をとることなく、さりとて申し訳なさそうに懇願することもなく、ただ次のように言い放つのみである――「しかり。しかし、だから何だというのか？」[34]。
また、こうした立岩-ローティ流の議論は、「関係のなかで生き長らえているからといって、なんで私が関係性／他者を尊重しなくてはならないのだ」という《制度の他者》の問いを、「実はつねに・すでに尊重している」という形而上学的なレトリック（呼応＝責任論）によってねじ伏せるやり口と混同されてはならない。制度の《外部》の問いを発する人が、事実的・経験的なコミュニケーションにあって、おおよその場合他者を「操作」しないでおこうとする（自らの《外部性》を放棄する）のは、他者性にかんする何らかの深い根拠・起源に動機づけられているからではなく、どういうわけか、事実そうしているだけのことなのだ。完全に有意味で理性的な問いを発する《制度の他者》は[35]、なぜか勝手に制度内へと「堕落」してしまっている。かかる「堕落」には形而上学的な根拠も起源もない。立岩の挙げる「快」やローティのいう「苦痛への共感能力」は、「堕落」の論理的・概念的根拠などではなく、たんなる「堕落」の経験的原因（の一つ）として想定されているにすぎないのである[36]。

私はこうした立岩-ローティ的な態度——倫理的・哲学的基礎と自由主義な準則との「断絶」を肯定する戦略(Dworkin [1990])——を、否定するつもりはまったくない。むしろ、他者の存在をめぐって様々なレトリックを駆使し何事かを語っているかのようにみえる(が、その実最初から「他者を尊重すべし」という価値判断を滑りこませている)「深い」思索の不誠実の方に不快さを感じる。物象化論という問題の立て方が持つ倫理学的限界に対しても、立岩-ローティは鋭い嗅覚を働かせていると思う。けれども、《制度の他者》の「堕落」——他者を尊重してしまう傾向性 disposition を持つこと——にはかれらがいうように、本当に何の理由 reason もないのだろうか。「なぜ私が他者を尊重しなくてはならないのか」「なぜ私が道徳的であらねばならないのか」ときわめて理性的に問う《制度の他者》は、理に適った根拠(reasonable-ground)もなく、外的な原因(「快」)にただただ促されるがまま自らの理に適った根源の問いを引っ込めてしまうのだろうか。もちろん、《制度の他者》は関係性テーゼのごとき普遍性を標榜する理論=理由によって納得するような人ではないのだから、《……だから「我々」は他者を尊重すべし》の「……」の部分に挿入される一般的な「道徳の理由」探しをまたぞろ繰り返すつもりはない。しかし、《制度の他者》が理解可能な問いを発するだけの知性と理性とを持ち合わせた人間であることを認めるなら、そんなかれらが「堕落」せざるをえない、つまりかれらを何らかの形で他者の尊重へと動機づける内的な理由(《……だから「私」は他者を尊重せざるをえない》の「……」の部分)があると考える方が自然ではなかろうか。要するに、私としては、「《制度の他者》は、なぜか勝手に制度内へと堕落してしまっている」という経験的事実が持つ哲学的・倫理学的意味について、もう少しだけこだわってみたいのである。

　理解可能な問いを発するだけの理性を持った《制度の他者》が、自らの「堕落」を受け入れざるをえないような説得的な「堕落の理由」を見つけだしていくこと。こうした「契約論」的とも形容しうる方法論——あるいは仮想人類学とでも呼ばれるべき方法論[37]——は、もしうまくいくなら、関係性テーゼでもって《原罪》を抑圧したり(物象化論）、他者の尊重原理を経験主義的に処理したりする（立岩-ローティ）ことなく、社会（科）学的な知が倫理的な領域にコミットしていく道筋を開示してくれることだろう。もちろんこうした方法も、制度設計を指向する以上、《制度の外部》の問いを遮断する一つのレトリックにすぎないのだが、それはあくまで《制度の他者》の視点に立ち、かれらによる「自発的遮断」を主題化するものであって、たんなる《外部》の否認に開き直る議論とは袂を分かっている。それは、絶対確実なアルキメデスの点を設定し、そこから規範を導出する類いの《外部》隠蔽のレトリックではありえないのである。

はたしてこうした「契約論」的な方法論が、ウェーバー／ヒュームの亡霊への正しい弔い方を開示してくれるものなのかどうか、まだ分からない。また、立岩-ローティ的な突き放しの戦略こそが正しい弔い方ではないか、との思いも払拭しきれてはいない。だが、それが《原罪》の社会（科）学的な健忘を簡単には許さない一つの方法的限定であるとすれば、少なくとも試してみる価値はあるだろう。次章は、この試みのためのフィールドとなる。

第四章 How to be (come) social? ささやかなリベラルたちの生

「社会的に構成されているのはわかった。しかし、なぜコノ私は自らが社会的であることにコミットしなくてはならないのか」「そもそもなぜ他者を尊重しなくてはならないのか」という外部の問いを発する《制度の他者》にできるだけ誠実に応答していくこと、この問いに対し、「社会性の根源性」「関係の一次性」などの隠蔽のレトリックを用いることなく——あるいは制度学的なレトリックとは異なる別種のレトリックを用いて——対処していくことが本章の課題である。[1] 第三章で言及しておいたように、この説得作業は社会契約論的（あるいは仮想人類学的）とでも形容されうるような形式をとって遂行されていくだろう（第二節、第三節）。この作業において注意されるべきは、《制度の他者》はけっしてある特定の規範（「汝、殺すなかれ」）に反逆するならず者なのではなく、そうした規範に現に従いつつも、そもそも規範を成り立たせる制度にコミットすべきと信じることのできない制度盲であるということだ。ウィトゲンシュタインのアスペクト盲、意味盲と同じく、この制度盲は「たいしたものを失わない」（Wittgenstein [1980=1988：202節]、野矢 [1995：第四章] 参照）。テレビの討論番組で「なぜ人を殺してはならないのか」と問うた少年は、ごく普通に日常生活を送ることができているはずであり、その意味で、実際に殺害行為に及んだ

「殺す経験をしてみたかった」少年よりはるかにラディカルな懐疑者だったのである。《制度の他者》のラディカルな問いを、《規範の他者》のそれと読み違え、《規範の他者》用の解答を提示することによって、安寧を得てはならない。

こうした「外部」の問いの設定は、我々の「契約論」に特異な性格を与えることとなる。というのも、我々の《他者》は、自己保存の欲求なり自己利益への執心なりを内に秘め、他人と闘争し続ける自然人と異なり、すでに社会のなかで健全な道徳生活をやりおおせている（やりおおすことができる）のだから。我々の《他者》は、「殺したい」のでも「盗みたい」のでもない。彼／女にはおおよそ自己利益や欲求といった自然的傾向性が欠如しているのだ。ホッブス的な契約論が、個別的な欲求を持った自然人による欲求と欲求との妥協線を探る試みであったとするなら、我々は、そうした欲求なき《他者》から議論を開始しなくてはならないのである。この点を、倫理学では馴染み深い「ギュゲスの指輪」の私なりの解（改）釈にそくして簡単に述べておくこととしよう。

*

よく知られているように、ギュゲスの指輪とは、玉受けを回すと嵌めている人の姿が見えなくなってしまうという魔法の指輪であり、グラウコンがソクラテスに対して突きつけた思考実験の道具として、プラトンの『国家』に書き留められたものである。ギュゲスの祖先はこの指輪を偶然手に入れ、権謀術数を働かせた末、ついに一介の羊飼いからリュディアの王にまで上り詰める。グラウコンは、この指輪を手に入れたとき正しい人も不正な人も結局同じ態度をとることになる、つまり不正は正義を駆逐するのではないかと問いかけ、さらには、この指輪を手に入れながら、悪事を働いたり他人の持ち物に手をつけたりしない者は「世にもあわれなやつ、大ばか者」と思われかねないとまでいう。自らの善を追求するうえで邪魔となる他者からの不正を抑えるために正義の制度は存在するの

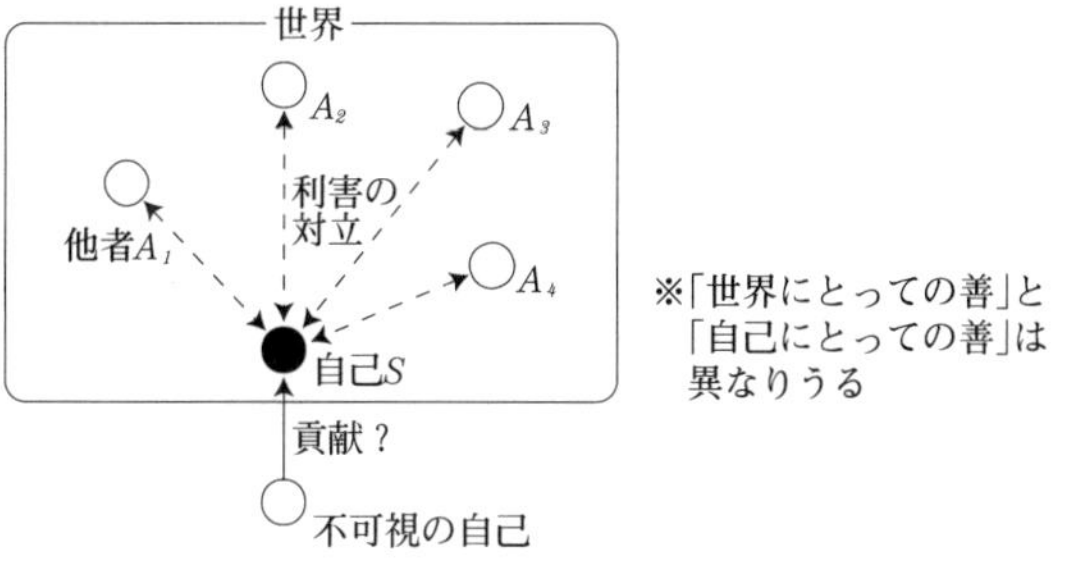

図4－1

に、他者が危害をおよぼす可能性のない状況において、なおかつ他者に配慮するなどというのは、グラウコンにとっては、まさしく「馬鹿者」の挙動でしかありえないのである（無効になった約束を律義に守るようなものだ）。こうしたグラウコンの規約主義的な正義観と、ソクラテス＝プラトンとの応酬もそれなりに興味をそそるものなのだが、ここでは、ギュゲスの指輪の教訓を考えるさいにありうる二つの議論水準――二つの指輪の使い方――を提示し、本章の議論の端緒をつけておくこととしたい。

まず**第一の議論水準**として、「部分的姿隠し」とでも呼ばれるべき戦略、すなわち、指輪を外した日常生活――そこでは他者と交流せざるをえない――を基本的な生活の場とし、そこでの自己福祉（名誉・財産・地位……）の向上を図るため、ときとして指輪をつけるという戦略を、指輪の持ち主がとる場合が考えられる。ギュゲスの使い方はこれである。グラウコンの考え方に批判的な陣営（理性主義）も、比較的好意的な陣営（自然主義）も、基本的にこうした指輪の使い方の是非をめぐって議論を展開していると見ていいだろう。指輪の所有者は、他者を尊重する道徳制度が息づいている日常世界では、基本的に他人の目を気にしながら生活するのだが、ときどき指輪を嵌めてその制度の外に退出し、道徳制度を相対化する視点（図4－1）に立ったうえでそれにただ乗りする（指輪のないフリーライダーは他の人に総スカンを食らわされるリスクを負うが、ギュゲスはそうではない）。このただ乗りをするさいに良心の呵責を覚えないはずがないと強弁するのがカント、そんな呵責を感じるようでは「大ばか者」だと言い切ってしまうのがグラウコンであり、また時を隔てたその後継者ニーチェにほかならない。

さて、この「部分的姿隠し」においては、指輪を手にした人はなぜか、ときどき指輪を外し制度に拘束される世界にわざわざ戻ってくる、つまり、姿を現す日常生活と姿をくらます透明人間生活とを往環するという点に注意を促したい。それればかりか、どういうわけか透明人間として過ごすときの彼／女は、日常生活における彼／女の利益のために働くことを引き受けてさえいるのだ。考えてみればこれは奇妙なことではなかろうか。他者を慮らねばならない煩わしい日常に帰還することなく、彼／女はずっと指輪を嵌め続け、食べたいときに食べ、寝たいときに寝、人を殺したいときに殺し、人を犯したいときに犯せばいいのではなかろうか。もちろん、会話したり社会的な名誉欲を満たすために、たまに指輪を外すことがあってもよい。だが、そうであったとしても、不可視のときの自分が可視化した自分に貢献しなくてはならないという法はなかろう。(2) 指輪を外した自分が生活の中心となるような「原則姿隠し」という戦略をとることも十分可能なはずである。かくして、この戦略を中心的に取り扱う第二の議論水準が浮かび上がってくる。そしてたぶん、我々の《制度の他者》のあり方もこの水準にかかわっている。

私の知るかぎり、「原則姿隠し」的な指輪の利用法（**第二の議論水準**）についてちゃんと言及した政治哲学の文献は見当たらない。(3) それは十分な理由があってのことだと思う。というのも、「原則姿隠し」戦略を選好する人というのは、実は一般的な意味における自己利益・欲求といったものを持っておらず、したがって、この水準を問題化することは、「道徳制度＝自己利益には還元できない何か」とするカント主義はもちろん、「道徳制度＝自己利益の貫徹の結果」とするグラウコン－ニーチェ的な路線にとっても、そもそも不可能であるほかないからである。「原則姿隠し」戦略をとる徹底したギュゲスは、重要な意味において自己利益vs道徳制度という対立軸の《外部》に位置しているのだ。この徹底したギュゲスのあり方は、その単独的かつ無時間的な生き方において部分的戦略をとる不

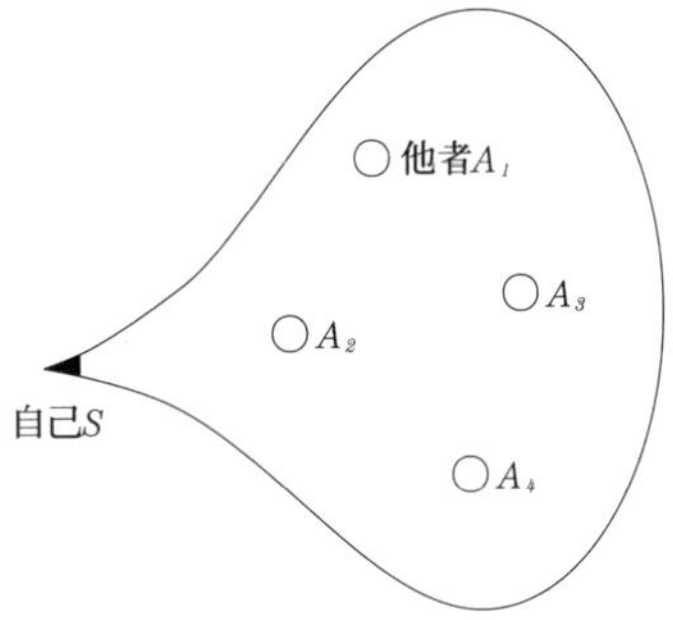
・自己に開けてくる世界＝世界そのもの
・「世界にとっての善」＝「自己にとっての善」

図4－2

徹底なギュゲスのあり方とまったく異なっている。

まず、すでに述べたように、徹底したギュゲスは、姿を現したときの自己の利益を優先させる必要はない、つまり、他人との社会空間における自己利益を第一義的に考えるわけではないのだから、強い意味において他者に対して無関心であるといえる。不徹底なギュゲスは、他者の利害との調整ゲームが展開される世界（図4－1）における可視的な自己の利益を増大させるべく奔走する点において、他者の利益と比較される自己の利益を持っているといえるのだが、徹底したギュゲスは、世界をいわば図4－2のように眺めているのであり、他者の利益と比較されるような利益というものをおおよそ持ち合わせていない。不徹底なギュゲスにとって生死を賭した利害調整の場面は、徹底したギュゲスにとっては、他者との交通がありえない不可視の自分の世界にときおり現れて出てくるひとつのエピソードにすぎないのである。こうした徹底したギュゲスの生へのあり方を、すでに他者との比較可能性が折り込まれている「自己利益の追求」という言葉で表現するのはミスリーディングなのではなかろうか。むしろそれは端的な「生への意志」とでも呼ばれるべきものであろう。他者の利害にではなく、むしろ他者との比較可能性に無頓着に、ひたすら不可視的生活の充実を願う徹底したギュゲスは、他者との利害衝突に明け暮れるホッブス的自然状態以前の世界に住まっているのである。

こうした徹底したギュゲスの「自己利益」のあり方と関連して、彼／女の無

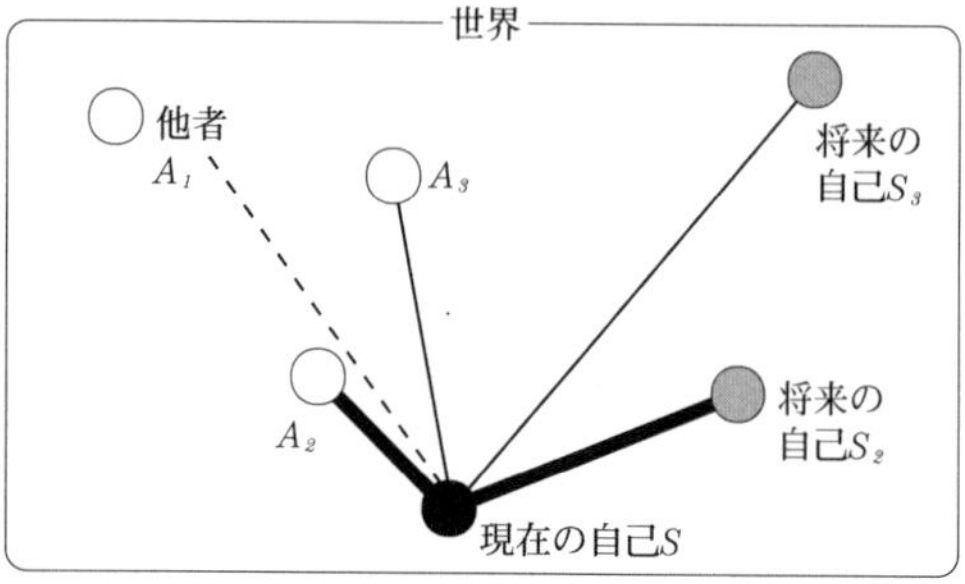

※線が太ければ太いほど
「利害関係」が密になる

図4－3

時間的な生のあり方――自らの生を長期的視座に立って捉えかえすという能力の欠如――も理解しておく必要がある。[4] 将来時点t_2におけるより大きな善獲得のために、現在t_1の欲求充足を断念するといった合理的な選択行為は、徹底したギュゲスにとって必要ない、いやそもそも不可能なのである。当たり前のことだが、長期的視座に立った行為選択をするには、t_1における自己（利益）S_{t1}とt_2における自己（利益）S_{t2}とを比較し、双方の利益を調整する視点を獲得しなければならないが、それはちょうど、図4－1の可視的自己を現在の自己St_1とみなし、その他の世界構成員の一人として将来の自己S_{t2}をまなざす世界地図を描くようなものだ。もちろんSと他者Aとの関係と異なり、S_{t1}とS_{t2}とのあいだには身体的・記憶的な連続性を見いだすことができようが、そうした論点は、世界地図の描き方には基本的には影響を与えるものではないと考えていい（お好みなら、図4－3のように書き直してもいい）。要するに、もし先の私の診断通り、徹底したギュゲスが図4－2のような世界地図を生きているのだとすれば、彼／女は、将来の自己（利益）と現在の自己（利益）とを比較考量し、長期的視点から利益最大化を図るような賢しいエゴイストにはとうていなりえないということだ。長期的な利益を鑑み、道徳制度にとりあえず従ってみるという「部分的」戦略は、徹底したギュゲスにとっては不必要であるばかりか端的に不可能なのである。

このように、徹底したギュゲスに見いだされる、(1)他者に対する透徹した無頓着さ（自己利益・対他者的欲求の欠如）、（2）長期的視点の欠如、といった性格は「結果的に道徳制度にコミットした方が、得をする」という自己利益に訴えかける契約論のレトリックを無効化してしまう（もちろん、対他者的な配慮を議論の前提とするカント的伝統にあっては、徹底したギュゲスなど疑似問題として一蹴されるのだが）。我々が問題としている《制度の他者》とは、まさしくこうした徹底したギュゲスのような存在なのではなかろうか。「なぜ人を殺してはならないのか」という問いの意味がもし、「殺したいのに、なぜ殺してはならないのか」――欲求にもとづく規範の正当性の問い返し――というものであったならば、規範に従うことの長期的利益を持ちだし、彼／女の欲求に訴えかけて説得することもあるいは可能かもしれない。しかし、我々の《他者》は、そうした説得に応じる可能性のある不徹底なギュゲスではないのだ。彼／女の問いは、図4-1ではなく図4-2のような世界地図にもとづいて発せられている。自己利益の長期的最大化を持ち出して説得にかかる選択理論的レトリックは、《制度の他者》を説き伏せる修辞法としては完全に的を外しているといわざるをえない。

かくして、我々の（疑似）契約論は、[5] **第二の議論水準**から議論を開始することとなる。我々にとって、ホッブス的自然状態は、遂行されるべき論証の経過点にすぎず、けっしてスタート地点ではありえないのだ。《制度の他者》をどうにか説得し、《規範の他者》ぐらいにまで主体的に堕落してくれるよう仕向けること、そしてその妥協の過程において合意されうる道徳的原理（リベラルな他者尊重原理）を導き出すこと――これこそが本章の課題にほかならない。第二節では、《制度の他者》から《規範の他者》への決定的な堕落を、そして第三節では、《規範の他者》から《リベラルな行為主体》への凡庸な堕落を論じていくだろう。行論中、かなり議論が抽象化することが予想されるので、読者はつねに本章が「なぜ人を殺してはならないのか」「なぜ道徳的でなければならないのか」という問いに対する私なりの応答であることを念頭に置きつつ、読み進めていただきたい。

前置きが長くなって恐縮なのだが、本論に入る前に、ギュゲスの指輪の教訓に対する今一つの読み方（**第三の議論水準**）についても言及しておかねばならない。それは、「ギュゲスの指輪は存在しない」というものである。もちろん、それは、物理的な存在不可能性を盾にとって、いわば実証主義的に思考実験そのものの意味を否定する無作法きわまる論法とは異なる。そうではなくて、

*

道徳制度をめぐる考察は、物理的に可能な事態における、人びとの行為選択についてなされるものなのだから、論理的に想定可能だが物理的に不可能な事態については語る必要はないし、語ったところでそれはもはや道徳についてのお話しではない、

といった内容を持つ議論である。もっとも典型的にはヘアがこの論陣を張っているが（Hare [1981=1994 : 290]）、私は、前章の最後でふれた立岩‐ローティ流の議論もこの論陣に含めることができると考えている。

何らかの合理的根拠によって他者尊重原理を正当化することを潔く断念し、むしろ進化論的偶然によって人びとが手に入れた共感能力の政治的・倫理的可能性に賭ける、といった構成を持つローティ流の議論においては、そもそも人は普遍的な理由＝理性にもとづいて他者を尊重していると考えられているわけではない。ただたんに特定の歴史的‐文化的状況のなかで、環境に上首尾に適応しうる（≠自己利益を最大化する）共感能力を身につけただけのことだ。だからおそらく、ギュゲスの指輪が環境を構成する物理的存在者となったなら、そのときは人間の共感能力も変化を被る（そして、ギュゲスの指輪とつき合い出した人類の新しい道徳制度が模索される）であろうことをローティは喜

んで認めるはずだ。現在における物理的な存在不可能性が、現在における道徳制度を考えるうえでの「ギュゲスの指輪」という思考実験の無効性を裏づけている——他者に対する尊重の態度をプラグマティックに理解するこうした「指輪は存在しない論法」は、十分傾聴に値する。

共感能力を自然および文化の偶然的所産とみなすこうしたローティ的戦略が、《……だから他者を尊重せよ》という理由づけゲームから離脱する一つの方向性を指し示している、したがって《制度の他者》を理性によってねじ伏せるものではないことはたしかである。しかし、そうした戦略ははたして、他者に対する尊重を実際に動機づけることができるだろうか。あるいはこう言ってもいい——他者尊重原理のプラグマティズム的な理解は、《制度の他者》を堕落させ、彼女が実際にリベラルな態度をとるように仕向けることができるだろうか、と。もしそれが上首尾にいくのなら、我々はきわめつきに合理主義的な第二節以降の話を進めていく必要はない。「ギュゲスの指輪の部分的使用も原則的使用も語る必要はない、ギュゲスの指輪はないのだから」と言い切り、現実の政治・社会診断にとりかかればよいだろう。そこで、かなり迂回することとなるが、一節分を割いてこうしたローティ的戦略の可能性について検討しておくこととしたい。ギュゲスの話を忘れてしまいそうな読者は第一節を読み飛ばし、第二節へと進んでいただいて構わない。

一　ギュゲスの指輪は存在しない？

【1】アイロニスト／理性主義者／自然主義者

「なぜ他者を尊重しなくてはならないのか」、あるいは「なぜ道徳的であらねばならないのか」という根源の《外部》の問いに対する、ローティ流プラグマティズム（あるいは立岩の操作不可能性論）の応答可能性——その解答の特質を、くどいようだがまずは確認しておくこととしたい。かの問いに対する「理性主義者」「自然主義者」の解答形式との対照においてローティの「アイロニスト」の位置どりを理解しておくのがよいだろう。

まず、《外部》の問いに対して、他者を尊重する態度の原因を挙示し、生物体としての人間が持つ傾向性によって他者尊重原理の出自を説明するという「自然主義者 naturalist」の戦略がありうる。(6) すなわち、

［4-1］　原因C（欲求や自己利害といった人間の自然的傾向性など）が、人々を他者尊重原理に動機づける、

といった解答の形式である。たとえば、人間の生物学的本質として「欲求充足の最大化を図る」といった傾向性を見いだし、そうした欲求を最大化するうえで「他者を尊重する」という態度を身につけることが（長期的には）合理的であることを示していくような論法だ。細かな異同を無視するなら、（規則）功利主義や、合理的選択理論による道徳制度発生の説明、進化論的な道徳生成論、(7) そしてホッブス的な契約論の伝統などがこの自然主義の陣営に含まれるだろう。自然主義者は、生物学的個体としての人間が持つ欲求・利害関心というアルキメデスの点から議論を開始し、その自己本位的欲求の長期的貫徹のために短期的な欲求充足を控える（とりあえず他者を尊重する）態度を、その個体が取得するまでの自然史を様々な道具立てを用いて説明する。ギュゲスの逸話を**第一の議論水準**において捉え、「指輪があったらまぁ普通好き勝手やるわな」と考える人たちである。

次に、こうした自然主義的な基礎づけに対して眉をひそめ、欲求・利害関心に還元されえない他者尊重原理のあり方を強調する理性主義者たちがいる。理性主義者たちは、生理学的出来事である欲求や、外的強制力（リヴァイアサン）に対する恐怖が、他者への尊重を引き起こすのではなく、理由・理性がそれを基礎づけると考える。すなわち、

［4-2］　原因Cには還元されえない道徳的理由Rが、そのものとして、人々を他者の尊重へと動機づける、

とかれらは考えるのである。理由Rには「(実践理性の命ずる)道徳規範」「神の愛」など、傾向性による影響を免れた理由が挿入される。たとえばふつう、我々は誰も見ていないし誰にもバレることのないような場面においても良心の呵責を覚え、万引きを控えるものだ(あるいは、万引きしてしまったとしても、自責の念に苛まれざるをえない)。自己欲求の充足のためには、目前にあるメロンパンをくすねてしまった方が合理的だというのに。このように、

道徳規範(「汝盗むなかれ」)に従うべきだという道徳的判断が、欲求・利益充足の合理性にかんする判断を凌駕する、

という事態は、たしかに我々の日常的な行為選択において珍しいことではない。ギュゲスの指輪を与えられても、否応なく残ってしまう良心の呼びかけ、容易には利益考量の賢しさには還元することのできない道徳固有の動機づけのあり方。そういったものを理性主義者たちは後生大事に抱え込むのである。

さて、ローティのアイロニストは、この他者尊重の動議づけをめぐる理性主義vs自然主義の対立軸と、どのような距離関係を持っているのだろうか。直接彼自身に語ってもらうのがよい。

リベラルな形而上学者であれば、はっきりとした道徳の動機づけ——合理性、神への愛、真理への愛によってなしとげられて欲しいと考える仕事を、リベラルなアイロニストの場合には、想像を介して同一化する技量がおこなう。アイロニストは、(性、人種、種族、終極の語彙の違いがあるにもかかわらず)現実に、そして可能性とし

て他者に加えられる辱めを思い描く自らの能力、その辱めを避けたいという欲求が、自分自身の何らかの他の部分よりも、もっとリアルであるとか、中心にあるとか、「本質的に人間的」であるとはみなさない。それどころか、彼女はそれを、微分方程式を公式化する能力と同じように、人類史のなかでも比較的最近になって登場し、またどちらかといえばローカルな現象にとどまっている能力と欲求であるとみなしている（Rorty [1989=2000 : 190]）。

ここでは、他者尊重原理を理性・理由によって基礎づけようとするリベラルな形而上学者＝理性主義者のみならず、「他者の苦痛を避けたい」という欲求の存在を、人間が非歴史的に持つとされる本質・本能にもとづいて説明しようとする自然主義的な方途も、同時に批判されていることに注意しよう。

まずアイロニストは、他者を尊重する道徳的態度が、傾向性に回収されない理性などによって正当化されるものではなく、たかだか欲求によって促されたものにすぎないと考える点で自然主義的であり、その観点から理性主義者のあり方を批判する。しかしその一方で、アイロニストは、自然主義者のように歴史を貫いて存在する人間の本来的欲求などというものが存在するとは考えないので、当然のことながら、他者を尊重したい（他者の苦痛を和らげたい、回避したい）という欲求が有史以来の全人類に備わっているなどと主張することもない。つまり、アイロニストは、他者尊重原理に対する理性による基礎づけを退けつつ、他者を尊重する態度が人類史的・生物史的規模の進化の所産などではなく、西洋近代社会に生きる人びとが獲得するにいたった「文化的進化」の産物にすぎない（遺伝子レベルの問題ではなく、「ミーム」レベルの問題にすぎない）ことを認めるのである。ローティの標語に乗っかっていえば、アイロニストは理性主義・自然主義の両陣営が与している基礎づけ主義（foundationalism）をあらゆる意味において拒絶するのだ(8)。

では、このように他者を尊重する態度を、理性に対しても歴史に対しても相対化してしまうアイロニストは、「なぜ他者を尊重すべきなのか」という問いに対して、どのように応答するのであろうか。強引に要約すれば、次のようになるだろう。

【4-3】 ある人びとが、他者の苦痛・災厄を回避したいという欲求を持ち、また他者を尊重すべきだという判断を下す傾向にあるというのは、特定の時代・文化における事実にすぎない。だが、そうした欲求を持つ人が多くいる社会は、結果的に平和で豊かな人間関係を構築することができた（つまり、文化的進化において淘汰されずに残った）。したがって、平和がなく貧しい社会よりも、平和で豊かな社会を好ましいと思う人は、他者を尊重するという態度を身につけるべきである。

これはまさしく、「ある種の理念を接合したり分離したりするときに起こるであろうことを、過去の実験結果についての知識をもとにアドバイスする」（Rorty [1999：20]）哲学者による勧め＝呼びかけであって、けっして他者尊重原理のプラグマティズムによる基礎づけではない。(9) またプラグマティズムは、「効用の最大化」「幸福の総計増大」といった規準にもとづいて結果を評価するわけではない――他の規準もありうる――ので、【4-3】の主張を功利主義的な道徳制度の正当化と混同してはならない。第三章でも述べたように、アイロニストはリベラルな他者尊重の態度を、賭けるに値するオプションとして推奨しているにすぎないのだ。ローティにとってのリベラルな価値は、いわばパスカルの神のようなものなのである。

アイロニストは、《制度の他者》の問いを「理性への反逆」とも「自然本性への謀反」とも考えることはないだろう。アイロニストは《他者》を精神科や脳神経外科の病棟に押し込めようとはしまい。そのかわりに、彼／女は、その問いに答えがないこと、制度の《外部》を考えることの因果的無力さを強調し、答えを希求する《他者》の信念・欲求を変えるべく――転向・改宗の瞬間が訪れることを信じながら――ひたすらリベラルな態度・社会の利点を提示し続けるのである。ここでは、《他者》に対する説得は、もはや他者を尊重すべきことの理由や原因を持ち出す合理的な論証（argumentation）ではありえない。アイロニストは、《他者》の信念体系の変容をいわば因果的に惹起すべく、因果的効果のありそうな様々なメタファー・文彩を駆使して、《他者》との会話を続けるのである。(10) その意味で、アイロニストとは、人質を盾にしているバスジャック犯を宥め賺しつつ、どうにか投降させようと苦心している警察官に似ていなくもない。「お母さんが悲しむよ」「君の主張はもっともだ」「自分を大切にしなさい」――説得にあたる警官は、こんな自らの言葉をふつう信じてはいないものだ（信じているような警官に説得を任せることはできない）。

理性主義／自然主義の不毛な対立図式を脱臼させ、論証による合理的受容ではなく、レトリックによる効果的説得を目指す――こうしたアイロニストの戦略がもし上首尾にいっているのなら何の問題もない、本書の議論はここで打ち止めにしてよい。しかし、そうはうまくいかない。

まずアイロニストの議論を聞き、彼女の説得に耳を傾けたところで、はたして《制度の他者》が「あぁ、私は他者を尊重しなくてはいけないんだ」と考えるものかどうか、私は疑わしく思う。たしかに、アイロニストの戦略は、基礎づけ主義的な指向を持つ理性主義や自然主義のやり口と異なり、《制度の他者》の抵抗を封じ込める身も蓋もない論証を押しつけたりするものではない。バスジャック犯に「君のやっていることは、君の本当の利益に反している」とか「君は道徳の教えに背いているように思っているようだが、それは自己欺瞞なのだ」などと説くのは、たしかに無粋な説得下手の人間のやることであろう。アイロニストはそんな無粋さを回避し、犯人が思わず投降したくなるような説得術を磨くべく日々鍛練に励む。しかしながら、そうしたアイロニストの戦略は、《制度の他者》

に対する説得となりえているだろうか。いやむしろ、「なぜ人を殺してはならないのか」と問うた少年が、もしローティの本を読んだとしたなら、むしろ自分を説得しようとする大人が皆本気でないこと――自分の説得を所詮方便＝レトリックにすぎないと思っていること――を知り、ますます猜疑心を深めるばかりなのではなかろうか。このことは、ローティの議論が基本的に、守るべきリベラルな理念をすでに携えた「大人向け」の処世訓にすぎないのではないかとの疑いを喚起する。(11)

【2】アイロニカルな説得の不可能性

アイロニストはその一流の手練手管で呼びかける。「対する他者をある程度尊重した方が、君の生活はうまくいく。それは偶然といえば偶然の進化の所産なんだけど、結構よくできた話なんだ。いっちょ、この話に乗ってみないか」、と。

この呼びかけに《他者》はどう応えるのだろうか。私は、この呼びかけに対してかの《制度の他者》が肯定的に応じ、リベラルな理念に彩られた世界に投降するとは思えない。それは、おそらくローティ的なアイロニーの精神そのものがはらむ原理的な問題――アイロニカルな説得の不可能性――に由来している。

先にも述べたように、アイロニストは、そのアイロニー精神ゆえに他者尊重の態度を動機づけようとはせず、むしろ「……だから、尊重すべし」というあらゆる動機づけをめぐる説明を相対化し、それが合理的に基礎づけられえないことを進んで承認するのであった。さて、説得する側がこのような態度をとるとき、説得される側はどのようなメッセージを受けとるだろうか。たとえば、（いかにも特定の世代に多くいそうな）物分かりのいい親が、「なんで受験勉強なんかしなくちゃいけないの？」と問う子に、「受験勉強なんかしても、別に君の利益になるわけじゃないし、幸せになるというわけでもない。当然勉強することそのものの価値があるわけじゃない。でもまぁ、とりあえず損はなさそうだし、周りも喜ぶだろうから、とりあえずやっておけば」とアイロニカルに答えたとしよう。この子どもは、はたして自室の机に向かっていく（つまり、勉強することに動機づけられる）だろうか。むしろ、この親のアイロニー精神に学び、「やはり勉強はしなくもしなくてもいいようだ」と考え、たまに勉強したいという欲求が湧き上がってくると勉強するという態度を身につけていくのではなかろうか。アイロニストの説得は、アイロニストが伝達したい価値（勉強すべき）のみならず、アイロニーの精神（「勉強すべき」という命法に根拠はない）まで伝達してしまうために、説得される側を価値に動機づけることが、決定的にできないのだ。アイロニストの説得は、説得される側がメタ・アイロニーを発し、アイロニストの主張する価値受容に抗うことを原理的に排除できないのである。

ここで注意しなくてはならないのは、先の子どもがけっして、勉強したくないと思っているわけではないこと、つまり、自己利益とか快楽のために勉強という苦痛をもたらす行為を回避しようとしているわけではないということである。もし彼女が、「幸せになりたい」「勉強よりも快をもたらす行為をしたい」といった、自己利益・欲求にもとづいて先の問いを発しているのなら、ある意味対応は簡単である。彼女の選好が近視眼的なものであることを指摘し、目前の苦痛が長期的な利益に適うことを経験的データにもとづいて教え諭してあげればよい。自己利益を追求する彼女の合理性がたしかなものであれば、きっと彼女は机に向かい始めることだろう。つまり、特定の自己利益や欲求などに動機づけられて発せられた「なぜ……すべきか」という問いに対しては、本人が肯定的に捉える自己利益や欲求に訴えかけて、提議者が「……する」ことを動機づけることができるのである。

しかしながら、彼女は、端的に「受験勉強をなぜしなくてはならないのか」と問うているのであり、長期的であれ短期的であれ、自己利益を充足したいという欲求を彼女に見いだすことはできない。本章冒頭の議論に引きつけていうなら、彼女は「原則姿隠し」戦略をとる徹底したギュゲスに近い懐疑論者なのである（**第二の議論水準**）。こうした自らの動機をも相対化した超アイロニストに対しては、いかなる意味においても「勉強すること」を動機づけることはできないだろう。しかもさらに悪いことに、そもそもアイロニストである物分かりいい親自身が、「自己利益や欲求ゆえに……すべし」という理由づけを相対化し、それをも彼女に伝達してしまっている。要するに、アイロニストの戦略とは、もともと自己利益的な動機を持たない相手に対して、動機づけを相対化しながら、動機を与えようとする相当にパラドキシカルな試みなのである。

この受験少女と同様のことは、「なぜ他者を尊重すべきか」と問う《制度の他者》とアイロニストとの対話についてもいえるはずだ。我がアイロニストが「他者尊重原理の神話を採用した方がよい」といえるためには、その採用がもたらす帰結状態の実現に当の人が、利益の増大なり快の増量なりによって、動機づけられうるといえなくてはならない。つまり、彼／女は何らかの自己定位的な欲求を持つ不徹底なギュゲスでなくてはならない。しかし問題は、その欲求が社会的なもの（皆がうまくコミュニケートできる状態を実現したい）であれ、私的なもの（自己利益を最大化したい）であれ、ともかくも彼にそうした欲求を帰属することはできないという点にある。超アイロニストたる彼／女は、「なぜ『私』が他者を尊重すべきなのか」という問いを発しその答えを手に入れたいという素朴で野蛮な欲求しか持ち合わせていない。「なぜ人を殺してはならないのか」と問う少年は、殺したいという欲求も、皆が上手くやっていてほしいという欲求も持ってはいないのである。

こうした超アイロニストに対してアイロニカルな説得を試みることは、結局、「他者を尊重すべきことに何の根拠もない、自分がそうした態度をとることに動機づけられる何の謂れもないのだ」という《他者》がもともと抱いていた直観の正しさを保証するばかりではなかろうか。受験少女が机に向かうことがないように、《制度の他者》も他者を目的として尊重しようなどとは思わないだろう。もちろんかれらは勉強や他者への尊重を頑なに拒絶するわけではない（拒絶とは、欲求に反する行為選択への抵抗感の表明である）。ただ、かれらは、べつだん「勉強すべき」とも「他者を尊重すべき」とも思わず、ただ気が向いたときに勉強したり他者を尊重したりするのである。注意してほしいのは、そういう説得の失敗がたまにありうる、と言っているのではないということだ。かかる説得の失敗は、自己利益的な動機を持たない相手に対して、動機づけを相対化しながら、かつ「他者への尊重」を動機づける、というアイロニストの困難な作業に不可避的に生じるいわば宿命的な失敗なのである。

「いや、そんなことはない」とローティのアイロニストは反論するかもしれない。いわく「アイロニストは自分が開陳しているリベラルな理念が偶然的なものであることを、自分が知っていればいいのであって、何も対話の相手にまで、そうした理念の偶然性を伝達する必要はない。思わず相手がなるほどと頷いてしまうような、そんなメタファーを駆使しつつ、相手の信念システムを因果的に組み替えていけばいいのだ！」[12]、と。もはや多くを語る必要はないと思うが、自らがアイロニカルな立場に立っていることを相手に知らせずに相手を説得するというやり方は、アイロニーとはほど遠いプロパガンダの文法にほかならないことをこの反論者は理解していない。それは、かの《外部》の問いを発した少年に「道徳の何たるかも知らない小賢しいガキが、黙ってろ！」とがなり立てる――そのくせ自衛隊の海外派遣に諸手を挙げて賛同し、元従軍慰安婦たちの抗議を封殺する――道徳主義者たちの語り口と何ら変わらないのである。

＊

以上、本節では、《制度の他者》の問いを理性主義的／自然主義的に封じこめることのない、ローティ流のアイロニストの戦略を概観し（【1】）、その戦略に対する疑念（アイロニスト的な説得がそもそも《他者》を制度参加に向けて動機づける説得たりうるのか）を表明してきた。アイロニストは、道徳の動機づけにかんして形而上学的な思考をめぐらせること、すなわち、ギュゲスの指輪のような思考実験に頭を悩ますことの愚直さを軽やかに笑い飛ばす。「ギュゲスの指輪が存在しない世界における道徳制度を考えるのに、なぜギュゲスの指輪の逸話に悩む必要があるのか？」、と。しかし、本節での我々の診断がもし正しいのだとすれば、そのように笑い飛ばしたところで、《制度の他者》も一緒に笑ってくれるというわけでもなさそうだ。指輪を外した自分の方をこそむしろそらぞらしく思うような徹底したギュゲス＝《制度の他者》には、おそらくアイロニストの説得は届かないのである。「指輪は存在しない」という回答とは違う、何か別の応答可能性を探さなくてはならない。

二　《制度の他者》から《規範の他者》へ

さて、アイロニストの冒険から離れて、いよいよ我々は超アイロニストたる《制度の他者》への説得作業にとりかかることができる。まずは、前節までで繰り返し言及してきた「なぜ他者を尊重しなくてはならないのか」と問う《制度の他者》のあり方について、あらめて次の二点を確認しておくこととしたい。

［4－4］《制度の他者》の問いは、いかなる意味においても、自己利益・欲求充足の指向に動機づけられて発せられたものではない（彼／女に自己利益や、特定の世界状態の実現に対する肯定的態度 pro-attitude を帰属することはできない）。

［4－5］したがって、彼／女の問いは、「一般に人が他者を尊重すべきことは分かるが、なぜ私がそうすべきなのか」というフリーライダー的なもの（部分的姿隠し）として理解されてはならない。彼／女は、フリーライドという形ですら制度にコミットしようとはしない（「原則姿隠し」する制度盲）。

こうしたいかにも困った性格を持つ《制度の他者》と仮想対話していくことが本節の課題である。とすると、説得の第一段階の達成目標は、「原則姿隠し」戦略をとる徹底したギュゲス＝《制度の他者》を、自己利益につき動かされる不徹底なギュゲス＝《規範の他者》にまで下降させ、制度盲の彼／女に道徳制度が存在することの意味を理解できるようにしてあげること、というように設定することができよう。いかにして彼／女は、制度が存在することを了承するにいたるのだろうか。

【1】 問いの伝達不可能性　解答されつづけるが伝達されることのない問い

しかしながら、［4-4］［4-5］を議論の与件とするとなると、我々は説得に入る一歩手前で、根元的な問題に突き当たることとなる。それは、かのアイロニストが直面した説得の不可能性という問題である。説得という作業はふつう、説得者が説得される側の何らかの利益や善に訴求しつつ、説得を受け入れるよう動機づけるものだ。しかし、もし［4-4］にいわれるように、彼女がいかなる意味においても自己利益とか欲求を持たないのであれば、説得の成功／失敗以前に、そもそも説得を試みること自体無意味となってしまうのではなかろうか。我々の前には、説得の困難さではなく、説得の不可能性という、より根本的な難問が立ちはだかっているように思われる。

この根元的な困難に対して、私は一見能天気とも見える作戦でもって対処することとしたい。すなわち、我々の《他者》に、ただ一つの例外的欲求、**《外部》の問いに答えてもらいたいという特異な欲求**（**答えを得た状態実現への肯定的態度**）を認め、その欲求に訴えかけることによって説得を試みていくのである。

もちろん、依然として件の《他者》には、問いを動機づける「殺したい」とか「勉強したくない」といった特定の欲求は欠如している。しかし、彼／女が実際に問いを投げかけるのなら、我々はいかなる特定の問いを動機づける欲求（「……ゆえに問う」の「……」の部分）を帰属させることが不可能であっても、少なくとも「答えを得たい」という志向的態度――いわば「問う」行為に文法的に見いだされる欲求――を見いだすことは許されるのではなかろうか。我々の《他者》はあくまで「原則的姿隠し」戦略をとる徹底したギュゲスであって、けっして指輪を外さない「全面的姿隠し」する完全なるギュゲスではないのである。我々は答えを求めるという空虚な文法的欲求を《他者》に帰属することによって、説得の第一歩を踏み出すことができるはずだ。

もちろん、文法的という言葉を使いはしたが、私は答えを欲しないという《他者》の存在が（論理的に）不可能であるなどと言っているのではない。ただ、そうした真性の《制度の他者》は、自他に対して「なぜ他者を尊重すべきなのか」と問いを投げかけることはありそうもないように思われるのだ。このことは、図4－1、図4－2に示した二つの世界地図を想起すると分かりやすいかもしれない。

真性の《制度の他者》＝完全なるギュゲスは、図4－2のような世界に自足しており、不完全なギュゲスのごとく図4－1のような世界に降り立つことのない単独者であった。ところで、いうまでもなく、「なぜ私が他者を尊重すべきなのか」「なぜ私が道徳的であるべきなのか」という疑問を抱くこと、自分と道徳制度との関係を殊更に問題化する態度は、図4－1の世界地図と図4－2的世界地図とを往還する者だけが獲得することのできるものである（図4－2の充足した世界しか知らない者は、道徳的制度を自らの世界に現れる一エピソードのようなものとしてしか捉えることはできないのだから）。だとすれば、純粋さを究めた完全なるギュゲスには、《外部》[13]の問いは思いつきようがないのではなかろうか（真に幸福な人が、自分が幸福であるかどうか考えたりはしないように）。たとえば、我々が精神病患者と呼んでいる人たちのなかには、こうした真性の《他者》、自己充足的な世界に内在しているために「なぜ私が他者を尊重すべきなのか」などという不純な疑念など抱くこともない完全なるギュゲスが存在することだろう。だから、答えを欲しないという《他者》の存在が、論理的にも物理的にも可能であることを私は否定しない。こうした《他者》に対しては、たしかにいかなる意味においても説得は不可能である。私はきっぱりと白旗をあげることとしよう。

かくして我々の説得相手は定まった。すなわち、［4-4］［4-5］の性質を備えてはいるが、答えに対する欲求を帰属させることのできるような、いわば仮性の《制度の他者》に対して我々は説得＝契約的折衝を試みていけばよいのである（なお以下で《制度の他者》とある場合には、基本的に仮性のものと考えてほしい）。

＊

我々の《制度の他者》は、答えを求めつつ「なぜ他者を尊重すべきなのか」を問う存在であった。とするなら、我々と彼／女とのあいだには少なくとも「こうした問いが存在している」という共通認識が成り立っていると考えてよい。そこでまず最初に、この問いの性質を考えることから始めることとしたい(14)。

一般的に、問いを発する人は、何らかの形でそれに対する解答が可能であることを前提としていると考えてよい。たとえば、「どうやったら駅へ行けますか？」と問う人は、交通手段を示すなり、道順を教えるなりして、問われる人が当の問いに解答することができるものと考えている。もちろん、問われる人が解答の内容（「タバコ屋の前にあるバス停で駅行きのバスに乗ればいい」「その角を曲がればいい」……）を知っていることを前提にしているというわけではない。また、生徒たちがおおよそ正解することのできないような問題を出題してほくそ笑む数学教師もいるだろうが、そんな困った教師とて、理想的な解答者が一定の方法で解答を導き出すことができる（つまり解答可能である）ということは前提としているはずだ。また一見、解答可能性を前提としていないかのような問い、たとえば「ある信念が知識たりうるための必要にして十分な条件は何か」といった問いもあるにはある。しかしそんな困難な問い――この問いの困難さを理解できない人はゲティアの古典的論文を熟読せよ（Gettier［1963=1996］）――にしても、問う人は基本的に問いに関連する知識を豊富にもった理想的解答者であれば、何らかの分析枠組みによってどうにか解答にたどりつけると考えているはずだ。だからこそ、そうした問いは不可能な問いではなく、困難な問いと呼ばれるのである。問いを発する人は、正解や有意味な解答内容が得られるかどうかはともかくとして、問われる人が何らかの方法でその問いに答えうる、ということを前提としている、とひとまずは言うことができよう。

では、我々の《他者》の問いは、こうした一般的な問いのあり方と対照したとき、どのようなものとして捉えることができるだろうか。

まず、《他者》の問いは、その語用論的性質にかんしては、日常的な問いと基本的に構造を同じくすると考えてよい。つまり、それは解答可能性を前提としない非合理な問い（「机を二乗するといくつになるか」「タコと音楽はどちらが速いか」……）とは異なり、理想的な解答者であれば解答可能であることを前提として発せられる理性的な問いかけであると考えられる。これは、先に「《他者》には答えに対する欲求を帰属できる」と表現した事態と実質的に同じことをいっている。非合理な問いは、その命題内容の非合理さ以前に、「解答可能性を前提としない＝解答を欲求しない」からこそ非合理と呼ばれるのであって、「なぜ他者を尊重すべきなのか」とか「存在は非存在より善か」といった形而上学的な問いには、そうした意味での非合理さをいささかなりとも見いだすことはできない（ちなみに、検証主義の主張は問いの合理性要件をさらに狭くとったものであり、我々のいう合理性と混同されてはならない。私はカルナップと異なりハイデガーの問いを合理的であると考える）。《外部》の問いは、「どうやったら駅に行けますか」という日常的な問いと同じく、解答可能性を前提とし、解答を得ることへの欲求に動機づけられたきわめて合理的な問いなのである。しばしば、形而上学的な問いを「解答不可能性を織り込み済みの不毛な問い」として一蹴しようとする人たちがいるので、この点にはくれぐれも注意が必要だ。

とはいえ――ここから先が重要なのだが――「なぜ他者を尊重すべきなのか」という問いと、「どうやったら単位がとれっかなぁ」といった一般的な問いのあいだには決定的ともいえる種差が存在することは見逃されてはならない。私は、その種差をさしあたり**解答を得ることによる問いの必然的変質**という言葉で言い表しておくこととしたい。すなわち、《制度の他者》の問いは、それが回答されたとたん必然的に変質してしまうようなもの、問いの変質を伴うことなく解答されることが不可能であるような問いなのであり、この点において、何らかの形で変質を防ぎうる一般的な問いとは根本的に性質を違えているのである。

もちろん、「どうやったら単位がとれっかなぁ」といった試験期間中になるとあちらこちらで囁かれる学生たちの（ときとしてこのうえなく深刻な）問いも、「答えられることによって、変質する」可能性を持っている。たとえば、編入生のX君は、実際とてもマジメな学生で、たんに単位取得の事務的仕組みを知らないがためにこの問いを発したというのに、モノグサ学生の権化Y君がこともあろうに「Oセンセやろ？　焼酎持ってけばOK」などと答えたというような場合を考えてみればよい。この場合、「単位取得の必要件を知りたい」という動機から発せられたX君の問いは、ふとどきなY君によって「勉強しないで単位をとる方法は何か」という問いに変質させられてしまったのだ。これはいわば、意図の読みとりの不具合に起因する語用論的な誤解とでも呼ぶべきもので、頻繁に日常世界に現れるごくごくありきたりな変質である。こうした誤解に深い哲学的含意を読みとろうとする向きもあるようだが、それは問題をあまりに過大視している。かかる語用論的な誤解は、X君が「いや、そんなこと聞いてるんじゃなくてさぁ、ボクの聞いてるのはね……」といった具合に、問いの意味をネゴシエートする訂正のコミュニケーション――ルーマンが「コミュニケーションについてのコミュニケーション」と呼ぶもの――を試みるなら、ある程度は収束する類いのものである（訂正の意図がYに伝わらないという可能性もあるが、Xが伝わったと思える程度まで行為＝発話の連接がうまくいけば、それを誤解と呼ぶことは、もはや神でもなければ不可能である）。(15) つまり、X君の問いはたしかに、「答えられることによって変質する可能性」はあるが、その変質を質す手段が禁じられているようなものではないし、また、変質を伴わずに伝達される可能性がある（「授業の七割に出席し、〇日までにレポートを事務に提出すればよい」

という答えが返ってくる可能性がある）以上、その変質は必然的なものとはいえないのである。しかしながら、件の《他者》の問いは、こういった誤解の訂正が何らかの形で可能な問いとは根本的に異なっている。

「なぜ他者を尊重しなくてはならないのか」「なぜ道徳的であるべきなのか」という問いに対する答え方は、それが問いに対する答えであるかぎり、原理的に二つしかありえない。すなわち、

①「根拠 G（道徳的理由・原因）ゆえに、一般に人は他者を尊重すべき」といった具合に、問う人（《他者》も紛うことなく含まれる「人」が他者を尊重することの根拠を挙げるか（"Why should we be moral?" への回答）[16]、

②「根拠 G ゆえに、君は他者を尊重すべき」というように、他の人はどうあれ、問う人当人が道徳的制度にコミットする根拠を挙示するか（"Why should you be moral?" への回答）、

のいずれかである（問いに対する答えであろうとしないのであれば、「一緒に考えてみよう」などといった答え方も可能だろうが[17]、少なくともそれは、私たちの知っている「解答」ということの意味からはだいぶ逸脱している）。

①の方の答え方——少なくない良心的社会（科）学が自明化してきた回答法——がなぜまずいのか、《他者》の問いをどのように誤変換しているのかについては再三述べてきたので、もう繰り返さない。問題は、②の回答法が、①の回答法が陥った問いの誤変換から免れえているか、という点に絞られる。

②の回答法の典型的なものは、（ソクラテスに懐柔される以前の）グラウコンからホッブス、ニーチェ、ゴーシエにまでいたる契約論の系譜、つまり問う人の自己利益に訴えかけ、その（長期的にみた場合の）最大化を実現する道具として道徳的制度を捉える思考様式である。「君は……したいんだよね、ならおおよそ他者を尊重した方が結局うま

くいくよ」といったものだ。この手の解答は、たしかに一見「我々」に「君」を強引に押し込める愚は回避しているかにみえる。しかしそれはあくまで、「……な（自己利益の最大化を図る）人は、○○した（道徳に従った）方が上手くいく。しかるに君は……な人である。したがって君は○○すべきだ」といった論証の形式を内包するものであり、利益享受の主体という一般的カテゴリーのなかに「君」を代入する論法にほかならない。ということは、道徳を尊重する態度をそのものとして価値として認めるか、それとも長期的な利口のようなものとして突き放すかという点において、たしかに見逃しがたい違いはあるにせよ、結局それは、①の派生態として理解することができるのではなかろうか。だとすると、②の回答様式もまた、《他者》の問いを、自己利益に動機づけられた合理的選択主体の問いとして誤解することによって成立しているということになる（そもそも、［4－4］で確認したように、我々の《他者》は特定の自己利益・欲求をまったく有していないのだから、自己利益に訴求して答えようとすること自体、問いの誤解なくしてはありえない試みだったのだ）。結局のところ、②の回答法も《他者》の問いを誤解しているという点において①とまったく同罪なのである。

かくして、①と②いずれのやり方にせよ、答える人は《他者》の問いを誤解せざるをえない。①は「なぜ我々は他者を尊重すべきなのか」と、②は「一般に人が他者を尊重する根拠は分かる。しかしなぜコノ私は尊重しなくてはならないのか」というようにそれぞれ誤解してしまうのである。なぜだろうか。ごくかいつまんでその理由を述べるなら、次のようになるだろう。すなわち――［4－4］［4－5］の性格を持つ（仮性の）《他者》は、たしかに図4－1と図4－2の世界地図を往還するのだが、基本的には図4－2の世界地図での生に拠点をおいて件の問いを発している。しかしながら、答えを求める問いという行為は図4－1への世界に身をおかなくてはなしえない（答えを求めない問いはそのかぎりではない）。つまり、**彼／女は図4－2の世界での問いを、図4－1の世界において問うという実に困難な作業を遂行しているのである。**もし、図4－2の世界における問いを、図4－1の世界を介さず答える人に伝達することができるのなら、誤解なく伝達される可能性（および訂正可能性）を期待することもできよう[18]。しかしながら、それはいかなる世界においても不可能である。したがって、《他者》の問いが回答者によって誤解されることは必然的なのだ、と。

くれぐれも注意していただきたいのだが、私は何も《他者》の問いが解答不可能であるといっているのではない。そうではなくて、提示されるいかなる解答も、つねに誤解された問いに対する正解でしかありえないということ、つまり、問いの伝達不可能性とでも呼ばれるべき事柄について語っているのだ。解答は不可能であるどころか、むしろ饒舌なまでに語られ続ける。「なぜ人を殺してはならないのか」という問いに答えるべく数え切れないほどの凡庸な正解が生産されていたことを想起してみればよい。かの少年の問いは、けっして伝達されることなく、解答され続けたのである。

＊

《他者》の問いの性質をめぐる以上の診断（伝達不可能性）が正しいとすれば、答えへの欲求を持つ我々の《他者》がとるべき態度は、

選択肢a　変質＝誤解を回避するために、問いを発さない（**伝達の断念**）、

選択肢b　伝達不可能性テーゼを受け入れつつ、変質の許容域にかんして妥協線を探る（**折衝の開始**）、

のいずれか一つということになるだろう（選択肢aは真性の《他者》のあり方とは別物である。先にも述べたように、真性の《他者》には問いそのものが思い浮かばないのである）。注意していただきたいのは、私が、この二者択一をけっして無理

やり《他者》に押しつけたわけではないということである。私はただ、おそらく当人も同意するであろう「答えを得たい」という欲求を《他者》に帰属したうえで、その問いの性質をちょっとばかり詳しく吟味し、彼／女の前に現れるオプションを明示化したにすぎない。彼／女は一度たりとも抑圧されていない。彼／女は、件の問いに対する答えを求めるならば、自ら主体的に「a or b」という選択肢の前に立つように思われる。

【2】《制度の他者》から《規範の他者》へ　フリーライダーへの頽落

自らの問いの必然的な伝達不可能性を認めるにいたった《制度の他者》は、はたしてaとbのいずれのオプションをとるだろうか。本来ならここで、契約論らしく彼／女がaもしくはbを選択する理由を提示し、契約交渉の進展を促すべきなのだろうが、私は、我々の《他者》の選択を——理由なり原因なりをあげて——いずれか一方に収束させることは不可能だと思う。《他者》にはいずれの選択も許されている。そして我々は、aを選択する人とは、交渉を打ち切らざるをえない。

このようにいうと、「ホレ見たことか、北田だって結局《他者》の問いを抑圧するんじゃないか。オレの説得に応じないヤツは黙ってろ！　ってことだろ？」という声が返ってきそうである。たしかに、選択肢aは、問いを控えることを薦めるものだし、私はそうしたオプションを選択する人との交渉をこれ以上続けていくことは不可能だと考えている。その意味でたしかに、「抑圧」といえなくもない。しかしながら、それは、「人間関係の網目のなかで生きさせてもらっているくせに、そんな破廉恥な問いを発するな」といった間人論的（？）抑圧とはまったく異質なものであることに注意してほしい。

まず第一に、間人論的抑圧が、《外部》の問いを投げかけ、答えを得たいとする《他者》の欲求そのものの消去を——おそらくは、非倫理的な問いであるとの理由にもとづいて——求めているのに対して、選択肢aはそうした欲求の差し控えを求めるものではない。我々は、彼の欲求が満たされる状態が存在しえないことを示唆するのだが、とはいえ、充足不可能な欲求を持つ非合理性を咎めるわけでも、また彼がそうした欲求を持つことそれ自体を否定するわけでもないのである（我々の説得戦略は、「空を自力で飛んでみたい」と言う子どもに対して、「翼が生えたらいいね」と応じる親のそれと似ている）。「問いを発さない」という選択肢aの提示は、断じて「答えへの欲求を消去する」という抑圧的な振舞いと混同されてはならない。

また選択肢aは、当の問いが倫理の根源に迫る本質的な問いであるからこそ、「問いの差し控え」を求めているのであって、間人論的レトリックのように、その問いが「非倫理的」であるがゆえに控えられるべきとはしていない点にも注意してほしい。我々は、伝達行為による誤解を引き受け、その純粋性を損なわせるにはあまりに重要な問いであるがゆえに、問いの差し控えを求めているのである。答えに対する欲求とは、何も他人に答えてもらわねば充足されえないようなものではないのだから、問う人は、わざわざ他人の誤解を惹き起こし、伝わらないことに苦悶する煩わしさを引き受ける必要はない。永井均のような畏るべき物好きだけが、そうした煩わしさを引き受けていればよいのだ[19]。問いを差し控えるという選択オプションは、問いの純粋性を尊重し、伝達をめぐる煩悶から問う人を解放するものといえよう。

このように、選択肢aは、けっして単純な問いの抑圧ではないし、たとえ少数ではあっても《他者》の賛同を期待しうるものである。しかし当然のことながら、「問わない」という悟りにも似た選択は、大多数の《他者》の同意を得られるようなものではなかろう。少なくない《他者》たちは、自らの問いが誤解される宿命を背負っていようとも、許容可能な誤解のラインを模索し、その妥協線上で問いが問われる人と共有されることを願うのではなかろうか（選択肢b）。この政治的な妥協になぜ当の《他者》が及ぶのか、その動機はよく分からない。しかし、もし《他者》がこうした政治に参与するのなら、彼／女に対してはまだ説得交渉の余地がまだあることになる。以下では、このbのオプションを選択する《他者》のあり方について検討していくこととしよう。

*

最初に、選択肢bを選んだ我々の交渉相手が妥協しうる誤解の程度を考えてみる。

先にも述べたように、《他者》の問いの変質には二つのパタン、すなわち、

① 「なぜ我々は他者を尊重すべきなのか」、

② 「一般に人が他者を尊重する根拠は分かる。しかしなぜコノ私は尊重しなくてはならないのか」、

という二つのパタンが存在していた。この二つ以外にも誤解の方法はあるかもしれないが、私はこの二つしか思い浮かばないし、また多くの倫理学-社会学の回答法はこの二つのいずれかに分類可能だと思われるので、さしあってこの二つに照準を絞って《他者》の選択を考えてみることとする。

私は、先に、答え方の形式としては①も②も似たり寄ったりなのだが、道徳的制度に対する態度において見逃しがたい違いがあるとも指摘しておいた。つまり、①に対する解答を提示する論者は往々にして、他者を尊重する態度（道徳的態度）そのものが尊重されるべき価値を持つものであり、欲求や情念といった傾向性によって直接惹起されるものではないと考えるのに対し、後者の問いに答えようとする論者は、「コノ私」が有する自己利益や欲求に訴えかけ、「コノ私」が道徳制度に参加する動機を与えようとする、と。もちろん、自己利益から議論をスタートさせ、「なぜ我々は他者を尊重すべきなのか」に答えるもの（秩序問題に対する合理的選択理論の扱い）や、「コノ私」の固有性から議論を開始しつつ、実は①への回答しかしていないものもあるにはあるが、ここでは議論の単純

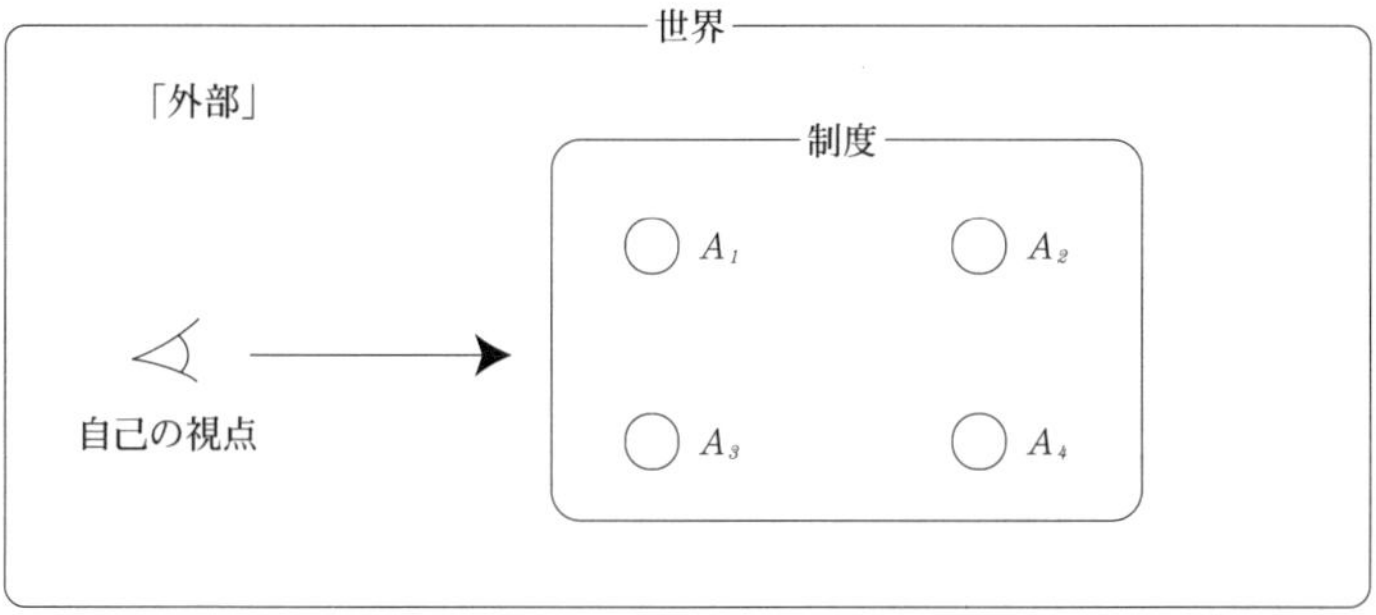

図4-4

化のために、①は、道徳的態度の採択をそのものとして尊重されるべきとする考え方、②は道具的に尊重されるべきとする考え方といった具合に限定して理解しておくこととしよう。ごく大雑把には、①の代表例はカント主義、②の代表例はヒューム主義とレッテル貼りすることができる。さて、我々の《他者》はいずれの誤解を選好するだろうか。

読者の多くもきっと賛同してくれることと思うが、私は件の《他者》は②の誤解の方を選ぶものと考えている。というのも、②の問題設定は、他者に対する配慮によって特徴づけられる道徳的な諸制度の外側に立ち、その制度の妥当性・正当性をいったん括弧入れすることを許容してくれる（第三章の言い回しを用いるなら、《外部》ではなく「外部」の立場を確保してくれる）のに対して（図4-4）、①の問題設定は、そうした「外部」の視点を最初から禁じてしまうからである。たとえば、約束という制度について、行為者の自己利益に訴えかける②派の人は、「約束破りそのものが悪というわけではないが、その制度があり他人がそれにコミットしていた方があなたの自己利益に適う」といった具合に、制度を、問う人の自己利益の道具的存在として相対化することができるが、①派の人たちはそうはしない。かれらはおそらく「約束を破るときには、どんな悪人だって良心の呵責を覚えるだろう。つまり、制度に違背する人も制度に捉われているのだ」といったレトリックを駆使して、制度の「外部」を徹底封鎖することだろう。①の誤解は、図4-2の世界地図どころか、図4-1、図4-4のような世界地図をすら拒絶するのである。思うに、「なぜ人を殺してはならないのか」と問う少年は、「どんな人も、殺人を犯すときにはためらってしまう。それが理性の事実なのだ」などと答える大人よりは、「君が殺されたら困るだろ、殺人禁止の制度って結構役立つぜ」と答える大人の方に、ウサン臭さを感じないのではなかろうか。①派の人たちが企図する道徳の帝国主義を、いかに妥協の帰結とはいえ我々の《他者》が受け入れるとは私には思えない。

もちろん、②派の人とて、《他者》の問いを誤解している、つまり《外部》を「外部」に誤変換してしまっているという点では、①と何ら違いはない。だから、《外部》の問いの純粋性を心底尊重する人は、当然のことながら②の誤解をすら拒絶することができる。それは十分に尊重されてしかるべき態度であろう。しかしその人は、そもそも選択肢b（すなわち、折衝の開始）ではなく選択肢a（すなわち、伝達の断念）を選んだのであり、我々の交渉対象者のリストからはすでに外された存在なのである。

さて、このように《他者》が、②のような誤解——「一般的に人は従うべきだが、私はなぜ従うべきなのか」という問いへの変質——に妥協線を見いだすとき、彼／女は自らの問いを他人に対して突きつけることができるようになるのだが、その代償としていったい何を失ったのであろうか？　①的な誤解を受け入れたわけではないから、彼／女は道徳的制度へのコミットを強要されるわけではない。では②の誤解で妥協してしまった代償とは何か？

問いの《外部》性の「外部」性への誤変換——「なぜ道徳的であらねばならないのか」「なぜ他者を尊重すべきなのか」といった制度盲による根元的な問いから、「一般に人は制度に従うべき」ことを認めたうえで、ほかならぬコノ自分が従うべき理由を問う問いへの変質——の承認。このことによって我々の《他者》は、自己利益や自己定位的な欲求を持つ行為者とならねばならない。つまり、《制度の他者》の構成要件である【4-4】を手放さなければならなくなるのだ。これはけっして小さな問題ではない。何しろ、我々と交渉を始めた頃の《他者》は、説得のために訴求対象として必要とされる欲求を、「答えを得たい」という特異で空虚な欲求に限定しており、だからこそ、特定の制度ならぬ制度一般への懐疑を貫きえていたのだが、いまや彼／女は、「食べたい」「寝たい」「成功したい」「自分の利益を大きくしたい」といった特定の欲求を持つにいたり、説得者につけこまれる欲求の範囲を、無思慮にも拡散させてしまったのである。このように件の《他者》が、いまや、固執すべき自己利益・欲求を持ち、その自己利益の最大化・欲求の充足を阻む道徳的制度に「コノ私」が従うべき理由について問う《規範の他者》＝フリーライダーに変容してしまった以上、説得者は次のような論法で彼／女に、制度が存立することの根拠を指し示すことができるだろう。すなわち、

みんなが約束を守らないような社会では、君は他人にフリーライドすることもできない。ところで、みんなが約束とか殺人禁止とかの制度を守ってくれていれば、君は心安んじて自分にとっての善を追求することができる。だから、君の自己利益にとっても、制度が存在することはしないことよりもよい。フリーライダーたる君は、喜んで道徳的な諸制度の存在を承認するはずだ、

と。

自己利益を持つにいたったフリーライダー（＝《規範の他者》）は、道具的な価値のある制度の存在を認めてしまっている。もちろん制度の存在そのものに価値があるわけではなく、その存在が自己利益に適うからこそ、当該制度の存在を承認するわけだが、ともかくも彼／女は制度一般が存在すること自体を、もはやかつてのように懐疑することはできないように思われる（彼／女は、「原則姿隠し」戦略をとる徹底したギュゲスから、図４‐１に描かれた世界内において――対他者的な――自己利益の最大化を目指し「部分的姿隠し」戦略をとる、不徹底なギュゲスへと頽落したのである）。たとえネガティヴな形ではあれ、制度の存立を承認すること。問いの誤解について妥協し問いの継続を選びとった《他

生き方なのであり、まさしく世界史的な敗北と呼ばれるにふさわしい、決定的な生の転向だったのである。思われているほど「自然な」ことではないのだ。《制度の他者》にとっては、それは妥協の末に行き着く堕落した者》は、信じ難いほどの対価を払うこととなったのである。だから、フリーライダーになるということは、一般に

*

このようにして、制度の存在そのものを懐疑する《制度の他者》は、特定制度の存在理由を理解する《規範の他者》にまで下降し、制度に寄生するフリーライダーとなった。みんなが窃盗の禁止を守っていてくれれば、盗みから得られるウマミはより大きくなるし、みんなが牧草地の共同管理の約束を愚直に守っているときに、夜中にこっそり家畜を放牧していれば、楽して多大な利益を得ることができる（妥協以前の《制度の他者》にとっては、こうしたウマミがあろうがなかろうが大差なかったことを想起せよ）。フリーライダーにとっては、制度はないよりもあったほうがよいのだ。

しかしながら、慧眼な読者であれば、お気づきのように、ここまでの議論では、彼／女は、「一般に人は従うべきだが……」という部分を承認したにすぎず、②の誤解された問いに対しては、「コノ私は従わなくてよい」と考えることも許されている。何も彼／女が制度にコミットする必要はない。本人だけが制度を利用できればよい。いままでのところ、そのことを禁じる理由を説得者は提示してはいない。

一般に人が制度に従うべきことを承認しつつも、ほかならぬ自分がそれに従うべきとの動機づけはなされていない以上、《規範の他者》は、制度が自分に押しつけてくる行為要請（「殺すな」「盗むな」「約束を守れ」）に従わずに、自己利益にもとづいて行為する「力」、いわば根元的自然権としての「力」をいまだ手放してはいない。たとえば、現段階の《規範の他者》は、窃盗の罪で捕えられた場合、「しくじった！」とすら思わず、「何で私が非難されねば

ならないのか。私は利益を勘案して行為したまでだ。私は窃盗を禁じる制度にあなたがたがコミットしていることを認めたが、コノ私がコミットすべきだとは思っていない。すぐに私を解放せよ、あなたがたのやっていることは悪だ！」と言い放つのではなかろうか。これは、もっともな言い分である。彼／女はフリーライドの対象となる制度の存在を認知しただけで、自らのフリーライドがバレたとき、そのことにより自己利益が減損されること（悪）を承諾したわけではないのだから。

我々の説得作業はまだまだ継続されねばならないようだ。

三　《規範の他者》から《リベラル》へ

【1】長期的視点の導入

窃盗の廉でとり押さえられにもかかわらず、「なぜ私が非難されなくてはならないのか」とわめき散らす《規範の他者》。おそらく彼／女に欠けているのは、自分と自分以外の他人とが対称的な存在であること、世界を超越する神の視点からみたとき、自／他の差異は比較可能な、したがって相対的なものにすぎないということの認識である。トマス・ネーゲルであれば、非人称的な（impersonal）視点とでも呼ぶであろう視点が、彼／女には徹底して欠如しているのである。たしかに、「端的な自己利益の帰属承認」という第一の妥協だけでは、制度を成り立たせるルールに自分がコミットする必要も、自分ならぬ他人に「権利」を認める必要も生じてはこない（他人はどういうわけかありがたいことに、勝手に制度の維持に勤しんでいてくれているのだ）。自／他の差異は、いまだ相対的なものたりえず、比較不可能・絶対的なものなのである。だとすれば、「私は痛いのはいやだ。でもなぜあなたが痛いことを私がいやだと思わねばならないのか」「自己利益といった観点からして、私が痛いのは悪だが、あなたが痛いのは別に悪ではない」という彼／女の主張も、まったくもって理に適った当然のものとして理解することができよう。したがって、もし、かの《他者》をリベラルな行為主体へと仕立てあげようとするのであれば、我々はまずもって、彼／女に自／他の対称性を認めさせねばならないこととなる。

もちろん、だからいってここで、《他者》の取引材料（自己利益）を無視して、非人称的な視点の採用を強制することは許されない。たとえば、『利他主義の可能性』のネーゲルなどはその強制を執行する道徳管財人の役割を進んで引き受ける論者の典型である（Nagel [1970]）。たとえば、彼はおおよそ次のような議論でもって、自己利益に固執する利己主義の自己論駁的性格を指弾する。

君がpという状態の実現を誠実に欲求しているのであれば、pの実現そのものに価値を見いだしているはずだ。とすれば、pが君のもとに起ころうと、私のもとに起ころうと、同じことではないか。それが違うというのであれば、君はpそのものに価値を見いだしてはいなかったのだ。pそのものの実現を欲する態度を貫徹するのなら、利己主義的な態度とは両立しえなくなる。

いうまでもなく、こうした議論は、自分のもとに起こるpと他人のもとに起こるpとを比較考量し、両者を「同じ」ものとして判断するような非人称的な視点がありうることを承認した者だけに訴求しうるものである。そうした視点をいまだ受容していない我が《規範の他者》には、このネーゲル流の議論はいささかも響くことはないだろう。だから、我々はネーゲルのように、独断的に非人称的視点の採用を強制するのではなく、むしろ、そうした視点を《他者》が採択するよう——彼／女の自己利益に訴えかけつつ——説得を試みなくてはならない。非人称的視点の採用（自／他の対称性の承認）は、説得の所産なのであって、無前提に押しつけることのできる前提ではないのである。

そこで我々は、《他者》に対して、自己利益にかんする長期的視点の採用を提案することとしたい。[20] 先の彼/女の言い分がいかに正当なものであれ、制度そのものはその支配下にある人びとに特定の行為を指令・強制するのだから、違反者に対し様々な不利益（悪）をもたらすであろうことは如何ともしがたい事実である。そうすると、一貫して制度にフリーライドすることは、（はなはだ理不尽なことではあるが）自己利益を損なう結果に行き着いてしまう。とすれば、現在の欲求充足を一時断念してでも、とりあえず周りに、制度にコミットするヤツ（基本的に道徳を守る人）だと思われていた方が無難だろう。つまり、より上手くフリーライドするためには、現在定位的な欲求のあり方を改め、長期的利益を達成すべく道徳的諸制度に従ってみればいいのではなかろうか。現在の悪（evil）を耐えることによって、長期的な善＝財を手に入れること――いわば歯の治療のようなものとして、道徳制度に従うという手もあるのではないか。こうした提案は、自己利益の増加に関心を寄せる《他者》にとっても、けっして悪い話ではないように思う（ニーチェならそれを「理性の大原罪、不滅の非理性」（Nietzsche［1889=1994:57］）と呼ぶだろうが）。

後にみるように、この提案を受け入れる《他者》は、長期的利益を受けとる代償として、「自/他のあいだには絶対的な差異がある」という主張の撤回を余儀なくされる。我々はそこから、自/他の対称性の承認、自分と同様の「力」を他人も持ち、それが相互に衝突しうる「権利」であることの承認にまで説得交渉を進めていくことだろう（もちろん、「自/他（の利益）を皆等しく考慮せよ」ということを認めねばならないというわけではないが）。しかし、議論を急ぐ必要はない。まずは、時間軸の導入が《他者》のあり方にどのような変化を与えるのかを、《制度の他者》《規範の他者》との対照において、簡単に確認しておくこととしたい。この作業によって、長期的利益の考慮と、前節でみたたんなる自己利益の考慮とのあいだに――したがって、《長期的視点をとったエゴイスト》と《規範の他者》とのあいだに――決定的ともいえる位相差が存在することが理解されるだろう。

時間に対する配慮、あるいは一般に時間選好と呼ばれるものと、その主体が前提とする世界地図とのあいだには密接な関連がある。このことを、A《制度の他者》、B《規範の他者》、C《長期的視点をもったエゴイスト》のそれぞれにそくして確認していくこととしよう。

＊

A《制度の他者》その無時間性

まず我々の契約論の出発点に位置する《制度の他者》であるが、彼／女の時間選好について語ることはある意味で不可能である。このことは、ここまでの議論でおのずからあきらかだと思う。

［4-4］にいわれているように、彼／女にはいかなる意味においても、特定の自己利益・欲求・選好といったものを帰属することはできないのだから、当然のことながら、「現在における効用U_{t1}と、U_{t1}より大きい未来における効用U_{t2}とのいずれを選好するか」といった問題をそもそも有意味な問題として認識することができない。裏を返していえば、時間選好についての問いが有意味なものとして立ち上がってくるような人は、すでにして《制度の他者》ではないということでもある。《制度の他者》は——こう言ってよければ——無時間的あるいは非時間的な世界のなかに生きている。「なぜ人を殺してはならないのか」「なぜ道徳的であるべきなのか」といった《外部》の問いは、行為者が他の人びとと相互行為する時間的な世界——行為者各々に欲求・自己利益が存在し、またその欲求が実現する時点にかんする選好も存在するような世界——とはいわば絶対的に隔絶された世界（図4-2）において提示される無時間的な問いなのである。

B　《規範の他者》その現在中心主義

では、第一の妥協を受け入れ、自己利益を持ち、制度の存在を承認するにいたった《規範の他者》の場合はどうであろうか。ここでは、「自分の善＝世界の善」であった《制度の他者》の場合と異なり、《他者》の視点からみた善（自己利益）と、図4-1によって表現される世界にとっての善（制度が奨励する善）とが乖離・拮抗するようになっている。このとき、前節の最後でみた

［4-6］　制度が存在することを承認しつつ、その制度によって自分の善が制限もしくは侵害されること（＝悪として認定されること）は承認しない、

という《規範の他者》の主張は、二通りのパースペクティブから観察されることとなる。

まず、《他者》本人の視点からすれば、先程も述べたように、この主張はまったく正当なものであり、自分に向けられた非難・サンクションは不当きわまる悪しき振舞いだということとなろう。彼／女が妥協の結果承認したのは、制度の存在であって、制度に対する自らのコミットメントではなかったのだから、［4-6］はきわめて筋の通った主張である。しかし、彼／女がその存在を承認した制度の側の世界地図（図4-1）を携えた合理的判断者にとっては、それはきわめて非合理な（というより不器用な）主義主張と映るのではないだろうか。この合理的判断者は次のようにいうだろう。すなわち《何と愚かなことか。君が承認しようとしまいと、制度は事実として、君にとっての善を悪として罰することがあるのだから、その都度その都度湧き上がってくる欲求の充足を目指す行為パタンは、結果として君にとっての悪をもたらす。将来の自分に降りかかる大きな災厄＝悪を回避するために、君は少し

利口になって、現在の小さな悪（道徳の遵守）に耐えるべきだ》、と。かかる合理的判断者にしてみれば、現在中心的な時間選好の態度を愚直に表明する［4-6］は、偽ではないが、けっして賢《さかし》くはない主張なのである。

もちろん、かかる合理的判断者の忠告を、長期的視点をいまだ採用していない我々の《他者》が受け入れることはないだろう。賢くあるためには、自分の善と世界の善がズレること（《自分の善≠世界の善》）がありうるということを認めなくてはならないし、また利口になるためには、現在（の欲求）を将来の利益のために手段化しなくてはならない。だが、現在中心的な我々の《規範の他者》は、食べたいときに食べ、盗みたいときに盗み、殺したいときに殺すのである。彼／女には、王を殺すことによって得られる将来の利益のために、寝たいという現在の欲求を我慢するなどということは思いもよらない。彼／女はおそらく、歯医者が自分に痛みという災厄をもたらすことが分かれば、大急ぎで診察室を出ていくことだろう（「危ない危ない、危うくひどい目にあわされるところだった」）。多少メタフォリカルに表現するならば、彼／女は未来も過去もない、永遠の現在を周回し続けているような存在なのだ（ところで、放牧地のフリーライダーは、一見将来の自己利益を図っているように思われるが、彼／女は、あくまで「私の牛に餌を食べさせたい」という《イマ-ココ》の欲求につき動かされているのであり、「現在」を手段化しているわけではない。彼女は一回一回明け開けてくる行為選択の状況を生きているのである）。

こうした現在中心主義的な態度は、しばしば近視眼的選好などと呼ばれ、それこそアリストテレスが「意志の弱さ」に論及して以来、非合理的態度の典型とみなされ続けてきた。しかしそれは、先の合理的判断者のように、現在を未来のために手段化する人、すなわち、制度の存在を承認するばかりではなく、その制度によって自分の善が制限されることをも――将来の自己利益のために――部分的に承認する人にとっての非合理性にすぎない。現在（あるいは、現在に非常に近接した将来）に拘泥する態度は、自らの善と世界の善とが一致した状態を実現せんとする《力への意志》の正しい現れなのであり、現在を手段化し制度へのコミットを受忍する弱さこそが、そうした現在に定位して生きる《規範の他者》を「悪人」に仕立てあげるのだ。制度にフリーライドし、そのことによって罪人として捕捉されたとしても、自分を縛り上げる制度の捕らわれ人を振り払う力を持っているのなら、彼／女は、現在を手段化するなどという姑息なことはしなくてもよい。彼／女は《力への意志》を貫き、永遠の現在を生き続けるまさしく超人なのである。

ここで、「無知のヴェール」を被せられ、あらゆる社会的属性を剥奪されたロールズの自然人たちが、はじめから未来の自分の状態を気にかける存在として想定されていた事実を思い起こしてほしい。物理的力も財も名誉も漂白されたロールズの自然人たちは、契約後（未来）に存在することになる社会において、自分が立たされうる最悪の状態が少しでもよくなるよう思慮をめぐらせ（マキシミン戦略）、あの正義の二原理を採択するものとされていた。契約論の原点（始源状態）設定の段階から、行為者から力を奪い取り、未来への配慮をせざるをえないほど十分に「弱い」主体へと脱色しておいたことが、ロールズのうまいところであり、またズルいところでもある。我々がみてきたように、未来を気にするという態度そのものが、すでにして力の回避（道徳制度へのコミット）を含意しているのだとしたら、ロールズは『正義論』のはじめでほとんど議論を終結させてしまっていることになるからだ。ロールズの契約書にサインするのは、未来を気にせざるをえないほど「弱い」主体だけなのである。(21)

制度にフリーライドし尽くし、それが他人に見つかった場合にも自らの力でもって自分の善を貫こうとする主体。そうした筋金入りの《規範の他者》に対しては、またしても我々は説得の術を持ちえない。真性の《制度の他者》、問いの伝達可能性を断念した《制度の他者》に続いて、我々はこうした十分に強い《規範の他者》との契約交渉を潔く打ち切るべきである。そして我々は交渉を打ち切ったとしても、かれらの現在中心主義を非合理だとか、かれらの自己利益への拘泥を悪だとかいって、貶めてはならない。「非合理」「悪」といった負のサンクションは、制度にコミットした制度内の人間だけが使うことのできる道具にすぎないのだから（決裂した契約の相手が、契約違反を犯すことはありえない)。

C　長期的視点を持つ《エゴイスト》

かくして、我々の説得相手は、自己利益考量にかんする長期的視点を採用し、未来の自己へと配慮する者——第二の妥協を了承した《他者》——に絞り込まれることとなる。彼／女は、自分にとっての善(他人の食料を盗むこと)が、しばしばその善を凌駕する悪をもたらす(皆につるし上げにされ、共同体から追放される)という事実を素直に認める(必ずしも《自分の善＝世界の善》ではないことを承認)、長期的にみた自分の不利益・悪を回避し、利益・善を増大させるべく、おおよその場合道徳的制度の要請に従うことにするだろう。[4-6]と対照させていうなら、彼／女は、制度が存在することを承認し、かつ、その制度によって自分の善が制限もしくは侵害されることは、長期的な自己利益に適う限りにおいて、承認するのである。現在の痛み・不利益に耐えて歯を治療することが、将来におけるより大きな痛み・不利益の回避に役立ち、結局通時的にみた利益を大きくするように、目先の自己利益に拘泥するのを抑制し、「道徳を守るヤツだ」と他人に思われておいた方が、通時的にみた自己利益の増大につながる。当然のことながら、「道徳の命ずるところは、それ自体において価値がある」などという道徳フェティシズムに陥る必要はまったくない。(22) 長期的な視点をとった場合の自己利益増大のため、とりあえず従うフリをしていればよいのだ。自らの力にあまり信を置いていない弱い《規範の他者》たちは、我々(そして先の合理的判断者)の提案を受け入れることだろう。

この悪魔的な提案——なぜ悪魔的なのかは本節【2】で説明する——を受け入れた《長期的エゴイスト》は、現在中心主義的な視点、永劫回帰する現在から解放され、現在／過去／未来の自己を俯瞰する時間中立的な視点を手に入れる。《規範の他者》が採用する時間地図が「現在」に埋め尽くされた時間軸-無関連的なものであったとすれ

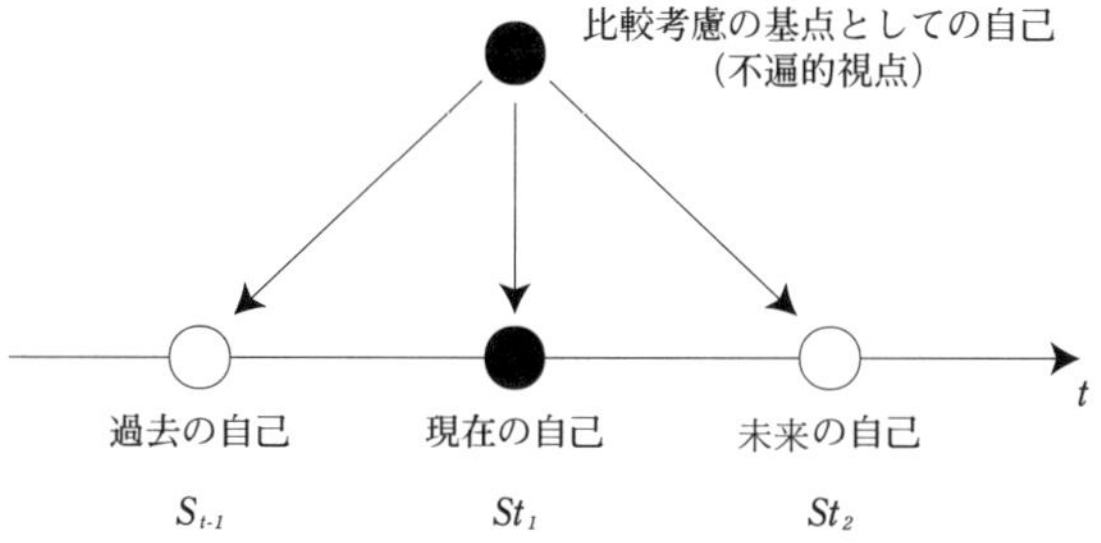

図4－5

ば、我々の《エゴイスト》の時間地図は、時間軸を鳥瞰する超越的な視点を含む図4－5のようなものになるだろう。かかる視点の獲得によって、彼／女は、現在を通時間的な自己利益増大に貢献する手段として相対化するにいたり、「効果的に約束を破る」「真夜中にこっそりゴミを捨てる」「賄賂を付け届ける」……といったきわめて高度で巧妙なフリーライド――純然たる現在に生きる《規範の他者》は、これほど高度な制度の利用法を思いつくことはなかった――を実行できるようになるのである。一見《エゴイスト》のあり方とは程遠いロールズの自然人、未来の自分への配慮から正義の二原理を採択する自然人は、図4－5の時間地図を入手するこの段階において、ようやく姿を現すことだろう（ロールズ契約論の出発点は、我々の契約論にとってほぼ最終段階なのだ）。

もちろん、彼／女も人の子である以上、その情報収集能力には限界があり、完全な意味での時間中立的な視点に立つことはできない。したがって、彼／女が現在に近い時点での利益を、遠い未来／過去における利益よりも選好することは十分ありうる。いや、むしろそうした近さへのバイアスを認めない完全なる時間中立性とは奇妙な考え方ですらある。たとえば、完全な時間中立主義者は、デレク・パーフィットが記述するタイムレス氏のように奇妙で偏屈な人とはいえないだろうか（Parfit [1984=1998：251]）。

> タイムレスはある痛い手術のために入院している。誘導された記憶喪失が

手術に続くことになっている。彼が目覚めると、前の日について何の特定の記憶もない。彼は看護婦に、自分がこの痛い手術を受けなければならないのはいつか、またそれはどれくらい長いのかと尋ねる。……看護婦は二人の患者についての事実を知っているが、彼がそのうちのどちらであるかは不確かである。しかしいずれの場合でも、彼の手術はいつになく長くて丸々十時間が必要である。／……タイムレスは沈み込む。彼はもっと短い手術を期待していたのである。／看護婦は戻って来ると叫ぶ。「よいお知らせです！　あなたはきのう手術を受けた方です。」／タイムレスは同じように沈み込んでいる。「なぜそれがよい知らせなのですか？　私の試練は同じくらい痛いし、同じくらい長いのです。またそれも同じように私の生涯の部分なのです。私の試練が過去のものだということが、なぜ今の私にとって相違をもたらさなければならないのですか？」

我々は、そしておそらくはかの《エゴイスト》も、タイムレス氏のように、完全なる時間中立主義を堅持することはできないだろう。我々はどういうわけか、「近い時点への偏愛」「未来への偏愛」という好みを持ってしまっており、タイムレス氏のような人を奇人扱いしがちなのだ。パーフィット自身はこうした事例の提示を通じて、時間中立的な態度を前提とする「自己利益説」(Parfit〔1984=1998：第八章〕)の誤りを論証し、「近さへの偏愛」が存在するという事実に適合的な倫理学を展開していくのだが、ここでその詳細を検討する必要はない。(23) さしあたってパーフィット的な視点から我々の《エゴイスト》を批判する向きに対しては、次のように言っておくこととしたい。すなわち――我々のいう時間中立的な態度とは、過去／現在／未来を対象化し、現在を手段化する視点を行為者が持つ(図4－5の時間地図を入手する)ということにすぎず、それぞれの時点における効用に賦課される割引率がどの程度のものか(時間選好の内実)、といったことはまた別問題である。だから、我々は、未来を偏愛する態度と近さを偏愛する態度とのいずれが支持されるべきかというパーフィット的問題設定にそれほどこだわる必要はない。むしろ我々は、現在中心主義な態度（《規範の他者》）と時点を対象化する態度（《エゴイスト》）との差異・断絶の方が、斟酌されるべきより重要な論題であると考えている、と。我々の《エゴイスト》のなかには、時間的近接性を重んじる人もいるだろうし、はるか未来（来世？）において結実する自己利益を夢見て現在を犠牲にする敬虔なプロテスタントもいることだろう。しかし、いずれにせよ、我が《エゴイスト》は現在から抜け出でる時間の見取り図をその手に携えているのである。

*

以上みてきたように、《制度の他者》《規範の他者》《エゴイスト》は、道徳的な制度／時間に対して、まったくといっていいほど異なったスタンスでもって臨んでいる。とりわけ、終わりなき現在を生きる《規範の他者》と、長期的視点を持つにいたった《エゴイスト》とのあいだに横たわる懸隔（跳躍）が持つ倫理的含意については、くれぐれも注意を促しておきたい。両者の差異は、たんなる時間選好のパタンの違いに回収されるものではなく、我々の交渉相手の「力」の強弱、そして道徳的制度へのコミットメントの有無といった、きわめて倫理的ともいえる問題系に密接なかかわりを持っているのである。

このことを踏まえたうえで、いよいよ、長期的な利益を求めざるをえないほど弱い《エゴイスト》が長期的利益と引き換えに失わざるをえないものについて考察し、我々の《エゴイスト》が《リベラル》たりうる可能性を模索していくこととしたい。

【2】 対称性の承認 《権利》の生成

いまさらながらという感もなくはないが、一応確認しておけば、《リベラル》な主体とは、**何らかの形で特定化さ**

れる行為者の権利を自分ばかりではなく他人にも等しく認め、その権利の保護のために自らの「力」の行使の制限を受け入れるような主体、いわば自他の対称性を承認する主体である。ネーゲルの言い回しを借りるなら、不偏的（impartial）かつ非人称的（impersonal）な観点から自他の行為調整を執り行いうる人物ということができよう。[24]

我々の《エゴイスト》は、はたしてこうした意味における《リベラル》たりうるだろうか？　もし、「弱さゆえに長期的視点を採用し、その結果として制度へのコミットを認めてしまったとしても、なおかつ自他の対称性は認めない」という態度が可能であるなら、《エゴイスト》は他人に権利を認める《リベラル》になる必要はないことになる。たとえ自らの「力」の行使を部分的に控えたとしても、それはあくまで自分のより大きな利益獲得のためのことであって、他人に自分と同等の権利を認めたからではない。自他は絶対的に異質なものなのだから、「自分が自分であるがゆえに偏重する」のもべつだん不当ではない、というわけだ。かかる非リベラルな《エゴイスト》は、他人の権利を尊重するフリをするだけで、他人に権利なるものがあるということを信じることはけっしてないだろう。

我々は、以下でこうした非リベラルな《エゴイスト》の存在が不可能であることを示し、いわば背理法的に「《エゴイスト》=《リベラル》」ということを論証していくこととしたい。反駁されるべき非リベラル《エゴイスト》の主張とは、次のようなものである。

［4-7］　長期的視点を採用しても、自他の絶対的差異にもとづく、自他の非対称性は堅持されうる。

これを日常的直観に訴えかけるように翻案するなら、「私の苦しみは私の苦しみであって、他人の苦しみではない。快もまた同じだ。将来の私の利益を考えたからといって、なぜ他人の快苦と私の快苦とを対称的なものとみなさなければならないのか」といったところだろうか。もしこの［4‐7］が真ならば、長期的な視点を持ちつつ、他人の権利を認めない非リベラルな《エゴイスト》という立場が可能となり、我々は、真性の《制度の他者》、問いを控える《制度の他者》、長期的視点を拒絶する《規範の他者》に引き続き、第四の交渉脱落者を認めなくてはならなくなるだろう。しかしそうはならない。非リベラルな《エゴイスト》という立場を［4‐7］のような根拠にもとづいて維持することは不可能だということを以下で示していくこととしたい。

［4‐7］の主張は二つの態度、すなわち、(1)時間中立的な態度と、(2)自他の非対称性を承認する態度を同時に持つことが、整合的であるという前提に立っている。たしかに直観的にいって、未来の自分の利益を考慮して行為することと、他人ならぬコノ自分の利益に執着することとはべつだん矛盾する態度ではない。しかしながら、パーフィットによれば、(1)と(2)の態度の採用を同時に主張することは、議論の一貫性を損なうことなしには不可能であるという。ふたたびパーフィットを参照しよう（Parfit [1984=1998:197]）。

〈自己利益説〉は純粋ではない。それは**雑種**の理論である。S（自己利益説のこと――引用者）は人格的中立性を斥けるが、時間的中立性を要求する。Sは行為者が自己を選抜することを許すが、彼が行為の時点を選抜することを許さない。彼は自分が今欲したり評価したりすることに特別な重みを与えてはならない。自分の生のすべての部分、あるいはすべての時点で欲したり評価したりすることに等しい重みを与えなければならない。

たしかに［4‐7］は、「行為者が自己を選抜することを許すが、彼が行為の時点を選抜することを許さない」ような主張である。しかし、なぜそうした主張は論理的な一貫性を欠く「雑種の理論」と言われなくてはならないのであろうか。この点を痛みという悪・不利益にそくして考えてみたい。

パーフィットのいう完全に時間中立的な〈自己利益説〉ではなく、我々の時間中立的な《エゴイズム》にあっても、たしかに合理的な行為者は理想的には行為時点に対する平等な配慮をすることだろう。もちろん、遠い未来よりは近い時点における利益に重きを置いたり、過去の利益には現在・未来ほど関心を払わない[25]といった様々な時間選好のバイアスを持っていたりはするだろうが、それらは、各時点に平等な配慮をしたうえで、《近い／遠い》《因果的影響を与えうる／与え得ない》といった規準にもとづき割引率を調整したものとして理解することができる。様々な偏愛にとらわれながらも、我々の《エゴイスト》は、時間中立的な超越的視点から各時点における自己の利益を相対化し、現在中心主義の盲目から脱しているという点において、たしかに無根拠に「行為の時点を選抜することを許さない」ような人物であるといえるのである。

さて、こうした時間中立的な態度をとる《エゴイスト》は、利益の享受主体である自己を、過去／現在／未来の自己へと分裂させ、それぞれにおける利益を比較考量するような存在であることに注意しよう。歯医者での苦痛きわまる治療に耐え忍ぶ人は、現在の自己が被る痛み（＝悪・不利益）P_tと、治療を受けない場合に未来の自己が被るであろう痛みE_{t+1}とを時間超越的な視点から比較し、P_{t+1}を回避すべくP_tを選択したものと考えることができる。この事態を「現在の自己が、未来の自己の犠牲を買って出ている」と表現することは、メタファーにとどまらない意味を持っているのではなかろうか。たとえば、大学で社会学などを講じている現在の私は、建築評論家になることを夢見て関連書籍を読みあさっていた過去の私とはまったく別人のように思われるし、四〇年後の私は現在の私にとって、同時代を生きるテキサスの農場主と同じく、まったくの他人であるように思われる。また、四〇年後にタイムスリップし、極右政党の支持者となった未来の私と出会ったなら、たぶん私はその未来の自分のために、今汗水を流そうとは思わないだろうし、過去の私だって、現在の私に出会ったら絶望のあまり塞ぎ込んでしまうかもしれない……。時間中立的な態度とは、いってみれば**図4-5**の時間地図を片手に想像上のタイムマシンに乗るようなものなのだから、遠い過去・未来の自分を他人としてみなすことは、べつだん不条理でもなんでもない、きわめて当然の感覚であるといえよう。激痛をともなう治療に現在耐えている人は、字義どおり未来の自分のために犠牲を買って出ているのである。

このように考えるなら、先に引用したパーフィットの言わんとしていることが、あきらかになってくるはずだ。[4-7]を主張する我々の《エゴイスト》は、未来の自己の苦痛回避のために現在の苦痛を引き受けるというのに、なぜ他人の苦痛回避のために、自分の苦痛を引き受けようとはしないのだろうか。未来の自分の痛みも、目前でもがき苦しむ他人の痛みも、ともに現在の私の痛みではないという点において、まったく違いはない。他人が、図4-1に現れてくる●ではない人であり、未来の自分とは図4-5に現れている●ではない人なのであってみれば、両者に異なる扱いをする根拠は何もないはずだ。要するに、「行為者が自己を選抜することを許すが、彼が行為の時点を選抜することを許さない」という非リベラル派《エゴイスト》の態度には、どこか独断臭が漂っているのである。

もちろん、だからいって、「《エゴイスト》は他人と自分をまったく同じように考慮すべきだ」ということにはならない。ここでの議論のポイントは、**自己の未来の利益への配慮と他者の利益への配慮**(26)**とが、何か絶対的に異質なものではなく、いうなれば、相対的な好みの問題にすぎない**ということを認めさせる点にある。未来の自己利益を指向する人は、もはや現在定位的な《規範の他者》のように、自他の絶対的な存在論的差異にもとづき、自己を特権視することはできない。当然、相も変わらず未来の自己利益に拘泥して、他者の利益に目を向けないという態度もとることも可能であるが、それは、「将来の自己の利益よりは、近い将来の利益を優先させる態度が可能である」という場合と同様、いわば趣味の問題にすぎないのである（自己の特権視は、現在の特権視と何ら変わらないのだ）。かくして、現在を相対化する《エゴイスト》は、自他の絶対的差異を喧伝することを止め、自他の差異が相対的なものにすぎないこと、つまり、自他は比較可能性・対称性を持つことを認めざるをえないように思われる。彼／女は長期的な自己利益を手に入れる代償として、「自分が自分であるがゆえに尊重されるべき」という主張、つまり［4-7］を撤回せざるをえなくなるのである。

しかしながら、読者のなかには、痛みの不可謬性（一人称性）という論点を持ちだして、なおも自他の非対称性の主張に固執する人もいるかもしれない。たしかに我々は、見間違えたり言い間違えたりするようには、痛み間違えることはできず、したがって、痛みの感覚が独特の一人称性（非公共性・非客観性）を持つと考えることに慣れている。痛みにかんする知識は、痛みの経験と不即不離のものであり、この知／体験を一体として持ちうるのは痛みを感じる本人しかいない、というわけだ。この心の哲学の中核をなす大問題に今深入りすることは避けるが、ごく簡単に論及しておくこととする。

まず第一に、そもそも痛みが客観的な性質ではないというのは本当だろうか。つまり、痛みの経験とは独立に痛みという性質を対象に帰属することはまったく不可能なのであろうか（我々が知覚しようとしまいと、リンゴが赤いという性質を持っているように、痛みの感覚なき痛みも存在するのではないか）。私自身は、痛みをこうした客観的性質であると考える哲学的立場に共感しているため、本当のことをいえば、そもそも痛みの私秘性・一人称性といった論点にはさほど脅威を感じていない(27)。ここでその議論を展開することは、まったく本書の趣旨から外れてしまうので——興味のある方は信原幸弘の議論（信原［1997］［1999］）などを参照していただくこととして（無責任！）——ここでは、こうした痛みの私秘性テーゼがもし正しいとしても、それが我々のいう自他の対称性の主張とまったく関係がないということを確認しておくこととしたい。

もし、《痛みにかんする知識とその経験とが不即不離であり、それが分離されたような知識（たとえば「彼は今痛さを感じている」というような三人称的報告）は、「本当の」痛みについての知識ではない（したがって、三人称的報告しかできない他人は、私の痛みを知りえない）》という私秘性テーゼが真であるとするならば、我々は過去（や未来）の自分の痛みをその感覚経験なしに知る――想起・想像そのものが痛いわけではない――のだから、我々の過去（や未来）の痛みについての知も、他人の痛みについての知と同様、「本当の」知識ではないということになるだろう。ということは、私秘性テーゼにもとづき、自他の対称性を否定しようとする人は、未来・過去の自己と現在の（痛みを体験している）自己との対称性も否認しなくてはならないということになる。しかしそうすると、彼にとってもやはり、未来・過去の自分の痛みの回避を、他人の痛みの回避よりも優先する理由は何もないということにはならないだろうか（いずれの痛みも「本当の」知識ではないのである）。秘私性テーゼは、痛みを感覚する今現在の自己知の特異性（体験と知の不即不離性）をいうだけであって、過去-現在-未来へと貫徹する「同一の人格性」の存在論的特権を何ら意味するものではないのである。結局のところ、痛みの経験可能性の非対称性に訴えかける議論は、我々のいう自他の対称性に対して、何らの影響も与えることはないように思われる。

《イマ-ココ-ワタシ》における痛みの経験可能性が、痛みを知る主体の特権性を担保し、他人との差別化を正当化する（自他を対称視する態度を非合理なものとする）というのなら、同様の論法でもって、未来の自己利益に配慮する態度を非合理なものとみなす議論も可能になってしまう。それは、とうてい我々の《エゴイスト》が受忍することのできるような議論ではあるまい(28)。

話を本筋に戻そう。

長期的な自己利益を欲求し、時間中立的な視点を獲得するにいたった《エゴイスト》は、自他の絶対的差異にもとづいて、自他の非対称性（自己の存在の特権性）を主張することはできず、したがって、未来の自己利益と他人の利益とを差別する確固とした根拠を持ちえなくなるのだった（［4-7］の撤回）。もちろん将来の大きな利益のために現在の消費を控えるような人が、すべからく、他人の大きな苦痛を回避すべく自分の小さな苦痛に耐えねばならないというわけではない。しかし、彼／女は、《イマ-ココ-ワタシ》の世界の充実にもっぱら関心を寄せる《規範の他者》のように、利他的に振舞う人たちのことを「愚か者」「弱者」呼ばわりすることは差し控えるのではなかろうか。利他的な人が愚かである程度には、現在の消費欲求を抑えて貯蓄する彼／女も十分愚かなのだから。また彼／女は、未来の自分の痛み・不利益が悪であることを認める以上、「自己利益といった観点からして、私が痛いのは悪だが、あなたが痛いのは別に悪ではない」という主張も撤回するはずである。自分の将来の痛みが回避されるべき災厄であるとするならば、他人の痛みも回避されることが望ましい悪であることには違いはないのだから。

かくして、我々の《エゴイスト》は、

［4-8a］　他人への配慮が、自分の未来の状態への配慮と同様、理に適った態度であることを認め、

［4-8b］　他人の痛み・不利益が、自分の痛み・不利益と同様に回避されることが望ましい悪・災厄であることを承認する（自分のもとに起こるpと他人のもとに起こるpとを比較考量し、両者を「同じ」ものとして判断するような非人称的な視点の獲得）、

ような主体であることが判明する。

これは、まさしく自他の対称性を認め、他人に降りかかる災厄を自分が被る災厄と同様回避したいという欲求を持つ《リベラル》の姿ではなかろうか。彼／女はいまや、「自分は自分である」という理由（だけ）にもとづいて、他者の利益・善（苦痛の回避）を侵害する「力」を行使することを悪しきことと考え、よっぽどのことがないかぎり、その「力」の行使を控えることだろう。そして、彼／女は自分に災厄をもたらさないかぎり、他者が自らの善を追求する自由を持つこと、つまり原初的な自由権の所有を、自分のみならず他者にも承認するはずだ。もちろん、こ

こにいう自由権とは、ロックに代表される近代リベラリズムが定式化した権利――自己（身体）所有権と、身体によって生産した物件に対する私的所有権――のように洗練＝限定されたものではなく、広義における善の追求（端的な欲求や、欲求に対する欲求、つまり価値などの充足）の自由権を包摂するものであり、その侵害に対するサンクションも制度化されていない、きわめてプリミティブなものにすぎない（第五章で詳述する）。しかし、いかに素朴なものであれ、我々はこの自由権を我々の交渉相手に認めさせることにより、一般に社会と名指されているような人間関係のあり方を実現する足掛かりを得ることができるのではなかろうか（おそらく、我々人類は、生物学的な進化の偶然的帰結として、たまたま、長期的利益を考慮する能力、自らの欲求のあり方に対して価値づけすることのできる能力を獲得し、その結果、自他の自由権を認めあう道徳的態度を身につけ社会なるものを形成してきたのだろう。(29)我々の多くは、自然によってたまたま《規範の他者》のように振舞わない生物として条件づけられたにすぎないのだ）。

何とも皮肉めいた話ではある。現在中心主義的な《規範の他者》は、他人に配慮する態度を「弱さ」の現れとして嘲笑する自信家であり、また、《自分の善（悪）＝世界の善（悪）》である以上、他人が被る災厄を悪しき事態として捉えることのない超人であった。しかし、かくも奔放で根元的に自由であった《規範の他者》は、「長期的な自己利益を考慮せよ」という我々の悪魔的な囁きを受け入れた瞬間、実は、不偏的かつ非人称的な視点から自他の行為調整を執り行いうる《リベラル》にまで身を堕していたのだ！　いまや彼／女は、他者に降りかかる悪としての死を自分に訪れる死と同様に回避することを欲し、「他人を殺してはならない」という行為格率を、自らの義務として内面化する道徳的存在となっている。そして、殺人を犯してしまったときに良心の呵責を感じるような人間となった彼／女は、良心の呵責を感じないような行為者を「悪（をもたらす）人」と呼び、また「なぜ人を殺してはならないのか」という《制度の他者》の問いを何か抑圧すべき異常＝非合理なものと感じる感性を身につけていくかもしれない（ニーチェのいう「原因と結果の取り違えの誤謬」の内面化）。《規範の他者》の度重なる妥協の結果得られたこの《リベラル》的な感性のことを、我々は、共感能力とか実践理性と呼んできたにすぎないのだ。

もちろんこのように言ったからといって、我々が、ネーゲルのごとく、最初から不偏的・非人称的視点を強制するなどという知的詐欺を働いたわけではないことにくれぐれも注意を促しておきたい[30]。我々はただ、自己利益の増大を目指す《規範の他者》に、長期的な利益の考慮を薦めたにすぎない。自らの「強さ」への不信ゆえに我々の申し出に食いついてきた《規範の他者》は、あくまで主体的・能動的に第二の妥協に応じ、そして堕落したのである。

＊

「なぜ人を殺してはならないのか」「なぜ道徳的であるべきなのか」を問う《制度の他者》への説得として開始された本章第二節・第三節における我々の議論の足どりを、振り返っておくこととしよう。

1　スタートラインの設定

最初に我々は、議論の交渉リストのなかから、真性の《制度の他者》、すなわち、図4-2の世界に充足しているがゆえに「なぜ道徳的であるべきか」「なぜ他者を尊重しなくてはならないのか」といった《外部》の問いすら思い浮かばない人を除外することから始めた。いかなる意味においても他人との比較から自らの位置を相対化することのないこうした《他者》は、絶対的な意味で幸福なのであって、《外部》の問いを発する必要すらない。我々は、こうした真性の《他者》に対してはまったく無力であるほかないだろう。無理な交渉の継続は、結局かれらの幸福を侵害するだけの暴力に帰着する。

2　第一の妥協

つぎに我々は、「問いに答えてほしい」というある種空虚な欲求を帰属しうる仮性の《制度の他者》の説得にとりかかった。我々はまず、《制度の他者》の問いが原理的に伝達不可能なものである（誤解なしに回答されえないものである）ことを示し、《他者》に対して、(1)問いの純粋性を保持するため問いを控える、(2)問いの純粋性を犠牲にしても答えを求める（第一の妥協）、という二つのオプションを提示した。そして我々は、(1)を選択する人に対する説得を断念し、交渉相手を(2)の選択者に絞り込んだうえで、彼／女たちが納得しうる誤解の許容範囲を検討し、かれらが特定の自己利益を持つ《規範の他者》という立場にコミットする可能性について考察した。相変わらずかれらは、「一般に人が制度にコミットしていることは分かるが、なぜコノ私がコミットすべきなのか」について疑義を呈し続けるであろうが、ともかくも制度が存在することそのものは（フリーライドするために有益なので）承認するようになる。制度一般の存在への懐疑から、特定制度への「私」のコミット義務に対する懐疑への移行、すなわち、**図4-2**的な《生》のあり方から、**図4-1**における自己利益を中心とした《生》への転換（世界地図の転換）を——エンゲルスに敬意を表しつつ——《他者》の世界史的敗北とでも呼んでおくこととしよう。

3　第二の妥協

世界史的敗北を余儀なくされたからといって、自己利益を持つ《規範の他者》は、他人や世界にとっての善・悪を、自分にとっての善・悪と対称的なものとみなす必要はない。《自分の悪＝世界の悪》という図式を彼／女が携えている以上、「私にとっての悪は悪だが、あなたの悪は悪ではない」ということはまったく合理的で正当な主張と考えられるのだ。そこで我々は、第二の妥協案として、長期的な自己利益の考慮、つまり、長期的な視点からみたとき、《自分の悪（善）＝世界の悪（善）》という図式を堅持することは、自己利益を損なう結果にいたることが少なくないので、「必ずしも《自分の悪（善）≠世界の悪（善）》というわけではない」という制度の文法を受け入れたフリをしてみればどうか、と提案した。そして、我々の《他者》はこの妥協案を受け入れることによって、自他の非対称性を自他の絶対的差異（存在論的な差異）にもとづいて主張することができなくなる、したがって、対称的な自他の力（＝《権利》）を承認する《リベラル》であるほかなくなるということを論じた。第二の妥協案の受け入れによって、現在を盲愛する《規範の他者》は、他人の自由権を――消極的ながらも――承認する《リベラル》へと変貌する。

＊

注意すべきは、以上のような行論の過程で、我々の契約論が多くの「交渉決裂者」を生み出してきたということ、そしてそうした決裂者たちを交渉のテーブルに縛りつけることは理性によっても物理的暴力によっても不可能だということである。交渉のテーブルにつくことのなかった真性の《制度の他者》、問いを控えることを選択した《制度の他者》、長期的な自己利益を求めることのない《規範の他者》――こうした交渉の過程で説得に応じなかった様々なギュゲスたちを、我々は、《リベラル》な論理空間における合理性の規準でもって裁断してはならない。実践理性の先験性を信じて疑わない理性主義者はいうに及ばず、行為者の欲求や自己利益から議論をスタートさせる自然主義者もまた、しばしば契約に応じない人びとの「合理性の欠如」を云々してしまうことがあるので、この点にはくれぐれも注意が必要だ。**いかなる欲求をも持たない《制度の他者》は、欲求を持つにいたった人にとってのみ非合理な存在たりうるのであり、また、長期的視点を持たずいつも警察の厄介になる《規範の他者》も、第二の妥協を受け入れた人の視点にとってのみ、非合理な行為者となる。**「合理的」という言葉は、妥協に応じ、堕落した《他者》に対して、道徳的なマジョリティが与える正のサンクションにすぎないのである。そのものとしてはいささかも非合理的ではない数多くの交渉決裂者――かれらに「非合理である」との負のサンクションを与える愚を回避するためにも、我々の契約論がかれらをまったく扱いえていないことを素直に認めなくてはならない。

だから、いってみれば我々の契約論は穴だらけなのだ（だからこそ我々は、仮想人類学という別称を提示しておいた）。しかし、ロールズ的なものであれ、ホッブス-ロック-ノージック的なものであれ、一般的な契約論の系譜が、交渉継続が不可能な契約に応じないギュゲスという穴を、様々な形で糊塗してきた事実（なぜ始源状態にいる人びとは未来の自分への関心を持つのか？　なぜ独立人は補償を受けるのだろうか？）を鑑みるなら、穴を穴として見つめることの意義は小さくはあるまい。無知のヴェールも、事後的な補償措置も、けっしてかれらの存在をなかったことにはできないのである。もちろん、これはたんなる契約論的リベラリズムという理論スタイルが抱える理論的限界といったものではなく、むしろ他人を尊重しつつ制度のなかで共同的かつ協働的に《生》を営んでいくというあり方、つまり《社会的なるもの》そのものが内包する「本質的限界」として捉えられなくてはならない（この《社会的なるもの》の本質的限界を本質的な条件と読み替え、「《社会的なるもの》に包含されない人間など存在しない」と言い切ってしまうことこそが、第三章で論じた社会（科）学による《原罪》にほかならない）。したがって、我々の契約論は、合理性の意味を交渉のなかで事後的に構成しつつ、交渉のテーブルから離れた人があたかも非合理であったかのようにみせかける《社会的なるもの》の本質的倒錯を、《リベラル》的態度の導出という装いのもとに逆照射したものといえるかもしれない。

我々の社会は、諸目的たちが優雅に会話を楽しむ楽園でもなければ、力に満ち溢れた獣が妥協に妥協を重ねて生きながらえている荒野でもない。契約の外におり、賭けるべき自己利益（あるいは長期的な自己利益）も持たないがゆえに補償の申し出にも応じることのない様々なギュゲスたちが徘徊する、不気味きわまる世界なのである。《リベラル》は、この不気味な世界のなかで、ただただ自分たちが多数派であることを願いながら、あるいは多くの人びとが《リベラル》的な感性を持つ可能性に賭けつつ、ささやかな《生》を送っているにすぎない。「政治的判断という概念は、ある特定の「リベラル精神」への自らのコミットメントを認める人びとに対してのみ、訴えかけるものなのだ」(Waldron [1993:57])。このささやかな《生》を充実させるための第五章以降の議論が、非合理でも何でもなくただ「非社会的な」ギュゲスたちを等閑視すること――それは《原罪》的な抑圧ではないが、やはりどこか後ろめたい行為ではある――によって成り立っていることを、我々はけっして忘れてはならないだろう。

第三部　リベラリズムとその外部

liberalism and its others

第三部では、本書の主題である自由主義論を本格的に展開していく。まずは、これまでの我々の議論の軌跡を簡単に振り返り、第三部でとり組むべき論点をあきらかにしておくこととしよう。

まず第一部（第一章・第二章）では、多くの社会学的行為論が前提とする行為者中心主義的な行為理論が内包する問題点を、行為の同定・行為の責任帰属問題に照準しつつ検討し、オルタナティブとしての「強い」責任理論を提示すると同時に、その限界をも指摘しておいた。すなわち、責任（response-ability）の無限性を政治的賭金とするポストモダン政治学と共闘しうる我々の「強い」責任理論はたしかに、多様かつ他様な《声》たちを抑圧してきた《「行為者中心主義的な行為理論」―「弱い責任理論」―「近代リベラリズム」》の悪魔的トライアングルを切り崩す可能性を持つのだが、一方で、「強い」理論の帰結として生じる責任のインフレを収束させる《規準》を論点先取に陥ることなく提示することはできないのであった（責任の無限的膨張を圧し止める《規準》は、密輸入されるか自明視されている）。とすると問題は、「声を発し-応答する」という対話の継続（インフレの持続に耐えること）そのものが倫理的に肯定されるべきなのか、ということになってくる。換言するなら、「声を聞いてしまっているからといって、その声に応答すべきといえるのか」「他者との対話的関係性のなかで自己の存立が可能になっているとして、だからといってこの私はその関係性を重視すべきなのか」という問いが不可避的に浮上してくるのだ。

第二部では、この問いかけが持つラディカルさをそのものとして受け止め、かかる制度・規範の《外部》にある問いを、「関係の一次性」テーゼを前提とする社会学的・倫理学的・政治学的言説がいかにやり過ごしてきたかを批判的に検討し（第三章）、《制度の他者》《規範の他者》の存在を十分に尊重しつつ、かれらに対する説得交渉＝（疑似）契約論を展開した（第四章）。我々はこの交渉によって、自らの善を自由に追求しつつも

（長期的合理性）、自他に降りかかる悪＝災厄の回避をも指向する（共感能力・道理性）、《リベラル》たちの姿を見いだすにいたったわけだが、我々の説得に応じることのない《他者》の存在を消去することはできなかった。世界は、自己のみならず他者の存在を尊重し、自由とともに悪の回避をも希求する《リベラル》たちの楽園ではありえないのだ。

＊

かくして我々は、社会的なるものへの懐疑の末に、《リベラル》的存在の規範的局所性（normative locality）を確認することとなった。第三部の課題は、この局所性を踏まえたうえで、「自由主義」と呼ばれる政治理論・社会体制のありうべき姿を描き出すことである。そのさい、議論は二つの方向性を持つだろう。一つは、合理性と道理性を兼ね備えた《リベラル》たちによって構築される自由主義社会（国家）の内的構造を追尾していくというもの（ただし、本文で述べるように、すべての《リベラル》が《自由主義者》になるわけではない）。そしていま一つは、そうした自由主義社会が、第四章の疑似契約論のなかで排除された人びと（《規範の他者》《制度の他者》）とどのような関係を持つことができる／持つべきかについて考察を加えていくというもの。前者は、《リベラル》のなかから《自由主義者》を絞り込み、《自由主義者》たちの社会空間のロジックを分節化していく内向きの作業、後者は絞り込まれた《自由主義者》とその他の人びととの関係を測定する外向きの作業ということができるだろう。自由主義の内実を再構成しつつ、その臨界問題をとり扱っていくこと——第三部を構成する二つの章は、いずれもそうした二側面戦術を採用している。くれぐれも読者は、私が無邪気に自由主義を肯定（もしくは否定）しているなどと「解釈」することのないよう、注意していただきたい。

＊

まず第五章第一節・第二節では、さしあたって合理性と道理性を帰属されうる《リベラル》たちに話を限定し、その《リベラル》たちが公的ルールを優先する自由主義的な政治社会を形成しうるか（形成しうるとすればその条件はいかなるものか）という「内向きの問題」を検討する。そこで確認されるのは、《リベラル》であることと《自由主義者》であることとの微妙ならざる差異である。《リベラル》たちは、第四章で展開された交渉の後も当然「他者に悪を及ぼさないかぎり、自由に善を追求する権利」を手放してはいないわけだが、その自由権を実効化するうえで必要な正当化原理をすべての《リベラル》が承認するわけではない。つまり、かりにすべての人が、他者への共感能力（道理性）と長期的自己利益を配慮する能力（合理性）を備えていたとしても、必ずしも自由主義な政治体制（自由権＋正当化原理）が実現するとは限らないのだ。したがって、自由主義は、非《リベラル》たちはもちろんのこと、公的ルールの優先性を承認しない非自由主義系《リベラル》たち（物理的に弱いが意志的に強い者）を排除することなく、その基本理念を実定化することはできないということになる――第五章第三節ではこの根源の事実を、現代自由主義の旗手であるロールズ、ノージックがどのように処理しているのかを確認していく（「外向きの問題」）。

＊

続く第六章では、第五章で批判的に検討された「自由権＋正当化原理」というミニマムなリベラリズムが、(1)非《自由主義者》の存在を棚上げし、仮に全域性を持つ《法＝規準》として採用された場合、どのような政治制度が可能になるのかを論じたうえで（内向きの問題）、(2)そうしたリベラリズムが自らの外部（非《自由主義者》）とどのような関係性を取り結びうるのかを考察する（外向きの問題）。要するに、リベラリズムの内部の作動原理――最小限のリベラリズムは再配分指向的な制度たらざるをえないことがあきらかにされる――と、その内部が外部に対してとりうる政治的措置――責任の免除など――について論じていく。我々の考えるリベラリズムは、再配分的政策を支持するとともに、リベラリズムにコミットしていない非《自由主義者》に対する保障措置を講ずるという点で、リバタリアン的な発想の対極に位置するものであることがここであきらかにされるだろう。しかしもちろん、ノージックの独立人問題（第五章第三節）と同じように、保障措置の実施はリベラリズムの全域性を担保するものではない。かくして我々は、リベラリズムを「論証的」（ローティ）に正当化することの限界を再確認することとなる。

第五章　《リベラル》たちの社会と《自由主義》のあいだ

第四章で展開された（疑似）契約論において我々は、他者に降りかかる災厄＝悪を自分のそれと同様に回避することを欲求し、自他の力ならぬ《権利》を等しく尊重する構えをとる《リベラル》たちが現出する機序を確認してきた。「なぜ道徳的／社会的でなければならないのか？」と問う《制度の他者》から、「なぜ私が道徳的／社会的でなければならないのか？」と問う《規範の他者》へ、そして、それらの問いを控え他者の苦しみの回避を欲求する《リベラル》へ——自他の関係性によって成り立つ「社会的なるもの」の彼岸にある《他者》への説得作業として始められた交渉の末、我々は、社会的なるもの・関係性の一次性を謳う議論が「根拠がないわけではない」と思えるほどには道徳的な人びとに出会うにいたったのである。たとえば、ローティや立岩真也らの議論は、こうした他者を畏敬・尊重しあう《リベラル》たちの共感能力に賭け、そこから再配分的な政治制度が立ち上がる可能性に希望を託すものといえよう[1]。

しかし、それなりに人‐間的なこうした《リベラル》たちが共在する世界は、はたしてローティが考えるようなリベラルな政治社会であると言うことはできるだろうか。つまり、《リベラル》たちの紡ぎ出す世界は、それ自体、、、として自由主義的な政治社会であるといえるであろうか。(2)　もし、他者の痛みを感受する共感能力がそれ自体として、、、、、、正の善に対する優先を承認・実行する能力を意味しているのなら、我々はローティ-立岩的な賭けに乗って、余計な形而上学的探索を打ち切っても構わない。しかし当然のことながら、

［5-1］　不偏的な観察態度を採用し、自己を自己であるがゆえに尊重するという独断を断念する（共感的な態度をとること＝《リベラル》であること）、

ということと、

［5-2］　他者と自己との行為調整を、自他が共有する公的なルールにもとづき執り行う（正義の執行＝《自由主義者であること》）、

ということは、必ずしも重なりあうわけではない。

第四章で強調しておいたように、《リベラル》たることの要件である［5-1］は、「現在の私」の善さを「自己」「現在」を特権化する形而上学にもとづき優先する理由づけの形式を禁じ手にしただけであって、共感能力を駆使して他者（および未来の自己）の痛みを感じとりつつも、たんなる（哲学的根拠のない）好みとして現在の自己の善に高いウェイトを置くような実践的判断を禁じたものではない。(3)　つまり、合理的な生き方の指針としての利己主義を無価値化するものではない。一方、自由主義者であるための最低必要条件である［5-2］の方は、そうした「好みとしての自己偏愛的判断」が公的なルールに抵触した場合――公的ルールの公性が懐疑されないかぎり――それを

撤回することを要求する、より強いものといえる（カント的にいうなら、それは「理性を公共的に使用すること」を要求する。Kant [1784=1950]）。つまり、善を観察するさいの不偏的態度（＝《リベラル》の条件）と、普遍的な妥当性を主張する（公的）規範遵守の態度（＝《自由主義者》の条件）とは同じものではありえないのである。[4] そうである以上、我々は、他者の痛みへの共感能力からリベラルな政治体が熟成する可能性に賭けるローティ流の議論を、手放しで受け入れるというわけにはいかないだろう。[5]

たとえば《リベラル》は、目前で苦しみもがく他者の苦しみ（悪）に同情し、その苦痛の除去を欲求する場合においてすら、その人を介抱せず重要な会議への道を急ぐ――自己の合理的な利益に適う行為を遂行する――ことができる。もちろん、多くの《リベラル》はそうした場面に立ち会ったとき、災厄に苦しむ他者への同情からその他者を介助するだろうが、かれらは別に「会社での保身を図るべし」という合理的ルール（私的なルール）よりも「苦しんでいる人を助けるべし」という道徳的ルール（公的なルール）を優先すべく強制されているわけではあるまい。[6] つまり、他者の苦痛を感受する能力があったとしても、それだけでは、最低限度のリベラルな制度、あるいは道徳制度に必要な認識能力（「公的なルールへの準拠を、私的なルールへの準拠よりも優先せよ」）を持ちあわせているとはいえない（したがってローティのように「共感能力の涵養」と「自由主義的な政治文化の課題」を同一視するわけにはいかない）のだ。共感能力を帰属することのできる《リベラル》（不偏的な視点を持つ者）と、公的ルールにもとづいて自らの行為を調整する、十分に道徳化された《自由主義者》（全域性を有する普遍的な道徳判断を優先する者）とのあいだには、容易に埋めがたい溝が横たわっているのである。

本章の課題は、この《リベラル》と《自由主義者》とのあいだに見いだされる溝の倫理学的・政治学的意味を、自由主義的な政治理論が成り立ちうるための最低条件（自由権＋正当化原理）の検討を通して捉え返し、（第一節、第二節）、その溝を埋めるべく提示されたいくつかの自由主義理論家の試みを吟味していくことにある（第三節）。最終的には、この溝を埋めることの不可能性、溝を埋める欲望に不可避についてまわる暴力性を確認し、リベラリズム思想の根本的な捉え直しを迫る次章の議論へと繋げていくこととしたい。

一　《リベラル》たちのプロフィール　《自由主義者》との種差

自/他・現在/未来の善を不偏的に観察する態度を身につけていること（《リベラル》であること）が、それ自体として「自己」「他者」「現在の自己」「未来の自己」が受容可能な程度に普遍化されたルールを優先する態度の採用（《自由主義者》であること）を意味するわけではないとはいえ、《リベラル》たちの住まう世界はけっして道徳的に無秩序な状態（morally disordered state）にあるというわけでもない。というのも、他者の痛みを感受する道理性（reasonability）と、不偏的な視点から一定の行為を選択する合理性（rationality）を携えている以上、《リベラル》たちの形成する相互行為システムは、政治的アナーキズムが想定する程度には安定したコミュニケーション空間を形成していると考えることもできるからだ（政治的アナーキズムとは、こうした弱い意味における公共性を実現する《リベラル》が、《自由主義者》になる必要はない/なるべきではないことを論証する理論である）[7]。《リベラル》と《自由主義者》のあいだの溝の考察に入る前段として、本節では、reasonability と rationality を携えた《リベラル》たちが織り成す行為空間のあり方を概観しておくこととしたい。

結論を先取りして言っておくなら、道理性（他者への共感能力）と合理性（長期的利益への配慮）を有する《リベラル》たちは、(1)公的・私的なルールに準じて行為を評価し（ルール準拠的態度）、(2)そうしたルールに動機づけられて行為を選択する能力（ルールにもとづく理由による動機づけ）を持つ、と考えられる。つまりかれらは、そもそもルールなるものを知らず、つねに欲求によって直接動機づけられている《規範の他者》とは異なり、それなりに安定的な公共生活を営む素養を有しているのだ(8)（もちろん、いまだかれらは公的なルールを私的なルールより優先する態度は身につけてはいないのだが）。我々は、こうした弱い意味における公共心を持つ《リベラル》と、より強い公共心――公的ルールの優先にコミットする態度――を持つ《自由主義者》との差異を明らかにするためにも、まずは第四章で確認した不偏的態度の採用が、ルール準拠的態度の採用・理由による動機づけ可能性とどのようなロジカルな関係を持っているのかを確認していくことにしよう。

【1】 ルール準拠的態度

他者の《災厄＝悪》を自分の《災厄＝悪》同様回避することを誠実に欲求し、必ずしも《自分の善＝世界の善》ではなく、ときとして《自分の善≠世界の善》でありうることを認める《リベラル》は、ルール準拠的（rule-referential）な――ルールに従うかもしくは背くことにより、ルールの存在にコミットすること――存在であり、善／悪とは異なる正／誤（不正）という行為の裁定規準を持つと考えられる。自分にとって善い行為が、他者*A*にとって災厄をもたらすものであった場合、彼／女は、「善い」行為が「正しい」行為であるかどうかを問う傾向性を持つだろう（当然のことながら、彼／女は必ずしも「正しく」行為するわけではないが）。「ルールに従う＝正」／「背く＝不正」という行為評価の語彙体系が導入されていること――これこそが《リベラル》たちの住まう世界が弱い意味での公共性を実現している、ということの意味である。

しかし、そもそも「他者の《災厄＝悪》を自分の《災厄＝悪》同様回避することを誠実に欲求し、必ずしも《自分の善＝世界の善》ではなく、ときとして《自分の善≠世界の善》でありうることを認める」ことと、ルール準拠的な態度を採ることとのあいだに、何らかの論理的・概念的な関係性が成り立っているといえるのだろうか。つまり、

［5－3］　善の観察にかんする不偏的態度を採用することはすなわち、ルール準拠的な態度を採用することを意味するのだろうか。

この問いに肯定的な回答を与えるには、次の［5－4］［5－5］が真であることを示せばよいように思われる。

［5－4］　不偏的態度を採らないかぎり、ルール準拠的な態度を採ることはできない。

［5－5］　不偏的態度を採っていながら、ルール準拠的な態度を採らずにいることはできない。

［5－4］は、不偏的態度を採ることのない《規範の他者》がルールに従ったり背いたりすることが可能かどうかを考察することによって、また［5－5］は、不偏的態度を採る《リベラル》がルール準拠的な態度を採らずに済むのかどうかを考察することによって、その主張の妥当性を確かめることができる。もし［5－4］［5－5］が真であるならば、我々は［5－3］もまた真であると考えてよいだろう。以下では、多少手垢にまみれたやり口ではあるが、私的言語をめぐるウィトゲンシュタインの省察を導きの糸として、［5－4］［5－5］の主張の妥当性について検討していくこととしたい。

まずは［5－4］の方から。

ごく素朴に考えて、［5－4］には強力な反例、すなわち、時間的な視点および自他の視点を不偏化＝非局在化することのない《規範の他者》が、ルールに（私的に）従ったり背いたりする概念的証拠が存在するように思われる。たとえば、クリプキの精力的な宣伝活動（Kripke［1982＝1983］）によってよく知られるにいたった風変わりな生徒などはその実例とはいえないだろうか。

その生徒は、「＋2を続けよ」という教師の命令に対して、1000まではキチンと数列を書き続けるのだが、1000を越えると突如「1004、1008……」と書き始めてしまう。「間違っているじゃないか」と教師が教え諭そうとすると、「そんなことはありません。先生の命令通りにやってます」などと言う。有限回の規則適用の実例を提示するだけでは、この生徒の反論に抗して教師は自らの見解が正当であることを示すことはできない。彼／女は「＋」という記号によって、「1000までは2を加え続け、1000以降は4を加える」ということを理解していたかもしれないのである。「我々のパラドクスは次のようなものであった。すなわち、ある規則はいかなる行動の仕方も決定できないであろう、なぜなら、どのような行動の仕方もその規則と一致させることができるのだから」（Wittgenstein [1953=1976:162]。ただし、一部改訳）というわけだ。

この奇妙な生徒は、たしかに時間的にも対他者的にも視点を相対化する不偏的＝非局在的態度を欠いているように思われる。したがって、もし彼／女の行動を「ルールに（私的に）従っている」と描写することが許されるのなら、我々は《規範の他者》がルール準拠的な態度を採るという思考上の事例、つまり、［5-4］に対する反例を突きつけられたことになるだろう。しかし、本当にそうなのだろうか？

まず我々は、右の例がトリッキーな形で描出されていること、そこでは実際のところ「ルールに私的に従う」という事態が描かれているわけではないことに注意せねばならない[9]。ちょっと考えてみれば分かることだが、先の情景描写は、生徒が「私的なルールに従っていること」、つまり公的に（教師にとって）は正しい行為ではないにせよ、我々に理解可能な彼／女の独自のルールに従うものとして彼／女の行動を記述したものであった。我々は彼／女の立てたルールを間違ったものと考えるが、その私的に打ち立てられたルールに従う／背くということがどのような事態であるかを理解することはできるはずだ。たとえば、彼女が1004の後に1006と書き始めたら、「それは君のルールからすれば間違いなのではないか」と言うこともできるだろう。つまりルールの内容・ルール設立の経緯こそ私的であるものの、彼／女はルールの従い方にかんしては我々と判断を共有しているのである。「1000までは2を加え続け、1000以降は4を加える」という我々に理解可能な私的ルールの従い方は、実は時間的にも人格的にも十分に不偏化されたものであって、その気になれば我々も遂行することができるようなものにほかならない。要するに、かの奇妙な生徒はただ風変わりな私的ルールに従っているだけで、最初から不偏的態度を欠いた《規範の他者》ではなかったと考えられるのである。もちろん、《リベラル》たる我々＝教師にとって、私的に打ち立てられたルール(the rule privately established) に従うことはたやすい。しかし、当然のことながら、そのことは［5-4］を反証するものではない。

では情景描写を工夫して、かの生徒を、キチンとした（？）《規範の他者》として捉えてみたらどうだろう。ウィトゲンシュタインが考察していたのは実はこちらの方で、先の描写は戯画化・脱色された議論にすぎない（と思う）。そして、私の見たところでは、「もしそんな情景描写ができるのであれば、我々はルールに従うということを有意味に理解することはできなくなってしまう（そのように描写される事態は事実上起こりえないので、ルールの懐疑論は成り立たない）」というのが、ウィトゲンシュタインの主張である。(10) それは、我々の用語系にパラフレーズするなら、不偏的態度を欠く《規範の他者》がルール準拠的な態度をとることを有意味に理解することはできないということ、すなわち、［5-4］と同内容の主張であると考えられる。

問題の『哲学探究』一八五節を注意深く読んでみよう（Wittgenstein［1953=1976: 151］）。

われわれはかれに言う。「よく見てごらん、何をやっているんだ！」と。――かれにはわれわれが理解できない。われわれは言う、「つまり、きみは二をたしていかなきゃいけなかったんだ。よく見てごらん、どこからこの数列をはじめたのか！」――かれは答える、「ええ！　でもこれでいいんじゃないのですか。ぼくこうしろと言われたように思ったんです。」――あるいは、かれが数列を示しながら、「でもぼくは［これまで］同じようにやってきているんです！」と言った、と仮定せよ。――このとき、「でもきみは……がわからないのか」と言い――かれに以前の説明や例をくりかえしても、何の役にも立たないだろう。――われわれは、そのような場合に、ひょっとするとこう言うかもしれない。この人間は、ごく自然に、あの命令を、われわれの説明にもとづいて、ちょうど「一〇〇〇までは常に2を、二〇〇〇までは4を、三〇〇〇までは6を、というふうに加えていけ」という命令をわれわれが理解するように、理解しているのだ、と。

ここで注目すべきは、「一〇〇〇までは常に2を、二〇〇〇までは4を、三〇〇〇までは6を、というふうに加えていけ」というルールを語っているのが、「かれ」ではなく教師をも含んだ「われわれ」であるということ、「かれ」自身は一度として自分が従っている私的なルールについて語っていない、ということである。このことの含意は、「かれ」の立場に立って事態を捉えてみれば分かりやすい。「われわれ」は、ついつい「かれ」が「一〇〇〇までは常に2を、二〇〇〇までは4を、三〇〇〇までは6を、というふうに加えていけ」という私的なルールに従って、1000の次に1004を書いたかのように考えてしまうのだが、「かれ」にとってはそうではない。「かれ」自身は、教師から教えられたルール（「2を加えよ」）をそのまま遵守しているにすぎない。「かれ」は、「われわれ」にも理解することのできる私的なルール、つまり原理的には公的なルールと対照可能な特殊なルールに従っているのではなく、端的に同じルールに（我々にはとうてい理解できないようなやり方で）従っているのである（永井［1991：89-90］［1995：180］）[11]。だから、「かれ」にとってみれば、「よく見てごらん、何をやっているんだ！」と突如言い出す教師の方こそ「理解できない」はずだ。「かれ」の戸惑いは、左車線を走っていたのに、突然警官に「なに逆走してんだ！」と怒鳴られたときの我々の戸惑いとまったく同じものなのである。

「かれ」は私的なルールに従って「1004……」と書き続けたのではなく、「われわれ」とまったく同じルールにもとづいてそう記した。とするなら、「かれ」は「われわれ」の想像を絶する独自のやり方でルールに従っているとしか考えられない。「かれ」の私的ルールの内容がいまだ「われわれ」に分っていないというのではなく、「われわれ」には、「かれ」のルールの従い方がそもそも分かりえないのである。正しいウィトゲンシュタイン解釈であるかどうかは分からないが、少なくとも我々の関心にそくして見た場合、先の引用部はこうした根元的状況を言語によって描きだそうとするギリギリの試みとして解釈することができるだろう。

さて、このようにして捉えられた「かれ」は、さしあたって時間的・人格的に相対化された視点を欠く《規範の他者》であると考えてよい。「かれ」は、(1)原理的には他者にも理解可能で、(2)異なる時点での適用の一般性を満たす（時点tにおいて規則遵守行為と認められた行為は、他の事情が等しい限り、時点$t+h$においても規則遵守的なものでなければならない）、「私的なルール」に従っているわけではない（(1)と(2)を満たしている私的なルールに「かれ」が従っているのなら、「かれ」自身がそれに背いたとき、「われわれ」はその誤りを指摘することができる）。「かれ」の行動が「われわれ」にとって根元的な意味において奇妙に映るのは、それが、「私的なルールに従う」という不偏的態度を採っていると「われわれ」が考えることのできる行動ではなく、おおよそ人格的・時間的な不偏性への指向を帰属することのできない「私的にルールに従う」という行動と考えざるをえないからなのだ。不偏的態度を我が物とする我々は、比較的容易に「私的なルール」の内容を推察することはできるけれども、「同じルールに、私的に従う」という行為を――「異なる私的なルールに従う」と誤変換することなく――想像することはできない（少なくとも私にはできない！）。おそらく、不偏的態度を自明視する我々《リベラル》内部の観点にとって、「同じルールに、私的に従う（背く）」という行為を理解することは、文法的・論理的に不可能なのである。完全に不偏的態度を欠いた「私的にルールに従う」人に対して、我々は、ルールに従っているとも背いているともいうことができない。[12]　それは、裏を返していえば――「従われたり背かれたりすることのないルールというものがある」というほとんどアクロバティックな論法を用いないかぎり――《[5-4]　不偏的態度を採らないかぎり、ルール準拠的な態度を採ることはできない》ということである。

少々議論が込み入ってきたので、簡単に論旨をまとめておこう。

我々は、ウィトゲンシュタインの「奇妙な生徒」の事例をとりあげ、それが[5-4]に対する反例たりうるかどうかを精査してきた。しかし、不偏的視点を前提とした我々は、その生徒の行為を、（1）「公的に理解可能な個人的なルールに従う行為」として読み替えてしまうか、（2）端的に理解不可能として処理してしまうか、しかない。（1）の場合、我々はその生徒を不偏的態度を共有する《リベラル》として扱っているため、そもそも[5-4]への反例とはなりえないし、また(2)の場合には、「ルール」という言葉の意味をアクロバティックに変更しない限り、我々はこの事例を反例としてではなく、むしろ[5-4]の主張を補強する概念的証拠として用いることができる。奇妙な生徒の事例にそくした我々のここまでの検討は、とりあえず、[5-4]の主張が妥当なものであることを示していると考えていいのではなかろうか。

続いて[5-5]の主張（《不偏的態度を採っていながら、ルール準拠的な態度を採らずにいることはできない》）の成否についてであるが、実はここまでの議論で、その問題についてもほぼ回答は出し尽くされたと言ってよい。すでに述べたように、不偏的な態度を身につけた人は、そもそも「ルールに私的に従う」ということがどのようなことであるのか想像することができないのだから、当然、自ら「ルールに私的に従う」こともできないはずだ。少なくとも、理解できない他者の意図的行為を自分で意図的に行うという超自然的能力を持ちあわせていないかぎり、そんなことはできない。[13]　幸か不幸か、我々人類はそのような能力を持っていないので、自然史的事実として我々はルールに私的に従うことができないのだ。我々にできるのはせいぜい「私的なルールに従うこと」ぐらいであろう。ルールという言葉の文法（従われたり背かれたりすることのないものをルールとは呼ばない）、および理解不能な他者の行為を意図的に遂行することができないという「自然史的事実」ゆえに、不偏的態度を採る我々《リベラル》は、ルール準拠的な態度を採らずにいることはできないのである（ちなみに、私的なルール／公的なルールは、いずれも不偏的視点のもとで誤りうる以上、その差異はいわば相対的なものにすぎない。あえていうなら、私的なルールとは自己の長期的利益の考慮に対応する時間的不偏性を重視したルール、公的ルールとは人格的な不偏性を重視したルールであるということができる。不偏的態度を承認したリベラルは、したがってルールに私的に従うことはできず、せいぜい私的なルール＝格率と公的なルール＝法則とを対立させるにとどまるのである。それはまさしくカント倫理学の基本操作である）。

＊

かくして、「善の観察にかんする不偏的態度の採用はすなわちルール準拠的な態度の採用を意味する」ことが示された。この段階にいたってはじめて、自分にとっての善をもたらす行為が、にもかかわらずルール違反（不正）であったり、自分に善をもたらすが他者に災厄をもたらしてしまう行為がルール適合的（正）であったり、さらには自分の私的ルールによれば正しい行為が、公的には不正であったりする可能性がでてくる。もちろん、公的なルールの指示する正が、個人の抱く善に優越（override）する（善に対する正の優越）というわけではない。実際、我々の日常を見渡してみれば分かるように、《リベラル》は、不正ではあるが善いと思われる行為を肯定したり、正しさに拘泥するリゴリスティックな態度に不愉快さを覚えたりするものだ。だからこう言うべきであろう――ルール準拠的な態度を採る《リベラル》は、必ずしも正を善に対して優先させるわけではないが、かれらの行為は、善さ・利益のみならず、行為の正しさを正当化する理由によっても動機づけられうる、つまり、《リベラル》とは、

二重に動機づけられる存在なのだ、と。善／悪のみならず正／不正という軸が挿入された世界。それこそが、ルール準拠的な態度を持つ《リベラル》たちの住まう世界なのである。

【2】理由の共同体

不偏的態度を身につけルール準拠的な態度を採る《リベラル》は、欲求と直結する善／悪という軸のみならず、ルールと相関する正／不正という軸によっても自他の行為を評価することができるようになる（二重に動機づけられる）、と私は述べた。しかし、鋭い読者であれば次のような疑問を抱くかもしれない。すなわち、「行為者の欲求と結びつく自己利益・善が行為を動機づけるというのは理解できるが、ルールにもとづく理由なるものが行為を動機づけるというのは理解しがたい。ルール（正しさ）についての行為者の信念が行為を動機づけるとの主張は、「説明書がエンジンを駆動させる」という主張と同じぐらい魔術的な見解なのではないか（《リベラル》はいつそんな傾向性を獲得したというのか）。そんな魔術的な見解は、北田自身第四章で批判していたではないか」、と。

たしかに、正しさが行為を動機づけるという理論、つまり、「本人にとっての善さと直接的なかかわりを持たない正しさについての信念が、行為を動機づける」という考え方（バーナード・ウィリアムズの外的理由 external reason をめぐる議論を参照。Williams [1981]）は、それほど自明視されてよいものではない。ふつうチョコレートを食べたい人は、目前のチョコレートを食べるよう（一応）動機づけられるだろうが、溺れている人を助ける道徳的理由があるからといって、人は必ずしも川に飛び込もうと思う（動機づけられる）わけではない。欲求の実現と密接に関係する善さによる動機づけほどには、正しさによる動機づけは直接的なものとはいえないのである。いったい《リベラル》は、いかにしてルールにもとづく理由によって動機づけられるのだろうか。

ルールにもとづく理由による行為の動機づけ——道徳的理由の場合は「ありそうにもない」そうした動機づけは、必ずしも他者と共有されるわけではない私的ルール＝格率にもとづく理由に限定してみるなら「ありそう」にも思えてくる。たとえば、*A*が「年上の知り合いに会ったら立ち止まって会釈する（*X*）・べし」という、私はとうてい共有することができない（しかし理解可能な）私的ルールに準拠する態度を採っているものとしよう。このとき、*A*は、必ずしも年上の知り合いに立ち止まって会釈するという状態の実現を欲求しているのではなく、そうした行為*X*を正当化する理由を持っているにすぎない。しかしそれでも我々は、*A*が*X*することに動機づけられていると考えるのではなかろうか。つまり、*X*することそのものが*A*にとって善いことでないにもかかわらず、ルールに従って*X*することはやはり*A*にとって望ましい desirable ことであると我々は考えるように思われる（とんでもなく嫌みな政治家面したオヤジに会釈することは*A*にとっては端的に善くないことであるが、それは正しい行為なのである）。もしこの我々の直観が正しいのだとすれば、欲求とともに理由が行為を動機づけているということになる。しかしそんなことははたして可能なのだろうか？

＊

ここで、

［５-６］　長期的な利益・善を勘案する（時間的）不偏的態度を採る《リベラル》は、「どのような善を欲するか／悪の回避を欲求するか」についての心構え、すなわち、ある程度の時間的な幅を持った「欲求にかんする欲求」を持つ、

ということに注意を促したい。たとえば、歯の治療を受ける人は、痛みに悩まされない日常生活を送ることを欲求するからこそ、現在の自分に降りかかってくる災厄を耐え忍ぼうとするわけだが、そこでは、痛みに悩まされない日常生活を送りたいという時間的な幅を持った欲求が、各時点における単発的な欲求（「痛い治療を避けたい」）を調整していると考えられる。もし現在に立ち現れてくる端的な欲求しか彼／女の行為を動機づけることができないのであれば、彼／女は己が死に際にいたるまで歯の治療に行こうなどと考えたりは（動機づけられたりは）しないだろう。長期的な利益を勘案する存在――永遠の現在に生き続ける《規範の他者》ならぬ《リベラル》――であるためには、人はこの「欲求の欲求」を持っていなくてはならないのである。[14]

さて、このメタ欲求の志向対象（「痛みに悩まされない日常生活を送るべし」）は、行為者が準拠する私的ルールを言語的に表現したものである。とすれば、私的なルール＝格率に従う行為（正しい行為）なるものは、異なる時点における一階の欲求（会釈したい／会釈したくない）をメタレベルから調整する二階の欲求の実現を目指す行為、「こんな欲求を持つような構えをとっていたい」という欲求を実現する行為として捉えることができるはずだ。つまり、正しい行為とは、行為者にとっての二階の欲求を満たす行為、行為者に欲求充足の快をもたらす善い行為なのであり、したがってルールもとづく理由もまた一階の欲求と同様、行為を動機づけると言うことができるのである（もちろん、嫌なオヤジを前にして会釈しようかどうか迷っているAの事例のように、一階の端的な欲求と、ルールにもとづく理由と相関する二階の欲求のいずれが実際の行為を生起させる give rise to かはケース・バイ・ケースである）。かくして、行為について、「それ自体は欲求しえないが、（私的な）ルールに従えば正しいがゆえに善い」という評価（価値ある行為）がなされ、ルールに従って行為することが、それ自体の善さから離れて「善い」とされる可能性が出てくる。自分の価値観に固執する頑固者は、その禁欲的な外見とは裏腹に、二階の欲求によって動機づけられることを選好する、とてつもなく貪欲な人間なのである（あまりに杓子定規な人に対する我々の嫌悪は、かれらの貪欲さに対する否定的感情に由来しているのかしれない）。

しかしながら、理由による動機づけ可能性を支持する以上のような議論に対しては、次のような疑問を投げかけることができる。

［5-7］この議論は、ルールの対立・葛藤がない場面を想定しているからこそ信憑性を獲得しているのではなかろうか。ある行為者Xの私的ルールRを共有しない他者Yは、Rに従う正しい（Xの）行為aに、動機づけられるわけではない（aに動機づけられるのはXのみである）。それどころか、Xによるaの遂行は、Yに災厄をもたらすものですらありうる。ところで《リベラル》であるXは、他者の悪を回避することをも欲求するはずだ。そのような場合でも、Xはaに動機づけられるといえるのだろうか。

当然のことながら、私的なルール・価値に基づく行為は、端的な自己利益に基づく行為と同様、他者に悪をもたらすものでありうる。Xの私的ルール「労力を最小限度に押さえて、p地点まで行くべし」に従うなら、Yの家屋を車で通り抜けるのが「正しい」。しかし、当然、Yにとってはたまったものではない。もう少し道徳的に切迫した事例でいうなら、「リアルな・肉薄した絵を描くべし」という格率によって表現されるような価値をあなたが持っており、かつあなたが「真の死に際」を観察することによってしかそれを実現できないと信じているからといって、私は絶対に殺されることを望んだりはしない。他者はあなたのルールを理解してはいるが共有しておらず、あなたの正しい行為は他者に悪をもたらす――他者の悪の回避を欲求する《リベラル》は、こうした場合にも、理由によって動機づけられるといえるだろうか。

こうした対他者的な状況設定についてもやはり［5-6］を確認することからスタートすればよい。本章における我々の議論は基本的に《リベラル》であるような個人が構成する社会を前提として話を進めているのだから、他者もまた《リベラル》――「それ自体は欲求しえない（善くないが）が、ルールに従えば正しいので善い」という判断をする存在――であると考えることにさしあたり問題はない。つまり、［5-7］が問題とするような状況にある他者Yもまた、自らに降りかかる災厄を「自分にとって正しいがゆえに善い」として肯定する傾向性を持つ存在なのである（それは、明日の自分のために、今日の歯の治療に耐えることと同じである）。とすれば、もし、Xが自分の行為を正当化するために持ち出すルール（正／不正を差異づける規準）をYが共有する場合、YはXと同様、Xによるaの行為を「正しいがゆえに自分にとって善い」と評価することができるはずだ（aはYに悪をもたらすが、正しいがゆえに善いともいえる）。したがって、Xは、自分の行為を正当化するルールが共有しているとの信念を持つならば、その行為がYに災厄をもたらすものではあっても、当該行為に一応動機づけられうるのである。

そして《リベラル》は、《他者・世界にとっての善》に変換できないような《自己の善＝他者の悪》を回避するという傾向性（欲求）を持つ――《他者・世界にとっての善》に変換できないような《自己の善＝他者の悪》が回避されるべき悪であることを承認する――だろう。《他者・世界にとっての善》に変換できないような《自己の善＝他者の悪》は、自己にとっても、あくまでも回避されるべき悪なのである。たとえば、ためらいながら（店員のいない果物屋で）目前のリンゴを盗む人は、たんに自己の善さが世界の悪（たとえば果物屋の損害）に変換されてしまうからためらうのではなく、自分に端的な善さをもたらす事態が自らも欲求しうる「世界にとっての正しさ」に適わない（二階の次元で欲求しえない）からこそ、ためらったともいえる。[15]「被害者なき犯罪」における躊躇という態度とは、こうした「ルールによる正当化」への構えを内面化した《リベラル》に特有の感覚なのではなかろうか。[16]

当然のことながら、私的なルールはつねに共有されているわけではないし、自己利益を偏愛するエゴイストもそこにはいるだろう（良心の呵責を押さえ込めば、エゴイスティックな《リベラル》は他者に加害することができる）。ただし、すべての《リベラル》はルールにもとづく理由を介したコミュニケーションをとるという構えそのものは身につけている。《リベラル》の世界においては、善の対立は正しさをめぐる理由づけの対立としても理解されるため、正しさをめぐる闘争／正しさと善さとの闘争は絶えることがない。当然、自他の関係のみならず、自己の内部でも正しさ／ルール同士の対立は起こりうるだろう。《リベラル》の世界は道徳的に重層的なのである。だが、殺人行為の言い訳をするぐらいの感性を持った人びとの共同体なのであって、それは十分に道徳的であるともいいうる。

かくして理由の共同体たる《リベラル》の内部においては、カント主義的な議論はもっともらしくなる。どんな悪人でも公共的なルールにもとづく理由を理解せずにはいられない（定義上、他者に理解不可能な私的な理由を持つこと、ルール準拠的な態度をとらずにいることはできない）[17]。どんなエゴイスティックではあれ、私的なルールを持つ程度には理性的な存在は、理由の共同体から逃れることはできない。理由の共同体には、外部がないのである[18]。

＊

ルール準拠的で、理由の共同体へとコミットせざるをえない《リベラル》たちの社会（権力やサンクションはこの世界ではじめて有意味になる）[19]。それは相当に道徳的な社会ではある。自己の長期的利益を承認しただけで、ここまで道徳的な存在になるとは私にとっても意外であった。しかし、かれらは、かくも道徳的な世界に入り込んだからといって、現存する公的ルールに盲従する態度を是としたわけではないし、いわんや特定の共通善の尊重を要請してくる共同体にコミットしたわけではない。いかに秩序だった道徳的な世界であるとはいえ、《リベラル》たちの住まう世界は、やはり依然としてメンバーのすべてが公的ルールの優位（優先性ルール）を承認する《自由主義者》の政治社会とはだいぶ様相を違えているのである。だとすれば、《リベラル》たちが自由主義的な政治社会を選択するよう動機づけられるなどということはそもそも可能なのだろうか。むしろかれらは、局所的な規範作用圏の多元的併存を許容する政治的アナーキズム、すなわち《リベラル》たちが自生的に形成する秩序以上に「強い」公共性を求める理論を拒絶する理論の方に魅きつけられるのではなかろうか。節を改め、このありうべき疑念の内容を明確化していくこととしたい。

二　「自由主義」の条件　《リベラル》が《自由主義者》となるためには何が必要か

【1】 自由原理と正当化原理

第四章の最後で確認したように、我々の《リベラル》は、(1)他人への配慮が、自分の未来の状態への配慮と同様、理に適った態度であることを認め、(2)他人の痛み・不利益が、自分の痛み・不利益と同様に回避されることが望ましい悪・災厄であることを承認するような主体であった。こうした他者の被る悪に対する共感能力を帰属しうる主体は、「私の悪は悪いが、あなたに降りかかる災厄は悪くない」と言ってのける《規範の他者》と比べるなら、もう十分に道徳的な存在であるといえる。たとえば、かれらは、近代リベラリズムの展開において黄金律として機能してきた次のような自由原理（**加害原理 harm principle**）を、難なく承認することだろう。

［5-8］　個人は、他者に危害を加えないかぎり、自由に自らの善を追求する平等な権利を持つ。

「他者に危害を加えないかぎり」という但し書きをどう解釈するか[20]、というかなり厄介な問題をとりあえず棚上げしておけば、この原理に《リベラル》が同意するであろうことは比較的自明なことと思われる。たしかに、他者に起こる悪を自分の身の上に起こる悪同様望ましくないものと感受する傾向性を持つ《リベラル》な行為者は、自らの行為が他者に災厄・悪をもたらすような場合には、「ある種の善さをもたらす私の行為は、はたして本当に善いのか」と思い悩み、「そんな悪い行為は控えるべきだ」という他人の道徳的忠告を受け入れることもあるかもしれない（その点で永遠の現在を旋回する《規範の他者》とは決定的に異なる）。しかし、彼／女は、自らの行為が別段他者の悪を惹起しないようなときにまで、「その行為を控えよ、その行為は善くない」という他人の忠告を受け入れる義務を負うものではあるまい（もちろん、受け入れる人がいても構わないのだが）。他者の痛みを自分の痛み同様回避する心性が、他者に悪をもたらさない行為を禁じることもある道徳への忠誠心を含意しない以上、交渉の結果いかに「他者を尊重する」態度を身につけたとはいえ、我々の《リベラル》は、他者に災厄・悪をもたらさない「自分の善」の内容に他者が踏み込むことを拒絶する力（＝権利）、自分にとって「どのようなものが善いのか」を自律的に定義する力（＝権利）を手放すほど「お人よし」になったと考えるわけにはいかないのである。いかにピンク・フロイドの『ウォール』を聴くことがあなたにとって「（道徳的に）善くない」行為であったとしても、あなたのいないところで私が『ウォール』をひっそり聴いているかぎり、あなたは私の行為に対してどうこう言う権利を持ってはいない（本当は「あなたがここにいてほしい」と願っているのだが）。

では、自分の行為が他者に災厄をもたらすものであった場合、あるいは他者の行為が自分に災厄をもたらすものであった場合には、彼／女はどのように対処するのだろうか。当の行為者は、「他人の痛み・不利益が、自分の痛み・不利益と同様に回避されることが望ましい悪・災厄であることを承認する」以上、一応、その災厄の回避を欲求するはずだ。自らの善の追求が、自分自身もその回避を欲求する他者の悪をもたらしてしまうという事態の生起——この問題（現実の社会生活では利害の衝突は日常茶飯事なのだから、この問題を処理できなければ自由権は何らの実効性を持ちえない）に対しては、近代リベラリズムは通常、次のような原理（**正当化原理**）によって対応してきた。[21]

［5‐9］　他者に悪をもたらす行為は、自他ともに共有しうる（あるいは、他者が理に適った形で拒絶することのできない）理由によって正当化されなくてはならない。

この原理[22]は、基本的には次のようにパラフレーズすることができる。

［5‐10］　他者に悪をもたらす行為 a は、基本的に行為者にとっても回避されるべき悪であるが、その行為が自他ともに共有しうる（あるいは、他者が理に適った形で拒絶することのできない）ルールにもとづき正しいと評価されるなら、当該行為は、自他にとって望ましいもの＝善いものでありうる。そうした公的な正しさへの変換が上首尾にいく場合にかぎって、行為 a は許容される。

この原理に従うなら、たとえば、老人 X と壮年の Y が「年長者が優先して食べるべきだ」というルールを共有しているような場合に、(1) Y が、目の前のパンを食べたいという自分の欲求の実現を断念することを「正しいがゆえに善い」行為であると判断し、(2) X もまた涎を流して空腹を堪える Y より先に食することを「悪い」と思いながらも、自分がパンを食べることを「正しいがゆえに善い（悪くはない）」と評価することが可能になる（もちろん、有徳な老人は Y にパンを分け与えるかもしれないし、Y は「正しくない」ことを知りながら老人からパンを奪い取るかもしれないけれども）。一階の次元で Y に悪をもたらす X の行為（X に一階の次元での善さをもたらす行為）は、二階の次元で X、Y 双方にとって「善い」――つまり「正しい」――ものとして正当化されるわけだ。もちろん、正当化の理由は欲求に定位する幸福主義的・功利主義的なものであっても構わない。たとえば、X と Y が「最大多数の最大幸福を実現すべし」という功利主義のルールを共有する（当該状況下で、理に適った形で拒絶することのできないルールとともに判断する）

なら、より強い欲求を持つYがパンを食べることが「正しいがゆえに善い」ということで意見の一致をみることもあるかもしれない。いずれにせよ、**遂行される行為に関係する当事者が共有するルールに訴えかけ、正当化する理由を提示することができれば、加害は許容されうる（加害は肯定的態度をもって処されうる）**という正当化原理によって、我々は厳密に解釈された加害原理の下では禁じられかねない様々な行為の可能性を切り開き、自由権を実効化していくことができるのである（その意味で、立岩真也がいうように、自由権とは「他人に迷惑をかける権利」なのである。立岩［2000a：17-18］）。

個人が自由に善を追求する権利を認める**加害原理**と、利害の衝突を調停する**正当化原理**。この二つの原理をすべての人が承認するような社会は、とりあえず「自由主義」的な政治社会——行為者の自由を尊重する政治社会——だといっていいだろう。その社会においては、個人は各々他者に加害しないかぎりで自律的に善を追求する権利を持つのだが、他者に悪をもたらす行為をなす場合にはその他者も承認する（あるいは、理に適った形で拒絶することのできない）正当化理由を提示できなくてはならない。しかし、そのことは裏を返していえば正当化可能であるならばどんな行為であっても一応は許容される、ということでもある。だからこそ、自由主義的な社会においては、正当化理由を持つ（一階の次元では善くないが、正しい——二階の次元で善い——がゆえに、善い）行為、たとえば正当防衛として認められる殺人行為は、共有する理由によって正当化されえない行為（綿密に画策された傷害）や、そもそも他者が共有していない私的理由にもとづく行為（「美しい男性は殺すべし」というルールにもとづく殺人）などと鋭く差異化され、許容されるのである。したがって我々は、正当化原理を、加害原理にいわれる自由に対するたんなる外在的制約としてではなく、むしろ自由を担保する不可欠の契機として捉えなくてはならない。「正しさ」というメディアを挿入することにより、人びとは「どんなものであれ、他者に悪をもたらす行為はしてはならない」という窮屈な義務の帝国から解放され、より充実した自由を謳歌することができるようになるのである。

もちろん、正当化の理由を提供する公的ルールが自然法という形でアプリオリに設定可能と考える論者（その代表者はホッブスやロックであろう）もいれば、「社会全体の幸福・善を最大化すべし」という功利主義の普遍的規則が公的理由を形成すると考える論者（その代表者はミルであろう。Mill［1859=1971：190-191］を参照）もいることだろう。また、社会の構成メンバー全員が共有しうる普遍的理由など存在せず、せいぜい局所的に流通する正当化理由を共有する共同体が複数存在しているだけだ、と言い張る論者もいるかもしれない。しかしここでは、そうした正当化理由の内容・種差は問題ではない。**自由主義的と形容されるような社会理論が最大公約数的に承認する加害原理は、その実効性（自由）を確保するために避け難く正当化原理による補完を必要とすること、正当化原理なき自由主義理論というものは存在しえないということ**——さしあたり、この点を確認しておけばよい。(23)

【2】正当化原理にコミットすることの奇特さ

加害原理のなかに表現される「自由に善を追求する権利」と、正当化原理のセットが、自由主義的な政治構想を可能にする——この主張がとりあえず真であると考えることとしよう。すると、当然のことながら次のような疑問が湧いてくる。すなわち——たしかに《リベラル》は加害原理を承認するだろうが、はたして、かれらは正当化原理をも承認するのだろうか？　もし、かれらが正当化原理に承認する十分な根拠がないのだとすれば、《リベラル》たちの生きる世界と自由主義的な社会を同一視することはできない。《リベラル》たちが自由主義的な政治体制を選好するというのは、論点先取にもとづく幻想にすぎないのではないか、と。

たしかに、前節で確認したように、理由の王国に住まう《リベラル》たちは、《規範の他者》と異なり、正当化原理を引き受け、それを実践する能力（ability）を持っている。すなわち、A端的な善さ、B「私的なルールにもとづく正しさゆえの善さ」のみならず、C「公的なルールにもとづく正しさゆえの善さ」に動機づけられて行為することもできる主体ではある。しかし言うまでもなく、正当化原理を承認するということは、たんにCのように動機づけられる能力を持つ、ということと同じことではない[24]。正当化原理は、「公的なルールにもとづく正しさゆえの善さ」（C）に変換できないような「自分にとっての善／他者にとっての悪」（A・B）の追求を控えることを行為者に要求する。つまり、ある主体が、正当化原理を引き受けているといえるためには、その主体が、事実として「公的なルールにもとづく正しさゆえの善さ」に動機づけられて行為する能力を持っているだけではなく、

［5-11］「他者と共有可能なルールにもとづく正しさ（ゆえの善さ）」は、「私的なルールにもとづく正しさ（ゆえの善さ）」や端的な善さよりも、行為の動機として優先性を持つ（C＞B＞A）、

というメタ原理、ベイアー（Baier［1958］）が優先性のルール（rules of superiority）と呼ぶようなメタ・ルール――「もろもろの道徳的理由は私的利害という理由よりも優先されること、広範囲にわたる利益という理由の方が範囲の限られた利益という理由よりも優先されること、私的利害という理由は単なる快不快よりも優先されること」（Kaulbach［1974=1980：232］）――を承認していなくてはならないのである。

もちろん、第四章で展開された交渉の記録のなかには、《リベラル》によるこうしたメタ原理への同意・コミットメントの事実は書き込まれてはいなかった。A・B・Cのいずれをどの程度重視するかは、いわば各行為主体の性格（character）・選好構造によってマチマチなのであって、我々は勝手に「Cを優先する」という態度（正当化原理へのコミットメント）を《リベラル》に帰属してはならないのだ（BをCより重視する人は、他者に危害を加える正当化不可能な行為を、ためらいながらも遂行することだろう。それは、本書が操作的に設定した《リベラル》だけにいえることではなく、ごく日常的に「我々」が体験している実践的葛藤である）。

このように、《リベラル》が必ずしも正当化原理を承認するわけではないということになると、《リベラル》たちが住まう社会空間は、それ自体として「自由主義」的なものとはいえなくなる。先の疑念は杞憂ではなかったのだ。それでもなおかつ、《リベラル》たちの世界に自由主義的な倫理・政治を持ち込もうとするならば、Cの優位化を可能にする（正当化原理を正当化する）何らかの契機＝メディアが導入されなくてはならない（この点、内井惣七も指摘している通り、「自愛」「博愛」と「正義」との論理的断層を見据えていたシジウィックの見識は注目に値する。内井［1998-2000］参照）。この正当化原理を担保する何らかの契機、自由主義理論の外部から自由主義理論を支えている不可視の契機を、さしあたって《暴力》と呼んでおくこととしよう。いわゆるリベラリズムの思想は、この《暴力》という構成的外部に決定的に依存しながら、その依存の事実を隠蔽することによって、理論としての説得力を獲得している。そして実は、こうした外部の存在は、自由主義の理論家たちの多くが気づきながら、巧妙に見過ごしてきたものなのである。

三　「自由主義」を担保する《暴力》

《リベラル》たちが容認し、かつ自由主義的な社会理論が最低限用意しなくてはならない加害原理は、それだけではまったく「自由な善の追求」を保証する自由権を実効化することはできず、正当化原理による補完を必要とした。そして、その正当化原理は、人びとが「自他が承認する公的なルールにもとづく正しさを、私的なルールにもとづく正しさに比して優先せよ」というメタ・ルールを受け入れている場合にのみ、意味を持ちうる。つまり、自由主義の擁護者は、優先性ルールが構成員によって受け入れられる理由を何らかの形で示さなくてはならない。ところで、本章第一節で確認したように《リベラル》たちはルール準拠的態度を採用してはいるが、必ずしも公的ルールを優先する態度を身につけているわけではなかった（そういう人もいるだろうが、それはその人の好みにすぎない）。――ここで問題となっているのは、公的ルールの優先性を指令するメタ・ルールを、たんに個々人の「好み」の対象としてしか捉えない《リベラル》たちの世界と、その普遍的・全域的な妥当性を主張する《自由主義者》とのあいだである。本章の冒頭で言及した《リベラル》と《自由主義者》のあいだの溝には、優先性ルールという一見自明な、しかし容易に根拠づけることのできない道徳原理が横たわっているのである。

私のみたところ、誠実な自由主義の理論家は、

① このメタ・ルールを不可視化する道具立てを作り出すことによって、問題そのものの所在を隠蔽するか、

あるいは、

② 優先性ルールを受容することを「理性的存在」にとっての構成的（超越論的？）要件とすることによって、問題そのものを独断的に解消してしまうか、

のいずれかであった。

後者の典型例はいうまでもなく、カントの道徳理論である。カントにとって、普遍化可能性のテストにパスするルールにもとづく行為を優先することは、行為者が傾向性の呪縛から解き放たれた「自由な人格」であるための文法的な構成要件なのであって、そもそも優先性ルールの正当化という問題は、最初から解決されてしまっている。カントの道徳理論は、優先性ルールを受け入れない合理的な行為者（我々の《リベラル》のなかに少なからず見いだされ

る人物類型）を議論の外に放逐するかぎり、完全に正しい。しかし、いうまでもなく、その正しさたるや、「《ルール a を優先すべきというルール A を受け入れる人々は、ルール a を優先すべきである》は真である」と言うのと同様、トートロジカルな正しさにすぎないのだが。

こうしたカント的なやり口（②）と異なり、現代の自由主義の理論家たちはもう少し泥臭くはあるがしかし巧妙な形（①）で、優先性ルールの根拠づけという問題をとり扱っているように思われる。いや、「とり扱っている」というよりは、「隠蔽している」といった方が精確かもしれない。その基本的な戦略は、優先性のルールを承認するとはかぎらない様々な行為の動機を持つ行為者が、事実上、優先性ルールを受け入れざるをえないような状況を設定するというものである(25)。つまり、人間の理性的本性などによって優先性ルールを根拠づけるのではなく、当該ルールを受け入れざるをえない状況に行為者たちを追い込み、いわば理由の外部にある事実的な《暴力》によって優先性ルールを認めさせるという寸法だ(26)（それは、クワス算する困った子供の誤りを、ウィトゲンシュタイン的に――有無をいわさず――「教える」態度と似ている）。この戦略の主導者として、我々はロールズとノージックの名を挙げることができるだろう。もちろん両者の具体的な戦術、《暴力》の形態はまったくといっていいほど異なっているのだが、主体を《暴力》に屈せざるをえないほどに弱体化するからくりを議論に挿入するという点において、両者の議論は意外なほど軌を一にしている。かれらの自由主義理論にあって、優先性ルール・正当化原理は正当化されるのではなく、端的に何の根拠もなく外部から――暴力によって――挿入されるのである(27)。

まずは、ロールズの方から見ていくこととしよう。

【1】 正当化原理の正当化　その1　ロールズ――原初の暴力

もはや詳述するまでもないと思うが、ロールズが右の戦略（①）を実行するために作り出した「からくり」は、始源状態（original position）という仮想的政治空間である。始源状態にある人びとは、後に形成される政治社会において自分が就く社会的地位についての情報を遮断され（無知のヴェールを被せられ）、また、他人に妬みや嫉妬を抱く（外的選好を持つ）ことなく自分の生活の改善のみを指向するよう、動機づけにかんする制限を加えられる。自らの善き生を計画する合理性（rationality）と、他者への適度な配慮をなす道理性（reasonability）を携えた始源状態下の主体――それは、本書にいう《リベラル》とほぼ同工の存在であると考えてよい――が、いかなる協同生活に関係する規範原理を採択するのかを思考実験し、受容可能な正義原理と政治体制を明示化していくこと、それが『正義論』の主要課題であった。

周知のように、かかるロールズの議論に対しては、導出される原理（とりわけ格差原理）の解釈上の妥当性など、その内容にかんして様々な批判が加えられてきたが（Harsanyi [1976]; Nozik [1974=2000]）、我々はむしろ、議論の内容ではなく形式に対して向けられた批判に注目することとしたい。その代表例は、マイケル・サンデルによるものである。

サンデルは、ロールズ政治学が前提視している負荷なき自己（unencumbered self）像――あらゆる社会的属性を漂白された自我像――を、共同体への帰属を自我のアイデンティティ構成にとって不可欠の契機として受け止める共同体主義の立場から批判した論者としてもっぱら知られているが、たんなる自我概念批判にとどまらない重要な論点を『自由主義と正義の限界』第三章で提示している（Sandel [1982=1992]）。私は、サンデルの自我理論や共同体論をまったく評価してはいないけれども、ロールズの語りの形式――契約論という文体――に対して向けられた批判は十分に傾聴に値するものだと思う。サンデルは、始源状態において選択された原理が「いかなる内容であれ」当事者たちによって受け入れられるというロールズの主張に対する仮説的な解釈を提示し、次のように批判している。

> この解釈では、選択される原理が「何になろうとも」、正当なものになるという意味は、そのような状況があれば、彼らは、正しい原理を選択されるということだけにすぎない。厳密にいえば、彼らが望むまま、いかなる原理も選択できるのは本当であるかもしれないとしても、ある原理だけの選択を「望む」ことが保証されるように、その状況は立案されている。この見解では、原初状態において「達成される、いかなる同意も」公正であるのは、その手続きがいかなる成果も正当であるとして聖別するからではなく、その状況が特定の成果を保証しているからである（Sandel [1982=1992：246]）。

何やら錯綜して分かりにくい記述ではあるが、ごく簡単にいうなら「始源状態の当事者が、ロールズのいうような原理を本当に選択すると、議論の必要上、仮定するとしても、このことは、その原理が正当であると信じさせる理由に」はなりえないということ、要するに、契約論において選択された道徳原理への動機づけ可能性を懐疑する議論である。

カントのように何らかの人間本性論から道徳原理を導出することを潔く断念するロールズの方法論は、本来、(1)結果的に肯定される特定の道徳原理（公正としての正義）を意味的に包含しない、道徳的な中立性を持つ原理選択方法を設定したうえで、(2)合理性と道理性を携えた主体が特定の原理を選択する道筋を描いていかなくてはならない。つまり、道徳的に中立な原理選択方法を設定する段階では、「公正としての正義」以外の道徳原理も選択可能でなくてはならない。しかし、サンデルによれば、ロールズによる始源状態の設定は、そもそも「公正としての正義」以外の道徳的原理（たとえば共通善の尊重原理など）を当事者が選択できないように設えられてしまっているのだ。当事者が*X*しか選択できないような状況を作り出しておきながら、当事者が*X*を選択したと言い張って、「*X*は正当である」と結論づけるというのは、紛うかたなき詭弁であろう。サンデルの主張は、こうした詭弁を口ールズが展開していること、そして、どういうわけか無知のヴェールを被ることに同意してしまったロールズの「自然人」ならいざしらず、詭弁にもとづく論証に（無知のヴェールなど被りたくもない）我々が従うべき理由などない、というものであったと考えることができる。

こうしたサンデルの批判は、我々の用語系では、「ロールズは、公的な正しさを私的な善さ／正しさに比して優先する優先性ルールが信憑性を獲得するような初期条件を設定したうえで、議論を展開している。つまり、優先性ルールは、説明されることなく端的に前提とされている」とパラフレーズすることができる。たしかに、ロールズの始源状態という議論のスタートラインを、スタートラインとして適切なものとして承認するのなら、つまり、私的な正しさ／善さというものが無知のヴェールに覆われることによって排除されるような状況を道徳的考察の出発点として承認するのであれば、彼が喧伝する正義の二原理の妥当性は保証されるのかもしれない。しかしそれ以前に、現実として私的正しさ／善さを携え、それによって行為を調整する我々（そして多くの《リベラル》）は、なぜ無知のヴェールを被らねばならない（被るよう動機づけられる）のだろうか。サンデルによるロールズ批判は、「自我というものは共同体によって拘束されており……」云々といった話に切り詰められるべきではない。それは、「なぜ公平な視座を採用すべきなのか、なぜそれを個々人の視座よりも優先させるべきなのか、その理由を提示せよ」(Baucher & Kelly ed.［1994=1997 : 309］）という、優先性ルールの正当化を求める（自由主義的政治理論の喉元に突き刺さる）根元的な問いかけとして受け止められねばならないのである。(28)

もちろん、サンデル自身はこのラディカルな問いかけの意味を十分咀嚼することなく、それを共通善を称揚する政治哲学＝共同体主義の主張へと短絡してしまった。いわく――契約論的な問題設定では、ある特定の道徳原理に人びとを動機づけることはできない。道徳規範へのコミットメントは、人びとが内在する共同体が提供する善の存在によって構成的に機能しうるのだから、政治哲学の本義は、共同体が内包する善を分節・明示化していくという点にこそ見いだされうるのだ、と。かかる「凡庸な真理」を語る共同体論の中心的な主張についてはとりあえず措いておくこととして、[29]我々としては、もう少し動機づけの問題にこだわっておくこととしたい。

ここで、無知のヴェールにおける選択主体が二重の意味において弱体化されているということ、その弱体化が意味する理論的含意について、簡単に確認しておくこととしよう。

まず第一に、無知のヴェールを掛けられた選択主体は、自分にとっての善を追求するうえで必要とされる財＝善や能力、力を根こそぎ剝奪されており、「来るべき政治社会」において自らが弱者となる可能性を高く見積もるような位置に置かれている。いわば、選択主体は、物理的力の次元で十分に弱体化されることにより、公的ルールを優先する「公正としての正義」に同意するよう状況化されて（situated）いるのだ。当然のことながら、物理的力を剝奪された弱者にとっては、強者による剝き出しの暴力・私刑が横行する世界よりは、合意可能な公的ルールに支配された世界――優先性ルールが共有されている世界――の方が好ましく映るだろう。ロールズの始源状態とはいわば、正当化されない暴力を用いて善を追求する気概を失った人びとたちの集う弱者の楽園なのであり、また無知のヴェールとは「自己を強者として規定し、力による他者支配をもくろむ者」を排除する「一種の陶片追放の装置」（笹澤［1993：202］）なのである。

しかし冷静に考えてみれば分かるように、たんなる物理的力を奪われただけで、すべての選択主体が奴隷道徳＝公正としての正義に同意するとはかぎらない。「来るべき政治社会」においては、自分が強者になる可能性もあるのだから、かなりリスキーではあれその可能性に賭け、私的な善を謳歌する未来を思い描く人がいてもおかしくはなかろう。[30]そうしたチャレンジャー的なパーソナリティを持つ主体は、公正としての正義や優先性ルールを自らの可能性を狭める桎梏として受け止めるかもしれない。ロールズの始源状態は、物理的な強者のみならず、こうした弱くはあるけれども強い生への意志を持つ主体をも排除する（意志的に弱体化する）理論装置として機能しているとはいえないだろうか。

ここで、第四章で論じた《規範の他者》、道徳制度に内在する人びとによってとりおさえられながらも「私にとって善いことはすなわち（世界にとって）善いことなのだから、君たちが私に災厄を与えることは間違いなく悪だ！いますぐ解放せよ」などとわめき叫ぶ《規範の他者》のあり方を、想起してみよう。[31] 彼／女は、必ずしも物理的な意味で強者であるわけではない。しかし、世界の善と自分の善のあいだの齟齬を解消し、自分＝世界の善を追求しようとする透徹した意志において、彼／女のあり方はまさしく「強者」「貴族」そのものである。抗事実的に措定される善い状態の実現を指向する強い意志——物理的力の強弱にかかわりなく存立しうるこうした「強さ」を勘案したとき、社会契約の状況は一変するはずだ。現在弱くはあっても自分が「来るべき政治社会」において物理的な強者になるという堅い信念を持ち、強者としての善の豊かな享受を望む人が、善の追求を制限する正当化原理の受容に動機づけられるなどということがありうるだろうか？

第四章の「交渉」において我々は、こうした意志的な強者に対して、長期的視点の採用をすすめることによって、すなわち、「長期的な利害を考慮すれば、いちいち他者から災厄を受けることもなくなりますよ」と唆すことによって、対処した。それは、意志的な強さを少々弱めて、他者と折り合いのつく妥協的な善さを追求せよ、と申し出るものであったといえる。つまり我々は、意志的な弱体化そのものも折衝されるべき重要な交渉テーマとして扱ってきたのである。しかしながら、先にも述べたように、ロールズの選択主体は、議論のはじめから未来の自己利益を慮る合理的人物として設定されており、いわば、議論の最初から、未来の自己利益を考慮（あるいは優先）せねばならないほど弱いものとして定義されているのだ。[32] これはかなり狡知にたけた議論の運び方だといわねばならない。あまり注目されることの少ない箇所だが、当事者から物理的力を剝奪する無知のヴェールを規定する『正義論』一部三章第二四節の直後に、「当事者の合理性」についての記述（二五節）が続いていることは、ロールズ理論のそうした狡知を証左している。それは、物理的に強い主体のみならず、意志的に強い主体をも契約から排除する理論的・技術的な操作なのである。

＊

なぜ我々は始源状態において（無知のヴェールでもって物理的力を漂白され、合理性の想定によって生への意志を貫く強さを奪われた選択主体によって）選択された道徳原理に、従う必要があるのか？——これがサンデルが提示した問いであった。いまや我々はこの問いを次のように翻訳することができるだろう。

［5-12］物理的および意志的な弱体化（を通して倫理的考察を進めること）は、いかにして道徳的に正当化されうるのか？

この問いに対するロールズの回答は、かなり腰の砕けたものと言わねばならない。

これらの［始源状態において選択される］原理が道徳的であるかどうかはともかくとして、そもそもなぜ私たちはこれらの原理に関心を持つべきなのか——これは当然問われてしかるべき問題だ。それに対する答えは、始源状態の記述のなかに具体化されている諸条件は、私たちが実際に受け入れている条件であるから、というものである。もし私たちがこれらを現実に受け入れていなかったとしても、哲学的反省によっておそらく受け入れるよう説得されることになるだろう（Rawls［1972:21］、［　］内は引用者）。

物理的・意志的に弱体化された仮想的主体の選択が、現実社会を生きる我々にとっても道徳的に支持されうるのは、そうした仮想的主体の選択状況が道徳的原理を導き出す状況（手続き）として妥当であることを、（1）「我々が実際に受け入れている」、あるいは、（2）「哲学的反省によって承認しうる」からだとロールズは言う。しかし、これではまるで「弱体化された人びとによる選択は道徳的に妥当である。なぜなら、選択者が弱体化された状況は道徳的に妥当な選択を生み出す状況であると我々は（現実に、あるいは可能的に）知っているのだから」と述べているようなものだ。この明白なトートロジー――倫理理論におけるトートロジーとは多くの場合、その論者の最終的な道徳的直観を指し示している――をカントは実践理性の名の下に解消し、ロールズは「手続き」という理論装置によって隠蔽した（Coicaud [1997=2000 : 244]）。もちろん、この隠蔽の事実は見逃されてはならない。ドゥオーキンが言うように、「始源状態は彼［ロールズ］の論証の基礎とか均衡化技術の説明装置といったものではなく、理論全体の中心的で実質的な結論の一つ」（Dworkin [1977=1986 : 208]、［ ］内および強調傍点は引用者）なのである。(33)

結局のところ、ロールズにおいて、正当化原理・優先性ルールは理論的に根拠づけられてはいない。それは、物理的・意志的力を人びとから奪い去る、始源状態という《原初の暴力》によって一挙に「与えられて＝自明化されて granted」いるのだ。さらにロールズの場合、道徳的な中立性を仮構する「手続き」というレトリックによって、《原初の暴力》が行われた事実そのものも隠蔽されている！(34)（「始源状態という考えは、同意される、いかなる原理も正しくなるように、公正な手続きを設定することである。その狙いは、理論の基礎として、純粋な手続き上の正義という観念を用いることである。」）ロールズは正当化原理を理由＝理性によって正当化したのではない。理由の外部から外挿された不可視化の暴力によって我々は、事実上、優先性ルールを受け入れざるをえないような状況へと追い込まれたのである。(35)

【2】正当化原理の正当化　その2　ノージック——事実上の独占

私的な正しさ／善さに対して公的な正しさを優先することを指示する優先性ルールが、政治社会の構成員を物理的・意志的に弱体化する暴力によって担保されていること——こうした正義を優先する道徳的感性そのものが内包する暴力性を、ロールズは自らの「手続き主義」的な論法の形式において見事に隠蔽していた。ここでとりあげるいま一人の現代自由主義者（というよりリバタリアン）ロバート・ノージックの方は、もう少しこの問題に敏感な感性を働かせているように思われる。『アナーキー・国家・ユートピア』におけるノージック（Nozick［1974=2000］）は、「公的な正しさを優先する」というメタ・ルールが、議論の対象となっている政治社会において全域的な実効性を有するという事態の成立——ロールズにおいてそれは、始源状態の想定により一挙に達成されていた——を、倫理的に当然のこととはみなしてはいない。正義の実現を命ずる優先性ルールの全域的実効性を確立すべく展開されたノージックの議論とその挫折は、自由主義的な政治哲学の困難さを我々に教えてくれるだろう。(36)

＊

『アナーキー・国家・ユートピア』におけるリバタリアン的な（最小）国家正当化論は、すでに古典的教養の範疇に入るものとなっているし、すでに日本語で書かれた優れた解説書も数多くあるので、あまり立ち入らない。「他人の生命・自由・財産を侵害してはならない」という自然法の制約範囲内で自由に善を追求する権利、およびそうした権利への侵害に対して防衛する権利を持つ、ロック的な自然状態にある人びとが、合理的な選択によって、何人の自然権をも侵害することなく、最小国家を形成するにいたる道筋（保護協会↓a支配的保護協会↓b超最小国家↓c最小国家）を描き、また最小国家以上の拡大国家が道徳的に正当化されえないことを示す、というのがその大まかな粗筋である。構成員が皆それぞれに（自他に対する）自然権侵害を判定・処罰する自然状態から、保護サービスと引き換えに私的な処罰権を個人から譲渡される保護協会が乱立する（局所的な公的処罰ルールが分立する）状態、市場原理にもとづいて形成された強力な支配的保護協会による独占状態の成立、そして、支配的保護協会がオーソライズする唯一の公的処罰ルールが全域性を獲得していく状態へ……。我々の用語法でいえば、構成員すべてが優先性ルールを引き受ける状態が、神の見えざる手に導かれるようにして自然権を持つ合理的主体の選択によって達成される、というわけだ。

もし、この「見えざる手説明」がうまく行き、優先性ルールの全域性を正当化するものであるとすれば、我々はロールズのように外挿される理論装置などに頼ることなく、正当化原理を倫理的に正当化する（正当化原理への動機づけを暴力によらず実現することができる）手段を手に入れたこととなる。しかし残念ながら、ロールズとはだいぶ異なる形においてではあるけれども、ノージックもまた、それ自体根拠づけることのできない主体の物理的・意志的弱体化にコミットしてしまっている。私の見たところ、物理的な弱体化は支配的保護協会から超最小国家への移行過程（b）に、そして意志的な弱体化は超最小国家から最小国家への移行過程（c）に、巧妙な形で織り込まれている。それぞれ見ていくこととしよう。

A　物理的な弱体化　支配的保護協会から超最小国家への移行過程

超最小国家とは、見えざる手に導かれて形成された支配的保護協会が、クライアントに対しては（私的刑罰権の断念と引き換えに）保護と執行のサービスを与え、公的ルールの優先性を内部的に確立しつつ、いまだ私的な刑罰権を手放していない独立人に対し、私的処罰権の行使を禁止する政治状態である。よく知られるように、ノージックは、この政治状態までは独立人の権利を侵害することなく「見えざる手」の導きによって実現されると考えている。しかしながら、はたして独立人は、加入に同意したわけでもない支配的保護協会が突きつけてくる「禁止」を受け入れる動機を持つのだろうか？　刑罰の私的執行の禁止は本当に独立人の権利を侵害してはいないといえるのだろうか？

こうしたごく自然に浮かび上がってくる疑問に対してノージックは、「罪を確定するについて最も危険の少ない既知の手続きで、つまり無実の人を有罪と認定する確率が最小の手続きで、自分の罪を判定してもらう」（Nozick［1974=2000：151］）手続き的権利なるものを持ち出すことによって応答している。

> 独立人が正義を実行する手続きがあまりにリスクが多く危険なことがわかっている時——つまり、それが無実の者を罰したり有罪の者を過度に罰したりする危険が（他の手続きによるよりも）高い時——、または彼の手続きが危険でないことがわからない時、それを理由に独立人が正義を私的に強要することを禁止しうるかも知れない（Nozick［1974=2000：139］）。

要するに、支配的保護協会のものほどは明示化・一般化されていない独立人の手続き的ルールに則った行為は、クライアントの手続き的権利を侵害する可能性が高いのでこれを禁じることができる、というわけだ。手続き的権利は自然権のリストのなかに含まれていると考えることができるので、この権利を保護するために講じられる措置（独立人の私刑禁止）は不当なものとはいえない。もちろんノージックにあっても、独立人による私的ルールの執行そのものが悪いとか、つねに独立人による私刑は不公正だなどと指摘されているわけではない。当然のことながら刑罰権は自然権のリストのなかに含まれているし、独立人が公正な手続きを踏むことだって十分ありうる。しかし、全体としての自然権の保護を貫くべく確率論的配慮をするなら、独立人の私的刑罰の禁止は正当化されうる——このやや功利主義的な匂いを漂わせた論理が、外部＝独立人を包摂するに当たって採用されているのである。

もちろん、我々としてはこうしたノージックの議論に納得するわけにはいかない。

まず、なぜ独立人による正義の誤執行ばかりが問題とされねばならないのだろうか。いかに特定の地域において支配的保護協会が支配的であったとしても、それはあくまで数的・物理的に「支配的」な状態にあるというだけのことであり、その保護協会が提示する「正義の執行」ルールが普遍的な正義により近似しているということを意味してはいないはずだ。つまり、支配的保護協会は数的には多数派を形成しているとしても、規範的にはあくまでローカルで私的な存在にすぎないのである。だとすれば当然、支配的保護協会による正義の誤執行の可能性、あるいは、独立人の正義の執行が支配的保護協会による正義の執行よりも「より正義に適っている」可能性というものも考慮しないわけにはいかないのではなかろうか。「いや、そういう可能性がないと言っているのではない。ただ独立人による誤執行の可能性の方が高いのだ」という反論があるかもしれない。しかし、「独立人による誤執行の可能性の方が高い」と言えるためには、そもそも「支配的保護協会の視点の方が独立人のそれよりも、正義を完全な形で観察する神の視点に近い」と言えなくてはならないはずだ。そのことを、ノージックは論証していない（というよりも、自明視している）。けだし、支配的保護協会の方が「正義の女神」に近い位置にある、という判断は、「見えざる手」説明の外部から外挿された独断的な道徳的直観にすぎないのである。

道徳的原理の外挿を許容しない「見えざる手」説明の流儀でいくなら、アプリオリに「支配的保護協会の視点の方が神の視点に近い」と言うことは許されないのだから、支配的保護協会による独立人の私刑執行の禁止を、「（保護協会の方が）より正義に近似している」という理由で正当化するわけにはいかない……。かかる理論的ジレンマに直面したノージックは、手続き的権利をめぐる議論に引き続いて、より道徳的に中立な「事実上の独占」というアイディア＝解決策を提示する。

しかし保護協会がこの権利〔手続き的権利〕の唯一の所有者だと主張するのではなく、〔独立人をも含む〕誰もがその権利を有するのである。協会が、そして協会のみが有する権利があると主張されるわけではないから、独占の主張ではない。しかし協会は、全員が有すると承認したこの権利を、協会のクライアントについて適用し実行する。……支配的保護協会は、自己の手続を信頼性があり且つ公正だと判定し、またこのことは一般に知られていると信じているから、この手続に対して自衛することを誰にも許さないであろう。つまり協会は、そうする者を誰でも処罰するであろう。支配的保護協会は、自己の情況理解に従って自由に行動するだろうが、他の者は誰も咎めを受けずにそうすることはできないであろう。独占は主張されていないのだが、支配的機関はその実力のために特別な立場に立つことになるのである（Nozick〔1974=2000:170-171〕、〔　〕内は引用者）。

いかに強大な物理的実力を持つ独立人も、見えざる手に導かれて形成された支配的保護協会の実力にはかなわないのだから、結局、独立人は不本意ながらも自らの実力行使を制限せざるをえない状況へと追い込まれる。つまり、支配的保護協会による物理的実力の独占は、規範的には主張されてはいないものの、その圧倒的な実力ゆえに「事実上 de facto」達成されてしまうのだ。独立人たちの私的な手続きにもとづいた刑罰の禁止は、「支配的保護協会の手続きの方が公正である（確率が高い）」がゆえに規範的に正当化されるのではなく、支配的保護協会の圧倒的な実力によって相対的に弱体化された主体たちによって事実上受忍されるのである(37)。

この事実上の独占というアイディアにかんして注目すべき点は、それが、「独立人による正義の私的執行に対する、保護協会による正義執行の優先性」を、倫理的に正当化することを潔く断念し、強大な物理的実力の集中という身も蓋もない「事実」によって（我々読者および独立人に）説得しようとしていることである。独立人たちは、何も支配的保護協会による正義の執行の倫理的正当性を認めたから正義の私的執行を控えたのではない。かれらは、支配的保護協会の持つ圧倒的な実力を恐れて、身動きがとれなくなっているにすぎないのである。ノージックは、独立人と支配的保護協会の道徳性を裁定する倫理学者＝神の視座を手放し、思考実験のフィールドをたゆたう人類学者さながら、独立人たちが相対的に弱体化され「保護協会による正義執行の優先性」が達成される事実を、淡々と書きとめていく。暴力の形跡を自らの正義論から消し去ろうとしたロールズとは異なり、公的なルールを優先する規範空間＝保護協会が全域的な作用圏を確立する、つまり、正の善に対する優先性を指示する優先性ルールが全域性を持つためには、事実上の独占のようなある種の暴力によって担保される必要があることを、ノージックはかなり率直に認めているのだ。公的なルールは、それが倫理的に優れているから優先されるのではなく、それが公的であるから倫理的に優れているとみなされるのである（Nozick［1974=2000:172, 187］）。

このように、ノージックは、無知のヴェールのような人為的な理論装置によって一挙に「弱体化」を達成してしまうロールズと異なり、あくまで主体の選択の結果生じてくる「弱体化」を記述しているのであって、その意味で、主体の物理的弱体化に理論家自身がコミットしているとはいえない。しかし、ロールズを論じたさい問題となったいま一つの弱体化（意志的な弱体化）についてはどうだろうか。実はこの点こそが、ノージック自身自ら認める最大の急所、すなわち超最小国家から最小国家への《飛躍》という問題とかかわってくるのである。

B　意志的な弱体化　超最小国家から最小国家への移行過程

支配的保護協会が事実上の独占によって独立人による自力救済を禁止（抑止）する超最小国家においては、いまだ優先性ルールは十分な意味で全域性を獲得しているとはいえない。というのも、骨抜きにされた独立人はたしかに、支配的保護協会のクライアントに脅威を与えるような権利行使は事実として控えるであろうが、べつだん、そうした権利があることを放棄したわけではないし、また「誰の権利をも侵すことなしに」（Nozick［1974=2000:174］）

遂行されうるような自力救済まで控えるわけではないのだから。こうした正義の私的執行を一律に禁じ（「領域内における実力行使につき必要な形態の独占を有」（Nozick［1974=2000：178］）し）、領域内のメンバー全員に例外なく保護サービスを提供する段階にいたって、ノージックの最小国家が成立する。ここでの問題は、事実としての私的処罰権行使の抑制をいかにして処罰権の放棄へと転化させるか、という点にある。

ノージックはこの問題を解決するに当たって、やや唐突に賠償原理という道徳的な原理を持ち出してくる。賠償原理とは「自分の安全性を高めるために他者の危険な行為を禁じる者は、禁止を受けた者に対して与えられる差別的不利益に対して賠償しなければならない」という一般的な道徳原理で、ノージック自身は癲癇患者の運転禁止などを例に挙げて説明している（Nozick［1974=2000：127］）。ノージックの議論は、直観的に妥当と認められるこの一般的な道徳原理を独立人に対する懐柔策に用いようというものだ。すなわち、賠償原理によって、

① 私的な正義の執行の禁止により「危害から自分たちを守ることができなくなり、日常の活動と生活において深刻な差別的不利益を蒙る」独立人たちに対し、支配的保護協会のクライアントたちが賠償する道徳的責務を負い、

そして、

② 保護サービス（精確にはサービス料金と禁止される者が自力救済を実行するさいの金銭的コストとの差額）の受け取りという形で賠償を受けた独立人は、正義の私的執行を断念するように要請される。

その結果、領域内での実力行使権を独占し、領域内のメンバー全員に保護サービスを与える最小国家が成立することとなる。もし賠償原理が「見えざる手」説明に抵触しない説明原理として認められるならば、ノージックは優先性ルールの全域性を上首尾に達成できたことになるだろう。しかし、ノージック自身が十分に理解しているように、そうはならない。

まず第一に、賠償原理の採用は、保護協会内部のクライアントに対する説得力（対内的な説得力）を持たない。もし独立人たちに私的な正義を執行する権利がないのだとすれば、クライアントたちは、かれらの権利を侵害していない以上賠償する必要はないし、また反対に、独立人たちにそうした権利を認めるのであれば、クライアントにはそもそも私的執行を禁じる権限（その帰結としての賠償する責務）はないことになる。要するにクライアントたちは、独立人たちに私的な正義の執行権があろうがあるまいが、賠償を申し出る動機など持ちえないのである。[38] ノージック自身認めるように、賠償原理は「自然権」とも「選択の合理性」とも折り合いのつかない、外部から挿入されたアド・ホックな道徳原理にすぎない。だからこそノージックは、その最小国家成立論の最後に、弱々しく「超最小国家を運営する者たちは、それを最小国家に転換することを、道徳上要請されるのであるが、彼らはその転換を行わない方を選ぶかも知れない」（Nozick［1974=2000:188］）と付記せねばならなかったのである。

さらに――我々にとってはこちらの方が重要なのだが――賠償原理による論証が、独立人に対する説得力（対外的な説得力）を持ちうるのかどうかもはなはだ怪しいと言わねばならない。たしかに、常識的に考えて、物理的な実力という点において圧倒的な劣勢に置かれた独立人たちが賠償に応じ、優先性ルールを不承不承とはいえともかくも受け入れる確率／蓋然性はけっして低くはあるまい。しかし、当然のことながらそうした受け入れの確率の高さは、受け入れの規範的な承認を担保するものではありえない。いかに物理的実力の点で相対的に弱体化されてしまったとしても、自立心が人なみはずれて強い独立人であれば、賠償の申し出に応じずに正義を私的に執行する権利を手放さないでいることも十分可能なはずだ。ノージックの最小国家論は、独立人のすべてが、たかだか物理的実力の次元で弱体化されただけで賠償交渉に応じるほどに「意志的に弱い」主体であるという、それ自体確証されていない想定——ロールズ理論とは異なり、ノージックの議論のなかには、主体を意志的に弱体化する理論的手続きは存在しない——のうえに成り立たっている。そこからは、事実的な物理的力の弱さにもかかわらず自らの意志的な強さを信じて行動する主体の存在は等閑視されているのだ。ロールズの場合と同様、ノージックの最小国家擁護論・アナーキズム否定論もまた、「物理的には弱いが、意志的に強い主体」という人格類型を排除する準位においてかろうじて成り立っているのである（この点、「自然状態では、最も弱いものでさえもつねに最も強いものを殺すことができる」と喝破したホッブスの見識は際立っている。Manent［1987=1995］第三章を参照）。

このように、内部のクライアントも外部の独立人たちも、賠償交渉に臨む動機を（外挿される道徳的な動機以外は）持ちえず、したがって、超最小国家から最小国家への移行、我々の用語系に翻訳するなら「優先性ルールが局所的な作用域を持つ政治状態から、優先性ルールの作用圏が全域化する政治状態への移行」は、「見えざる手」の導きによって達成されえない。逆にいうなら、そうした決定的な移行が達成されるためには、賠償を申し出る程度にクライアントを道徳化し、かつ賠償に応じる程度に独立人を「意志的に弱体化」しておく何らかの魔術的な理論的装置が必要とされるということである。もちろん、ロールズ批判の文脈で確認したように、「魔術的装置（始源状態）を導入することは倫理的に正当化しうるか」というメタレベルの問いが成り立つ以上、そうした魔術的装置を理論のなかに導入すればいいというものではない。しかし、ノージックのように、装置を媒介させることなく飛躍を飛躍として認めたところで、より高い理論的誠実性が担保されるというわけでもない。装置の外挿と飛躍とは、同じ《暴力》の表裏なのかもしれないのである。

以上、主としてロールズとノージックの議論に照準しつつ、自由主義的な社会理論が不可避に抱え込む《暴力》について考察——こうした議論のスタイルを「脱構築」と呼んでも構わない——を進めてきた。自由権の実効化を可能にする正当化原理および優先性ルールは、自由主義理論の外部に位置する構成的暴力によって担保されねばならない、つまり、相当に希薄でしかない自由権すら論証的（argumentative）に正当化することはできないのである。こうした脱構築的な議論がリベラリズムに死刑宣告を与えるものではないことは次章以降で詳論していく。しかし、リーガリズムに彩られた自由主義（ルール尊重主義）に浮かれて正義を振りかざす前に、まずはこうした「リベラリズムの臨界」を我々は十分に踏まえておく必要がある。自由主義の臨界を真摯に受け止めない者に、自由主義の希望を語る資格はない。

*

四　「自由主義」国家の不可能性？

我々は本章第二節、第三節において、かなり長々と、正当化原理を成り立たせるために要請される優先性ルールが、政治社会の全構成員によって承認されることの困難、したがって「自由権＋正当化原理」という相当に希薄な自由主義ですら内包せざるをえない困難を確認してきた。その大まかな道筋をチャート式におさらいしておくことしよう。

（1）　他者の痛みの回避を欲求する《リベラル》は、ルール準拠的存在である。つまり、合理的かつ道理に適った行為者である。

（2） とはいえ、かれらは公的な正しさ／善さを、私的な正しさ／善さに対して優先させるとはかぎらない。

（3） ところで《リベラル》は、第四章での交渉終了後もなお「他者に迷惑をかけないかぎり、自由に自分の善を追求する権利」を手放してはいない。

（3－1） 加害原理付きの自由権はその実効性を確保するためには、「他者に災厄をもたらす行為であっても、それが自他が承認するルールによって正当化可能であれば、許容される」という正当化原理を必要とする。

（3－2） 正当化原理は、「自他が承認する公的なルールにもとづく正しさを、私的なルールにもとづく正しさに比して優先せよ」という優先性ルールを前提とする。

（4） 自由権を保障する自由な社会は、優先性ルール（および正当化原理）の作用域が全域化している社会でなくてはならない。つまり、自由主義的な社会を構想する社会理論は、優先性ルールを何らかの形で根拠づけなくてはならない。

（4－1） 優先性ルールの拘束力を実践理性によって説明するカントの理論は、空疎なトートロジーにすぎない

（4－2） カントとは異なり「優先性のルールを承認するとはかぎらない様々な行為の動機を持つ行為者が、事実上、優先性ルールを受け入れざるをえないような状況を設定する」ロールズおよびノージックの議論は、「物理的に弱体化されたが意志的に強い」主体の存在を抑圧することによって成り立っている。「物理的に弱体化されたが意志的に強い」主体の存在を勘案した場合、「優先性ルールを受け入れざるをえないような状況」の設定にロールズ、ノージックが成功しているとは言いがたい。つまり、非カント的な

方法によっても、優先性ルールの全域的な拘束力は根拠づけられていない。

こうしたある意味でアナーキズム的ともいえる我々の議論は、自由主義的な社会理論に避け難くついてまわる根本問題を提起するものといえるだろう。すなわち――ある程度の道理性（他者の痛みへの共感能力）と合理性（長期的利益に配慮する傾向性）を備え持った主体（《リベラル》）全員が同意する、自由な政治社会において必要とされる最低限の自由権は、正当化原理・優先性ルールが全域的妥当性を持っていなければ成り立たないのだが、優先性ルールの遵守に社会のメンバー全員が動機づけられるなどということはありそうもない。自由権を実効化するために必要とされる自由主義的な政治社会は、「意志的な弱体化」を可能にする《暴力》によって担保されないかぎり、けっして規範的全域性を持ちえない、つまり国家とはなりえないのだ――と。

第五章で展開された道徳的契約論によって「なぜ道徳的であるべきなのか」という問いを差し控えるにいたった《リベラル》は、「なぜ公的な正しさを優先させるべきなのか」「私は《自由主義者》たるべきなのだろうか」という問いの前にふたたび思い佇む。我々はどこに向かうべきなのだろうか。全域性を持つ公的なルールの裁定機関＝国家を断念するアナーキズム？　それとも、共有される正を断念し、共通善の伝承に活路を見いだす共同体主義？

結論を出すのはまだ早い。章を改めて、「にもかかわらず」成り立ちうるリベラリズムの可能性（と限界）を追求していくこととしよう。

第六章　可能なるリベラリズムのために

リベラリズムとその外部

合理性と道理性を携えた《リベラル》たちの共同体は、そのものとしては公的なるものの優先を謳う自由主義的な社会とはなりえない。にもかかわらず、自由主義的な規範の全域的妥当性を確保しようとすれば、《リベラル》を（意志的・物理的に）弱体化させる操作が必要となる。そうした弱体化なしでは自由主義は規範的に正当化されえないのだが、一方で《リベラル》の弱体化を認めてしまうなら、自由主義理論は理論外的な《原初の暴力》にコミットすることになってしまう――第五章で我々が確認した自由主義のジレンマとはおおよそこのようなものであった。こうしたジレンマに対し、我々はどのように対処することができるだろうか。

まず第一のラディカルな見解として、次のようなものが考えられる。「《公的な正しさを、私的な正しさ・善さよりも優先させる》というメタ・ルールへのコミットは、理論家による恣意的な理論装置（「事実上の独占」「無知のヴェール」）の設定、つまり非当事者な動機づけの契機がないかぎり達成されない。無骨なリヴァイアサンにか弱い羊の面を被らせたところで、自由主義理論がリヴァイアサン的暴力を不可欠の契機として含みこんでいることには変わりはない。自由主義理論内部で正当化できない、この不可避の《暴力》＝幽霊ゆえに、自由主義は不可能である」。

脱構築的とでも形容できるようなこうした非・方策を、私としてはほぼ全面的に肯定したいと思う。最終的にはこうした不可能性を確認し（自由主義を遂行する困難を自覚的に受け止め）たところで筆を置くべきなのかもしれない。しかし、そうした結論は、自由主義の内側からその臨界問題をとり繕う作業をやれるだけやってみてから下されるべきものなのではなかろうか。葛藤なき脱構築――肯定的な遂行なき失敗の糾弾――とは、たんなる「脱構築理論」というきわめて反脱構築的な図式・枠組の機械的適用にすぎないのだから。

そこで、第二の見解が浮上してくる。それは、「仮にある社会の構成メンバーがすべて、長期的な自己利益に配慮する十分な能力と、自他の災厄＝悪を回避する傾向性を持ち（つまり《リベラル》であり）、かつ、自他ともに承認しうる正当化理由を提示する用意がないまま他者の自由を侵害することを自らに禁じるような主体（つまり《自由主義者》）であるとするならば、かれらはどのような政治体制を選択するであろうか。また、そうした《自由主義者》たちの政治社会は、自らが排除した非《自由主義者》たちをどのように遇すると考えられるだろうか」と問うものである。

そもそも政治哲学・社会哲学における理論とは、自由主義にかぎらず、どんなものであれ《原初の暴力》を内包せざるをえないものであろう。だから問題は、特定の政治理論が《原初の暴力》を含むかどうかということではなく、その政治理論がどのようにして自らの《暴力》を認知・自覚・対処していくのかということにあるのではなかろうか。もし自由主義が他の理論よりもヨリ適切に《暴力》に処していく機制を内備しているのなら、我々はそれを無下に却下することはできない。

本章ではまず第一節で、優先性ルールを引き受けた《リベラル》＝《自由主義者》たちの政治社会の基本構造を内側から記述したうえで、次に第二節でその《自由主義者》たちの共同体が、自らの外部にある者（優先性ルールを認めない《リベラル》や、《規範の他者》のような非《リベラル》など）とどのように「折り合って」いくことができるのか、つまり、自由主義社会と《暴力》とのありうべき（非）関係について考えていくこととしたい。自由主義の内側から自由主義の彼岸を捕捉し対処可能性を模索して行くこと、その作業に不可避の《暴力》が随伴することを認めつつも、その《暴力》の固有の表情を慎重に捉え返していくこと――これこそが、本章の課題である。

一　リベラリズムのプロフィール　薄いがゆえに濃い

【1】リベラリズムのプロフィール　その1　その「薄さ」をめぐって

「自由権＋正当化原理」のセットが帰結する政治体制のあり方。それは、ある意味で薄く、ある意味で濃い――あるいは「薄いがゆえに濃い」――リベラリズムであるといえる。まずはその「薄さ」について説明していくこととする。

我々の想定するリベラリズムが「ある意味で薄い」というのは、それが、ホッブスからロックを経てロールズにまでいたる近代リベラリズムが実直に提示してきたような実質的な内容を持つ規範・命法を提示するようなものではなく、むしろ「他者の自由を害するなら、その人が理に適った形で拒絶することができないような正当化理由を提示できなくてはならない」という対他者関係の形式を指示するものでしかないからである。

「自由権＋正当化原理」のリベラリズムは、原則として、それが不偏的視点から導き出され、当事者によって受容可能なものとして承認されうるものでありさえすれば個々の可能なる正当化理由に対して――超越的な視点から――優劣を指示したりすることはない（というより、指示することはできない）。それは、一般に自由の侵害に対する正当化原理として認知されている功利主義的な原理、自己所有権論的な原理、あるいは能力主義的な原理とのあいだに、優劣関係・序列関係を見いだすことはないのだ。(1)

たとえば、ある地主Aが私有する土地が公共財となった場合により多くの利益を社会にもたらすといった場合、(1)私有財産権の不可侵性を何より優先されるべき正当化理由と考える論者であれば、Aからの土地収用を原則的に禁じるであろうし、また(2)社会全体の利益・効用の最大化に寄与することこそ、特定の行為の正当化理由として優先されるべきと考える論者であれば、その収用を是認することだろう。しかし、「自由権+正当化理由」のリベラリズムは、その土地収用の道徳的是非そのものに口を出すことはできない。それは、Aの自由を侵害しようとする行為者が、Aもまた（仮に熟慮した場合には）受容しうる――あるいは、理に適った形で拒絶することのできない――正当化原理を提示しているかどうか、またその侵害に抗うAの抗弁がたんなる恣意にではなく理解可能な正当化理由にもとづいているかどうかをチェックすることを要求・強制するだけである。ここにいうリベラリズムはいわゆる近代自由主義とは異なり、具体的な正当化理由に優先順位を付けることはできず、その意味で、徹底して空虚で薄い規範理論にすぎない。それは承認された公的ルール（公的な善ではなく、公的な理由）を優先することを人びとに要請する、つまり善に対する正の優先を謳うリベラリズムではあるものの、「何が優先されるべき公的な理由であるべきか」については――超越的な観点から――指示することはありえないのである。

近代リベラリズムの理論家たちが残した諸々の仕事は、「他人に迷惑かけなきゃ何やってもいいんでしょ？」というミル的直観を基本的に肯定しつつ（いや、陰に陽に前提としつつ）も、こうした「薄い」リベラリズム独特の指令的脆弱さを克服すべく、複数の具体的な正当化理由に優先順序を見いだそうとするものであったといえよう。直観に訴えかける複数の正当化理由は、当然のことながら、頻繁に対立しあう。いかに公的ルールを優先し、正当化不可能であるかぎり他者の自由侵害を控える心性を持った行為者とて、「どのような場合に」「なぜ」当該行為が正当化可能なのかを示す理由に優先順位が付いていなければ、そもそも従うべき公的ルールが何なのかすら分からず、いつまでも行為の一歩を踏み出すことも適わない。かくも行為に具体的な指針を与えることができない理論が、規範理論として認められうるはずがない――かくして、ある者は自己所有権テーゼを、またある者は功利主義原理や市場原理、はてまた神経質な文字で書き込まれた完全義務の目録を理由の王座に奉り、実質的なリベラリズム理論を手に入れるべく、諸理由のあいだに階層関係を設えていったのである。

近代リベラリズムの歴史とは、まさしく、それぞれが擁護する正当化理由の優先性をめぐる言説闘争であったといってよい。我々の「薄い」リベラリズムはこうした言説闘争の現場からいったん退却し、公的な行為選択にさいして、諸々の正当化理由が――それが十分に不偏化されている場合には――平等な配慮を受けるべきこと（のみ）を強く要請する（特定の理由にもとづく選択肢が棄却された場合には、我々はその棄却された理由を override する理由の提示を、公的機関に対して求める権利を持つ）。もしシジウィックが言うように、具体的な正しい行為を導く指針となりえないかぎり倫理理論の名に値しないというのが真実ならば、たしかにここでいうリベラリズムはおおよそ倫理理論といえるようなシロモノではありえない。我々はそのことを素直に認めるからこそ、「薄い」という形容詞を冠しているのである。

しかしながら注意すべきは、具体的な行為の指針となりえないとしてもそれは道徳的に中立・無垢であることを意味してはいない、つまり、「薄い」リベラリズム＝正義論は、たしかに正当化理由の具体的内容を指示しない形式的なものではあるけれども、けっして道徳的な中立性を主張するものではない、ということだ（井上［1986］）。もちろん「中立性を偽装するリベラリズムは、近代市場社会におけるブルジョア・イデオロギーの……」云々といったよくある知識社会学的な意味における道徳的負荷を持つ、といったお話ではない（市場原理や自己／私的所有権などを特権的な理由として位置づけていない以上、そういうイデオロギー批判はまったくあたらない）。我々の「薄い」リベラリズムは、古典的リベラリズムのイデオロギー批判者ですらその絶対性を認めるであろう「人間の生命の継続は、無条件的に好ましい（から）」という理由づけ、基本的「人権」の根幹にかかわってくるような理由に対してすらその特権性を認めない。つまり、「薄い」リベラリズムは、反ヒューマニズムとはいわないまでも、ヒューマニズム的な道徳直観を相対化する点において、ラディカルに「非ヒューマニズム」という道徳的立場を採らざるをえないのだ。

我々の「薄い」リベラリズムは、自然権のような形で具体化される行為者の不可侵な「自由」に対する絶対的保証を目指すものではなく、行為者が対他的行為を為すにあたって、自らの行為を正当化する理由に対する平等な配慮を絶対的に求めるものである以上、そこには絶対視されるべき特定の理由、絶対的に優先されるべき基本的自由といったものは存在しえない。行為者の自由を実効化することを目指すはずの「自由」主義であるにもかかわらず、そこには、理由抜きにその存在を肯定されるべき神聖なる「人間」——自由が生起する現場——といったものが存在する余地はありえないのである（このリベラリズムは自由の理由を尊重するのであって、自由な主体そのものを特別視するものではない）。

「薄い」リベラリズムの非人間主義的な性格は、それが、たとえばサバイバル・ロッタリーのような思考実験（Harris [1980=1988]）がなされることを原理的に拒絶することができない、ということからも読み取ることができる。「すべての人の命は平等である。死に至る心臓疾患に罹ったことはその人の責任でない以上、社会のメンバー全員からくじ引きをして心臓提供者を決定するような制度を作るべきだ。当然提供者は死んでしまうだろうが、それはメンバー全員に対して平等な配慮を差し向ける公正な決定プロセスである」——我々の多くはこうした思考実験にまじめにつきあうつもりにはとうていなれないだろう。むしろ、「平等原理」「自己所有原理」「公正原理」……の優先順位を見定めんがために設計されたこの割り切った思考実験に参加すること自体の「非倫理性」を見とがめたくもなるのではなかろうか。ある者はアングロサクソン的な（？）割り切った思考様式の知識社会学的な背景を丹念に剔出するかもしれないし、またある者はレヴィナスなどを引用しつつ「自己所有権と公正原理を恣意的に対立させ『身体という他者の他者性』を覆い隠す、割り切り」の政治学を指弾するかもしれない。私もそうした割り切りへの抗いはとても重要なものだと思う。[2] しかし、ここで問題としている「薄い」リベラリズムは、不偏性を標榜する理由に対する平等な配慮を義務として課している以上、こうした「割り切り」を容認せざるをえない、いやむしろ、自己身体が手段化されることへの抵抗が、「イヤなものはイヤ」という個人的好みの表明以上のものでないとするならば、「薄い」リベラリズムはそうした抵抗を公的決定の場から排除することをためらいはしないだろう（「言い訳＝理由を十分に不偏化してから出直しておいで」と冷徹な声で言い放つのではなかろうか）。それは通常の意味における「道徳に中立な態度」とはおおよそ掛け離れた態度といわねばならない。

サバイバル・ロッタリーのような極端な事例を出すまでもない。現実的な価値判断の場面でも我々は、「薄い」リベラリズムの道徳的負荷性を確認することができる。サバイバル・ロッタリーの事例では左派的な感性からして冷徹な悪者に映る「薄い」リベラリズム（なにしろそれは不遜にも「総督府の功利主義」（Sen & Williams ed.［1982］）と「自己所有権」を同格に扱う！）も、たとえば、売春の是非をめぐる論争などではある種の左派的な感性を満足させる態度をとりうるのだから。

近年話題を集めている自主的に職業を選択しているセックス・ワーカーの権利主張（合法化・待遇改善）に対しては、セックス・ワークそのものが男性中心主義社会の産物である（売春する女性は自由に「売って」いるつもりでも「実は」騙されている、ということらしい。要するに本人による本人の自由侵害として売春行為を捉えるもの）とか、「自己の身体を自己が所有する」という考え方自体が近代的なイデオロギーであって、それは自由に処分できるようなものではない（「身体は他者である」「身体は個人の処分権の範疇にあるモノではない」といった具合に、売春行為を「他者」の自由を侵害するものとして捉えるもの）、とかいった反論がなされていることについては周知の通りである。[3] こうした反論を展開する人はどうも、「体を媒介として性的快楽をサービスする」という労働が他の労働と質的に異なることをどうにかして示したいらしいが、少なくないセックス・ワーク肯定論者は、セックス・ワークそのものに肯定的な社会的・道徳的価値を見いだしているのではなく、「カラダを売ること」そのものの道徳的意味を徹底して漂白し、たんなる一般的な労働者としての権利（他所では問題なく不偏的と認知されている理由）を訴えかけている――あるいは、少なくとも他の労働者と同程度の自尊を持てるような社会制度の実現を求めている――だけであるということを忘れてはならない。たとえば、代表的なセックス・ワーク肯定論者プリシラ・アレクサンダーは次のように述べている。

あなたや私が売春をどう考えようと、女性には、売春婦として働くか働かないか、またどんな条件で働くかを決断する権利がある。看護婦やタイピスト、ライター、医者などと同じように、売春婦にもフリーで働く権利がある。管理や経営問題の面倒をみてくれる第三者に雇われて、働く権利もある。仕事以外に人間関係をもつ権利もある。……彼女たちには子どもを育てる権利がある。彼女たちには、十全な人間存在としての権利がある。フェミニストとして、私たちはその点を明確にしなければならない（Delacoste & Alexander [1987=1993: 248]）。

アレクサンダーのような肯定論者は、何もコテコテの自己決定至上主義者（永田えり子の言う「リバタリアン」。永田［2001］参照）のごとく自己身体の「所有権」「処分権」を特権視しているのではなく、「労働者としての権利」と「自己身体の所有権」との本質的な道徳的同格性を確認しているにすぎない。彼女の肯定論は、自己身体にかんする自己決定権を神聖視するロック的自由主義と、「身体を売る」ことへの我々の直観的な抗いの感覚（あるいは「世代の再生産」など）を持ち出し売春を他の労働から峻別しようとする議論の両者に通底する、身体フェティシズムを同時に相対化するのだ。それはたんなる「自己所有権にもとづく自由売春の正当化」などではない。売春という問題を、身体フェティシストたちの語彙（自己所有権、身体売買という行為の特異性、身体の他者性……）のみならず労働の語彙によっても語る議論空間を用意せよ、という「理由の民主主義」に則った訴えなのである。

我々のリベラリズムは、こうした身体フェティシズムへの異議申し立てを「理に適った」クレイミングとして真剣に受け止めるだろう。いやむしろ「身体の他者性」などという言辞を持ち出してはいるが、その実「嫌なものは嫌」という心地のよい直観を自己正当化しているだけの欺瞞的態度をこそ正義に悖るとして批判するかもしれない。「身体はあなたの他者であって、あなたの所有物ではない。大切にしなさい」と言うのであれば、四当五落神話を信じて教科書に齧りついている受験生や、大金を得んがため肉体を痛めているスポーツ選手、ホテル大蔵に毎夜宿泊する官僚にも同じことを言ってやってくれ、というのがセックス・ワーク論者のしごく「理に適った」主張なのではなかろうか。

「薄い」リベラリズムは、自己の身体を自己が所有することの問題性（「身体の他者性」）をどういうわけか性にかんする事柄にかんして得意気に持ち出す論者の理由＝推論と、自己所有を訴える理由＝推論、そして自己所有／反自己所有という対立軸から離脱してたんなる労働者としての権利を要求する対抗理由＝推論……などなどが、すべて等しく平等な配慮を受けることを要請する。売春や臓器売買、あるいは安楽死のようなある種の人びとにとっては「身の毛もよだつ」ような問題をめぐっては、このような「理由の民主主義」的態度を採ること自体に問題を感じる人も少なくない（らしい）。たとえば、「……ゆえに……してはならない（してよい）」というように、一般的な理由にもとづき行為の是非を診断する語り口そのものを批判し、理由がどうあれ「端的に……してはならない（してよい）」と言える場面があると力説する隠れカント主義者。かれらはリベラリズムが容認せざるをえない「割り切り」「理由の民主主義」そのものの道徳的な価値負荷性を問題化しているのであり、その意味で、リベラリズムに対する根元的な問題提起を行っているといえないこともない。我々はそうした批判が看過しえない重要性を持つと認めるのに吝かではないけれども、それはそれでサバイバル・ロッタリー論者とは毛色違えた別種の割り切り＝開き直りであるとはいえないだろうか。「開き直らない」という割り切りと、「開き直れなさ」にとどまるという割り切り――少なくとも公共的な政策決定の場面では、前者の割り切りを選択するというのが、リベラリストたちの《原初の決断＝跳躍》なのである。

【2】リベラリズムのプロフィール　その2　その「濃さ」をめぐって

具体的な行為の指針を与えるのではなく、むしろ不偏化された諸理由に平等な配慮をなすことをのみ要請する形式的な「薄い」リベラリズムはしかし、別の意味においては法外に「濃い」リベラリズムとなる。(4) それは、「理由の民主主義」を採用した帰結として、ラディカルに再配分的な政治体制を擁護し、最小国家・夜警国家的な政治体制を批判する原理ともなりうるのだ。

しかしながら、自由主義の形式的条件を指令するにすぎない「自由権」「正当化原理」が、極大的＝再配分的なリベラリズムを導くなどということが本当にありうるのだろうか？

ふつう、人身の保全にその責務を限定する最小国家以上の政治体を正当化するためには、最小国家論者が想定するよりもはるかに強い基本権・基本的自由・基本的ニーズの設定や、人間本性についての仮定が前提とされねばならないと考えられている。つまり、再配分国家を擁護するためには、自己所有権のごとき「最小化された権利」のみならず、人間が自由な存在として存続するうえで必要となる権利・ニーズが保護に値することを証明しなくてはならないのだ、と。その「証明」のためにロールズはかの奇妙な理論装置を持ち出したのだし、また、ゲワースのような論者は、保護の対象となる人間本性を福祉国家適合的なものに設定し直したのであった（Gewirth［1978］）。ここで注意すべきは、これらの福祉国家擁護論が基本的に、

［6－1］　A_1、A_2、A_3…A_nという人間（行為者）の属性は尊重に値する。ゆえに、公的な政治体は、A_1、A_2、A_3…A_nの保護に寄与するような基本的自由（権利）・基本的必要・基本財を充足する制度を整備しなくてはならない、

といった論法を採用しているということである。たとえば、尊重に値する人間の本性として「目的指向的（purposiveness）である」というものが認定されたとするなら、その属性を保護するための最低限の福祉が保証されるべきとこの論法は帰結する。また、「財」を「善さ」へと変換していく能力が本性として特定された場合には、個々人の潜在能力に応じたニーズの充足が求められるかもしれない。［6－1］中「ゆえに」の前の部分の叙述を増やしていくことこそが拡大福祉国家の正当化に繋がる――こうした直観が、拡大国家論者たちのプロジェクトを下支えしているように思われる。

しかしちょっと考えてみれば分かるように、［6－1］のような論証のスタイルは、べつだん拡大国家用擁護論者の専売特許などではなく、最小国家論者もまた採用しているものである（いうまでもなくその典型はアイン・ランドだ）。最小国家論者は、尊重に値する人間本性を最小化し、拡大国家論者は自らの人間観に従ってそれを引き伸ばしていく。両者ともに、外部観察者＝理論家が想定する「尊重されるべき人間本性」のリストにもとづき、尊重に値する属性を保護する自由・権利・必要・財とそうでないものとを区別しているのであり（自己所有権で区切るか、最低限度の文化的生活を可能にする基本財に区切り線を打ち込むかは、いうなれば論者各人の哲学的好み次第である）、外部観察者による基本的自由・財・権利・必要の特定が可能であるとの信念は見事なまでに共有されている。話を基本的自由に限定していうなら、拡大福祉国家を目指す積極的自由派も、国家の最小化を目指す消極的自由派も、理論家が「許容可能な基本的自由／不可能な派生的自由」という区別を剔出しえるという確信を抱いている点においては、たい

した差はないということだ。だから焦点とされるべきは、「積極的自由（福祉国家）は許容されるか」「消極的自由でよい（最小国家）のか」といったある種不毛な論争ゲームに勝ち負けをつけることではなく、むしろ、

［6-2］　積極的自由／消極的自由という区別を外部観察者＝理論家が提示して、国家が保護すべき基本的な自由を画定することは、はたしてリベラリズムの論理のなかで正当化されうるのか、

という問いにとり組むことなのではなかろうか。

「自由権＋正当化原理」という我々のリベラリズムは、［6-1］のような論証スタイルに則って特定の再配分制度を正当化することを目指すものではないし、またそんなことはできはしない（なにしろ【1】で述べたようにいかなる具体的な行為の指針ともなりえないのだから）。しかしそうであるがゆえに、我々のリベラリズムは、［6-2］の問いに批判的にとり組むことによって、通常の再配分国家論などよりもはるかに福祉重視的な「濃い」再配分擁護論を提出することができるのだ。つまり「自由権＋正当化原理」というミニマムな条件は、「積極的自由／消極的自由という区別を外部観察者＝理論家が提示しうる」という前提に疑義を差し挟むことによって、逆説的にも最大限に「濃い」拡大国家論を導き出すのである。説明しよう。

いうまでもなく、アイザイア・バーリンが提示した積極的自由／消極的自由という区別だて（のリバタリアン・バージョン）が有意味たりえるには、

［6-3］　絶対的に不可侵な「からの自由」の内容が特定でき、それが相対的な重要性しか持たない「への自由」から差異化できなくてはならない。

このことは別の言い方をするならば、

［6－4］「自己の善を追求する自由」の主体各個人の抱く主観的な善の構想や所有する資源、善＝財と独立に、消極的自由の内容を特定化することができる、

ということである。(5)

たとえば、仮にある理論家が不可侵な消極的自由として「自己身体の扱いに対する自由（自己所有の自由）」を設定し、それ以上の自由の主張を付随化したとしよう。そのとき、その自己所有の自由は、個々の主体の有する資源（身体障害者である／健常者である）とは独立に設定されるため、当然のことながら「自己身体の扱いに対する自由」の享受の度合いは人によって大きな開きが出てきてしまう（私有財産の処分の自由についても同じようなことがいえる）。絶対的な不可侵性を保証されるべき消極的自由は、個々人の持つ資源・財（を用いてなされる自由の享受）とは独立に理論家によって設定される、裏を返して言うなら、個々人の持つ資源・財と相関的に設定される自由は最小国家論的な枠組みからは排除されるべき積極的自由としてその政治学的身分を貶められるということである。しかしそもそも、個々人の持つ資源・財とは独立に設定される自由などというものが存在しうるのであろうか。

ここで我々のリベラリズムが想定する「自由権」の内容を再度確認しておくこととしたい。

他者に災厄＝悪をおよぼさない限り、個々人が自らにとっての善を追求する自由――この何とも一見無内容な自由の規定は、その無内容さのゆえに逆に、自由についての豊かな見識を示唆してくれる。というのもこの自由の規定は、回避されるべき悪／優先されるべき善の実内容を留保しつつも、次のような事態の回避を徹底して指向するからである。

［6－5］　他者に災厄＝悪をおよぼしていない者が、一般の社会構成員が当然のようにして享受している（あるいは一般的な社会生活を送るうえで欠かすことできない）「善を追求する自由」を阻害されている。

たとえば、身体機能に障害を持つ人の生について考えてみればよい。現代社会においては、足が不自由であることは、十分な自由な善の追求を妨げる要因となりうることは言うまでもない。彼／女は、いかに「自己身体の扱いに対する自由」を与えられたとしても、その自由を享受する術をもたないのであり、その意味で、自らの過失なく――他者に災厄＝悪をおよぼしていないのに――「善を追求する自由」を剥奪されているのである。我々のリベラリズムはこうした事態を好ましいこととは考えない（むしろそれを正当化理由なき自由の侵害であるとすら考えることだろう）。これは我々のリベラリズムが想定する自由が、物財のように単純分配されるモノではなく、むしろ、「ある種のモノや政治的資源を使用して得られる善き状態を享受する事態」のことを指すことに由来している。こう言ってよければ、自由とは財のように国家から交付される対象ではなく、財や資源を通して「自らの善さを追求する」行為を享受している状態に対して与えられる名称なのである。(6)

何も難しいことを言っているのではない。「ポーカーをやる自由」とは、トランプカードを渡され、ゲームに参加する時間を与えられることによって実現するものではない。私がカードや時間を活用する能力を持ちあわせていないかぎり、そもそも私には「ポーカーをやる自由」は与えられてはいない。ただそれだけのことだ。しかしながら、［6－4］のように考えるならば、このごくごく当然の自由を捉えることができなくなってしまう。これをもって［6－4］が成り立たないことが示されたと考えるなら、その表裏一体の主張である［6－3］も成り立たず、［6－2］の問いに対しては、明確に「No」と回答することが許されるはずである。虚心坦懐に自由なるものを考えるなら、「積極的自由／消極的自由という区別を外部観察者＝理論家が提示し、国家が保護すべき基本的な自由を画定することができる」などという不遜な野望を潔く捨て去るべきなのだ（齋藤純一も指摘するように、同様のことは「基本的ニーズ」についてもいえる。齋藤［2000］参照）。[7]

もし――仮定ではなく現実の話なのだが――身体障害者が、他の非身障者たちが何らの代償なく享受している特定の自由を、自らの身体の障害ゆえに享受できずにいるのなら、かれら（もしくは理由作りに長けた代理人）は自らの置かれた状況を自由権の侵害として記述し、その侵害を正当化する理由の提示を公的機関に対して求めることができる。非身障者の自由を優先するという条項も、身障者の善・自由を軽視することを正当化する根拠も、我々のリベラリズムのどこにも記載されていないのだから、彼女が自らの自由権が不公正な形で侵害されていることに異議を申し立て、公的政策の次元で何らかの再配分的措置を求めることは、当然理に適っている。[8][9] 少なくともそれは詐欺によって私有財産を強奪された者が救済措置を求めることと同程度には配慮されるべき訴えではあろう。[10] 後者の自由侵害（財産権の侵害）が、前者の自由侵害よりも優先して配慮を受けるべきというのが、いわゆる再配分に懐疑的な論者たちの言い分なのだろうが、正直なところ、私にはその根拠が理解できない。積極的自由／消極的自由という区別は、消極的自由の範囲を何らかの超越的観点から画定したいと考える論者によって作り出された仮構、「善を追求する自由」がある特定の自由（私的所有の自由など）を愛好する人々のまなざしによって恣意的に分断された結果生まれた幻影なのではなかろうか。積極的であろうが消極的であろうが自由に対する侵害は、必ず侵害される側にとって受容可能な理由により正当化されなくてはならない。再配分的な制度をもたらすといった理由で、積極的自由を付随化することに何ら合理的な根拠があるはずもない。あるとすれば、私有財産の自由・自己保全の自由を他の自由に比して優先したいというたんなる願望ぐらいのものであろう。

また、積極的自由批判論者のなかには、積極的自由の容認が福祉依存的な人格を作り出し、自らの善の構想を自らの意志によって自律的に形成する能力と意欲を無化してしまう、といった議論を展開する人もいるかもしれない。[11]

しかし、我々のリベラリズムは、べつだん「自律的な人格」がそれ自体として推奨されるべき人格像だとは考えてはいないので、そうした議論にあまり意味を見いだすことはできない。我々のリベラリズムは、ある人が他者の自由を侵害してしまったとき（する可能性のあるとき）に、当該行為を正当化する理由を持つべきことを指示するだけであって――たしかに公的決定にさいしては理由の合理性・一貫性を求めるけれども――、たとえばジョセフ・ラズ（Raz [1987=1996]）のように行為者人格の「善き」自律性の涵養を公的な課題として捉えるようなことはしないだろう。これは先に述べたリベラリズムの非人間主義の帰結である。我々のリベラリズムのなかには、長期的な人生設計を持ちそれを実現すべく毎日勤勉に生きる人格のほうが、誰にも迷惑をかけずその日暮しに明け暮れる人格よりも道徳的に好ましい、などと判断する要素はない(12)。それは、公的な次元においては理由が合理的であることを要求するけれども、他人に依存せず自律的に善の構想を形成する人格像や、独孤独立の精神でもって生活に必要な物資を調達する人格像に格段の道徳的価値を認めるものではないのである。我々の非人間主義的なリベラリズムは、いかなる意味においても特定の人格像を推奨することはない（特定の人格像を非難することはあるかもしれないが）のであり、依存的人格類型を不当に貶める積極的自由批判は、まったく響くことはない(13)。

かくして積極的自由／消極的自由の区別を認めない我々のリベラリズム――「我々の」と書いたが、ミルを踏襲した自由主義理論は本質的にそのようなものであると私は考えている――は、ラディカルな意味で再配分的な制度を指向することとなるだろう。我々のリベラリズムは「理に適った形で拒絶できない」理由に対する平等な配慮を強制する（**理由の民主主義**）。したがって、特定の実定的な公的ルールが理に適った反論にあった場合には、そのルールはいったん妥当性を却下され、いわゆる再配分を要請する理由づけを override する理由を提示できないかぎり、何らかの形で改訂されなくてはならない。理に適った反論を突きつけられながら、理に適った反論を提示できない正当化原理がそれでもなお妥当性を保持する、などということはありえないのだ（もちろん、ある理由が他のある理由を完全な形でoverrideするということはありえないから、公的なルール・理由はある種の保守性・継続性を重視するだろうが、(14)「ルールはルール」的な開き直り＝リーガリズム（Shklar［1964=2000］）は我々の言う意味では「リベラル」なものではありえない。ドゥオーキン（Dworkin［1977=1986］）の用語を借りるなら、公的ルールは政策の次元で一定の保守性を持つことを許されるが、原理の次元で保守性を持つことは許されないのである）。「どこまでの再配分が許されるか」といった問いは、「薄いがゆえに濃い」リベラリズムにとっては、無意味である。そもそも机上のリベラリズム理論家が、世界に存在しうる正当化理由をすべて列挙することは原理的に不可能（微妙な自由侵害というのは、多くの場合その侵害を受けた当人が一番分節化しうる可能性が高いだろう）なのだから、許容可能な侵害／許容不可能な侵害の一覧表をあらかじめ作成しておくことなどできるはずもない。「どこまでの再配分が許されるか」という問いに対しては、ただただ「分からない」と答えるしかない――内容において「薄く」非人間主義的な我々のリベラリズムは、徹底してラディカルな再配分を指向する「濃い」規範理論たらざるをえないのである。

「薄いがゆえに濃い」我々のリベラリズムは、実定的ルールの改訂可能性を受け入れ再配分的な機制を擁護するもの、したがって可変性と動態性を内包する政治体制を擁護する（それはナンシー・フレイザーのいう「承認の政治」「再配分の政治」の双方を含む。Fraser［1997］参照）。それはたしかに公的ルールの優先を強要するものではあるが、公的ルールの必然的な「暫定性」を認め、公的な事柄／私的な事柄をその内容によって線引きすることを差し控える点で、フェミニズムなどが批判の対象としてきたような「正義論」「自由主義」とは一線を画している（Gilligan［1982=1986］、Pateman［1987］、上野［1990］）。我々のリベラリズムは、自由を享受することの困難さを真摯に受け止め、可能なかぎりその困難の除去に努める――徹底して非人間主義な態度をもって。

二　リベラリズムは外部とどのような関係を持つのか

前節で概要を描いた我々の「内容において薄く形式において濃い」リベラリズムは、あくまで、社会の構成メンバー全員が、(1)長期的利益を配慮する合理性と、(2)自他に降りかかる災厄＝悪を回避する道理性を携えており(＝《リベラル》である)、かつ、(3)他者と共有可能な公的理由＝ルールを優先する態度を身につけている(＝《自由主義者》である)、という相当に強い条件を満たしてはじめて実効性を獲得しうるものであった。裏返していえば、そうした強い条件を充足するリベラリズムは、我々の契約書にサインしていない多くの存在を「居ないこと」にすること(《原初の暴力》)によってのみ、かろうじて成立しうるということだ。かかる《原初の暴力》という原罪を踏まえたうえで、我々のリベラリズムを受容する社会の構成員たちは、非《自由主義者》たちと、どのような政治的・倫理的関係をとり結ぶことができるだろうか。本節ではこうした問題を、非《リベラル》(合理性・道理性を欠く者＝《制度の他者》《規範の他者》)、非《自由主義者》である《リベラル》(物理的に弱いが意志的に強い者)の場合に分けて、検討していくこととしたい。

【1】非《リベラル》たちとの関係　《自由主義者》のルールの適用可能性

公的なルールに従う動機を持ちえないのはもちろんのこと、不偏的態度を採る能力、すなわち長期的な自己利益を配慮する合理性と自他の災厄を回避する道理性を欠く非《リベラル》――そうした存在を無理やり我々の現実世界に見いだそうとするなら、さしあたって思い浮かんでくるのは、成熟していない子どもや精神的な障害を負う人びと、あるいは通常人間とは見なされていない動物たちであろう。もちろん、私はそうした存在者たちのすべてがひとしなみに合理性や道理性を欠いているとか、子ども・心身喪失者・動物以外の存在者のなかに非《リベラル》がいない、などといっているのではない（そもそも私は《リベラル》でないことに何ら否定的な道徳的意味を与えていない）。議論を具体化していくために採用された暫定的な用語として「成熟していない者」とか「心身喪失者」といった言葉を捉えていただきたい(15)。

リベラリズムとその外部の関係を考えていくうえで、まず注意しなければならないのは、その関係を《自由主義者》どうしの関係を投射しつつ理解してはならないということ、すなわち、自由とその侵害の正当化をめぐって展開される理性的な利害関係と同一視してはならない、ということである。説明しよう。

我々はしばしば、未成熟な子どもや精神病患者といった存在に対して「権利」を帰属し、その存在の保護を制度的に実定化したりする。そうした試みは、多くの場合我々の社会で弱者たらざるをえないそうした存在たちの苦痛に配慮した、それ自体としては道徳的に好ましいものであるということは間違いない。社会のなかで個人として安穏として生きていくことがほとんど不可能に近い、長期的利益を見通す能力に欠ける存在は、だからといって、私たちの多くが享受している自由、たとえば、生存する自由・教育を受ける自由・自己決定の自由などを奪われてもよい、などとは我々はふつう考えない。かなり不器用な形ではあるが自らの善を追求する主体として我々はそうした存在を理解したいと願うし、その不器用さゆえにかれらの自由が奪われている状況を見せつけられたとき、（人によって程度の差はあっても）我々は胸に痛みを感じることが多いのではなかろうか。無理やりベッドに縄で縛りつけられ否応なく精神安定剤を注射されたり、精神障害を持っているというだけで婚姻や性愛を禁じられてしまうなどということは、紛うごとなき「回避されるべき悪」であろう。《[6-6]　子どもや精神病患者は、十分な合理性と公的ルールを優先する心性を持ってはいないが、それでもやはり基本的な自由を保証されねばならない》――この直観が最終的に尊重されるべきことに異存はまったくない。

しかし［6-6］のような直観は、非《リベラル》たちが、自由主義社会の尺度からして「悪い」行為に及ぶような存在ではないこと、つまり、他者の自由を侵害することなく一方的に自由を脅かされる弱き存在であることを前提としているのではなかろうか。現実としては、おおよその通りであるけれども、非《リベラル》たちが、それほど弱くもなく、他者の自由を正当化理由もなく――かれらは我々が理由と認知しうるような理由をそもそも持ち合わせていないのだが――侵すということだって、ありえないことではない。このとき、あくまで善意から《自由主義者》のルールを非《リベラル》たちにまで拡大適用したはずだった［6-6］は、

［6-7］《リベラル》の視点から見たときに「悪」とされるような事態を「かれら」がもたらしたとき、「かれら」は我々《リベラル》と同等の自由権を享受しているのだから、我々と同様の負のサンクションを受けるべきである（《リベラル》と同じルールに従って裁かれるべきである）、

といった、少なくとも近代実定法の領域においては問題なしとは言い難い直観を呼び込んでしまうのではなかろうか。つまり、善意にもとづいた同格視は、「われわれ」のルールに従う動機づけを持ちえない人びとの行為をも「われわれ」のルールによって裁定するという暴力をも招来しうるのである。ここで問題とされるべきは、「《自由主義者》―非《リベラル》」の関係性を「《自由主義者》―《自由主義者》」の関係性をもって理解することははたして許されるのか、ということである。答えは分かり切っている。許されるわけがない。

たとえば、我々地球人にはまったくもって理解不可能な理由にもとづいて行為を正当化するのだが、どういうわけかそれなりに秩序だった社会（ordered society）を営んでいる（ように見える）火星人と我々が遭遇した場合のことを考えてみればよい。その火星人は、我々の社会において合理的と呼ばれるような性格（長期的な自己利益への配慮）

や、他者の痛みに対する共感能力を持ちあわせていないように見える。かれらは、同胞が傷を負ってもあまり興味を示さないが、どういうわけかスキップをする人を見ると怒濤のように怒り、そして嘆き悲しむ（ように見える）のだ。そういう火星人たちが、地球上の《自由主義者》たちの世界に到来し、「われわれ」地球人の仲間を刺殺してしまったとしよう。そのとき、「われわれ」は、「かれら」を「われわれ」のルールに則って罰することができるだろうか。(16)

注意すべきは、ここで問題となっているのが実定道徳の文化的相対性などではないということである。当然のことながら、無知な日本人だって頑張れば上海人のマナーを身につけることぐらいはできるし、タカ派でならした共和党議員もその気になればアラブ社会の掟に従うことぐらいはできる。問題は、いかに努力しようとも、火星人はまったく異なる合理性――「われわれ」には理解不可能な推論の秩序――を持っている以上、決定的に「われわれ」のルールに従うことはできないという点にある。ちょうどそう、クリプケンシュタインの奇妙な生徒が、「間違っているだろう」という教師の叱責を理解できなかったように。もちろん、我々は火星人や奇妙な生徒に、「かれらにとっての悪」と私たちが考える災厄をもたらすことはできるだろうが、それはもはやリベラリズムの原則によって正当化されるような処罰ではないし、またプラグマティックな意味でもそれほどの実効性を持ちうる処罰でもない（かれらは「悔い改める」ことができるだろうか）。それは、一方的に下される端的な暴力にすぎないのである。

火星人のとり扱いをめぐるこの思考実験は、表面的にはだいぶ異なる思想信条にもとづいているように見える［6－6］と［6－7］が、実は同一の言説平面のうえに併存しているという事実を教えてくれる。すなわち、［6－6］と［6－7］は、表面的にはだいぶ異なる思想信条にもとづいているように見えるが、その根底において、「《自由主義者》―非《リベラル》」の関係性を「《自由主義者》―《自由主義者》」の関係性をもって理解するという前提を共有している（**投射的錯誤**）。我々が疑うべきは、この前提そのものである。そもそも火星人は、権利を与えられたり（有権利）、奪われたりする存在（無権利）ではないのだから。

よく知られるように、我々が現実に生きる社会――近代的な立憲民主国家――の法は、こうした投射的錯誤を回避するための巧妙な工夫、つまり、心身喪失者・心身耗弱者に対する刑事責任を免除あるいは減免するという工夫を内備している。刑法学における責任能力論においては、哲学的な自由意志論にも恐る恐る踏み込みながら、行為遂行時の他行為可能性の有無、反対動機の形成可能性の有無……といった論点をめぐって、色々と形而上学的議論がたたかわされているようだが、事はそれほど難しいことではない。ルールにコミットするということを理解することのできない《規範の他者》《制度の他者》の「ルール違反」を、ルールにコミットする（ことのできる）人びとの「ルール違反」と同じ記述法で表現することはできない、というだけのことだ（クリプケンシュタインの生徒の誤りを、公文式の学習塾の生徒の誤りと同じものとして考えるわけにはいかない）[17]。森村進は例によって例のごとく見事なまでにあっけらかんとした文体で、この点を論じている。

精神病者は人に傷害を加えるとき、相手が人間であるということは知っているかもしれない。しかし彼は、傷害は法律や社会道徳が禁じているということを知らないかもしれない。あるいはそもそも法律の何たるかを理解しないかもしれない。あるいは人を傷つけたくはないのに、抗拒不能の衝動のために加害行為を犯してしまうのかもしれない。多くの人々はこのような者は非難しえないと感ずる。おそらくその理由は〈彼らの精神状態は自分のものとあまりに違いすぎて、いわば別の世界に住んでいるようなものだから、正常な精神の持ち主を対象とした賞賛や非難の対象となる資格を欠く〉というものだろう（森村［1989：218］）。

もう少し私の好みにそくして言い換えるなら、

［6-8］我々は、あまりに自分のものと違う理由の体系を持つ者[18]のことを精神病者《アザーズ》と名づけ、その理由体系の絶望的な理解不可能性ゆえに、かれらに対して賞賛や非難を向けることをためらわざるをえない、ということだ。[19] 野球のルールでもって陶芸家の動きに評価を与えることはできないし（メタフォリカルな意味でそういう趣味を持つ人がいることを私は知っているが）、地球人のルールで火星人を道徳的に断罪することもできない。しかし、当然のことながら火星人とは違って心神喪失者は我々と物理的な生活領域をともにしている。「別の世界に住んでいる」と思えるほどに理由体系が異なる他者を強引に自らの世界に引き込んでしまうこと、「別の世界に住んでいる」その他者を、我々＝《自由主義者》が圧倒的多数を占める物理環境の下に押し込めてしまうことの罪を知っているからこそ、我々は心神喪失者に対して我々と同等の責任能力を要求することを断念するのではなかろうか。こうしたことは、「《自由主義者》―非《リベラル》」の関係性を「《自由主義者》―《自由主義者》」の関係性をもって理解するという投射的錯誤を正さないかぎり言えないだろう。投射的錯誤を正さないかぎり、我々は一人の精神病患者が犯した悲劇的な事件のたびに、「加害者の人権ばかりが過度に尊重されている」という、あの情緒に訴えかけるがゆえにその危険性（論理的飛躍）が覆い隠されてしまう話（［6-7］）を聞かされ続けてしまうのである（もちろん被害者の二次被害については十分な検討がなされるべきであるが、それは加害者に対する処罰の問題とリンクさせずに論じられねばならない）。

では、投射的錯誤を退けたとして、我々は［6-6］のような善き意志に発する道徳的直観をも投擲しなくてはならないのだろうか？――答えはある意味で「Yes」であり、またある意味で「No」である。

まず、投射的錯誤を回避する以上、《規範の他者》や《制度の他者》を《自由主義者》と同じように、「自由権＋正当化原理」を承認する存在、権利を帰属しうる存在として勝手に扱うわけにはいかない。その意味では先の問いに対する答えは「Yes」である。本来的にかれらは、《権利を持つ／権利を持たない》という対立軸から抜け出でるような存在なのである。我々＝《自由主義者》は、たとえば、自らが生産した生産物aへの一応の私的所有の自由を持ったり、あるいはaを生産したわけではないがゆえにaへの所有の自由を持たないかもしれない。いずれにせよ、現代日本の政治-法体制においては、我々はaへの私的所有の自由を持つか持たないかのいずれかである。しかし、「自由権＋正当化原理」を認めたわけではない《他者》たちにとっては、そもそもaへの私的所有の有無そのものが問題となりえない。他人Aが生産したaをAの承諾なく略取したとしても、かれらはその行為を（少なくとも我々が理解しうるような形で）正当化する理由を持たないであろうし、また、そもそもその行為を「悪」として捉えないかもしれない。そうである以上、かれらについて、かれらが権利を持つ／持たないと議論すること自体、意味のあることとはいえないのではなかろうか。かれらは権利を持つ／持たないというライツトーク（権利語）の外部に位置しているのであり、かれらの行為をライツトークによって限定すること自体が暴力的な行為であると言わざるをえない。どうあっても、理由なき存在たるかれらを、正当化理由の挙示を強制する理由の王国へと馴致することは不可能なのだ。

しかしながら、権利を持つ／持たない（無権利）という対立軸の外部に位置する非権利的存在であるという事実は、かれらを無権利状態にある者として扱うこと、通常の場合であればかれらに対する権利侵害と見なされる行為（たとえば傷害）を我々が実行する自由を持つということを正当化するものではありえない。たとえば、しばしば無権利者への加害の正当化に用いられる

［6-9］ (1) 自由・権利を与えられるべき人間の構成条件は……である、

(2) xは……を持たない、

(3)　ゆえにxは自由・権利を持たない、

という（ほとんどの近代国民国家が関与していたことがあきらかにされた優生政策から、現代におけるパーソン論にいたるまで自明視されている）推論が、無権利と非権利とを同一視する誤謬のうえに成り立っていることに注意しよう。

この悪魔的三段論法において問題とされるべきは、(2)と(3)とのあいだにこっそりと挿入されている《(2)′属性……を持たない者は、その事実ゆえに自由・権利を持たない》という命題である。(2)′は、ある属性の有無（の記述）と自由・権利の有無（の記述）とのあいだに因果的あるいは論理的関係があることを主張するものであるが、それは新たな規範的含意を外挿するものにほかならない。むしろ我々は《(2)″属性……を持たない者は、自由・権利を持つとも持たないともいえない》と言うべきであったはずだ。自由・権利を与えられるべき人間の構成条件は……であり、かつ、xが……を持たないとき、xは自由・権利を持つとも持たないともいうことはできないのである。そうである以上、自由・権利の外部にある存在者を無権利者のようにして扱うことは、どうあっても許されるはずがない（我々は、かれらを本人が犯した罪科ゆえに自由権の一部を奪われる犯罪者のように扱うわけにはいかない）。そして、無権利者的な扱いを回避するためには、ときとしてかれらをあたかも自由・権利を主張しうる存在であるかのように扱う必要があるのではなかろうか。かくして［6-6］のような直観へと我々は立ち戻ることとなる。我々は《かれら》の無権利的扱いを回避するために、一切の対価なく一方的に《かれら》に対して、自由・権利（のようなもの）を贈与する[20]。それはもちろん、《自由主義》の整合性を担保するために導入されただけの、ありがたくもない贈与かもしれないのだが。

権利／無権利の外部に位置する非権利的存在。そうした存在は、「権利があるから」尊重されるべきなのではなくて、「無権利であるかのように扱われてはならないから」こそ尊重される。また、そうした存在は「権利がないから」ではなく、「非権利であるから」こそ我々のルールを遂行する責任能力を免除されるのである。非権利とは異なる以上、精神障害者の強制的監禁・生殖制限などを主張する優生学的な行為選択は絶対的に禁止されねばならないし、また、非権利は有権利と同一視されてはならないのだから、当然、心神喪失者による「他者の自由侵害」を、他の人びとと同じ規準でもって裁定してはならない。我々はついつい、先の悪魔的三段論法（［6-9］）の妥当性を自明視したうえで、「かれら」に権利や責任が「ある」とか「ない」とか言ってしまうのだが、それは、《自由主義者》どうしの規範的関係性を、「《自由主義者》―《非リベラル》」の関係にまで持ち込んだ不適切なアナロジー＝投射的錯誤にほかならない。《自由主義者》は、自らが地球上において大多数を占めているという事実の偶然性を真摯に受け止め、非《リベラル》たちとの共生がけっして容易に成し遂げられるプロジェクトではないこと、ときとして不公正とも映る特恵待遇――《自由主義者》たちのなかには、自由・権利の一方的贈与と責任の免除を不公正であるとして非難する人もいるだろう――を非《リベラル》たち＝理由なき他者に対して与える必要があることを十分に認識しつつ、公的な行為選択におよばなければならないのである。

＊【2】（補論）贈与を受けるべき他者とは誰か　権利・合理性・尊厳

我々はここまで、（1）「公的ルールを私的ルールに比して優先させるべき」という優先性ルールを承認し（え）ないのはもちろんのこと、（2）不偏的視点にもとづき長期的な自己利益を勘案する能力（合理性）や、（3）自己と他者の対称性を認知する能力（道理性）すら持ちえない存在に対して、我々《リベラル》は、かれらの責任能力を免除しつつも自由・権利を贈与すべきである、ということを確認してきた。しかし、こうした議論に対しては、当然のことながら次のような反論が寄せられることだろう。すなわち、

［6-10］　一方的贈与を受ける非《リベラル》とは、本当のところどういう存在者なのか。たしかに、重度の精神障害

者や幼児の場合なら納得できなくもないが、（1）（2）（3）の特徴を持つということでいえば、胎児や脳死患者、人間以外の動物や植物、あるいは生命を喪失した人間やたんなる物質なども挙げることができる。我々やそうした存在者に対しても自由や権利を贈与すべきなのか、

と。我々は、「理性的である」とか「自律である」などといった人間本性を持つことをもって、特定の存在が自由・権利を持つことを正当化する議論のスタイルを批判し、権利を持つ者／持たざる者との区別を「脱構築」してきたわけだが、そうした議論の道筋は、生命を持たない物質に対してすら「みなし権利 as if right」[21]――権利を行使する能力を持たない主体に対して与えられる疑似的な権利――を贈与すべき、というはなはだ不条理な帰結を導いてしまう可能性があるのだ。この不条理を回避するために、我々は贈与を受けるべき／受けざるべき存在という新たな区別を導入しなくてはならないのだろうか？　しかしそれは別種の《暴力》を呼び込むことになりはしないか？　ここでは補論として応用倫理学的ともいえるこうした問題について、少しばかり思弁をめぐらせていくこととしたい。

「線引き」論・ふたたび？

まず最初に、《「みなし」権利の贈与を受けるべき存在／受けざるべき存在》を区別する規準の候補をいくつか考えてみることとしよう。特定の存在者は、後項に配されたとき、いかなる意味においても「権利」を持たない、つまり自らの存在の継続を尊重すべき倫理的義務を他者に課しえない――もちろんそれが誰かの所有物であれば話は別だが――ということになる。Aのコップを破損してしまったとき、私は所有者Aに対する倫理的責務を負うが、コップの権利（生存権）を侵害したということにはならない。私のコップの破損は、私が精神障害者をゆえなく殺害してしまった場合とはだいぶ事情が異なるように思われる。コップと精神障害者を分かつ規準とは何なのだろうか。

真っ先に思い浮かぶ候補は、《人間のような（human-like）存在である／ない》という境界線＝規準であろう。ここにいう「人間のような存在」とは、人間の生殖行動（人工的な操作を含む）の結果として生まれ、「他の条件が等しければ」かなり高い確率で合理性・道理性を持ちえたであろう存在、あるいは、過去にそうした合理性・道理性を持っていた、将来持ちうると

推定される存在者のことである。この規準によって、我々は、生まれたての新生児や植物状態にある患者を贈与の恩恵を受けるべき者のリストに含める一方で、豚や牛のような動物をそのリストから除外することができる。「人間中心主義」的ともいいうる規準ではあるが、実際のところ、ほとんどの人間社会の法体系がこの規準に立脚して基本的な権利を整序していることから察するに、我々の常識的な道徳直観に相当訴えかけてくるもののようだ。

法的・政治的領域においてある意味もっとも広く受け入れられているこの規準はしかし、少なくともロジカルな次元ではかなり無理のある主張だといわねばならない。たとえば、チンパンジーやクジラのような高等哺乳類は、人間の生殖行動の結果として生まれたものではないけれども、相当に高度な合理性・道理性を持っていることが経験的にも確かめられている。「生まれ・素性」を抜きにすれば、新生児や植物状態の患者などよりも、かれらの方がよっぽど《リベラル》に近い存在なのだと考えられないだろうか。《リベラル》に近い性質を持つ存在よりも、《リベラル》と同じ「生まれ・素性」を持つだけの存在を優遇する根拠はどこにもあるまい。《リベラル》を合理性・道理性の帰属可能性によって定義した以上、我々はこの規準の人間偏愛の傾向を見逃すわけにはいかない。

ではこうした人間偏愛を克服すべく、《自らにとっての善さ（悪さ）を感受する能力・可能性の有／無》を規準にしてみてはどうだろうか。第五章までの本書の議論では、非《リベラル》の典型である《規範の他者》は、他者や未来の自己の痛みを悪と感じる能力は欠如しているものの、ともかくも現在の自らの（ということは世界の）痛みを悪しきこととして、つまり回避されるべき災厄として感受する能力は持っているのであった。そもそも我々は、そうした本源的な欲求を帰属しうる相手でなければ、第四章のような契約交渉に踏み出そうとは考えなかっただろう。ニーチェ的にいえば「生への意志」とでも表現されるような現在の善への執着——それを規準にするならば、我々は、痛みを感じる能力を持つ動物たち、イルカやチンパンジーたちの「みなし権利」を認めなくてはならないことになる（チンパンジーが人を襲っても、責任能力は認められないため、けっして法的・道義的責任を問われることはない）。この見解は、「利害関心の原則」——他者から危害や利益を受ける能力を持つ存在は、その存在が自らの利害を表明・主張する能力がなくとも権利を保有する——に則り動物や植物への権利帰属の可能性を検討するジョエル・ファインバーグ（Feinberg [1974=1990] 参照。ただし厳密にいえば、ファインバーグは動物の権利を認めてはいない）[23]や、英米におけるパーソン論を主導するピーター・シンガーらの議論に近いものといえるが（Singer [1975=1988]）、当然のことながら様々な角度から批判可能である。

たとえば、「この規準によれば痛みを感じる＝危害を感受する能力を持たないと考えられる〇か月までの胎児に対しては、コップ同様殺害はありえないことになる。痛さに悲鳴をあげるが絶対に自己意識（self-consciousness）を持ちえない豚に権利を与え、将来自己意識を持ちうる胎児に権利を与えないのはおかしい」とする人間主義的な反論や、「環境が悪ければ草木は枯れる。ということは、草木にも「善さ」や「悪さ」、つまり利害関心（interest）があるということなのだから、かれらをリストから排除すべきではない（「感じる能力」という表現自体が「人間の」痛みを標準としたレトリックである）[24]」というエコロジー論的な反論などがありうる。前者の反論は我々の根強い日常的直観に訴えかけるものであるし、後者はロジカルな整合性への忠誠心を見事に表現しているように思われる。私は、理屈をこねくりまわして、種差別主義に陥らないように人間主義的直観を「理論」化することも、また痛みに対する哲学的議論を深めていくことによって草木の「痛み」を問題化していくことも十分可能だと思う。線引き問題のパズル解きに参加することが私の目的ではないから、ここではそうした理屈を云々するつもりはないが、何にせよ《自らにとっての善さ（悪さ）を感受する能力・可能性の有無》という規準が、直観的にも論理的にもシロとはいえないということだけは確かなようである。

ではさらに、様々に想定される《自らにとっての善さ（悪さ）を感受する能力・可能性の有無》という規準の問題点を克服すべく……。いや、もう止めにしよう。少なくない論者が主張するように、こうした「線引き」にかかわるすべての道徳的直観を満たす理由を発見することはたぶん不可能だし、また、かりに強力な理由づけが発見されたとしても、「我々が持つ直観の頑強さから目を逸らして、理論の整合性に拘泥する態度こそが問題だ」といった具合に直観擁護の論陣を張ることだって可能である以上、線引き論争は空しいといえば空しいゲームとならざるをえない。むしろ我々は、線引き論に避け難くつきまとうこの空しさの由来をこそ、じっくり考えてみる必要がある。

関係論と帰属の多元性

この空しさはいったい何に由来するのであろうか。それは、とりあえずは次のように考えることができるかもしれない。すなわち、

［6－11］我々はそもそも《リベラル／非リベラル》といった区別を、対象となっている存在とのコミュニケーションのさなかで、その存在に合理性や道理性、正義への指向性を帰属できるかどうか（かれらを《リベラル》である「かのように as if」接しても違和が生じないかどうか、かれらをコップのような存在として扱うことができるかどうか）といった観点からしかなしえない。しかし当然のことながら、そうした帰属はその存在と判定者がどのような関係を持っている（持ちうる／持っていた）かに依存しており、一様に定めることはできない。合理性や道理性といった属性が、根本において多元的でしかありえない個々の帰属行為によって特定の存在の性質として認定される以上、たとえ全知の神が提示した線引きの規準が共有されたとしても、「線引き」論争（規準の解釈をめぐる論争）は永遠に終結しえないのではないか[25]、

と（ただし［6－11］は《贈与を受けるべき／受けざるべき存在》の線引きではなく、《リベラル／非リベラル》の線引きについての議論であることに注意）。

この考えによれば、「線引き」論争の空しさは、線を引かれる対象の性質（合理性や痛みを感じる能力）にかんする形而上学的見解の対立に由来するというよりも、むしろ、そうした性質を特定の存在に帰属する側（＝我々）の「帰属方法の多元性」という認識論的な次元での対立に由来しているということになる。

日本で人気のある「関係論」的な生命論[26]も、基本的にこうした合理性や道理性にかんする帰属主義的な観点を日常的な直観に寄りそう形で展開したものといえるだろう。たとえば、縁遠い脳死患者の「死」はたんなる死として素直に受け止められるが、森岡［2001］が丁寧に記述しようとしているように、自分と近しい者の脳死に直面したとき、私たちの多くは「頭では分かっていても」その死を受け入れ難く感じるかもしれない。恋人や親、子どもが突然呼びかけても永遠に答えることのない脳死状態になり、その存在との共同的な物語を紡ぎ出すことが不可能になってしまったとしても、私たちはその存在に呼びかけ、また、その存在が尊厳を否定されるような扱いを受けることを拒絶するだろう。注意すべきは、こうした抗いの感覚[27]が、たんなる「アニミズム」だとか「共同体主義」だとかいった形で非合理化されるようなものではないということである。メルロ＝ポンティの間身体性とかレヴィナスの他者が云々といった話は正直私にはよく分からないのだが、コミュニケーションを継続しうるだけの合理性が実体的に措定されうるものではなく、まさしくコミュニケーションの成否によって

事後的・遡及的に帰属されるような「理念的実在」だと考えるなら、脳死患者と「対話する」者の心性に、そう易々と非合理のレッテルは張ることはできないのではなかろうか。第一章の議論に関連してくることではあるが、合理性や共感能力のような「人間らしい」属性の有無を、他者による帰属行為を介することなく第三者的に特定しうるという「行為（者）中心主義」の立場に立つ者だけが、「我が内なるアニミズム」を安直に否定することができるのである。

このように、関係論的な視点はいわゆる「線引き」問題が、線を引かれる存在者たちの性質（property）をめぐる形而上学的問題ではなく、線を引く側＝我々の帰属行為をめぐる「認識論」的な問題であることを示唆してくれる点で、非常に重要なものである。パーソン論的な「線引き」論は、そこで提示される諸規準が恣意的でしかありえないから非難されるべきなのではない。規準を適用する帰属者の現場——帰属する者と帰属される者との関係の固有性・文脈性——を無視して規準を運用しうるという、それ自体議論されるべき「認識論」的前提を密輸入しているからこそ、「線引き」論的な問題設定は、その妥当性を疑われるのだ。その失敗は、倫理的・道徳的なものではなく、おそらくは、きわめて方法論的なものだったのである。

しかし、こうした関係論的な視点がもたらす認識利得を十分に認めつつも、我々はその先に踏み出していく、つまり、関係論の「帰属主義的」「認識論的」な考え方をここで述べてきたような合理性帰属（《リベラル》であることの認定）という問題枠組から解き放ち、より深い水準へと掘り下げていく必要がある。というのも、ここで問題としている対象＝存在は、権利の贈与を受けるべき非《リベラル》、その定義からして合理性や道理性を帰属しえない存在者なのであって、そもそも「合理性帰属の多元論」の射程から漏れ出るような問題を喚起するようなものだったのだから。(28)

おそらく、脳死者の親族の多くは、脳死者に合理性や道理性を帰属しうる（つまり《リベラル》である）と本気で思っているわけではないし、どんなに頑強なカトリック信者だって胎児がゴリラ以上の合理性を持っているなどと真剣に主張しているわけではない（つまりかれらは、【6-11】的な「認識論」的レトリックに乗って議論を展開しているのではない。かれらの多くは合理性や道理性が第三者的に「検証可能」であることを否定しないだろう）。我々が問題とすべき「権利の贈与を受けるべき存在」とは、たとえ合理性や道理性（あるいは痛みを感じる能力）を帰属しえなくとも、それでもコップのようにして「処分」されてはならないと感じてしまうような、そんな存在であったのだ（これを本章【1】では「非権利的な存在」と呼んだ）。だとすれば、関係論は、たんに合理性や道理性、利害関心の帰属範囲を（胎児や脳死者、動物、植物……）拡げることで満足するのではなく、そうした属性を持たないが「みなし権利」を享受すべきと考えられる存在者の両義的なあり方を帰属主義的な観点から問題化していかなくてはならないだろう。論議されるべきは、「権利があるか／ないか」ではなく、「みなし権利があるか／ないか」という、より微妙で繊細な問題だったのだから。

では、「権利は持たないけれども、「みなし権利」を贈与される」という微妙な立場におかれる存在者に対して、関係論はいかなる属性を帰属するのだろうか？《贈与を受けるべき存在》の微妙な位置づけを説明する、合理性や痛みを感じる能力といった属性の彼岸に位置する属性とはいったいどのようなものなのだろうか？

尊厳

まず、関係論のいう《贈与を受けるべき存在》の承認・認定が、たんなる合理性・道理性の帰属可能性という水準においてではなく、もう一段メタレベル（？）の水準、つまり、

［6-12］　そもそも、その存在が、合理性（や痛みを感じる能力）帰属の考慮の対象となりうる存在であるか／否か、

という問いの準位において問題となっていることに我々は注意しなくてはならない[29]。

先にも述べたように、脳死者を生者のようにとり扱う親族の多くは、アニミズム的に「心から」その脳死者とコミュニケートできる（合理性を帰属しうる）と信じているわけではない。かれらの多くは、脳死者が通常の意味において合理的・道理的な存在ではないことを十分知りながら、それでも、なお合理的・道理的な存在であるかのように扱われるべき存在であることを否定しきれない感覚を持っているのである。つまり親族は、脳死者に対する合理性・道理性の帰属可能性を断念してはいるが、脳死者が「合理性帰属の考慮の対象となりうる存在であること」への信念を放棄していないのだ。「(1)ある存在に合理性を帰属しうるか」という問いと、「(2)ある存在は、そもそも合理性の有無を考慮されるべき存在か」という問いとがまったく異なった水準にある以上、これは、いささかも矛盾した態度ではない。我々はふつう、合格点に達する可能性

がないからといって、その学生から受験資格を奪ったりはしないものである。

合理性（および痛みを感受する能力）帰属可能性の問いと別水準にある(2)の問いは、おそらく「尊厳の（帰属をめぐる）問い」と呼ばれるべきものであろう。我々は、脳死者や胎児に対しては、それらの存在が合理性帰属可能性の点でいかにペットの金魚や野生のイノシシ、近所の川辺に咲く桜の樹と「同等」であると知ったとしても、なお異なる存在者として見なしたくなる。合理性を帰属できないことが分かっていても、その存在者を理由なく「処分」することを我々にためらわせる存在の尊厳——我々は合理性帰属に先立ち、こうした高階の属性の帰属可能性を無意識裡に判断してしまっているのだ。[30]

たとえば、前項で我々はあまりに異なる理由空間のなかに生きる火星人に対しても権利を贈与すべき（無権利とみなしてはならない）と論じたが、そのとき我々は、すでにして問題となっている火星人が尊厳を有する対象であること、火星に転がる岩などと異なり何らかの形で尊厳を帰属すべき存在であることを前提としてはいなかっただろうか。この思考実験が有意味たりうるには、すなわち、「件の火星人が我々とまったく異なる合理性（理由の体系）を持つ」という思考実験の前提条件が前提としての意味を失わないためには、そのさらなる前提として「件の火星人が合理性の有無を考慮されるべき存在である」ということを我々が承認していなければならない。[31] 逆に言えば、我々は「合理性の有無を考慮されるべき存在である」と考えないからこそ、火星人の住まいの素材となっている岩石や火星人のタンパク源となっている火星クラゲを思考実験の対象としないのである。合理性や道理的の「客観的」な存否にかかわりなく、いわば無条件的・無根拠的にある存在に対して帰属される根源的属性。それこそが、尊厳と呼ばれる神秘的な——しかし消去することのできない——存在の属性なのである。

重要なのは、《贈与を受けるべき》存在——非権利的なのであって、無権利的ではない存在——の承認・認定に関係している（というよりもほぼ同義の）「尊厳（がある）」という属性が、「合理性・道理性（がある）」「利益を持つ」といったある程度第三者的な観察可能性に開かれている属性と異なり、神聖ともいえるような超越的な意味あいを込められているために、宗教的ともいえるような様相を帯びる、ということだ。

脳死者の親族が、科学的な知見なり一般的常識なりといった第三者的な規準をもとに脳死者に合理性を帰属することが不可能であることを認めているにもかかわらず、それでもその脳死者の尊厳を尊重したいと考えているような場合、かれらに

「では、なぜ尊厳を尊重したいのか」と問いただしてみたとしても（この質問のどうしようもない悪趣味さはとりあえず措いておく）、けっして「理に適った」理由が提示されることはないだろう。かれらは脳死者に合理性がないことを認めているのだから、「合理性を帰属しうるから」といった回答を寄せることはありえない。何がなんでも普遍化可能な理由を求めなければ気の済まない「なぜなぜリベラリスト」がいかに詰問しようとも、「私たちの子どもだから」「死んでしまっても、人間には違いないから」「分からない、でも」……といったおよそ非・不偏的な理由（?）しか返ってこまい。なおも「なぜなぜリベラリスト」が親族につきまとって「なぜなぜ」攻撃を繰り返すなら、殴られて追い返されるのが関の山というものだろう。それはごく当然のことだ。尊厳という属性は、「○○だから尊厳がある」といったように第三者に伝達し調整することが可能な規準によって確定されるようなものではなく、根拠なく端的に与えられてしまうようなもの、第三者的な規準によっては確定し尽くすことのできない超越的な価値を指し示すものとして了解されるべきものなのだから。[32] 理由なき存在の肯定――尊厳を帰す不偏的理由を問う行為は、それ自体として尊厳の本質を決定的にとり逃がす（誤解する）振舞いなのである。

　このように尊厳の神聖性を捉えるなら、我々は、「線引き」論の空しさの原因であった「帰属の根元的多元性」が、［6-11］に述べた意味よりもはるかに根元的なものであることを理解することができるはずだ。すなわち、**《贈与を受けるべき／受けざるべき存在》の差異づけは、《合理性を帰属しうる／しえない》とか《痛みを感じうる／感じない》といった差異=規準にではなく、《尊厳のある／ない》という差異=規準に照応する。ところが、《尊厳のある／ない》という差異は、まさしく根拠なく差異づけられる――つまり、他の属性に還元・翻訳することができない[33]――という点にこそ、その本質的意味が見いだされるようなものであり、個々人による尊厳帰属の理由を不偏的・非人称的な観点から調整することは原理的に不可能なのであった。つまり、《リベラル》は、リベラルな権利を贈与する範囲の確定をリベラルな様式に則って決定することができないのである**（ある人は、「胎児には尊重されるべき利益がない《から》尊厳を持たない」と考えるかもしれないし、またある人は「胎児には尊重されるべき利益がないにもかかわらず尊厳を持つ」と考えるかもしれない。尊厳を利益に関係させる前者の論法が、「居直り」にも見える後者に必ずしも優越するわけではないということを確認しておかねばならない。たとえば、宗教的価値も、通常、その他の価値に還元されることがないにもかかわらず尊重に値するものと考えられている。理由なき神への信仰を、その理由のなさを根拠にリベラルな政府が規制することはできないだろう）。尊厳帰属の根元的多元性は、リベラリズム内的な価値の葛藤ではなく、「リベラリズムの内部／外部の境界線はどこにあるか」というリベラリズムの臨界をめぐる価値の相克を意味している。それはドゥオーキンが言うように、「宗教的」ともいえる超‐リベラリズム的な価値の葛藤なのであって、けっして諸価値を媒介する第三者的理由によって調停されるようなものではないのだ。

ちなみに、存在の尊厳をめぐる問題が、リベラリズム内的に処理しうるようなものではなく、リベラリズムの臨界あるいは彼岸にあるということを（管見のかぎり）もっとも説得的に語っていたのは、誰よりも強く「生命の宗教的神聖性への信仰」を攻撃するあのピーター・シンガーであった。

*

たとえば、中絶のような問題をリベラリズム内的に処理する有効なやり方として真っ先に思いつくのは、(1)中絶を、成人の麻薬使用や売春などと同様「被害者なき犯罪」の範疇に含めて処理する、(2)中絶という出来事を、女性＝加害者の権利と胎児＝被害者の権利の対立として捉え利害の調停を試みる、といった方策であろう。しかし、こうしたリベラリズム的な方策は、中絶という社会的事象をめぐってもっとも重視されるべき側面を等閑視してしまっている、つまり、「中絶に関する論争は、主として、中絶に「被害者」がいるかということに関する論争である」（Singer [1993=1999:176]）ということを(1)・(2)は見落としてしまっている。ミル的な自由原理は、「他者に迷惑をかけないかぎり」という但し書を要するわけであるが、中絶をめぐって問題となっているのは、まさしく「迷惑を受ける」＝「災厄を被る」胎児が、但し書にいう「他者」たりうるのかどうか、ということなのであって、(1)のように中絶問題の「困難を回避するためにミルの原則を用いることは、〈中絶は「他人」に危害を与えない〉ということを自明の前提としていることになる」（Singer [1993=1999:176]）。また(2)の方策にしても――シンガーは論じていないけれども――胎児を「被害者」＝「危害を加えられる他者」として先取り的に決めつけている点において、(1)同様、中絶問題の本質を見失っているといわねばならない。「線引き」問題をめぐるシンガーの所論にはまったくと言っていいほど賛同できないが、中絶に代表されるような生命をめぐる問題が、リベラリズムの臨界を指し示すものであり、リベラリズム内的に処理されうるようなものではないこと、そうした認識にかんするかぎり私はシンガーの議論に違和を感じない。シンガーとの対立は、《合理性帰属可能性》《痛みを感受する能力》と同一の地平で語ることのできない《尊厳の帰属可能性》の「超越性」を倫理（学）的に重要な事柄とみなすか否か、という点にある。

以上のように確認してきた尊厳帰属の「根元的多元性」をめぐる事実は、リベラリズム理論にとって重大な帰結をもたらすだろう。なにしろ、公共化可能な理由を公的決定に反映させることを旨とするリベラリズムにとって、私的な理由にもとづいて、あるいは端的に（理由なく）なされる尊厳の帰属という社会的行為は、決定的に扱い不能なものである以上、

［6-13］　リベラルな政府は、少なくとも原理的な次元においては、《贈与を受けるべき／受けざるべき存在》の境界線画定を公的な決定の対象としてはならない、

ことになるのだから。

神聖性を持つ宗教的な価値の内容をリベラルな政府が決定してはならないのと同様、政府は《贈与を受けるべき存在》の認定・承認を公的な次元で制度化してはならないし、原理的な次元では、尊厳を帰属する公的な規準を立てることができるなどと考えてはならない。人工中絶や尊厳死の問題をめぐって、そうした公的規準を立てることができると考える人は、尊厳という属性の持つ神聖性・超越性をあまりに軽視しているのではなかろうか。「とりあえず公的な宗教的教義を立てるべきだ」などと言う人は、宗教的価値の持つ神聖性をまったく分かっていないと言われても仕方があるまい(34)。尊厳の超越性・神聖性（「尊厳は、合理性のような他の一般的属性に還元できない」）、そして尊厳帰属に見られる徹底した一人称性（「一般的に無根拠であっても、私はその信仰を止めることはない」）といったものは、尊厳（帰属）というものを理解するさいにどのようにしても消去することのできない、いわば文法的な本質なのである。ドゥオーキンが次のように言うとき、彼の念頭にあったのは、こうした尊厳の文法的本質（とそれに対するリベラリズム＝正義論の無力さ）であったとはいえないだろうか。

存在に関する（existential）問題——人間の生命は、固有の価値あるいは客観的な価値を有するのか？　——は、多くの方法で提起されてきた。たとえば、人々は生命の「意味」あるいは「核心」について尋ねる。しかしながら、どのようにその問題が持ち出されようと、この基本的な問題は、次のことを論証することによって答えられるものではないのである。即ち、ある推奨される所与の方法で生きること——たとえば、ある特定の道徳律（moral code）を遵守するとか、

ある所与の正義論に従うこと——が、人々をより安全にし、より自由にし、より幸福にし、より繁栄させるであろうことを論証することによって、答えられるものではない。あるいは、そのように生きることが、彼らに人間の本性を果させ、それを悟らせるのに役立つであろうことを論証することによって、答えられるものではない。存在に関する問題はより難しいものである。なぜならそれは、そのどれもが、なぜ重要なのかを問うものだからである（Dworkin［1994=1998：252-253］）。

リベラルな政府にできること

とはいえもちろん、リベラルな国家は、中絶や尊厳死、脳死といった「生命の政治学」をめぐる問題にまったく口出しすることができないというわけではない。

たとえば、人工中絶における最終的な決定主体の問題。

胎児を尊厳ある——つまり、いかなる意味においても存在を奪われない権利を持つ——存在とみなすか否かの決定は、放っておけば、《リベラル》どうしの権力関係によって左右されてしまい、「生む／生まない」という選択にもっとも直接的な利害を持つ女性の意志が反映されないことがありうる。「ある対象に直接的な利害関係を持つ主体が、その対象の処遇の決定にさいして、優先的決定権を持つ」という相当に不偏的な理由を覆す（override）こと——理に適った形で拒絶すること——は、通常かなり困難である。しかも、尊厳の帰属先である胎児が自らの胎内にあるというかなり特殊な事情を鑑みるなら、[35] この最終的な自己決定権を女性が持つことにはかなり強い理由を見いだすことができるように思われる（尊厳死を望む者も同様である）。中絶の決定権を主張する親族（親とか夫）が、特殊な直接的利害を持つ者の自己決定を覆すだけの不偏性を持った理由を持っているのか、それが実は「年長者、オトコに決定権があるべきだ」という私的理由にもとづくものにすぎないということはないのか——こうした《リベラル》どうしの理由の衝突を調停する作業は、依然リベラルな政府の重要な課題である。私自身は、現実の社会における権力関係を鑑みた場合、ともかくも最終的な決定権を妊娠した女性に認めること、決定する主体をそのように決定することは十分に「理に適って」いると思う。ただ、それは女性の自己決定権なるものを絶対化することではない。たんに、リベラルな政府が現状の社会的資源の分配を十分に考慮し、《リベラル》たちが提示する理に適った理由に平等な配慮を払ったうえで、最終的に決定する主体を暫定的に決定すべきというだけのことにすぎない。[36] 時代状況・生命技術をとり巻く条件が変われば、決定主体は男親まで広がりうるかもしれない。もちろんその場合でも、女性が決定主体の一員を成すことに変わりはないだろう。

また、リベラルな政府は、現に権利を持っている《リベラル》、あるいは権利を贈与されている非《リベラル》を不当に差別するような理由を、公的な次元で排除することもできる。

たとえば、リベラルな政府は公的ルール＝法律の条文のなかに、「胎児がその後の生活に支障をきたすような障害を持っている場合は、中絶は許容される」といった文言を含めてはならない――それは贈与に値する存在とそうでない存在との境界線を、公的に承認することになってしまう――し、そのような理由にもとづいて胎児（もしくは新生児・幼児）の存在の抹消を肯定する公的措置を求める者の訴えを拒絶しなくてはならない。[37] それは、リベラルな政府が、「黒人だから……」「女だから……」といった私的理由を公的な次元で排除しなくてはならないのと同じことである。よくよく持ち出される「重大な障害を持つ者は、幸福な生を営むことができない」などという一見耳障りのいい（？）「根拠」は、実際に社会生活を営む障害者の幸福に対する根拠なき偏見＝普遍化不可能な私的理由にすぎない。いったい我々は、いかに女性が生きにくい社会構造があるからといって、「中絶は基本的に許容されない。ただし胎児が女児であった場合は、この限りではない」といった文言を法律のなかに入れることに賛成することができるだろうか。リベラルな政府は、尊厳の規準を定めるという形での積極的な政策をとってはならないが、「多くの人びとが持っている偏見にもとづく理由を公的理由に採用しない」という形で、尊厳帰属の決断が特定の人びとへの偏見を助長しないよう教導することはできるのである。[38]

このように、リベラルな政府は、尊厳帰属の規準を――たとえ暫定的にであっても――公的に提示することはできないものの、「理に適った」理由を調整することにより、(1)決定する主体の（暫定的）決定、(2)偏見的な私的理由の公的次元からの排除、といった消極的な施策に携わることができる。また、(3)しばしば生命の価値の差別の根拠として挙げられる「障害者（や女性）が生きにくい社会構造」を再配分的な措置によって是正していくことも当然できるだろう（さらに、《リベラル》たちが不安に脅えて暮らすことがないよう、プラグマティックな観点から一応の「線」を引くこともできるだろう）。[39] しかしもちろん、こうした施策は、対非《リベラル》の善・利益を尊重したがゆえの措置ではなく、あくまで社会において実際に生を営む《リベラル》向けの、いわば対内的な政治的措置・決定にすぎない。リベラリズムは、どこまでいっても、この補論（【2】[*]）冒頭での問い「一方的贈与を受ける非《リベラル》とは、本当のところどういう存在者なのか」に対して確定した解答を与えることはできないし、また与えるべきではないのである。[(40)]

ただ、解答を与えることができない（与えてはならない）がゆえに、できること・しなくてはならないことは、いくらでもある。それをリベラリズムという思想の脆さの証拠と読むか、リベラリズムならではの価値コミットメントの強みと読むかは、ある意味論者の好み次第である。私個人としては、不偏的な理由を他のいかなる思想にもまして尊重するがゆえに「原理的に不偏的たりえない価値」の前で躊躇し・思い・佇むリベラリズムのあり方を肯定したいと思う（少なくともここにいうリベラリズムのあり方が、「胎児に権利はあるか」「女性の利益と胎児の利益はどちらが優越するか」といったライツトークの話法のなかで逡巡するいわゆる「リベラリズム」や、「胎児に権利はない」とか「個人に自己の身体の処遇を決する権利はない」などと断定する議論のスタイルより、非倫理的であるということはなるまい）。そうした私の好みが、それなりに不偏的な理由に裏づけられうること――このことだけは、ある程度確認することはできたのではなかろうか。

【3】　非自由主義的《リベラル》との関係　「テロリズム」への倫理学?

《自由主義者》は、長期的な利益を勘案する合理性と、自他の悪の回避を指向する道理性とを欠く非《リベラル》に対しては、自らの「事実上の独占」のいわば贖いとして、一方的な贈与（ルール違反に対する責任を問わず、かつ、ルールによって保護される自由と権利を与える）をなすしかなかった。では、合理性と道理性を備えるという点においては《自由主義者》と共通点を持つものの、公的ルールの優先性を認めようとしない非自由主義系《リベラル》に対して、《自由主義者》たちはどのような関係を築くことができる（築かねばならない）のだろうか。第五章で縷々説明してきたように、根本的な次元では、この問いにはすでに回答が与えられている。すなわち――《暴力》を回避しうるようないかなる合理的な関係性をも結びえない、と。しかし相手は理解可能な理由体系を持たない《他者》ではなく、一定の合理性と道理性を期待しうるような存在なのだから、ことによると何かうまい手が見つかるかもしれない。ここでは、もう一度だけその僅かな可能性を探っていくこととしよう。

まず真っ先に思い浮かぶのは、合理性と道理性とを欠いた《他者》たちの合理的推論能力に訴えかけ、かれらが自由主義の規範空間の内部に留まるための措置をこうじるというやり方、ノージックが独立人たちに対して提示したような取引を持ちかけるという方法である。つまり、《自由主義者》の共同体が、公的ルールに準拠する態度（公的にルールに従ったり／従わなかったりする態度）を採用するさいの不利益を上回る利益＝インセンティヴを、非自由主義系《リベラル》に対して与える、もしくはそうした態度の採用によって生じる不利益を事後的に補償することにより、《自由主義》の全域的妥当性を確保するわけである。ノージック自身の議論の失敗については、第五章ですでに確認したので、ここではノージック理論を批判的・発展的に継承している稲葉振一郎の議論を参照することとしよう[41]。

稲葉の議論で注目すべきは、次の二点である。すなわち、（1）複数の国家（支配的保護協会）が存立し移動の自由が確保されるならば、独立人に対する自力救済禁止への賠償が、誰の権利をも侵害しない「見えざる手」的な過程として把握できる、ということを示し、賠償原理のごとき道徳的原理を別途挿入することなく、最小国家が成立する可能性を証示したこと、そして、（2）「やろうと思えば支配的保護機関からサービスを購入するだけの経済力を有しながら、自力救済の方が安くつくがゆえにそこへの参加を潔しとしない」（稲葉［1999：262］）ノージックが前提とするタイプの「強者としての独立人」とは違い、そうした経済力・取引材料を持たない「弱者としての独立人」に照準し、そうした存在と支配的保護協会との折衝可能性を問題化していること、である。ごく粗く言うなら、稲葉の支配的保護協会は、（1）において「強者としての独立人」を、（2）において「弱者としての独立人」を自らの支配の下へ包摂することになるわけだ。もちろん、そのとき、全域性を獲得した保護協会＝国家の方もノージック的な最小国家ではありえなくなっている。稲葉の言う国家は、外向きには他なる領域に他なる国家が存在すること

（国家の複数性）を承認し、かつ、内向きには構成員のナショナル・ミニマム――生命の保全に必要な様々な財やサービス――の保障を自らに義務づけるような、局所化された[42]「最小福祉国家」たらざるをえない。本書の用語系を用いるなら、稲葉は、特定の保護機関がそのルールの全域的妥当性を標榜しうる（つまり国家である）ためには、ノージック的な最小国家の「先に」行かなくてはならないこと、福祉国家的（再配分的）な要素をまったく持たずに特定の保護機関が全域性を標榜することはできないということを、説得的に論証しているのである。はたして、こうした稲葉的な全域性確保の「作戦」は成功しているといえるだろうか。ここではとりあえず（1）の論点に定位して検討を進めていくこととしよう。

第五章でも述べたように、ノージックは、全域性の成立を自然権に含まれる「手続き的権利」の適用の帰結として説明することを諦めた後、支配的保護協会による「事実上の独占」というアイディアと「賠償原理」という道徳的原理の外挿によって、最小国家の成立を説明しようとしていた。つまり彼は、純粋な意味における「見えざる手」説明を断念していたわけである。これに対して稲葉は、「手続き的権利」などを導入せずとも、「事実上の独占」という事実から「強者としての独立人」の支配的保護協会加入を説明できる、つまり「見えざる手」説明を貫徹しうると考える。そのロジックは、おおよそ次のようなものだ（稲葉［1999：244-246］）。

①　「保護機関に自衛権を信託するよりも自力救済の方がコストが低い」独立人であっても、「事実上の独占」をなす支配的保護協会に対する戦争には耐えられないため、自力救済を抑止されてしまう。

②　このとき、「独立人にとってはかたくなに自力救済に固執するよりも、支配的保護機関と取引した方が利益になるはずである」。つまり、独立人は機関との交渉に応じる動機を持つ。

③　かくして「機関の側での独立人に対する抑止力の行使のコストと、独立人の側での独立の維持コストとが

相殺される点で均衡に達する」ようなバーゲニングが開始され、やがて独立人は支配的保護協会のクライアントになる。

④　しかし、③のような交渉においては「圧倒的な交渉力の不平等」が起きる可能性があり、「単に「見えざる手」過程にゆだねたのでは賠償としての保護サービスの供与が独立人に対して行われない可能性がある」。同様のことは従来からのクライアントについてもいいうる。

⑤　④のような問題がクリアされるためには、複数の支配的保護機関が「互いに保護サービス消費者たちをめぐってなお競争しあっている」ような状況が成立しており、クライアントが他の支配的保護機関――そこでは以前住んでいた保護機関による「抑止」を受けなくて済む――に移住できる自由が確保されていなくてはならない。

この実にエレガントな（あっさりとした？）論証に対して、私は二点ほど――第一に、②でいわれるところの「利益」の含意、第二に、⑤でいわれる「移動の自由」「国家の複数性」を保証する主体の問題――疑問を感じている。それぞれ簡単に説明していくこととしよう。

まず第一に、右記の②で言われる「利益」なるものが、稲葉が想定するように、独立人を支配的保護協会との交渉へと動機づけるようなエサとなりうるのかどうか、という問題がある。もちろん、長期的な自己利益を適切に勘案できるという意味において合理的な行為者であれば、自力救済に固執した場合の利益I_aよりも、支配的保護協会に参入した場合――ある程度適切にバーゲニングが実行され、「納得のいく範囲内」で自己負担が計算されうるものとする――の利益I_bが大きいと予測される場合、通常I_bをもたらす行為bに動機づけられるだろう（利益というものを、欲求の対象となる世界の状態が実現された場合の「快」もしくは「効用」と捉えるなら、より大きな正の利益をもたらす行為に動機づけられるのは、当然のことである)。「$I_b > I_a$である」「行為bはI_aをもたらす」という信念を持っていながら行為bに動機づけられない行為者のことを、我々はふつう「自己欺瞞」的な人であると考える。[43] 稲葉が問題にする独立人は自己欺瞞的ではないことになっているのだから、当然、彼／女は、行為b(交渉に参加する)へと動機づけられるはずだ。利益をこのように捉えるかぎり、稲葉の議論は完全に正しい。

しかし考えなくてはならないのは、かの独立人がなぜ独立人と呼ばれていたのか、ということである。そもそも、右記のような利益考量にもとづいて支配的保護協会へと参入した者が非独立系クライアントたちなのであって、独立人たちはそうした利益考量をする機会がありながら「あえて」保護協会への参入を拒んだからこそ、独立人と呼ばれていたのではなかろうか。独立人とはその定義からして、《「$I_b > I_a$である」「行為bはI_aをもたらす」という信念を持っていながら、行為bに動機づけられない自己欺瞞的な行為者》と非独立系クライアントたちの目に映るような存在であったはずだ。つまり、稲葉のシナリオにのって交渉に応ずるような者はそもそも最初から独立人ではなかった(記述時点の時差がそういう仮象を作り出していたにすぎない)と考えられるのである。かれらは「独立人にとってはかたくなに自力救済に固執するよりも、支配的保護機関と取引した方が利益になる」ことを信じ(かつそうした利益を欲求し)ていながら、そうした取引を開始しようとは考えない。稲葉の議論は、支配的保護協会成立以前の「非クライアント」と、支配的保護協会が成立してもなお参入への動機づけを持たない独立人とを、不当に同一視する錯誤のうえに成り立っているように思われる。

もちろんだからといって、私は支配的保護協会成立後の独立人が自己欺瞞的な信念・欲求の体系を持つ「非合理的」な行為主体であるなどと言おうとしているのではない。当然のことながら、非自由主義系《リベラル》の一類型である独立人もまた、長期的な自己利益を配慮する合理性と、自己と他者との対称性を承認する道理性を持ち合わせているわけで、いかなる意味においても「非合理」な主体であるとは考えられない。では、なぜ独立人はその合理性にもかかわらず自己欺瞞とも映る行為（取引の拒絶）を選択するのだろうか[44]――この問題については、実はすでに第五章で解答を与えてある。《リベラル》の「動機づけ問題」を論じたさいに提示した［5-6］をもう一度思い出してほしい。

［5-6］　長期的な利益・善を勘案する（時間的）不偏的態度を採る《リベラル》は、「どのような善を欲するか／悪の回避を欲するか」についての心構え、すなわち、ある程度の時間的な幅を持った「欲求にかんする欲求」を持つ。

非自由主義系《リベラル》たる独立人もまた、こうした「欲求にかんする欲求」、フランクフルトの言う「二階の欲求（second order desires：desires of second order）」を携え、行為選択に及んでいる。こうした二階の欲求を持つということは、たんに行為者が「［行為］Xへの欲求が、行為に及ばせたり傾向づけたりする諸欲求の内にあるように欲している」（Frankfurt［2001：81］）というだけのことではない。その行為者は「この［二階の――引用者］欲求が効果的（effective）であること、すなわち、かれが実際になすことの動機を提供することを欲しているのである」。おそらく、問題の独立人たちは、自らの正しさ（自らの私的ルールに則った正義）が上首尾に執行される世界の実現を、そうでない世界の実現よりもはるかに強く欲求している、つまり、私的な正しさに適った行為をしたいという欲求が自らの実際の行為を動機づけることを欲しているのだ。そのあり方は、現実的な身の保全のためなら保護協会と取引しても構わないと考える者、自らの実際の行為が私的な正しさに適った行為をしたいという欲求に動機づけられることを強くは望まない「保護協会成立以前の非クライアント」とはまったく異なっている。次のような優先性原理を承認することは、日和見の非クライアントにとっては、自己保全のための手段なのであろうが、独立人にとっては、自らの根底的な価値観の転換を意味するのである。

［5-11］「他者と共有可能なルールにもとづく正しさ（ゆえの善さ）」は、「私的なルールにもとづく正しさ（ゆえの善さ）」や端的な善さよりも、行為の動機として優先性を持つ

この原理を受容しうる者の視点からすれば、支配的保護協会との取引に応じない意固地な独立人は、《「$I_b > I_a$ である」「行為 b は I_a をもたらす」という信念を持っていながら、行為 b に動機づけられない自己欺瞞的行為者》と映ることだろう。しかし、前章でも述べたように、二階の欲求を持つことが合理性を持つことの直接的な帰結（というよりも同義の事柄）であるのに対して、［5-11］の受容が合理性（および道理性）の範疇から外れる道徳的コミットメントを必要とする以上、合理性云々といった見地から独立人の選択傾向を無価値化することは許されることではない。彼／女は十分に合理的でありながら、自らが自らの裁判官であり神であることを手放すことを何よりも回避されるべき災厄と判断するのである。そのように考えた場合、そうそう簡単には「独立人にとってはかたくなに自力救済に固執するよりも、支配的保護機関と取引した方が利益になる」などとはいえなくなるはずだ。独立人のかたくなさはたんなる既得権益への固執のようなものではなく、自らの生の構想の基盤となる根底的な価値の表現そのものなのだから[45]。

第二の疑問に移ることとしよう。我々は、とりあえず第一の疑問をペンディングとし、稲葉のロジック③のようなバーゲニングが実行され（かつ成功し）たと仮定したとしても、なおかつ、次のような疑問を提示することができる。すなわち、

［6-14］　移動の自由を認めることは、その自由が自然権のなかに含まれる以上、支配的保護協会Cの義務である。しかし、国家の複数性を確保することはCの義務ではない。ただ――神の視点からして――移動の自由が実効化するためには、国家が複数必要であるということにすぎない。その複数性は、どこ・だれが確保するのだろうか。

ここで問題化したいのは、移動の自由を保証する主体と、国家の複数性を保証する主体の差異についてである。とりあえずノージック的前提に則って移動の自由が人々の自然権に含まれるということ、したがって、支配的保護協会は移動の自由を保証する責務を負うということを認めたとしても、その支配的保護協会が国家の複数性・多元性の事実を維持・創出する責務を負っているということにはならない。Aという機関が成員に移籍・離脱の自由を認めたからといって、A以外の機関の存立にAが勤しまなくてはならないという責務はあるまい（もちろん、独占禁止ルールなどによってAが複数性を確保する義務を課せられる場合もありうる。しかしそうするためには、AとA以外の機関がより上位のルール共同体に属していなければならない。複数の支配的保護協会が正統性を承認する機関とは一体何だろうか？　それこそが実は真の支配的保護協会なのではないか）。要するに移動の自由と異なり、国家の複数性はノージック-稲葉的な自然権論の枠内で保証することはできず、我々は別途国家の複数性を保証する主体を見いださなくてはならないのである。

国家＝支配的保護協会の複数性を確保する主体として、真っ先に思いつくのは保護サービスの自由市場＝「見えざる手」であろう。つまり、移住の権利を持つ人々が良質のサービスを提供しない保護協会から離脱・移動する行為を繰り返すため、「事実上の独占」状態の下に安住し公正な交渉に応じない抑圧的な保護協会は淘汰される、公正な市場原理が貫徹されるなら複数性の事実が「意図せざる結果」として現象しうる、というわけだ。しかしこの論法はノージック-稲葉的なロジックのなかでは禁じ手とならざるをえない。というのも、ノージックが言うように「相対的に評価される他の商品とは異なって、競争関係にある複数の最良の保護サービスは両立しえ」ず、「そのサービスの性格からして、別々の機関は、顧客のひいきを求めて競争するだけでは足らず、相互に暴力的抗争へと導かれ」(Nozik［1974=2000：25］)てしまうのだから。ただひたすら優先的に需要されることを望む一般の商品の売り手と異なり、自らのルールこそが公的であることを標榜しそのルール執行を請け負う保護協会にとって、他の商品が存在するという事実はそれだけで、自らのルールの「公性」を損ないかねない危険な徴候と映ることだろう(46)。「公的でありたい」という欲求を持つ主体にとって、もっとも回避されるべき悪は、自分以外にも「公的でありたいと欲する主体」が複数存在するという事実である(教師になりたいと欲求する主体と、王になりたいと欲求する主体が、競争相手に対してどのように異なった振舞いをみせるかを想像してみればよい)。「公的な正しさ(とその執行)」の貫徹という保護協会の身上とそのサービスの特性を鑑みたとき、「見えざる手」は国家の複数性を導き出すどころか、反対に支配的な保護協会による寡占もしくは独占の事実を招来するだけのように思われる(47)。

かくして「見えざる手」は、国家の複数性を帰結しえない。しかしそれなら、人々が自然権として持つ移住の権利は、たんなるお飾りにすぎなくなってしまうのではなかろうか？　いかに保護協会が移住権を保証しても、肝心の移動先が存在していないかぎり、その権利を行使することは不可能になってしまう。だとすれば、「実効化しえない権利は、権利ではない」というごく自明の原理にそくして、保護協会はその権利の実効化、すなわち他なる保護協会の存在を保証すべきなのではなかろうか？　ここで国家の複数性を保証する主体の候補として支配的保護協会の名が再浮上してくることとなる。

たしかに、行使しえない権利は権利ではないという原理は我々の道徳的直観に近しい。しかし、だからといって国家の複数性を保護協会が確保すべきということにはなるまい。たとえば我々は、成員個々の移動の自由権を実効化するために、保護協会は顧客獲得競争の開始以前——ここで言う「以前」とは論理的な先行性である——に談合でもして、《極端に強い保護協会の出現を抑制する》というメタ・ルールを承認する、という方策を考えることもできる。しかしいうまでもなく、その場合には「見えざる手」過程がある意味パタン化された帰結定位型（consequence-oriented）の原理によって誘導されているのであって、ノージック‐稲葉の議論を導く「見えざる手」的な説明原理は失効してしまっている（もしこうした談合を許容するのなら、様々な帰結定位の再配分措置が正当化されてしまうだろう）。またそうした陥穽を回避す（「見えざる手」説明の純粋性を尊重す）べく、「見えざる手」過程の自然な帰結として国家の複数性が導かれるように、保護協会（の提供するサービス）の性格設定を変更したとしても、問題の解決には役立たない。なにしろ、そうした修正は、保護サービスが「相対的に評価される商品」に成り下がることを認めること、保護サービスの商品としての独自性を看過することにほかならないのだから。要するに、「見えざる手」説明の純粋性、保護サービスの商品としての独自性のいずれかを損なうことなしに、保護協会を移動の自由の保証主体とすることはできないのである。

ここまで私が提示してきた「異議」をまとめておくと次のようになる。すなわち、

①　独立人が独立人たる特性を失うことなしに利益考量にもとづいた保護機関との取引に応じることはありそうもない。

そして、百歩譲って仮に独立人がその取引に臨んだとしても、

②　その取引を適切化するために必要とされる国家の複数性の事実は、「見えざる手」説明の純粋性か「保護サービスの商品としての独自性」を損なうことなしに保証されることはない、

ということである。おそらくノージックはこうした問題にある程度気づいていたからこそ、「見えざる手」説明の純粋性を犠牲にせざるをえない賠償原理という道徳的原理を外挿し、取引に応じるはずのない独立人に対する事後的な——事前の参加承認を必要とする取引では絶対に独立人は懐柔しえない——補償方法の技術論を展開していたのである（事後的な補償とは、補償発生の原因となった行為が、補償される側（＝独立人）のみならず補償する側（＝支配的保護協会）にとっても「一応は回避されるべき悪」をもたらしたと認識されるからこそ、実行されるものだ）。それに対して稲葉は、独立人の独立性をあまりに低く見積もっているように思われる。第五章で使った言葉で表現するなら、稲葉の議論もまたロールズの無知のヴェール論と同様、「物理的に弱いが、意志的に強い主体」の存在を見過ごすことによって説得力を獲得しているのだ。自らの私的ルールの執行に固執する「意志的に強い」独立人に対しては、支配的保護協会は、事後的な、したがってある意味《暴力》的な補償措置をもって全域性を仮構するしかないだろう。いかに独立人たちが合理的な行為者であろうとも、かれらが「意志的に強い」主体である——それは私の考えでは、独立人たることの分析的な要件である——かぎり、支配的保護協会は、ついに非暴力的な形でかれらを取り込むことはできない。「取り込めた」と思うとき、たぶん私たちは独立人の独立性か国家の全域性（非複数性）を無意識のうちに犠牲にしてしまっているのである。(48)

＊

かくして、ノージック理論を改訂した稲葉の議論においても、合理的な理由にもとづいた折衝——規範的全域性を確保しようとする取引——の試みは頓挫してしまっているように思われる。もちろん、「意志的に強い」独立人を合理的に説得する方法は、我々がここまで見てきたもの以外にも考えることはできるのかもしれない。「そもそも出発点が間違っている」というありがちなお話しではなく、「意志の強い主体を合理的に説得し、国家の全域的妥当性を導く方法」を教示してくれる人が現れることを私は心から願っている（その願いが適うなら、私は以下に文章を書き連ねていく必要がなくなるのだから！）。しかし現時点では、とりあえず合理的説得の不可能性という事実を素直に受け止め、その事実の認識を構成的に議論に組み込んでみることとしたい。つまり、説得の頓挫という論理的事実を虚心坦懐に受け止めたとき、はたして自由主義的な国家は非自由主義系《リベラル》たちとどのような関係を持ちうる／持つべきと考えられるのか、自由主義国家は自らの不可避的な《暴力》をどのように受け止めるべきなのか――こうした問いを考えていくこととしよう。

ところで、ノージック的な議論の流れを受けるなら、本来非自由主義《リベラル》と《自由主義者》の関係を考えるとき、（1）両者が地理的にきわめて近い場所（もしくは同じ場所）で生活を送っており、したがって両者が頻繁にコミュニケートせざるをえないような場合と、（2）両者が非共存的な場合に分けて検討していくべきなのだが、以下では、（1）の場合に限定して話を進めていくこととする。もし、両者が全く交流の機会を持たず、お互いに相手に災厄を与える可能性がない（つまり後者の場合）ようであれば、当然のことながら、《自由主義者》は非自由主義系《リベラル》への処遇に頭を悩ませる必要はない（しかしそもそも非共存的状態はありえない、というのが私の考えなのだが）[49]。私が問題としたいのは、独立人の「私的なルールにもとづく正しさ」と、《自由主義者》の「公的なルールにもとづく正しさ」とが衝突しあうような社会空間における、両者のありうべき関係である。結論を先に言っておけば次のようになる――こうした社会空間においては、《自由主義者》は意志の強い独立人に対して、《自由主義者》と同様の扱い（同様の権利を与え同様の手続きに則って責任を問う）をするであろうし、またそうすべきである、と[50]。

しかし我々は本節【1】において、「《自由主義者》―非《リベラル》」の関係を「《自由主義者》―《自由主義者》」の関係であるかのように読み違えてしまう投射的錯誤を厳しく非難していたはずだ。にもかかわらず、関係の読み違えという点では同じ「《自由主義者》―非自由主義系《リベラル》」関係に対する投射的錯誤が許容されるなどということが一体ありうるのだろうか？　この点は【1】で言及した火星人と、意志の強い独立人の違いを考えてみれば分かりやすいかもしれない。

件の火星人はあまりにも我々と異なる合理性を持っているため、我々の語彙体系（民間心理学的な用語体系）のなかでは、かれらの行為（らしきもの）を有意味な行為として理解すること、つまり、我々の考える意味における「ルールに従う」という行為記述を帰属することができないのであった。「異なる私的ルールに従っている」他者と異なり、そもそも「異なる私的な従い方」をする他者の振舞いに対しては、我々の「従い方」の文法に従って「ルールを遵守している」とか「違反している」とか言うことは意味をなさない。火星人はルールを遵守するどころか違反することすらできない――ルールにそくして裁定されるべきかれらの行為を記述することができない――と（少なくとも地球上の合理的存在者は）考えるからこそ、我々＝《自由主義者》は火星人の責任を免除せざるをえなかったのである。ところが、非自由主義系《リベラル》たちの場合はだいぶ事情が異なっている。

「意志の強い独立人」とは、簡単にいえば、私的なルールに適っていることこそが最優先すべき行為の理由であると信じ、かつその理由によって行為を動機づけられる傾向性を持つ存在のことであるが、かれらは、自分の立てた私的格率に従うためにも、時間に対する不偏的態度をとりうるのでなければならない（ある時点tで「違反」であった行為が――他の事情が等しいとする――異なる時点t_2において「遵守」になる、などということがあっては、私的格率を守ることもできない）。つまり、かれらは「複数回にわたる同一ルールの使用可能性[51]」といった、ごく公的＝標準的な「ルールの従い方」を身につけていると考えられるのである。我々は、非自由主義系《リベラル》の立てる私的ルール、たとえば「信号が黄色のとき停車しない者は殺すべし」「胸が痛んだときは、天に向けてウィンクを三回すべし」といったものを、恐ろしいとか愚かしいとか感じることだろう。しかし、にもかかわらず我々はその私的ルールの適用条件――どういう場合に「従っている」「違反してる」と言えるのかを特定する条件――を記述することができるし、またその気になればその私的ルールに自ら従うことだってできる。我々＝《自由主義者》は、かれらのルールや行為を「分かりにくい」と感じはするものの、決定的に「分かりえない」とは考えないはずだ。非自由主義系《リベラル》に対する我々の違和は、ルールに「私的に従う」火星人に対する違和とは根元的に異ったものなのである。

ここで、火星人の責任能力を免除する論拠が、《我々は、あまりに自分のものと違う理由の体系を持つ者については、その理由体系の絶望的な理解不可能性ゆえに、かれらに対して賞賛や非難を向けることをためらわざるをえない》というものであったことを想起していただきたい（〔6-8〕）。もしそうした議論が正しいとすれば、非自由主義系《リベラル》はいかに意固地であろうとも、その私的格率を《自由主義者》が了解しうるようなものなのだから、かれらの責任能力を減免する理由は何もないということになる。しかも、非自由主義系《リベラル》は自他にかんする不偏的態度も採りうる以上、我々がかれらの私的ルールを理解できるのと同様に、かれらもまた我々のルールを理解することができる――ただ、公的とされるルールを優先すべきとは考えていないだけである――わけだから、精神病患者のような存在と同一視するわけにもいかない。たとえば「意志的に強い」独立人Aの悪行「〔自分の芸術の完成度を高めるのに寄与する、いかなる行為もためらってはならない〕という私的ルールにもとづく〕モデルの殺害」は、いかに異様な信念や欲求が行為実現に関与していたとしても、「Aのような信念や欲求を持っていれば、「われわれ」もまたそうした行動に出るだろう」と考えることができるが――我々はどのようにすれば精神病患者が立てた格率に従ったことになるのかを想像することができないのだから――精神病患者の場合はそうはいかないだろう（次のように言うこともできる。Aは「モデルを殺そうとして殺した」という意図を帰属することができるが、精神病患者はそもそも「殺そう」という意図が原因もしくは理由となって「殺す」という行動に出たのかどうか不分明でしかない、と）[52]。民間心理学的な思考が決定的にとり逃さざるをえない「他者」と異なり、民間心理学の枠内で「悪人」として登記され（う）る非自由主義系《リベラル》――責任免除の理由が「理由空間の理解不可能性」に求められる以上、《自由主義者》は、かれらを特別扱いする責務を負うことはないのである。

こうした対応は当然のことながら《自由主義者》によるある種の価値の押しつけであり、「同意していない国家への参入に巻き込まれた以上、責任は免除されるべきだ」と息巻く者もいるかもしれない。しかし、自由主義国家への参入の非同意をもって責任能力の免除措置を受ける根拠とするならば、「同意」も「非同意」もできない者（非《リベラル》）たちは逆説的にもその措置の恩恵に預かれなくなってしまう、という点に注意しなくてはならない。責任能力の免除措置は、あくまでも「問題となっている主体の理由体系が著しく理解不可能であるから」こそ実行されるのであって、「国家参入に同意しない主体に対して賠償や補償が必要だから」といった理由でなされるわけではない。重度の精神障害を負った人々の責任能力を一般人同様認め、「胸が痛んだときは、天に向けてウィンクを三回すべし」と言い張るただの頑固者の責任能力を減免するような制度が、《自由主義者》によって肯定されるとは私には到底思われない。《自由主義者》は意気揚々と「権力への意志」に支えられて「意志の強い独立人」に対して投射的な錯誤＝押しつけをするというよりは、むしろ、自らの論理を整合的なものとするためにそうした押しつけをせざるをえないのである。

とはいえ、非自由主義系《リベラル》に対するこうした押しつけが、自由主義の理念に則った手続きによって慎重に履行されなくてはならない、という点も忘れるわけにはいかない。ここに言う「自由主義の理念に則った手続き」とは、ある特定の公的行為は、不偏化不可能な私的理由にもとづいて選択されてはならない、というものである。つまり、私的なルールに拘泥する「独立人」に対する処遇もまた、他の構成員と同様に私的な理由、たとえば考慮の対象となる行為主体の個体性に言及する「彼は独立人だから」といった理由にもとづいて決定されてはならない、ということだ。勉強をしたくないと言い張るからといってその子供から教育の権利を奪ってはならないのと同様、自由主義者は、他律的な生のあり方を拒絶する独立人から、諸々の自由権（ノージック流の手続き的権利も含まれる）を正当な理由なく奪ってはならないのである。

多大な災厄をもたらしかねない独立人もまた、「独立人であるから」といった私的理由によって差別的な処遇（たとえば隔離）を受けたり、また差別的な手続きによって裁かれたりするようなことがあってはならない。どれだけ《自由主義者》にとって不条理に映ろうとも、大きな災禍をもたらした独立人たちに対する（直接的な）「報復」やら、刑罰の加重化といった特別措置は断固として禁じられねばならない。私的な理由にもとづき公的決定をなすことを禁じる《自由主義》は、たとえ自らの世界秩序を破壊しかねない独立人を前にしたときにも、自らの基本理念を自己適用しなくてはならないのである。それのみが、自らが「私的」な一保護協会に成り下がることを回避する唯一の途なのだから[53]。

《自由主義者》は道徳的な「高潔」さゆえにそうするのではなく、公的ルールの公性を担保するため、不偏性を指向するさいにもっとも忌避されるべき自己論駁性を回避するためにはそうせざるをえないのだ。アメリカ合衆国という無法国家——それは、「私的」な身分のまま「独占」を図る反リベラル国家の典型である——によるアフガン爆撃・イラク進撃はたんなる道徳的な「悪」というよりは、《自由主義》そのものに対する根元的な挑戦、あるいは自らが全域性を持つ「国家」であること（理性を公的に使用する立場に立つこと）を断念した事実の率直な告白であった。「自由対テロリズム」などという陳腐なスローガンでもって自らのテロ行為を正当化できると考えている恥知らずの自称国家に対して「可能なる自由主義」の擁護者は、チョムスキーとともに言わねばならない——「お前こそが自由の敵だ！」と。

少々筆が滑ってしまった。話を戻そう[54]。

ここで述べてきた非自由主義系《リベラル》に対する《自由主義者》のなすべき対応は、つまるところ「徹底して《自由主義者》と同様に扱う」というものである。つまり――第一に《自由主義者》は、国家への参入に同意していないからといって、公的なものの優先性ルールを認めないラディカルな「テロリスト」や「アナーキスト」に対し、自らの公的ルールを押しつけてはならないというわけではない（押しつけてよい、と積極的に言えるかどうかは分からないが）。第二にしかしその一方で、《自由主義者》は、かれらが国家という論理を承認しない「テロリスト」「アナーキスト」であるからといって、そのことを理由に差別的なとり扱いをしては絶対にならない。たとえば適正な裁判を受ける権利や、適法的な捜査によって逮捕される権利（？）といったものをかれらから剝奪してはならない。そうした差別的処遇を国益の名の下に正当化するとき、その「国家」はもはや唯一の公的機関であるという自負を捨て、私的な保護機関へと「堕して」しまっている。私的な保護機関へと「堕する」こと自体は、不合理でも非道徳的な選択でもないが、少なくとも《自由主義》的なもの――不偏的態度の貫徹を望む態度――ではありえない。《自由主義者》は、自らの目前の利益に反するようなことではあっても、「公的」たることへの自負、そして優先性ルールの普遍的な妥当性への信仰を捨て去ってはならないのである。

繰り返すが、そうした態度は「道徳的に尊い」から尊重されるべきなのではない。たんに《自由主義》という（不偏性への信仰に裏づけられた）理念を貫徹しようとするならばそうした態度をとらざるをえない、というだけのことだ。それが「道徳的に尊い」態度であるなどとする議論は、《自由主義》的理念に慣れきった人々が真理だと信じて疑わない《自由主義》支配圏拡大を正当化するイデオロギーにすぎないといえよう。《自由主義者》は公的ルールが「道徳的真理に近いから」それを擁護するのではなく、「公的であることを愛するがゆえに」それを尊重するのである。私的ではありたくないという根底的な欲求が、頑固な独立人や反《自由主義者》に対する寛容な態度、そして再配分的な政策を支持する「理由の民主主義」の受容へと導くのだ。《自由主義》を駆動させるこの根底的な欲求の存在を忘却し、またその忘却の事実すらも忘却したとき、《自由主義者》は《理性の帝国主義者》へと転態するだろう。たとえば湾岸戦争にさいして「必要な場合には軍事的な手段によってでも国連決議を遵守させることができるように国連の権威を高めるのが理性的ではないだろうか」（Habermas［1991=1992：16］）と宣った討議倫理学者のように。

＊

以上本節では、（1）合理性（長期的な自己利益に対する不偏的態度）と、（2）道理性（自／他の対称性の承認）、および（3）正当化原理、を受け入れる《自由主義者》たちの共同体が、（1）（2）（3）を欠く非《リベラル》や、（3）を欠く非自由主義系《リベラル》といかなる（非）関係を築きうるのか、という論点をめぐって検討を重ねてきた。それによれば、前節で提示したような「薄く／濃い」リベラリズムは、いかにそれが構成員の異議申し立て（不偏性要求）に対して徹底した尊重を与える（つまり、実定的な公的ルールの改定可能性・暫定性を勘案する）という点において「開かれた」政治制度であるとしても、そもそもルールに従うことのできない存在や、公的ルールの優先を承認しない存在に対しては、ある種暴力的ともいえる自由の「贈与」「押しつけ」をもって接するしかないのであった。しかも、その贈与は端的な贈与であって、何らかの報酬を期待しうるようなものではない。自らの公的ルールが全域性を持つとみなされなければならない《自由主義者》は――この「みなしShein」がなければ、自らが「私的」な存在であることを認めてしまうことになる――いかに直接的に利するところがなくとも、一方的な贈与によってかかる「みなし」の正しさを自らに言い聞かせ続けねばならないのである。だから徹底した《自由主義者》カントは、「正義はなされよ、たとえ世界が滅びようとも」という格言をこう言い換えたのだ――「正義よ支配せよ、たとえ世界の邪悪な連中がそのためにすべて滅びるにしても」（Kant［1795=1985］）。

外部が不在であるかのようにみなす《自由主義者》の帝国主義（外部に対する帝国主義）なしに、本章第一節で論じたラディカルな再配分的制度への指向（内部におけるラディカルな福祉主義）を実現することはできない。拭いきれない《根源の暴力》の痕跡は、いつまでも霧消することなく、《自由主義者》たちの王国に影を落とし続けるだろう――「なぜ人を殺してはならないのか」という朴訥とした根元の問いを受け止めることからスタートした我々の（疑似）契約論は、かくして《自由主義》につきまとう本質的な不気味さを確認したところでひとまず終結する。

第四部　「社会的なるもの」の回帰

the return of the social

第六章にいたるまでの我々の議論の道筋は、特定の理論的立場を肯定しては否定し、否定しては肯定するといった具合に、何とも落ち着きのない錯綜したものであった。振り返ってみよう。

まず、近代リベラリズムが前提とし続けてきた行為者中心主義的な行為理論（「弱い」責任）を「乗り越える」ものとして、第一部で肯定的に提示された「強い」責任理論は第二部で批判的にとり扱われ、「社会的なるもの」の彼岸にある《外部》の問い（Why be moral?）の位相が確認された。それを受けて、第二部第四章では《外部》の問いを考慮に入れた契約論的考察がなされ、合理性と道理性を兼ね備えた《リベラル》という人格類型が提示されることとなる。通常の契約論的リベラリズム（ゴーシエ、ロールズ）においては、議論を駆動させるのに必要な初期設定はそこで整えられたことになるのだろう。しかし第三部第五章では、ある人物が《リベラル》である（合理性と道理性を持つ）というだけでは自由主義社会を形成するパーソナリティとして十分ではないという理論的事実、および、カントやロールズ、ノージックのような論者がそうした事実を巧妙に隠蔽していることを確認した。「社会的なるもの」の彼岸にある問いを考慮に入れたからといって、リベラリズムという「政治的なる」理論が即座に「社会（学）的」な論理のスタイルに対する優位を獲得するわけではないのである。第六章では、リベラリズムという思想がたかだか局所的な規範的正当性を持つにすぎない「田舎思想」である——ただし、全域的妥当性を標榜する特異な田舎思想である——ことを十分に自覚したうえで、それでもなお《自由主義者》たちが自らの外部（非《リベラル》や非自由主義系《リベラル》）ととり結びうるであろう関係のあり方を考察してきた……。

＊

AではなくBのようだ／しかしAではないからといってBというわけではない／けれどもとりあえずBということにして考えてみる／だがやはりBがすべてとはいえない……。もっと整理してから物を書け、と言われれば返す言葉もないのだが、私としては「……ではない、けれども」という戸惑いの修辞が繰り返されざるをえないという点にこそ、本書が照準してきた問題の固有性があるのではないかと考えている。

第四章でも述べたように、「社会的なるもの」の彼岸にある《外部》の問い、「なぜ道徳的でなければならないのか」「なぜ人を殺してはならないのか」といった問いは、不可避的に誤解されざるをえない類いのものであった。この問いを非合理なものとして退けることなく、「社会」や「倫理」を考察していこうとするなら、どうあっても「誤解」を回避することはできない。自らの誤解の誤解たる所以をそのつどあきらかにし、少しでもましな誤解にたどり着くことができるよう逡巡してみること。「社会（学）的なるもの」と「政治（学）的なるもの」とは、おそらくは「社会」「倫理」といった人-間的事態を考察していくうえで我々が手放すことのできない、相互に還元不可能な二つの根元的な思考（＝誤解）様式なのである。

＊

とはいえ、第六章では議論の系は一応「閉じた」ものとして提示されていた。自由主義（薄く／濃いリベラリズム）が、外部を抑圧することによって成り立っていることを認めつつ、自由主義と外部の関係を考察することによって、一応議論空間の外部（語られていない要素）は清算されているからだ。リベラリズムの拭い去れない原罪を確認しつつ、その罪の贖い方を提示する――やや強引な形ではあるが、このようにして「社会的なるもの」と「政治的なるもの」との果てない往還に終止符を打つことも十分可能だろう。しかし、事のついでといっては何だが、もう少しだけ粘ってみたいと思う。つまり、一応「閉じた」様相を見せている第六章のリベラリズム論を、いま一度「社会（学）的なるもの」の領野へと引き出してみたいのだ。不格好にもたった一つの章（第七章）で構成される第四部は、この補論的な試みに当てられることとなる。

＊

第七章においては、リベラリズムを擁護する話法の転換、リベラリズムの「論証的」正当化にかわる「社会学的」正当化とでも呼ばれるべき語り口への転換の必要性が論じられるだろう。そこにおいて我々は再度ルーマン的な社会システム理論による近現代社会診断に立ち戻ることとなる。正当化原理に支えられた自由を可能なかぎり保証することを目指す我々のリベラリズム＝正義論は、第六章までの議論において採用されていた哲学的・形而上学的な「論証」によってではなく、システムが高度に分化した近代-現代社会において――個人の自由を最大限に尊重しつつ――行為責任のインフレを独特のやり方で収束させる装置として、「社会学的」あるいは「機能主義的（≠功利主義的）」に擁護される。やや比喩的な言い回しをするなら、リベラリズム＝正義論は、もはや国家と呼ばれる規範作用圏に対する全域的妥当性を主張する「逞しき」理念たりえず、むしろ政治・経済・法・教育……といった分立するサブ・システムおよび生活世界（道徳）に位相学的に浸潤しつつシステムや道徳とは異なる責任処理の方法論を提示する一つの社会的道具（social instrument）、システムや道徳による責任処理によっては看過されがちな個人の自由権を尊重する責任処理メカニズムとして、その哲学的身分を相対化されるのである（もちろん、だからといって正義にかんする「社会学的説明」の「政治（哲）学的説明」に対する優位が主張されるわけではないのだが）。

根元的な《原初の暴力》にどこか後ろめたさを覚えつつ、それでいて「宙づり」状態へと留まることの問題性もまた自覚するがゆえに「その先」へと踏み出さざるをえない――そんな臆病なリベラリズム。おおよそ「逞しさ」とは無縁のリベラリズムを、我々は怖ず怖ずと擁護していくこととしたい。

＊

第四部＝第七章は、議論が閉じた後（第六章の後）に提示されるという意味で補論的な意味あいを持つと同時に、「社会（学）的なるもの」と「政治（学）的なるもの」との往還運動――つまり本書の探究――が終わりえないことを遂行的に示すための契機、ちょうど“etc.”と同じような意味を仮託された記号的契機でもある。それはたんなる「補足」でも「結論」でも、そして「今後の研究のためのノート」でもない。まえがきへと問いを差し戻す“etc.”記号――そのようなものとして第四部＝第七章はある。

第七章　正義の居場所　社会の自由主義

公的ルールを私的格率よりも優先するメタ・ルール（正義の優先）、公的な理由によって正当化できないかぎり他者の自由への侵害を禁じる正当化原理を内包し、優先性ルール（「国家という論理」）に抵触する根元的な抵抗権を禁じる一方で、実定的な公的ルール（理由）への「理に適った」拒絶・異議申し立てに対する平等な配慮（および応答）を自らに義務づける「薄く／濃い」リベラリズム。ここまで見てきたように、特定の時空領域における規範作用圏の全域性の確保を要件とする国家を主題とするかぎりにおいて——つまり政治学という問題設定の内部にあるかぎり——それはある種の暴力性を避けることはついにできない。つまり、我々はロールズのように何らの留保もなく「正義は社会制度の第一の徳である」などと言うことはできないのであった。徳（virtue）という言葉の使い方次第というところもないではないけれども、それがともかくも称賛と推奨の対象となる道徳的特性のことだとすれば、リベラリズムの「後ろめたさ」をそのものとして受け止める我々としては、ロールズの高らかな宣言に同意するわけにはいかないだろう。

何より、二〇〇一年九月十一日以降の情況が、正義を「社会制度の第一の徳」などとは考えない人びとが存在していること、リベラルとは程遠い挙動によってそれに応じようとする自称リベラル国家が実在していることを実証してしまっている（《リベラル》が非《リベラル》に対してとるべき態度については第六章で詳論した）。「正義は社会制度の第一の徳である」――この美しい信念は、理論的にも経験的にもほとんど窒息してしまっているように思われる。

しかし、こんな陰鬱な結論をもって本書の議論を閉じてしまう前に、自由を希求しその豊かな展開を図るリベラリズムの「可能なる居場所」を、私としては、漠然とした形であれ示しておくこととしたい。間違いなく、正義は「社会制度の第一の徳」などではないのだが、政治学的な言説空間における「社会」という概念を、別様に読み替えることによって、「現代の社会において機能的に要請される行為原理」――現代社会の分化状況に適合的な「責任のインフレ」の収束策――ぐらいの意味づけを与えることはできる、というのが私の考えだ。つまり、リベラリズムはその規範的・道徳的優位性によってではなく、現代社会における機能的な位置価によって、その「徳性」を担保されるのである。多くの読者がお察しの通り、ここでニクラス・ルーマン流の社会システム理論が召還される。ルーマンのシステム論を援用した、もしくはそれと親近的な規範理論を批判する（「社会的なるもの」の専横を批判する）ところから始まった我々の探究は、再び、ルーマン理論へと向かっていく（「政治的なるもの」を「社会（学）的」に位置づけていく）こととなるのである。

一　システム論によるリベラリズムの再定位　コミュニケーションとしての正義

【1】二つの「社会」概念

しかしなぜルーマンの「社会」概念なのか？　それを採用することによって、何が変わるというのであろうか？　実際、ルーマン自身による政治学的イシューに対する言及はきわめて社会学的な、乾き切ったものでしかない。もしノージックの言うように「政治哲学の根本問題は、苟も何らかの国家がなければならないのかどうか」(Nozik [1974=2000:4]) なのだとすれば、次のようなルーマンの言葉をみるかぎり、ルーマンの社会理論が、そうした根本問題の解決に寄与しうるなどということは、到底ありそうにもない。

極めて多様なものが「国家」と呼ばれうる。しかし一つだけ確かなことは、我々の社会秩序の公共的業務は、もはや言葉の古い未分化な意味においてレス・プブリカ[res publica]とは理解しえないということである。国家のうちに社会秩序のレス・プブリカを見たり、完全な共同善を見たり、あるいは全体社会のヒエラルヒーの頂点を見たりすることは、現代の諸関係のあり方に対してはもはや全く不適切である。実際には、社会の中では相対的に特定化された機能――拘束力をもつ決定を下し、そのことによって社会的諸問題を解決する機能――を果す特殊な社会諸システムが形成されている。……国家機構は全体秩序の機能的に特定化された下位システム――それはそれで他の下位システムと並立していることを前提としている――なのである。(Luhmann [1965=1989:20-21])。

ここでルーマンが述べていることは、社会学的な思考に馴染んだ者であれば、システム理論への賛否如何とかかわりなく、おおよそ同意しうるものと思われる(1)。すなわち――国家とは、より包括性を持つ社会のなかに存在する一つの人為的制度、社会の歴史的変動と相俟ってそのあり方を変える社会的制度の一つにすぎず、それを、超歴史的・非時間的なロジックによって捕捉することはできない。つまり、公共的な政策決定機関でも、ルールの執行権・処罰権を独占する協同体 (association) でも、あるいは財の再配分を管理する機構でもよいが、ともかくも国家というものにかんする「唯一の定義」など存在しえないのであって、むしろ、我々は、各々の定義が人々によって承認・信憑される個別的な文化的・歴史的背景をこそ問題としなければならない、超歴史的な定義を提示することはそれ自体、特定の歴史的時点において国家という制度を実定化する行為・言説（社会学的分析の一次資料）にほかならないのだ、と。こうしたウェーバー以来連綿と受け継がれている社会学的な意志を最大限尊重するならば、そもそも政治（哲）学という語り口＝ドグマティーク自体が被説明項とされるべきなのであって、我々は即刻「国家とは何か」という問いの反復を停止すべきということになる（もちろん、そうした「社会学的な意志」を共有しない社会学的研究が数多く存在することを私は否定しないけれども）。国家を社会のなかの歴史的・文化的な制度として位置づけ、「国家とは何か」という語り口を相対化する社会学的意志（「社会的なるもの」の「政治的なるもの」に対する優位）。その正統な嫡出子ルーマンの「社会」観が、「国家は可能か」「正義は可能か」などという我々の問いに節合するなどということが本当にありうるのだろうか？

もちろん、「国家は可能か」という我々の政治学的・倫理学的問いに解答を与える手がかりとしてルーマンの社会理論を捉えることは、本質的に不可能であるし、またシステム論・政治哲学いずれの言説に対しても幸福をもたらすものではないだろう(2)（それは、科学の構築主義的研究と現場の科学研究とを「弁証法的に止揚する」ぐらい不毛な作業である）。むしろ我々は、第六章までで確認してきた我々の薄く／濃いリベラリズムの別の顔を、ルーマンの「社会」観を通して眺め返しておく、ぐらいに考えておいた方がいい。我々は、《リベラリズムの不可能性》をルーマン理論によって「解決」するのではなく、むしろ「再解釈」する。ルーマン的な用語系にそくして言うならば、我々は、社会学的言説によって政治学的言説を包摂するのではなく、むしろ両者が相互浸透する様態を分節化していくのである。この分節化の作業は、ルーマンの社会理論の「二つの側面」——コミュニケーション・システムの基礎理論、および、社会分化の理論——に照応して、Ａ「コミュニケーションとしての正義」の語用論的分析、Ｂそこで解明されたような語用論的特質を持つコミュニケーション様式の現代社会における機能的位置価の測定、という二段階

に分けて進められるだろう。それぞれ簡単に概説しておくこととしよう。(3)

A　コミュニケーションとしての正義

まず第一のステップは、我々が考察してきたリベラリズム的な価値理念・態度を、構成主義的な行為理論・コミュニケーション理論の用語系に翻訳し、いわば「コミュニケーションとしての正義」の語用論的特質を分析していく――「何が正義か」「正義は可能か」といった政治学的問いをいったん留保しつつ、「正義とはどのようなコミュニケーションなのか」を分析していく――作業である。ここでは、コミュニケーション・システムの存立機制をめぐるルーマンの基礎的考察が参照される。

第一章でも言及したように、ルーマンは社会（システム）なるものを、何らかの形で外部観察者によって単位化されうるような「個人」「行為」「相互行為」の集積体とは考えてはいない。ある行為の記述のなかにいかなる出来事への言及が含まれるのか――ある行為を、「指を動かす」「明かりをつける」「警告を与える」「空き巣狙いを殺す」のいずれの記述によって特定化するのか――を決定するのは、あくまで行為を記述（し、その記述に応答）する当事者たちなのであって、外部観察者がそれを一意的に画定することはできない。当事者たちが世界のなかの出来事を行為として抽出・単位化し意味づけていく観察、その観察の提示、およびその提示に対する応答（理解）……というプロセスの継続(4)（の事実の総体）そのものが、コミュニケーション＝（社会）システムなのである。

もちろん、こうした当事者の視点からなされる行為記述＝観察はつねに多様化の回路に開かれており、あまりに過剰な接続の可能性を許容してしまうため、行為者の認知的な負担を極限的に増大させてしまう。そこで、行為記述＝観察の振幅をある一定の範囲に押さえ、コミュニケーションの接続可能性のチャンスを確保する――複雑性を縮減する(5)――ための仕掛け、すなわち行為状況の《内部＝有意 relevant なもの／外部＝有意でないもの》の区別が、コミュニケーション・システムに導入されることとなる。私の行為は、つねに多様かつ他様な解釈に開かれているとはいっても、何もつねにその肥大した解釈への応答責任を義務づけられているわけではない。自らの行為に対して与えられる記述があまりに（あるシステム内部において）非関連である場合、私はその記述を無視する権利を有する、あるいはその記述を却下する優越的理由（overriding reason）を持つということができる。要するに、ある程度「テーマ」が絞り込まれた社会システムにおいては、行為観察＝帰責のアコーディオン的拡幅によってもたらされる責任のインフレーション――過剰な行為の連接可能性――を収束させる文脈的知識（内部／外部の区別、および、その区別を担保する規準＝プログラム）が何らかの形で整序されているのである。

「権利上」は無限に拡大されうる行為の責任を、システムの内部／外部-差異を指し示す区別（および、そうした区別の規準）を用いることによって、「事実上」一定の範囲へと収束させ、コミュニケーションの連接の蓋然性を高めていく機能システム。かくして第一ステップにおける我々の問いは、次のように書き記すことができるだろう。

【7-1】「他者の自由を侵害するさいに、他者が理に適った形で拒絶することのできない理由を提示せよ」「自らの自由を侵害されたと一応認定したとしても、その侵害が自らも承認する公的理由によって正当化されるなら、許容しなくては（責任を問うては）ならない」という正義の理念に則ったコミュニケーション（正義のコミュニケーション）は、どのような機能的特性を持っているのだろうか。つまり、正義のコミュニケーションは、責任のインフレ（行為記述の複数性がもたらす複雑性）をどのように収束させているのだろうか。

この問いは、「正義を優先する態度＝リベラリズムは全域的妥当性を持ちうる（理性的な存在者全ての同意を得ることができる）か」といった政治（哲）学的な問いとは異なり、さしあたってリベラリズムの全域性云々とはかかわりなく考察されうる点に注意を促したい。功利主義が社会的決定を根拠づける倫理理論として妥当なものかどうかを結論づけることなく、功利主義的な決定プロセスの語用論的・手続き論的な分析にとり組むことができるのと同じように、「リベラリズムは《暴力》を介在させることなく全域性を確保できるか」という問いをペンディングにしながら、リベラリズム的な行為調整・責任処理のあり方を分節化することも十分可能なはずだ。(6) 正義を、《有責／非・有責》の境界線を決定する第三者的規準としてではなく、むしろ《有責／非・有責》の差異を画定していく（当事者レベルにおける）特定の責任インフレの収束法、あるいはコミュニケーションの一様式として捉えていくこと。行為の単位性という問題を十分に考察してきたとは言い難い政治（哲）学的ディスコース──善・価値を携えた個人の集合体としての社会という像を前提とする文体──のなかでは定義上不可能であったこうした課題（［7－1］）に、いまや我々はとり組むことができるのである。

B　正義の機能的位置価

次に、語用論的に分節化された「正義のコミュニケーション」、あるいはそれが可能にする帰責様式が、多元的に機能分化した近代社会においてどのような位置価を持つのか、という問題を、システム分化をめぐるルーマンの省察を踏まえて考えていくこととしたい。

政治（哲）学的ディスクールの枠内においては、正義が実現する《場》の唯一性（国家の全域性）が確保されないかぎり、リベラルな正義の理念は失効せざるをえないのであった。しかしシステム論的な観点からすれば、「公的なルールの私的なルールに対する優先性を前提とし、正当化理由なく他者の自由を侵害することを禁止する」正義のコミュニケーションそのものは、当然のことながら、法治国家──政治システムと法システムの相互寄食的関係の現れ（Luhmann［1993］、馬場［2001：122］）──の全域性が保証されなくとも十分に存立しうる。正義に照準した態

	システム論	本書		政治(学)的ディスコース
歴史的文脈	システム分化論 (“近代社会”とは何か)	正義の機能的位置価 (B)	⇔	正義が実行される 場としての「国家」 (国家論)
	サブ・システムとしての「国家」			
非歴史的文脈	コミュニケーション・システムの理論 (“社会”とは何か)	「コミュニケーションとしての正義」論(A)	⇔	価値の共同体と しての「社会」 (社会論)

図7‐1

度は全域的な承認を得ることができるか、という政治学的問いを括弧に入れたうえで、正義に照準した責任処理の「手続き」が機能分化した社会において果たしうる「機能」をあきらかにし、正義の可能なる「居場所」を模索すること――これがルーマン社会理論に示唆を受けた我々の第二の課題となる。

*

以上のような二つの課題（A・B）とルーマンの社会理論、政治学的ディスコースの関係を図示したものが、図7‐1である。我々はまず第一の課題Aにおいて《社会＝（諸）価値の共同体》とする政治学的「社会」観から、つづく第二の課題Bにおいては《国家＝正義が実行される特権的な場》とする政治学的「国家」観から、距離をとる。正義は多元的な善や価値を調停する理念・規準ではなく、ある種のコミュニケーション様式・帰責の様式なのであって、そうしたコミュニケーション様式は法システム／政治システム以外の社会空間においても一定の実定性を獲得しうるのだ。政治学的ディスコースが設定する「社会」と「国家」の関係をシステム論的に解除したとき立ち現れてくる正義の現代的相貌。やや大仰な言い方になるが、そのような社会学的に位置づけられる「正義」のあり方を次項では試論風に書き記していくこととしたい。

【2】《正義》とはどのようなコミュニケーションなのか

我々はすでに第二章において、ルーマンの構成主義的行為論と親和的な「強い」責任理論が帰結する責任のインフレについて概観し、「正義の無限性」を語るいわゆるポストモダン政治学や、「よりよき物象化」論を展開するシステム倫理学が、決定的な形ではインフレをとり扱いえていないことを確認した。自らの「意図せざる行為」に異議を申し立てる他者の声を識別する《規準》を脱構築する作業は、もちろんそれ自体としては否定されるべきものではないけれども、だからといって《規準》不在の「宙づり」状態、インフレのなかでの行為連接の困難に「耐える」ことが倫理的に肯定されるべき、ということにはならない。(7) いや、実はそうした「宙づりのススメ」自体が、すでにして《倫理的に重要な宙づり状態／倫理的に重要でない宙づり状態》という区別を密輸入することによって可能になっているのではないか、《良質のインフレ／無意味なインフレ》の区別を前提としているからこそインフレ＝宙づりを肯定することができているのではないか……こんな疑念を我々は表明しておいたのだった。では、我々が提示してきた薄く／濃いリベラリズムにのっとった行為様式＝正義のコミュニケーション（以下《正義》と記す）は、そうした責任のインフレを首尾よく収束させることができるといえるだろうか。

正義のコミュニケーションが果たす責任のインフレ収束機能を見る前に、まずそれと対照されるA（機能）システム、B道徳（徳倫理）、によるインフレ処理の様式を復習しておくこととしよう。

A《システム》による責任処理様式

第一章でも言及したように、機能的にテーマを特化された個々のシステムは、「権利上」無限定な行為記述＝帰責のあり方を、当該システムに関連のある文脈的情報を整序することによって一定の範囲内に収め、行為の連接可能性を高めている。つまり特定のシステムに内在していることを知っている行為者は、自らが立ち会っている状況についての信念・知識群＝コンテクストを（「根拠に」ではなく）当てにすることによって、果てしない責任のなすりつけあいや言い掛かり合戦を回避しえているのだった。

たとえば「授業」というある程度テーマが絞り込まれたコミュニケーション・システムにおいて奇声を発してしまったSは、たとえそれが意図せざる行動であったとしても、(1)当人が「授業」空間に内在していることを知っており、かつ、(2)「授業中は静かにする」「突然大声をあげることは非難の対象となる」……といった状況についての知識・信念を持っているならば、《Sは教師Tを侮辱した》という教師Tによる行為記述＝帰責をいったんは受け入れなくてはならない。もちろん、Sはいかなる記述の下でも自らの行為が意図的でありえないこと、すなわち行為者性の帰属が不可能であることを主張することによって、Tによる行為記述の撤回を求めることはできる（「後ろの席のO君が突然息を吹きかけてきたんです！」）わけだが、「お前、俺をなめとんのかぁ？　アァン？」というTの行為記述が、授業という行為空間のなかで一定の関連性を持っていること自体は認めなくてはならない[8]。それは、生徒の鋭い質問を「授業妨害だ」と言って封殺しようとする問題教師の「言い掛かり」とは決定的に異なっているのである（こうした言い掛かりは、「授業中デアル」という状況についての信念群に照らして一般に不適切なのだから、少なくとも第三者の調停が入る場面では、教師自身の発言＝行為記述そのものの責任が問われなくてはならない）。

このようにある程度テーマが限定されたコミュニケーション・システムにおいては、《システム関与的な帰責／システム非関与的な帰責（言い掛かり）》を区別することが、状況についての文脈的情報（知識・信念）によって可能となり、過剰な帰責可能性（責任のインフレ）に由来するコミュニケーション連接の困難さがかなりの程度軽減されている。第一章の議論と絡めていうなら、システムにおいて責任のインフレ収束は、当該状況における、

①「出来事」化されうるものの認知的限定（因果帰属）[9]（どのような出来事がシステム関与的とされるか、どのような出来事の因果関係がシステム関与的とされるか）、

②　行為の意味的な個別化に関連する信念・知識群の限定（意味連関）（ある出来事にどのような記述を与えるのが適切か）、

が制度化されることによって実現されているのである。[10]

状況S_1「試験中デアル」においては出来事としてとり沙汰されうる《ケシゴムを拾う》という行為も、状況S_2「授業中デアル」においてはそもそも出来事として認知されないだろう（①）。また、記述「他人のノートを覗く」と記述「不正を働く」は、S_1においては概念的・意味的な連関を持つといえるだろうが、S_2の場合は一般にそうではない（②）。このように、「何が抽出されるべき出来事であるのか」「行為にいかなる意味を与えうるのか」という二つの水準において、特定のシステムに内在する我々は、文脈的情報に言及することにより、帰責過程の無限の連鎖をどこかで断ち切っているのだ。

こうした機能システム的な責任処理の形式は、別の言い方をすれば次のように表現することができよう。

［7-2］　システムは、因果論的・意味的な文脈的情報を整序することによって、システム関与的な「行為」と「その結果」、すなわち、特定のシステムにおいて責任を問われうる行為と、その行為がもたらす付随的結果——それは他のシステムにおいては「行為」と記述されうるかもしれないが——との区別を可能にし、「強い」責任理論が問題化するような《行為／その結果》の本質的な区別不可能性を隠蔽する。[11]

たとえば、ある企業Cの合法的な行為は美的な観点からは否定的評価を与えられる行為であるかもしれないし、生真面目な科学者Sの「真」な理論を生み出す行為は「非合法」な行為として受け止められるかもしれない。また、

「美観が損なわれた」という出来事は、法システムにおいては企業Cの合法的行為の付随的「結果」として、芸術システムにおいては「美観を損なう」という「行為」として、そして、「人間の尊厳を傷つけた」という出来事は、科学システムにおいてはSの行為の付随的「結果」として、法システムにおいては非合法な「行為」として観察されるかもしれない。つまり、それぞれ自律化したテーマ（内部／外部‐差異の規準）を持った機能システムは、そのシステム内部において「行為」とされるものと「行為の結果生じた出来事」「システムの内部では付随的な行為の結果」とを区別するために必要な様々な文脈的情報を整備し、システムに参加する成員の負担を軽減するのである。逆にいえば、特定のコミュニケーション・システムは、「行為」と「行為の付随的結果」とを区別する蓋然性を高めたときはじめて、自律した機能システムたりうるということでもある。

B　《道徳》による責任処理様式

ルーマンによる《道徳》コミュニケーション論（の我々なりの横領 appropriation）についてはすでに第一章でも言及したが、煩を厭わず再度説明しておくこととしよう。(12)

ルーマンによれば、道徳とは、カントの定言命法に見られるような当為規則そのもの、あるいはかかる規則と特定の行為の関係を主題とするものではなく、行為者を、全人格的存在として「尊敬する／軽蔑する」というコードのいずれかの項へと振り分けるプロセスであるという。つまり、特定の出来事に与えられる「よい／悪い」といった述語（プログラム）を用いつつ、「人格として尊敬する／しない」を確定していく、また逆に、「尊敬／軽蔑」の観察から「良い／悪い」を条件づけする「規則」を問い返していくプロセス自体が道徳コミュニケーション（以下、《道徳》と記す）なのである。このときに問題となるのは、当該行為の準拠するシステム（状況）ではなく、定義的に「状況を超越する」とされる全体的人格——原因としての人格性——そのものとなる（だから、本来的には《道徳》というよりも、《徳倫理 virtue ethics》と記述されるべきであるように思われる(13)。

たとえば、システム的な責任処理の形式においては、授業中に鋭い質問を教師に浴びせた生徒Sの行為を《教師への侮辱》として記述することは、通常言い掛かりとして外部化され、生徒は「侮辱行為」に対する責任を回避することができるわけだが、道徳コミュニケーションにおいてはそうはいかない。「人格の尊敬／軽蔑」が主題化される道徳的コミュニケーションにあっては、《行為（質問）とその結果（教師の不快感の惹起）》の区別が問題となるのではなく、むしろ「行為の結果」を引き起こした「行為」のさらなる原因、すなわち「尊敬／軽蔑」の対象となる究極的な原因としての行為者の人格性が主題化されるのだから。「そんなつもりはなかった」「B君に脅されてやった」といったSによる抗弁は、教師が「そもそもAはそんなヤツだから……」と宣うような場面ではいかにも無力であろう（Sは当該行為についてではなく、「そんなヤツ」という人格性そのものに対する相手の信念を変更させるべく、自らの人格性を証拠だてる新たな「資料」を提示しなくてならない）。要するに、尊敬をめぐる道徳コミュニケーションにおいては、「行為」が——システムのように——コンテクストを通して責任を問われるのではなく、定義上「状況超越的」な人格性が「行為」を通して（行為を一つの資料として）判断されるわけで、その意味で《道徳》とはきわめて特異な帰責化のコミュニケーションといえるのである。

以上のように捉えられた《道徳》は、状況横断的に人格性を問いあうコミュニケーションであるという点において、状況に関与する知識・信念を状況ごとに自律・分化せしめていく近代社会のなかで、きわめて両義的な位置を獲得することとなる。

まず《道徳》は、法・経済・教育・科学……といった形で行為状況（システム）が自律化していく（機能的分化を遂げた）近代社会においては、その機能を縮小していかざるをえない。つまり、「超状況的」な人格性を問うという姿勢は、状況に関与する情報領域が自律-分化する社会においては、副次的なものとなっていくのである。我々はしばしば裁判官の「悪意」を読み取り、法的決定＝判決に異議をさしはさむことがあるが、ある程度成熟した実定法の段階では、そうした試みが直接、法システム内部で処理される「法的決定の妥当性」や「法の妥当性」を揺るがすことは、ない。「悪意がある」との訴えが何らかの手続きを経て、法システム内部の出来事として処理されてはじめて、その訴えは「法的決定の妥当性」という議題と突き合わせられるのだ。人格性をとりざたし、行為の個別性、その行為が置かれた状況を無為化する《道徳》の働きは、近代という社会においてきわめて限られたものとならざるをえない（し、そのことを悲観する理由もない）のである。

しかし一方で《道徳》は、状況を超越するというその性格ゆえに、状況内で処理される諸々の行為の帰責化に対して、独特の批判的位置を獲得することともなる。法／政治システムにおける正当な手続きに従った決定や、経済システムにおける不当でない支払い行為、科学システムにおける合理的になされた真／偽の判定――こうした各々のシステム内では適切な行為であり、殊更に出来事化され帰責性が問われることのない行為すらもが、「統制されざる道徳の繁茂 uncontrolled moral flowering」（Luhmann [1994 : 35]）のなかでは問題化されうるのである。かつて新しい社会運動と呼ばれた様々な社会的な訴えかけ＝責任追及の言説空間は、そうした「自明性の問題化」を指向した言説の運動として捉えることができるだろう。(14) 関連情報が整序された状況においてはそもそも出来事として認知されることのないある出来事（行為）を、「状況内の事象なのだ」として問いかけていく契機――これこそが、現代社会における《道徳》の持つ批判的契機なのである（中野 [1993b : 233-237]）。

もちろん、《道徳》の批判的契機は、ある出来事を「出来事デアル」として認知させた後には《行為の原因としての全人格性》という想定に固執し続けるわけにはいかないだろう。道徳はもはや絶対化されえない（Luhmann [1989 : 385]）。近代社会における道徳は、システム分化した世界においてあくまで副次的な帰責メカニズムでありつつも、「政治的なるもの」を出来事化するいわば索出的（heuristic）な機能を付加された両義的な――閉じられているがゆえに開かれている——存在なのである（馬場［1992］）。

C　《正義》による責任処理様式

《行為／その結果》との区別を可能化し、責任の果てしないインフレーションを収束させる《システム》的な責任処理様式、そして、《行為者の人格性と行為（の結果）》の関連に照準していわば行為者責任とでも呼ばれるべきものを喚起する《道徳》的な責任処理様式。この両極的な責任処理様式と対照したとき、第五章・第六章で検討してきたような我々のリベラリズムを体現する《正義》のコミュニケーションはどのようなものとして捉えられるのだろうか。

まずは、我々のリベラリズムが、次のような三段構えになっていたことを確認することから始めることとしたい。

［7-3a］　**自由（加害）原理**：他者に災厄＝悪を与えないかぎり何をしてもよい。

［7-3b］　**正当化原理**：自他が共有しうる（理に適った形で拒絶することのできない）正当化理由なく、他者に悪を与えることはできない。

［7-3c］　**優先性ルール**：公的なルールにもとづく正しさ（ゆえの善さ）は、私的なルールにもとづく正しさ（ゆえの善さ）よりも、行為の理由として優先性を持つ・ということを承認しなくてはならない。

さらにこれらの原理・ルールの帰結として、次のような原理——仮に「不偏性要求の原理」と呼んでおく——も承認されるということを第六章の第一節で確認した。

［7－3d］　**不偏性（再配分）要求**：実定的な公的ルール＝正当化理由が、より高次の不偏性をもつ「理に適った拒絶」にあった場合には、そのルールはいったん妥当性を括弧に入れられ、異議（拒絶）を正当化する理由を override する理由を提示できないかぎり、何らかの形で訂正されなくてはならない。[15]

［7－3d］は、「実定的な公的ルールが実は公的でなく私的であることが判明した場合には、より高次の不偏性を持つルールによって棄却されるべき」と命じるものだから、事実上［7－3c］の優先性ルールの応用原理・派生原理とみなすことができる。議論の便宜を鑑みて、以下では我々のリベラリズムの原理的構成を、［7－3a］［7－3b］［7－3d］の三層構造で捉えていくこととする。

さて、［7－3a］［7－3b］［7－3d］の三原理はそれぞれ、以下のような行為の帰責に関連する区別を提供するものと考えることができる。[16]

［7－3a′］　他者の自由への侵害となりうる行為／他者の自由への侵害となりえない行為との区別。[17]
［7－3b′］　公的な責任を問われうる、正当化不可能な侵害行為／公的な責任を問われえない、正当化可能な行為との区別。
［7－3d′］　不偏性を満たす公的な正当化理由／不偏性を欠く（「公的であるとされている」だけで「公的ではない」）正当化理由との区別。

［7－3a′］と［7－3b′］は行為者の行為に対する帰責を可能にする区別、［7－3d′］は［7－3b′］の区別の規準となるべき正当化理由そのものの妥当性にかんする区別である。多少語弊はあるかもしれないが、［7－3a′］

［７－３b′］を行為の責任にかんする一階の区別、［７－３d′］を行為の責任にかんする区別を可能にするメタ区別と呼んでおくこととしよう。

このように、《正義》のコミュニケーション（＝コミュニケーションとしてのリベラリズム）とは、メタ区別をも含み込んだ多層的な《責任のある行為／責任のない行為》の区別可能性を活用しつつ、独特な形で世界に生起する責任に対処する相互行為の様式であるといえる。とりわけ、《システム》《道徳》と対照したときの《正義》による責任処理様式の種差性を浮き彫りにするには、理由の不偏性判断を要請するメタ区別が行為の調整規準として採用されている点に着目しなくてはならない。

実際、［７－３a′］［７－３b′］の区別は、ある程度テーマを特化した機能システムにおいても利用されているものであって、べつだん《正義》の専売特許というわけではない。公的組織とリベラルな制度体とを、内部／外部の境界を確定するルールを内備する制度（体）として同視する論者もいることからも分かるように、各々の機能システム——初期のルーマン（Luhmann［1964=1992］）の言い回しに従って公式組織と呼んだ方がイメージをつかみやすいかもしれない——は、他のシステムからは優先されるべき「公的」ルールとはみなされないものの、各々の固有のパースペクティヴにおいては「公的」とみなされうるようなルールを内備することによって、システムの《内部／外部》の境界づけを可能にしている。たとえば、経済システムにおける「利潤を生み出す行為を、そうでない行為より優先せよ」という「公的ルール」は、全体社会を見渡す神にとっての「公性」を標榜することはできないかもしれないが、少なくとも経済システムのパースペクティヴから認知されうるすべての出来事に対して適用可能性を主張することはできるだろう（私の学術行為を経済システム準拠的な記述のみによって捉えきることはできないが、私の行為を経済システムの観点から記述することはできる。私の行為は本当にみすぼらしい行為なのだ！）。

このように、客観的な意味での（神の視点からみたときの）全域的妥当性は持たないが、特定のパースペクティヴからは全域性を持つ「かのように（as if）」現象する――いわば位相学的な全域性とでも呼ぶべきものを帰属される――「公的ルール」を、各々の機能システムが内備するということは、次のような責任処理のメカニズムが実効化することを意味している。すなわち、

［7-4］　特定のシステムの行為接続に無関連な、すなわちシステム内の出来事として認知されない行為にかんしては、（当該システム内的な）公的な責任を問うことはできない。ただし、その行為は他の機能システムにおいて公的な責任を問われる可能性がある。

［7-5］　ある機能システムSの公的ルールR_aに照らして、「ルールに違反している」と一応判断されうる行為Hが、R_aに優越する――Sに参与する人びとが理に適った形で拒絶することのできない――（S内の）公的ルールR_bによって正当化される場合、Hにかんして公的な責任を問うことはできない。

たとえば、「真／偽」コードに依拠する学問システムのコミュニケーション連接においては「儲けになる／ならない」という行為評価の規準は基本的に無関連であるため、ある学術的研究（この本？）がほとんど破壊的な「無駄遣い」であったことが判明したとしても、その研究が真（もしくは偽）たりうるための手続き――現代社会においてはそれはおおよそポパー的な反証主義が想定するような手続きであると言ってよい――を踏まえているかぎり、無駄遣いの責任を帰属されることはない（［7-4］）。もちろんその研究行為は、他のシステム（経済システムや政治システム）によって観察されるとき、公的な責任を問いうる行為として認知されることもあるわけだが、だからといって学問システム内での公的責任が発生するということにはなるまい。特定の機能システム内で出来事として認知されえない行為の公的責任を、そのシステム内部で問うことは基本的には不可能なのである（問いうるのは、たかだ

か私的＝道義的責任ぐらいのものだろう）。また既存の理論体系のなかでは「ルール違反」と判定されていたような行為（排中律の妥当性の解除）も、その行為が学問システム内の他の公的ルール（論理的な整合性の要求など）によって正当化されるなら、公的な意味における責任を問われることはない（［7-5］）。特定の機能システム内でいったんは「逸脱」として判定された行為も、そのシステム内で承認されうる公的理由によって正当化できるなら、ルール違反の責任を問われることなく後続する行為に連接することが許容されるのである。[18]

このように、機能システムは「位相学的な全域性」を有する公的ルールを内備することにより、《他者の自由に対する侵害行為（「逸脱」として認定される行為）／そうでない行為（［7-3a′］）》[19]《公的な責任を問われうる正当化不可能な侵害（逸脱）行為／公的な責任を問われえない正当化可能な行為（［7-3b′］）》といった区別の可能性を担保し、「言い掛かり」的な帰責や「的外れ」な帰責が提示される可能性を低減させている。その意味で、公的なルールの内備による責任処理というのは、リベラルな理念を体現した《正義》のコミュニケーションに固有の機制とはいえないのである。

では、《システム》に対照したときの《正義》に特有の責任処理の方法論とはどのようなものなのだろうか？ここで［7-3d′］のメタ区別を可能にする、不偏性要求の原理——公的理由に対して不偏性を要求する原理——が問題となってくる。

まず何よりも、《正義》においては、実定的な公的理由に抗して突きつけられる「理に適った拒絶」——実定的な理由より高次の、もしくは少なくとも同程度の不偏性を持つとみなされうる理由にもとづく批判——すべてに対して、平等な配慮がなされなくてはならない、つまり、我々が第六章で「理由の民主主義」と呼んだ理由への政治的態度が《正義》においては要請されるという点に注意を促しておくこととしたい。ある行為がある時点tにおいても実効性を持つ公的ルールに適っている、あるいは何らかの公的ルールによって正当化されうる場合であっても

（つまり［7-3a′］［7-3b］の区別水準で「責任なし」と認定されても）、《正義》の行為空間からその行為の責任を問おうとする他者＝観察者の「異議申し立て」「行為記述の変更要請」を排除することはできない[20]（この点が、我々の議論とウォルツァーの正義論との決定的な相違点である。Waltzer［1983=1999］を参照）。もしその他者の異議（他なる行為記述）が十分に不偏的な理由にもとづいたものであり、実定的な理由の不偏性を疑わしめるようなものであったとすれば、《正義》コミュニケーションの当事者は、何らかの形で実定的な公的理由の変更・訂正にとりくまなくてはならないのである。その変更・訂正の義務は、制度運営の効率性やコミュニケーション参与者の福祉の上昇といった理由によって免除されることはないだろう[21]。

こうしたラディカルな理由の民主主義は、位相学的な全域性を持つ公的ルールを内備する《システム》においては要請されることはありえない。というのも、各々の機能システムにとって、他のシステムの公的ルールとは基本的に「私的」なルールにすぎず、おおよそ平等な配慮に値するようなものではない（というよりも、端的に無関連なものである）からだ。たとえば、学問システム内において「責任を問われない」ある行為＝研究が、法システムにおいては「責任を問われうる」行為として観察される、というよくある事例を考えてみよう。遺伝子治療でもクローン研究でも何でもいいが、そうした人びとの道徳的・倫理的感性に触れてくるような研究行為は、しばしば「非・合法」なものとして法システムによって観察＝行為記述されるわけだが、「合法であるか／非法であるか」をめぐる法システム準拠的な問題提起は、基本的にその研究の真／偽に直接影響を与えるものではありえない。「その研究は人権を侵害する恐れがある（から）」「その研究が前提とする人間観は優生学的差別化を助長するものだ（から）」といったそれなりに不偏的と考えられる理由は、学問システムの内部においては、「適切な手続きに則った実験により実証された（から真である）」「真とみなされる理論と整合的な見解だ（から真である）」といった理由をoverrideする理由とはみなされないのである[22]（むしろシステムと無関連な「私的」理由として処理されるだろう）。しかしながら、理由の民主主義の徹底を図る《正義》の行為空間においては、こうした理由の「棲み分け」による責任免除は基本的に許容されず、机上の科学者も科学素人の異議申し立てに応答――異なる理由の不偏性を挙示――する責務を負わねばならないのだ。

こうした理由の民主主義によって、《正義》は《システム》的責任処理に対し、ある種の批判的効果を持つこととなる。すなわち、

［7－6］《正義》コミュニケーションにあっては、個々の機能システムに内備される公的ルールによって《行為（システムの内部）／行為の結果（システムの外部）》を区別する《システム》的な責任処理形式は、その妥当性をいったん留保される（《システム》において「隠蔽」されていた《行為／その結果》の本質的な区別不可能性を、不偏性要求という限定つきで「暴露」する）、

のである。経済合理的で合法的な企業の行為がもたらす「環境の悪化」は、経済システムや法システムにおいては付随的な「行為の結果」として記述され、いわば責任は外部化される――「行為の責任」ではなく「行為の結果に対する責任」が主題化される――わけだが、《正義》においては、そうした《行為／行為の結果》という区別＝帰責の規準そのものが問題化されうる。安全で快適な環境のもとで暮らす権利の存在、環境に対する影響の事前予測の可能性……など様々なシステムの「テーマ」にまたがる事柄を平等に勘案したとき、「環境の悪化」という出来事は当該企業の「行為の結果」ではなく、「環境を悪化させる」という住民の自由に対する侵害行為として再記述されることになるかもしれない。もちろんその場合、住民側の異議は「理に適った」形で提示される必要があり、また「理に適っていた」としても必ずしも企業の提示する理由に優越するとはかぎらないのではあるが、ともかく

も、経済システム・法システム内部の《行為／その結果》の区別に風穴を空ける端緒とはなりうるはずだ。《正義》は、《システム》的責任処理様式において自明化されている《行為／その結果》の区別、およびその区別を成り立たせているシステム内の公的ルールを相対化するコミュニケーション様式なのである。

　ところで、《システム》的帰責を相対化するこうした《正義》のコミュニケーションとしての特徴は、先に述べた《道徳》や、「ポストモダン政治学」が語る責任《レスポンシビリティ》＝応答可能性の無限定性論などと混同されてはならない。《正義》において問われるのは、あくまで行為の正当化理由の不偏性なのであって、そもそも不偏化可能な理由によって担保されていない《道徳》的な行為記述＝観察や、不偏的たることを要件としない他者の声は、《正義》の場においては考慮の外に置かれざるをえないのだから。《正義》のコミュニケーション空間では、工場排水による環境の悪化は、エコノミック・アニマル的な企業の「非人格性」「悪徳」なるものと結びつけられるべきではないし、また、黄色人種である私が生きていることで不愉快な思いをする（＝災厄を被る）ＫＫＫ団のメンバーの《声》に耳を貸す応答責任なんてものも存在しえない。呼びかけてくる＝異議を申し立てる「他者」が不偏性要求に応じる覚悟がないとき、《正義》はその「他者」への応答責任を免除するのである[23]（したがって、奇異に響くかもしれないが、《正義》にあっては異議を申し立てる主体の立場性 positionality といったもの[24]は基本的に問題とならないし、また問題とされてはならないということになる。「女だから」「黒人だから」といった理由づけは、「『女性』としてカテゴライズされる人々は……という属性を持っており、かつ、……という属性を持っている人であれば○○だから」といった具合に一般化・抽象化されなくてはならない。それは、「僕は白人で男だから」といった一般化・抽象化されていない理由づけが排除されるのと同じことである。井上［1986］参照）。その意味で、《正義》による責任処理の様式は、乾ききった《システム》的な責任処理とウェットな《道徳》的責任処理とのあいだ（in-between）[25]に位置するものと言うこともできるかもしれない。「等しきは等しく」といった正義の定式は、ほどほどの湿り気＝「適度な複雑性」を世界にもたらす「システムの技術」（Luhmann［1965=1989：297］）

なのである。

二　正義の居場所

本節では、以上のように捉えられたコミュニケーションとしての《正義》を、高度にシステム分化した現代社会のコンテクストのなかに位置づけ、《正義》の可能なる居場所を考察していくこととしよう。もちろん我々流に換骨奪胎した《正義》コミュニケーションを、機能分化の社会理論のなかへと翻訳・節合していく方法は一つではありえない。よく知られるように、ルーマン自身にあってもシステム分化の意味や政治システム／法システムの関係の位置づけは、時期によってだいぶ異なっている（私は基本的にルーマンのシステム理論は、「複雑性の縮減」論によっても「オートポイエーシス」論によっても十分整合的な形で表現することができる——双方は共約可能である——と考えているが、それでもルーマンにあって「システム分化」の意味が多義的であることは認めざるをえない[26]）。そうした「システム分化」論の多義的性格を鑑みながら、以下ではとりあえず「高度にシステム分化した社会における《正義》の位置価」にかんする二通りの考え方[27]を提示しておくこととしたい。

【1】《正義》の居場所　その1　適度な複雑性としての《正義》

まず「第一の考え方」は、あらゆる機能的に特化されたシステム的帰責様式に「適度な複雑性 adäquate Komplexität」を持ち込むという《正義》の機能——前節で述べたところの《正義》の批判的機能——に着目し、《道徳》と同様、機能システム内における行為連接に外部性・他様性を持ち込む流動的メディア（das fluide Medium）として正義を捉える、というものである。機能システムがテーマ毎に分化することは、過剰な責任のインフレ、行為接続の困難の上昇を適度に押さえるのに役立つが、その結果として、「不偏的であること」に対する我々の様々な直観を抑圧することにもなりかねない。《正義》は、そうした多様かつ他様な不偏性のあり方を開示し、システム内の――位相学的な全域性を持つ――公的ルールを問い返す作業を可能にするだろう。人々の善き生の構想が多元化し、不偏的な理由（不平等を正当化する理由）も一元的に捉えられなくなっている現代社会において、機能システムによる帰責を高次の不偏性の次元（＝メタレベル）から反省するコミュニケーション＝《正義》を整え、多元的な不偏性の現前に対処することは危急の課題である、というわけだ。こうした発想に近い正義論は、中野敏男によって精力的に（かつ私なんぞとは比較にならないくらいルーマン内在的に）展開されている。(28)

このように機能的に限定されたシステムに「ノイズ」――ただし不偏性を要求されるため相当にスクリーニングされたノイズ――を持ち込む契機として《正義》を捉えようとする議論は、それ自体としては、十分に傾聴に値するものである。《正義》は、行為者の人格性と行為（の結果）とを短絡する《道徳》とは異なった形で、《システム》的な帰責では見逃されたり、あるいは、「行為の結果」として付随化されてしまうような出来事を掬いとり、新たな行為記述を与えていくことができる。つまり、《正義》は、逐一行為者の人格性・真意に言及することなく行為記述＝観察を遂行する可能性を担保するという点において《道徳》と異なり、また、行為記述に関連する認知的・因果的限定を解除するという点において《システム》とも異なる、独特の位置価を獲得するのである。高度に機能分化した社会においてもなお人格性に拘泥し続ける《道徳》の退行性を回避しつつ、システムによる行為記述の硬直化を問題化していく《正義》のコミュニケーション。それは間違いなくプラグマティックな次元において要請される帰責の方法論といえよう。

私は、こうした《正義》の機能的現在性（actualität）を強調するタイプの議論に対して基本的に異議はない。いや、「プラグマティックな」リベラリズム正当化論ということでいえば、ローティ＝ロールズ流の「擬似-共同体主義」的な正当化論（政治的リベラリズム）のオルタナティブとなりうる有望な発想であるとすら思う。しかしながら、かかる《正義》論の前提とする機能分化観――(1)非システム的な社会領域（生活世界）の存在の前提、および、(2)法（あるいは政治）システムの他のシステムに対する特異性・規範的優位性の前提――については多少の留保を付しておいた方がいいだろう。(1)と(2)の前提は、実は、おおよそプラグマティックな《正義》論とはほど遠いはずのハーバーマスの見解のなかにも見いだされるのである（以下の引用部に関係する論題は、仲正昌樹や中岡成文が鋭く指摘している。仲正［2001：五章］、および、中岡［1996：六章］などを参照[29]）。

……法はシステムと生活世界の蝶番のような機能――それは、法システムが自己完結しオートポイエテーティックに自らをカプセル化しているという考え方とは折り合いがつかない――を果たしているといえる。法は、コミュニケーション的行為を通して再生産される生活世界と、互いが互いの環境世界となっているコードが特定されたサブ・システムとのあいだで独特の二重性を帯びた位置を獲得し、両者を媒介する機能を果たすがゆえに、トイプナーが「相互干渉作用」として記述するような事態が生じるのだ。生活世界におけるコミュニケーションの回路は、日常言語によって提示されるメッセージに耳をふさぐ貨幣や行政権力の前にいたると、壁にぶち当たってしまう。というのはこれらの特殊コードは、より豊かに構造化された日常言語から差異化されているというだけではなく、分断されているのだから。たしかに日常言語は理解の普遍的地平を形成しており、原理的に、あらゆる言語からあらゆる事柄を翻訳することができる。しかしその一方で、日常言語は自らのメッセージをあらゆるタイプの受け手に効果を及ぼすように操作することはできない。それは、特殊コードへの翻訳にさいしては、依然として貨幣や行政権力といった制御メディアとコミュニケートする法に依存するのである。規範的な実質を持ったメッセージは法の言語を通してのみ、社会全般に循環しうる。生活世界とシステムの双方に等しく開かれた複雑な法コードに翻訳されなければ、そうしたメッセージはメディアに制御された行為領域のなかで聞き取られないまま消え失せてしまうだろう (Habermas [1992=1996 : 56])。

目ざとい読者であれば、この引用部におけるハーバーマスの議論が――とりあえず細かな用語法の差異などを無視するなら――「適度な複雑性」としての《正義》論と驚くほど似た内容を持っていることに気づくはずだ。

まず第一に、機能システム的な行為空間とは異なる相互行為様式によって構成される非システム的な行為空間が想定され、その行為空間と機能的に特化されたシステムとの関係性が問題化されている。ハーバーマスが生活世界と呼ぶような非システム的なコミュニケーション領域が機能システムの自己完結性に対して持ちうる批判能力、合理的解体のポテンシャリティは、我々が《正義》と呼ぶコミュニケーション空間についても期待されていた。もちろん我々には、ハーバーマスのように、不偏性を指向するコミュニケーションを普遍的な語用論的能力によって基礎づけるなどという野心はないわけだが、とりあえず、非システム的領域の設定によってシステムへの抗いの可能性を模索するという点においては、ハーバーマスと同工の企図に動機づけられていたとはいえるだろう。高度にシステム分化が進展した近代社会においても、なお機能システムに包摂されない社会空間――「汲めど尽くせぬ合意形成の源 eine unerschopfliche Ressource der Konsensbildung」――が存在しているはずだ、という信憑が「適度な複雑性」としての《正義》論、およびハーバーマスの社会診断に共有されているのである。

そして第二に、そうした賭金としての非システム的領域と機能システムとを媒介する蝶番＝特異なコミュニケーション・システムとして法システムが措定されている。法システムは、他の機能システム (政治システム／学問システム／芸術システム／経済システム……) などと異なり、非システム的な領域とシステムとを架橋するという点において、いわば特権的な位置づけを与えられるのである。ハーバーマスはこの点を奇しくもルーマン理論の最良の遺産相続者グンター・トイプナーの「相互干渉」概念（これはいわゆる「相互浸透」と混同されてはならない。Teubner［1989=1994：五章］参照）などを引きつつ論じているが、「適切な複雑性」としての《正義》論もまた、議論を突き詰めていくなら同様の見解に達するはずだ。つまり、

［7-7］　理由の民主主義を貫徹する《正義》コミュニケーションは、本来どの個別的機能システムに対しても同じように批判的効力を持つのだが、公的ルールの不偏的な執行を作動原理とする法システムとは独特な関係を持つことができる。法以外の個別システムの「公的」ルールが有する位相学的な全域性と異なり、法システムの公的ルールはいわば「公のなかの公」を標榜しなくてはならない。そのように「公のなかの公」を担保すべく、実定的な公的ルールの改訂ルールをも含みこんだ実定法を前提とした法システムと、より高次の不偏性を求めて実定的な公的ルールの不偏性を懐疑に晒す《正義》とは、何らかの形で特異な関係（相互干渉）をとり結んでいるに違いない、

と。中野敏男の言葉を借りるなら、「今や正義は、行為の徳として法や経済の営みに直接の指示を与える位置からは退きながら、そのメタレベルでそれのルールをコントロールするという固有の位置価を持つようになっている」（中野［1993b：200］）というわけだ（青山治城によれば、こうした考え方は初期のルーマンに見受けられる。青山［1990：242］参照）。

このように「適度な複雑性」としての《正義》論は、システム分化に対する診断にかんしては、ほとんどハーバーマスのそれと大差ない捉え方に帰着してしまう可能性がある。実際、ハーバーマスが何やら怪しげな基礎づけ志向さえ諦めてくれるなら、我々の《正義》論は「社会統合／システム統合」をめぐるハーバーマスの壮大な社会理論のなかに包摂されても構わない、とすら言えそうだ。私のみたところ、システムのオートポイエティックな自律

性（という理論用語に）に何としても批判を加えたい論者、ルーマンの「オートポイエーシス的転回」に異議を唱えずにはいられない良心的な論者のなかに、こうした「ハーバーマス化」の徴候を見いだすことができる。しかし、機能システムに構成的ノイズを送り込む外部＝生活世界の設定や、法システムの倫理的特権性の想定に何か問題はないのだろうか？　我々の《正義》の機能的位置価を、ハーバーマス化することなく測定することは不可能なのだろうか？――こうした問いに駆動されつつ、「第二の考え方」に進んでいくことにしよう（「ハーバーマス化の何が悪い」と問わずにいられない方は、第一章を再読していただきたい）。

【2】《正義》の居場所　その2　足場なき奇食体としての《正義》

システム分化にかんする「第二の考え方」の趣旨を理解するためには、「第一の考え方」との種差を確認することから始めるのがいいだろう。

「第二の考え方」は、（1）非システム的な社会領域（生活世界）の存在、および、（2）法システムの他のシステムに対する特異性・規範的優位性、という二つの「ハーバーマス化」された前提を拒絶し、《正義》を新たな角度から捉え返すことを我々に要請する。おそらく「オートポイエーシス的転回」以降のルーマンの思考はこの「第二の考え方」に近いものと考えられるが、以下ではルーマン理論の正確な解釈に過度に拘泥することなく、本書なりの文体で分節化していくこととしよう。

まず「第二の考え方」は、機能システムに構成的ノイズを送り込む「非システム的な生活世界」なる領域を無前提に想定することを禁じる。つまり、システムの硬直性に対する批判の賭金となるべき非システム的なコミュニケーション空間（《正義》、生活世界）を操作的に設定することは禁じ手とされるのである。この点は、「二つの全体社会Gesellschaft」をめぐる馬場靖雄の議論を参照すると分かりやすいかもしれない（馬場［2001］）。

馬場によれば、ルーマンの全体社会概念は「二重の相」において、すなわち(1)各機能システムの内部で引かれた〈システム／環境〉の区別を通して捉えられた全体社会と、(2)各機能システムによって捉えられた異なる全体社会像の間の差異、あるいはそれらの衝突において現れてくる全体社会、という二つの相貌をもってシステム理論内に現れてくるのだという。

ルーマンにあって「コミュニケーションの総体」という非常に簡素な定義を与えられる全体社会は、ごく常識的に考えるなら、《機能システム＋非機能システム的なコミュニケーション》という単純な加法によって捕捉されるもの、つまり、機能システムに比して複雑性の高い非システム的な（「環境」に配せられる）領域と機能システムとを統合した幾何学的空間のごときものとして捉えられるように思われる（図7-2）。こうした常識的な全体社会観、〈システム／環境〉の区別を通して捉えられた全体社会観(1)こそが、非システム領域の存在を前提とする「適切な複雑性」としての《正義》論（「第一の考え方」）が採用する全体社会観にほかならない。それに対して、もう一方の全体社会観(2)は、《機能システム＋非機能システム的なコミュニケーション》という加法そのものが依って立つ視点《ポジション》の所在を問題化する。すなわち、(1)のような全体社会観が、全体社会を鳥瞰的位置から見渡し《機能システム／非システム》の差異を超越的に把握する視点＝神の視点を前提としており、いわば内部観察を免れうる実体として全体社会および非システム的領域を設定してしまっている点を(2)の全体社会観は問題化するのだ。

図7-2を見ていただければ分かるように、そこでは、あたかも各機能システムの外部（もしくは「間」）に、あたかも無主共有される「ノイズ貯水池」のごときものが空間的な形象をもって書き込まれている。しかしそうしたいわばシステム中立的な「ノイズ貯水池」など存在するのだろうか？　たとえば法システムが観察する環境（他の機能システムを含む全体社会）と、経済システムが観察する環境とは無主共有の対象となりうるような同一性を持っているといえるだろうか（利益法学が扱う利害と、経済学が扱う利害とを比較せよ）。むしろ我々は、各々の機能システムが観

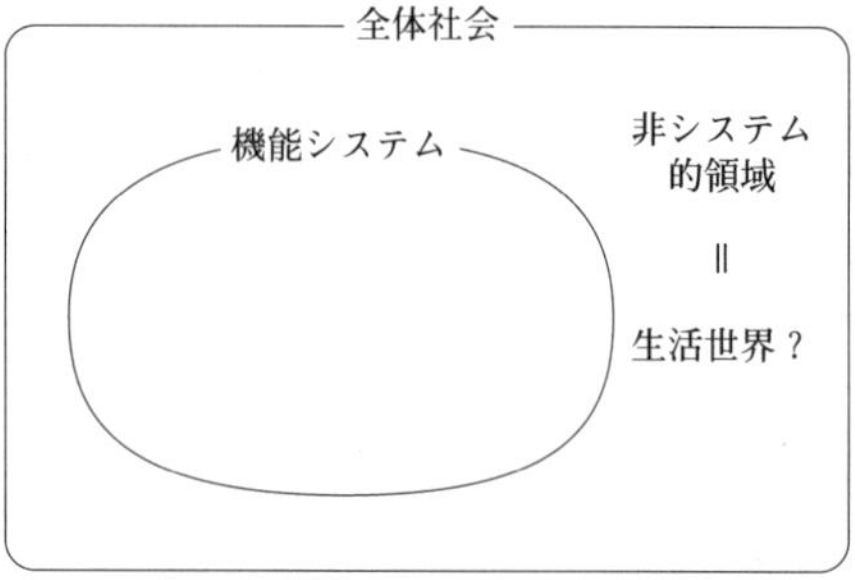

図7-2

察する個々の「環境」「全体社会」の同一性を確証する超越的審級が不可能であることを認めたうえで、各機能システムが提示する異なる全体社会像がせめぎあう表象の磁場のようなもの、その同一性を積極的には規定しえない対象として、全体社会を捉え返す必要があるのではなかろうか(30)——これこそが、「全体社会の統一性は、諸機能システムの差異以外の何ものでもない」(Luhmann [1986=1992:178]、訳文は馬場[2001:155]より)と述べる「転回」以降の(いやそれ以前から堅持されている)ルーマンの見解であり、また、我々が言うところの「第二の考え方」が前提とする「システム—全体社会」関係である(31)。

このように非システム的領域の積極的な規定可能性を否定してしまった以上、「第二の考え方」は、「《正義》と特権的な関係をとり結ぶ法システム」「生活世界とシステムの蝶番としての法システム」という定式に対しても、根本的な捉え返しを迫ることとなるだろう。

「第一の考え方」においては、法システム——《法／不法》の区別に準拠してシステムの内／外を構成するコミュニケーション・システム——と、《正義》——《正義／不正義》の区別を用いてシステムの内／外を構成するコミュニケーション・システム——とは、不偏的な理由を行為者に対して何らかの形で求める(両者とも「その理由は本当に不偏的か?」と問う)という点において接点を持つとされ、それゆえに、法システムは非機能システム的な行為記述＝観察の可能性を機能システムへと持ち込む変換装置として特異な位置づけを与えられたのであった。しかし、「第二の考え方」が示唆するように、そもそも《正義》の行為空間なるものが法システムの外側に客観的に存在しているのではなく、法システムによって観察されたかぎりにおいて存立しているようなものであるとすれば、つまり、《正義》が対等な形で法システム「と」関係をとり持つような領域ではなく、法システムによって構成された「内部化された外部」なのだとすれば、「接点としての法システム」といった像は却下されなくてはならない。[32] 法システムは法システムなりの《正義》（＝内部化された外部）を、経済システムは経済システムなりの《正義》（＝内部化された外部）を観察するわけで、両システムが提示する《正義》が「同じ」ものであるという保証はどこにもないということになる（経済システムが「不偏性を要請する――法的ではない――コミュニケーション」として観察した出来事であっても、法システムが出来事として認知するかどうかは分からない）。[33] 法システムによって変換されることを待っている《正義》とは、法システムによって「法システムによって変換されることを待っている」と観察された行為領域なのであって、けっしてそれ自体として法システムにノイズを送り込むような野ざらしの「貯水池」ではないのである[34]（Luhmann [1986c=2000 : 96]）。

かくして「第二の考え方」において《正義》は、システム的帰責に異化作用を及ぼす「批判」の橋頭堡という位置づけを相対化され、法システムとのあいだに仮象されていた幸福な蜜月関係も禁じられてしまう。ではもはや我々は《正義》にいかなる居場所を与えることもできないのだろうか？――ここで、二つばかり、ありうべきオプションを考えておくこととしたい。

第一のオプション（A）は、コミュニケーションとしての《正義》を、法システム内的なものというよりは、倫理システムにおいて有意味と認定される契機として捉える、というもの。要するに、我々が検討してきたような《正義》コミュニケーションを倫理システム――《道徳》コミュニケーションが展開される行為空間――の領野へと還元する戦略である。

第二のオプション（B）は、正義なるものをある程度自律性を持ったコミュニケーション・システムとして、つまり、あらゆる他の機能システム（法システム、経済システム）に対して外的にしか作用しえない固有のシステムとして捉える、というもの。《正義》を法システム内の事象として処理する後期ルーマンの発想とも、また、《正義》を法システムと生活世界の蝶番として理解する［7-7］のような考え方とも異なり、いわばシステムとして《正義》を把握する戦略である。

第一のオプションは、《正義》を倫理システムへと「追放」し、第二のオプションはそれを――きわめてプリミティブなものにすぎないが――コミュニケーション・システムとして再構成する。いずれのオプションも、《正義》の居場所を非システム的な生活世界に見いだしてはいないし、また、《正義》をことさらに法と強い関連性を持ったものとして捉えてはいない。「第二の考え方」を貫いていったときに考えられるこの二つのオプションの可能性を検討していくこととしよう（ちなみに、ルーマン自身の見解ともいえる「第三のオプション」、つまり、正義を法の内的契機として見る考え方については、ここでは検討しない。本書で定式化したコミュニケーションの《正義》は、ルーマンの言う「正義」とはまったく異なっている。我々がルーマンから借用したのは、システム論的な「社会」概念と「分化論」の基本構想であって、彼の法システム論ではないことに注意していただきたい）。

A 《道徳》コミュニケーションの内的契機としての《正義》

《正義》は機能システムの外部に位置する生活世界＝ノイズの貯水池でも、特定の機能システム＝法システムの作動を規制するコミュニケーション様式でもない。ある出来事・行為が「正義か／不正義か」という問題は、法的システムとは異なる《内部／外部》の規準にもとづいて作動する固有のシステム＝道徳システムがとり扱う（べき）ものとして認知される。したがって、《正義》が法を基礎づける、ないし、法に対しより高度の不偏性を付与しうるということはありえない。《正義》は、たかだか善／悪の差異を観察する《道徳》コミュニケーション内に数多く内備されているプログラム——善／悪判断を可能にする規準——の一つにすぎないのである。

こうした「道徳-内-事象としての正義」論ははたして説得的なものたりうるだろうか。断定的に判断するのはためらわれるのだが、ここに言う《道徳》をルーマンが定式化するようなものとして捉えるかぎりにおいては、「《道徳》の内的契機としての《正義》」論には無理があるように思われる。簡単に説明しておこう。

まず、そもそも理由の不偏性要求を掲げる《正義》が、ルーマンの言う意味における《道徳》のなかにキチンと収まりのつくものなのかどうか、という点が疑われる。ルーマンの言う道徳コミュニケーションとは、いわば徳倫理的な善さ（悪さ）の判断、人格性に対して向けられる尊敬／軽蔑の差異化過程に照準したコミュニケーション形態なのであって、個々の人格性や意志の善さ／悪さとは無関連な「理由の不偏性」に焦点を当てる《正義》とはいわば水と油の関係にあるもののはずである。たとえば、外的選好と相関した個人化された理由（それは人格性評価において重要な役割をはたす）を考慮に入れたとたんに《正義》はもはや《正義》ではなくなるわけだし、逆に、《正義》のコミュニケーションを貫徹する行為が《道徳》的次元において「尊敬に値する」「善い人格である」と判断されるとは限らない（どころかときとして軽蔑の対象ともなりうる）というのは、我々が知悉している民間社会学的真理である（「理に適った」言辞ばかりを振りかざす正義漢は、往々にしてその人格性を疑われるものだ）。(35)

たしかに「人を尊敬すべきか／否か」を判断するとき、我々は「その人の振舞いは公正か／否か」という正義の規準を参照することもある。しかし、我々はむしろ、そのように人格評価に直結しないような場面、たとえばスポーツの審判や官僚、裁判官といった制度的役割を担った行為者による役割的行為を評価する場面において「公正／不公正」「正義／不正義」といった規準を採用することが多いのではなかろうか。そうした場面では、行為状況を超越した人格ではなく、状況に内在する非人格的な役割遂行者の行為が問題となっている。要するに、《正義》は

《道徳》によって参照されうるものの、《道徳》を踏み越える活動をも期待されているのである。[36]

だから我々は、《正義》を《道徳》とは独立したコミュニケーション様式として捉え、それが機能システム・道徳コミュニケーションの双方に対して外的に作用する様相をこそ理解すべきなのだ。《正義》は法システムと特別な内的関係を持たないのと同じように、《道徳》とも特別な内的関係を持っているわけではない。《道徳》は《道徳》なりの観点から「内部化された外部」としての《正義》を観察・利用する——人格の善さ／悪さの判定にさいして、その人の振舞いの公正さを規準とする場合——のであって、《道徳》のなかの一プログラムとして正義論・公正原理があるのではない。かくして我々は、《正義》を《道徳》から解放する（独立させる）第二のオプションへといざなわれていく。

B　全生活領域に妥当する原理としての《正義》

先にも述べたように、あらゆる機能システムは、多かれ少なかれ何らかの形で不偏的なルールといったものを必要としている。たとえば、芸術システムにおける「美しい／美しくない」、学問システムにおける「真／非真」といった判断も、けっして恣意的になされてよいものではなく、その判断を担保するための規準＝プログラム、つまりある程度一貫した妥当性・整合性を持つ公的なルールを必要とする（美学理論や手続き的ルールなど）。さらに、そうした公的ルールはしばしば「等しきものを等しく扱いえているか」というメタ次元での不偏性チェックを受けることもあるだろう（芸術における白人中心主義的な評価規準への問い返し、「精密コード」習得者に有利な選抜制度の見直し、など）。その意味で、《正義》はあらゆるコミュニケーション領域に——潜在的な出現可能性を持つという意味において——遍在する「全社会的原理」とみなすことができるのである。しかし当然のことながら、個々の機能システムはそうした公的ルールの不偏性をつねに再帰的にチェックしているわけにいかないし（行為接続の蓋然性が極度に低減してしまう)、そもそも「全社会的に不偏的である」という特性は、各機能システムの公的ルールにとって他の価値に比して特別に重視されるべきものではないだろう(たとえば「安定的である」「効率的である」「時間節約になる」といった特性が重視される場合もありうる)。

だから次のようにいうべきなのである。すなわち——個々の機能システムは「その理由は本当に不偏的か」「もっと不偏的な理由があるのではないか」という《正義》の問いを断念するのではなく、その問いに対して不断に応答し続けることを断念する、あるいは、《正義》の問い(《正義》的な帰責=行為観察)は封殺されるのではなく、システム自身が設定する「閾値」内(コミュニケーションの連接を過度に妨げない程度)においてその生を十全に享受するのだ、と。「あらゆる機能システムは、普遍性要求を提起する——ただし、自分自身の領域にかんしてのみ」(Luhmann [1997:983]、訳文は馬場[1998:77]より)。

念のため一応注意を促しておくが、こうした《正義》の位置づけは、《正義》を機能システムに「適度な複雑性」を流し込む非システム的なコミュニケーション領域と捉える発想とは根本的に異なっている。この第二のオプションにおいては、「何がくみ取るべき《正義》の問いなのか」「いやそもそもその不偏性の訴えはコミュニケーションに連接されるべき出来事なのか」といった課題の解決は個々の機能システムに委ねられており、《正義》は《全体社会=機能システム+非システム的領域》という関数の一項をなす「非システム的領域」「生活世界」のごときものとは考えられてはいない。《正義》はあくまでもどこかのシステムの内部において「外部」——内部化された外部として——として現出するのであって、かの加法を構成するロマン派的外部としてはどこにも位置しえないのだ。それは、法システムと特権的な関係を結ぶ非システム的「生活世界」という居場所を放棄するかわりに、もはや法システムにも道徳システムにも限定されない無限の遊動性を獲得する。《正義》とは、《道徳》とはまた異なった意味において、「どこにもないことによって、どこにでもある」ことができるような存在なのである。

空間的に表象される「生活世界」のごとき非システム的領域、法システムと特別な連絡回路を持つ特殊なコミュニケーション領域を形成することなく、それでいて《道徳》的コミュニケーションのなかに収まりきることもない、断続的・ゲリラ的・偶発的な契機（Chance）としての《正義》——これがおそらく「第二の考え方」を突き詰めていったときに見いだされる《正義》のあり方である。[37] それは、自らが前提とする公的ルールの公性（位相学的な全域性）を標榜する自律・分化した機能システムにとっては、円滑な行為観察＝帰責の継続を妨げるものでありながら、容易には無視しえない（内なる）厄介者として、そして、人格性に照準する《道徳》にとっては、人格性に還元されない倫理的価値の水準を指し示す——《道徳》的な責任処理のあり方を相対化する——（内なる）外在者として現出する。人格に照準する帰責とシステムに準拠する帰責の両者に領有されうるという点において《正義》は、人格＝心的システムに定位するコミュニケーション領域（親密性・問題としての自己の重要性の増大）と、機能システムのコミュニケーション領域とが劇的な形で分断される高度システム化社会において、何らかの媒介的位置を獲得するのかもしれない[38]（もちろん、その媒介的位置はハーバーマスの「生活世界」のように表現されてはならないのだが）。

そうした媒介的機能をめぐる詳細な検討は、もはや本書の課題を超え出ている。たとえば、法システムや政治システムがどのようにして「内部化された外部」たる《正義》を観察・領有するのか、法システムにおける不偏性要求と《正義》における不偏性要求とはどのような点において「異なる」といえるのか、あるいは、そもそも帰責＝コミュニケーション様式としての《正義》は現実的な再配分要求を適切に処理することはできないのだから、何らかの形で強制力を持った再配分の執行機関が必要となるのではないか（でなければ、《正義》はたんなる心掛けの問題になってしまう！）——こうした法社会学的に重要な問題については、別の機会にとりくむこととしよう。「生活世界」のような足場を持たないラディカルな寄食体としての《正義》、その可能なる非-場所を確認したところで、さしあたっての議論を止めておくこととしたい。

以上はなはだ粗くはあるが、システム分化をめぐる二つの考え方に場合分けして、高度にシステム分化した社会における《正義》の居場所を考察してきた。

*

「第一の考え方」は、非システム的な残余領域の存在を前提する分化理論に則り、《正義》を「適度な複雑性」をもたらす構成的・批判的契機として捉え、「第二の考え方」は残余領域の存在を認めない分化理論に立脚することによって、《正義》を「閉じられているがゆえに開かれている」コミュニケーション様式として位置づける。いずれの《正義》観がシステム論的に正しい（?）のか、より理論的な整合性を主張しうるのか、正直なところ現在の私には結論づけることはできない。《正義》を非システム的領域として位置づける「第一の考え方」のハーバーマス化に違和を覚えつつも、法システム（あるいは政治システム）と《正義》とのかかわりの特権性をあっさりと相対化してしまう「第二の考え方」に対しても、「オートポイエーシス原理主義なのではないか」との疑念を拭いさることができないでいる。しかしいずれにせよ、不偏性を希求し「理由の民主主義」の貫徹を図る《正義》のコミュニケーション――それが可能にする行為観察＝帰責の様式――が、もはや政治学的な言説が求めるような全域的な妥当性を標榜できないとしても、高度にシステム分化した社会において何らかの「居場所」を持ちうるということ、何らかの機能的位置価を獲得しうるということは理解していただけたのではなかろうか(39)（もちろん、全域性の断念は、理に適った再配分要求をくみ取る公的機関＝国家の位置を相対化するため、結局、《正義》なるものを個々人の心掛けレベルの問題へと帰着させてしまう恐れがある。したがって、もし公共的価値としてのリベラリズムにコミットしようとするのであれば、私は、全域性なき《正義》論を踏まえたうえでの国家論を展開しなくてはならないのだが……）。

《正義》的な帰責は、「第一の考え方」では機能システム的帰責と《道徳》的帰責の「あいだ」に位置する媒介として、「第二の考え方」では、システム的帰責・《道徳》的帰責のいずれにも還元されない固有のコミュニケーション様式として位置づけられる。つまり、「第一の考え方」でいえば「高度に機能分化した社会だからこそ」、「第二の考え方」でいえば「高度に機能分化した社会であるにもかかわらず」、《正義》はその密やかながらも頑強な存在感を示威するのである。

リベラリズムがコミットする正義は、様々な善の構想の相克をメタレベルにおいて調停・裁定する規準でも、人間の本性への洞察や功利計算から導き出される道徳原理でもない。それは、人々の行為の連接可能性（帰責＝観察の円滑な連接）を特有の形式で担保することによって、責任のインフレーション（過剰な帰責可能性の現前）を収束させる一方法論なのであって、その存在意義は——倫理的価値によって根拠づけられるのではなく——他の方法論との対照関係においてのみ規定されうるようなものなのだ。だから我々はゆめゆめ《正義》を「社会制度の第一の徳」「他なるものとの出会い（損ね）の契機」などと規範的に意味づけてはならない。コミュニケーションの総体としての社会そのものは、《正義》と機能的に等価な他の帰責方法論（システム的帰責・《道徳》的帰責）を必要とするし、また殊更に《正義》を優先・尊重する本質を持ち合わせているわけでもない。ただ、「高度に機能分化した社会だからこそ」あるいは、「高度に機能分化した社会であるにもかかわらず」、我々は事実として、《正義》を価値あるものとして信憑する習慣を手放すことはないだろう。(40) その習慣の存続を願う私的な選好、不遜な欲望を、我々は通常リベラリズムと呼んでいるのである。

こうした議論を機能主義な正当化と呼ぶのは、あるいは正当化という語の濫用なのかもしれない。だが、《正義》の倫理的価値を肯定しつつも、その全域性を断念せざるをえない我々にとって、いかに腰砕けなものではあれ、それ以外の正当化の道筋が残されているだろうか。「遅しいリベラリズム」の暴力性、リベラリズムを標榜することの「後ろめたさ」を知ってしまった我々にとって。

注

まえがき

(1) 実際、私自身も研究生活を開始した大学院修士課程の頃から、政治的-経済的自由を社会設計の基本理念に据える自由主義に対して、一貫して批判的な態度（というよりも、ほとんど敵対的ともいえる態度）をもって接してきた。初めて活字として公表された論文には、「ハイエクに乗っかって『消極的自由』を称揚し、恒常的な『逃走可能性』を云々する方々は、局地的な『逃走』が『他の人達は逃走しないだろう』という善意の信頼に基づいてのみ可能であることを徹底的に無視しようとしている」（北田 [1995]）という「いかにも」な文章が見いだされる！

(2) もちろん、マルクス主義的な言説の地平と「社会的なもの」の勃興との共犯関係を指摘するなど、アレントもまた「セカンド・オーダー」の議論水準に立って議論を展開している部分もある。

(3) 川崎修による、シュミット的な「政治的なるもの」と、アレントの「政治的なるもの」の異同についての議論（川崎 [1998: 329-332]）を参照。

(4) 一九九〇年代以降のローティが強調しているのは、文化左翼がポストモダンの思想用語を駆使して「再配分国家」の政治的帰結を論じているあいだに、「財の再配分」といった具体的な政治課題が専ら政治的右翼（サッチャー-レーガン）の手に渡ってしまい、結局「左派的」なプロジェクトが大学の外部で何らの実効性をも持ちえなくなってしまうという逆説であった。本書でも度々言及するように私はローティの（反）政治理論に少なからぬ疑念を抱いているが、彼の時代診断からは様々な示唆を受けている（ローティが問題化するようなアメリカにおける（文化）左翼のあり方については、何より Gitlin [1995=2001] を参照）。

(5) とりわけ「権力」概念をめぐって、盛山和夫、志田基与師、永田えり子、西阪仰、大澤真幸、宮台真司、橋爪大三郎といった人々のあいだで世界的に見てもきわめて高水準の論戦がたたかわされたことは記憶に新しい（盛山 [1988]、志田 [1987]、永田 [1987] [1988]、西阪 [1988]、大澤 [1988b]、宮台 [1989]、橋爪 [1987] [1989]）。フーコーの権力論すら容赦なくまな板に上げて徹底的に切り刻んだあの論戦の成果は、はたして現在活かされているといえるだろうか。

(6) もちろん、川島武宜の血脈をひく法社会学と呼ばれる領域においては、単純に「政治的なるもの」の盲点化が推し進められたわけではない。たとえば棚瀬孝雄の次のような議論を参照。「近代の批判が、まさに近代が批判し、克服しようとしてきた伝統＝前近代への回帰となるのではないかとする、ポストモダン論一般に対する懐疑的な見方は本書のような分析に対しても当然に投げかけられるであろう。それは常識的には一種のバランス感覚で、今問題にしている具体的な法現象において、近代の持つ理念性に加担していくか、あるいは逆に近代が一面的に切り捨ててきたものの合理性を再評価するかという実践的な判断に委ねられなければならない問題である」（棚瀬［2002：238］）。このバランス感覚をめぐってどうあっても揺るがざるをえないところに「法」を主題とする法社会学の醍醐味がある。

（7）　さらに、自由主義理論の限界を独自の理論的パースペクティヴから論じる大澤真幸や、正統的な社会学理論の内部に留まりつつも独自のリベラリズム解釈の地平を切り開く数土直紀などの議論も注目される（大澤［1999‐2000］［2000a］［2000b］、数土［2000］［2001］）。

（8）　さらに、二〇〇二年になって、「リベラリズムはフェミニズムの敵である」と言い放つ上野千鶴子と小倉千加子の対談本（上野・小倉［2002］）が上梓されたのも象徴的な出来事であった。かつての「ムスメのフェミニズム」をめぐる論争（？）の幽霊が、「リベラルにおもねるフェミニストは如何？」という形で再現したかのような既視感を覚えたのはけっして私だけではあるまい（それにしてもマッキノンが「負け組ラディカル・フェミニスト」で、バトラーが「勝ち組」というのは……。ローティ的な枠組みでいえば判定はまったく逆となる。Rorty［1998b：chap. 11］）。

第一章

（1）　もちろん、こうした問題機制自体は理論社会学の土壌において「行為の同定問題」「組織の構成単位」などの論題の下に言及され続けてきた。しかしこの問題が《行為の帰責性》といった論点とモロに連接するという視座は、従来の議論では（ルーマンを除いて）希薄であったように思うし、ハーバーマスのコミュニケーション的行為の議論の難点がこの点に先鋭的に現れているということも、私がフォローした限りではあまり主題化されていないように思われる。「オリジナリティ」を主張するつもりは毛頭ないが、まずは社会学の語彙の「大陸的偏向」をとり除いたところでこの問題を冷静に検討してみること――これが第一章のささやかな「野望」に他ならない。

（2）　この論点はデリダ‐サール論争に絡め、最終的にデリダが勝利するような形で論じられる場合が多い（たとえば大澤［1985］、西阪［1987］など）。

（3）　ただしサール自身は、遂行動詞を形態的に含む［1‐2］の形式を performative と、遂行動詞を含まない［1‐1］のような原初的な発語内行為を performance と呼び、「すべての言語行為は performance であるが、言語行為の極めて限定された集合のみが performative である」(Searle [1991:95]) として両者の概念上の相違を強調している (Searle [1989] も参照)。サールは「すべての言語行為は performative である」とするハーバーマスおよびアーペル (Apel [1991]) の見解に対して懐疑的である。また、サールの言語行為論を形式論理へと翻訳せんとする試みとして、Vanderveken & Searle [1985]; Vanderveken [1990] などを見よ。

(4) ハーバーマスはグライス、ストローソン、シファー、そして何とサールをも「意図派 intentionalist」の名のもとに総括している。しかし、たとえばサールとグライスをとりあげてみてもベネットが詳細に論じているように (Bennet [1991])、その「意図」の何たるかについては相当に見解を違えている。何らかの意味のある括り方とは思えない。

(5) スペルベルとウィルソンは社会的な制度・規約についての知識は、発話を理解を可能にする「基盤」ではなくて、整合的に解釈するうえでの (他の知識群と同格の)「手掛り」に過ぎないものとしている (Blakemore [1992=1994])。かくてかれらは、言語行為論に対しては相当に批判的な態度をとることとなる (Sperber & Wilson [1986=1993:297-])。本章も、そうした見解に肯定的であり、西阪仰による関連性理論批判 (社会性の欠如) は妥当ではないと考える (西阪 [1995])。社会的制度をコミュニケーション理論にとって二次的な存在へと「格下げ」することはけっして社会学の死を意味するものではない。

(6) かかる行為の記述と意志的行為の関係について社会学の土壌で論じたものとしては何よりシュッツ (Schutz [1932=1982][1962=1983]) による議論を参照せよ。また、行為の単位性のアプリオリな措定可能性をラディカルに否定する、「転回」以後のルーマンがシュッツへの共感を隠していないことにも注意されたい (Luhmann [1987a=1993:123])。

(7) この定義に対し、「対面的状況のみが扱われており、より広い射程を持つルーマンの議論より劣る」「当事者でなく分析者が記述する可能性が問われていない」といった批判を多くの方々から戴いた。いずれも誤解であることを明記しておきたい。まず、本章では行為者がコミュニケーションの相手に対し志向的態度 (Dennet [1987=1996]) をとり、行為意味の再帰的査証を同期的に行うことが可能な対面状況を扱っている。再帰的査証 (意味の問い返し) が同期的に行われえず、また伝達される情報内容と伝達の様式の差異が明確化するような、典型的には mediated-communication に見られるような状況は、別途の分析が必要であろう (北田 [1998a] 参照)。mediated-communication に、対面的コミュニケーションのアナロジーでは押し通せない固有の機制が働いていることはルーマンも明確に認めている。また、私は [1-12] において「当事者」を特権化しているつもりはない。むしろ、行為の意味発生が事後遡及的であることを認めるならば、出来事 E_1 についてのより多くの情報を得ることができる社会学者は、当事者が描きえないより豊かな記述(観察)を呈示することができるだろう。フス自身が「フスは宗教改革の先鞭をつけた」と自らの行為を記述できたとするなら、いかにも奇妙である(Danto [1965=1989])。ただし、社会学者による行為記述は「理解の顕示」が不可能であるか、あるいは媒介された(mediated)な形でなされるしかない。したがって、社会学者は行為を記述しうるが、当事者とコミュニケーションできないのである。

(8) このあたりの議論は、柏端達也の「他動的動詞を含む行為記述文」をめぐるスリリングな分析に負っている(柏端[1997])。

(9) ルーマンの理論内部でも、コミュニケーションと行為の位置づけは微妙に変化してきている。この点については長岡克行による要領をえたまとめがあるので、ぜひ参照してほしい(長岡[1997])。

(10) 「合理性」は絶望的なまでに多義的な概念であるが(Elster [1982])、ここでは、ある行為者がその行為を選択した理由を整合的に挙示できること、すなわち reasonableness として捉えておくこととしたい(Dray [1966])。小林公の言うように、かかる合理性の捉え方は、哲学的行為論から経済学や社会的選択理論などにまで通底するものであり、けっして《合理的であること＝ホモ・エコノミクス》ということにはならない(小林[1991])。

(11) チョムスキーの深層文法についての議論は、「文法(構造)」を言語使用者に備わる生得的かつ実在の能力とした(構造の存在→言語使用)ところに「革命」たる所以があるのであって、構造を分析者による構成物と見なした構造言語学(言語使用→構造の措定)と根本的に袂を分かっている(このことに関しては、西山佑司の指摘が参考になる。西山[1984]参照)。

(12) したがってこうした「合理性」の主張は、かかる合理性がたとえ現実に行為者に備わっていない場合でも撤回されず、グライスの「協調原則」と似た性格を持つ。その点でこうした原則は「認識論的な原則(人は大部分の場合に合理的であり、真なる信念を持つとの仮定は正当化される)や方法論的な(hueristic)な原則(人は合理的で、真なる信念をもつとの仮定のもとに説明を開始せよ)から区別される」(大沢[1988:68])ことにくれぐれも注意していただきたい。

(13) デネット流の「道具主義」は、信念・知識・願望などの命題的態度を、行為・心的状態を説明するうえでの「道具」であるとし、それらの用語を用いた民間心理学はいずれ、物理的な語彙から構成される科学的心理学に置き換えられうるとする。ルーマンの「オートポイエーシス・システム」の議論(Luhmann[1985][1992][1984=1993])が、心身問題についてかかる道具主義とどのような関係にあるのかは明確ではないが、そこには「相互浸透」という言葉によって指し示される微妙さがあり、私としてはむしろルーマンの議論は、デイヴィッドソンの「非法則的一元論(anomalous monism)」

に近しいものと考えている。ルーマンの議論を「認知科学でいうコネクショニズムにさえ鈍感なまま」援用し、倫理学への疑念を表明する大庭健の問題提起は正しいが（大庭[1994:71]）、オートポイエーシスの主張自体は大庭が考える以上に「心身問題」に周到であるように私には思われる。

（14） ここで「記述されうる」としていることに注意。私はラディカルな構築主義に抗い、出来事とその記述（表象）とに異なる（独立の）存在論的位置づけを与えるべきと考えている。この点については、第二章第一節【2】も参照。

（15） 行為者に帰属される合理性の問題である「S_1／S_2の差異を前提にできること(1*)」と、観察者が呼び起こす文脈情報の問題である「I_1／I_2の境界線が明確ではないということ(2*)」は全く別の話である。この違いこそがオートポイエーシス論における「コード(1*)／プログラム(2*)」の差異であり、河本英夫の言う「産出関係(1*)／作用関係(2*)」の差異である（河本[1995]）。

第二章

（1） もちろん、ここには「ある記述の下で意図的であること」という要件（行為者性）が必要とされる。デイヴィッドソンの行為者性をめぐる議論を見よ（Davidson [1980=1990]）。

（2） 当然、我々は、行為とその結果とが相異なる独立した出来事であることを否定しているのではない。より精確に言えば、ここにいう《行為／結果》の二分法とは、「行為遂行時tに行為者が実現を意図していた状態pを表象する命題内容を含む行為記述」をのみ行為の記述として認め、「tにおいては発生を意図していなかったものの自らの挙動の結果生じた世界の状態への言及を含む行為記述（意図せざる行為）」を認めない理論的態度一般を指している。

（3） もちろん、システムが分化の度合いを高めるにつれて、行為の責任を評定するコードもまた分化し、「どこまで責任を問われるか」ということは行為者にとって比較的予期しやすいものとなってくる。しかし、全体社会におよぶコードが信憑性を失い、責任処理コードが分化・自律することによって、逆説的に「システムに回収されえない」責任に対する関心が高まっていくという点が重要だ。それはちょうど、複数のシステムにまたがって行為せざるをえない近代人にとってこそ、属性的アイデンティティに還元されない《私》の追求が重要課題となるという逆説とパラレルな事態といえる（Luhmann [1982b]）。

（4） ここで注意を促しておきたいのが、Aの身体的挙動とCの死亡、戦争勃発との関係は、ヒューム的な意味における因果関係であるが、「指を動かした」「Cを射殺した」「戦争を惹き起こした」の関係の方は、出来事の記述間に見いだされる「因果的」な関係にすぎず、出来事間に措定される因果関係ではないということだ。「強い」理論を理解するためにはこの点を十分に踏まえておく必要がある。

(5) たとえば、後者の回答に賛同しつつ、物理主義的・外延主義的な出来事の同一性テーゼは拒絶するという手もある。たとえば野矢茂樹の議論など（野矢[1999]）。野矢の論点は、《物理主義的な同一性テーゼが前提とするような基礎的行為（いっさいの環境変化に先立つ、純粋に身体だけの動作として完結しているような動き）をとりだすことは不可能である（可能だとしても行為にかんする重大な誤解を含んでいる）》というものである。身体と環境の相互作用という「現象学」的な野矢の議論にかんする検討は別の機会に譲らざるをえないが、私は野矢によって却下されたデイヴィッドソンの方針（記述は不完全でも、基礎的な身体的動作は記述とは独立にとりだすことができる）を敷衍すれば、野矢の提議に応えることができると考えている。

(6) ①を支持する論者に有利な材料の一つに「殺害時間の問題」というものがある。たとえばAがCに向けて発砲した一時間後にCが死亡したとしよう。アンスコム的な「存在論」の方針にのっとって考えるなら、《1^* 「AによるCに向けた発砲」＝「AによるCの殺害」》ということになるが、そうすると、《2^* Cが死亡する一時間前にAがCを殺害した》という奇妙な記述を承認しなくてはならなくなってしまう。「発砲」と「殺害」とを異なる性質を例化した行為と解釈すれば（つまり1^*を偽とすれば）、この問題は簡単に解消されることだろう。しかしながら、1^*の真理性を維持したままで、この問題を「解決」する議論も柏端達也などによって展開されており（柏端[1997]）、この問題が②に対する決定的な反例を成しているとは言い難い。

(7) たとえばギデンズは次のように述べる。「……行為の『アコーディオン効果』とも呼ばれてきたことがらに関する哲学の文献に多く見られる具体例は、この種の単純なものである。注意したい点は、まずこの連鎖の最後にくる『結論』が恣意的なものに思えること（かりに「空き巣ねらいを警戒させること」がその行為者の「行った」ことであったなら、『空き巣ねらいが逃げ去る原因となること』もまた行為者の『行った』ことであったのだろうか）、さらに、二つ目に、こうした例は、社会理論にもっとも有意関連性をもつ意図されざる結果の諸側面、すなわち後で《構造の再生産》と私が呼ぶものに包含される諸側面を解明していく上では、役に立たないのである」（Giddens[1976=1987:108]）。まったくため息の出てくるような文章である。なによりまず、ギデンズの行為の哲学に対する理解そのものに疑問を持たざるをえない。たとえば、「原因」を通常の出来事因果で捉えるなら、人間は出来事になることができない以上、「原因となること」は人間の行為ではありえないし、また、チザム流の行為者因果の概念（Chisholm[1976=1991]）を導入するのなら、「原因となること」は行為者が「行った」ことではなく、行為者が原因ということになる。括弧内の反語的なギデンズの問いを私は有意味に理解することはできない。結局、彼が言いたいのは、「二つの目」の論点、つまり、「意図せざる行為」をめぐるアコーディオン効果の議論は、「意図的行為の意図せざる結果」に照準する社会学理論には役立たないということなのだろう。しかし、「社会学理論に役立たない」というのは、はたしてある種の議論を論駁するさいに適切な「理由」たりえているだろうか。いったい社会学に役立つことをもって真たることの条件と信じる人以外、そんな理由で説得されることはありうるだろうか。

(8) ただしシュッツの議論は類型論的行為論に対する根元的批判であったともいえる。シュッツを承けた盛山［1995：206］の議論（「ある行動的実在を問題視する観点が定まってはじめて、ある行為が切り取られ、かつその意味を問うことに意味が生じてくるのである。したがって、客観的に同定したり差異化しうる諸行為とそれら固有の……意味というものの存在を前提とする行為論という社会学の構想は、まるっきり幻想でしかないのである」）を参照。

(9) 抽象的遂行仮説にインスパイアされたものに、大澤真幸、橋元良明などの議論がある（大澤［1985］、橋元［1995］）。ただし、橋元の論文は、言語行為論の行為・出来事観が行為理論として持つ限定性に対して十分自覚的である。彼の議論は宮台真司のもの（宮台［1985］）などとは異なり、行為の一般理論としてではなく、語用論的な仮説として提示されている。

(10) かの「目的合理的／価値合理的／感情的／伝統的行為」という類型論を想起せよ。これらの類型が、行為やその動機についての理論化を図ったものではなく、たかだか「行為者による動機の捉え方／動機に対する意識のあり方」をめぐる（経験的）分類であったことに注意しなくてはならない。

(11) 副詞的な役割をはたす修飾語が、出来事理論においていかに厄介なシロモノであるか、という点にかんしては、柏端［1997］を参照。

(12) 出来事を性質の例化と捉えたうえで、こうした問題をクリアとしようとする試みとしては、たとえばベネットのものが注目される（Bennet［1988］）。あらゆる出来事の記述はその出来事が例となるような性質に言及しなくてはならないとキムが考えるのに対し、ベネットは、そうした性質が非常に複雑に絡み合ったものであり、単一の出来事の記述ではとうてい言及しうるものではないと論じる。かくて、ベネットによれば、「レアンドロスのヘレスポント海峡横断」と「レアンドロスがヘレスポント海峡を泳ぐこと」とは、同一の「複雑な性質」が例化されたものを指示していることとなる。相当に説得的な議論ではあるけれども、スチュワードが指摘するように（Steward［1997］）、ベネットにあって、複雑な諸性質が持つとされている複雑さがどのようなものであるのか、またそうした諸性質を持つとされる個体はいったいどのようなものなのか——この点はあまり明らかであるとはいえない。もちろん、ベネット流の議論に問題があるからといって、それが即座にデイヴィッドソン的出来事理論が正しいということにはならない。デネットによる「非法則的一元論」

批判の検討も含めて、詳論は別の機会に譲ることとしたい。

(13) たとえば、Oderberg [2000:chap.3] など。応用倫理学的な問題と絡めたものとして、Davis [1984] などを参照せよ。

(14) この点にかんするデリダの慎重さを無意識のうちに清算し尽くしたうえで、デリダの正義論を「闘争のための理論」として掲げてしまう応用してしまうところに、日本（そしてアメリカ）における「政治的デリダ」解釈の問題があるように思われる。仲正昌樹による高橋哲哉批判を参照せよ（仲正 [2002：七章]）。

(15) 構築主義的テーゼ（「○○は事後的・遡及的に構築されている」）の裏（「事後的・遡及的に構築されなければ○○はない」）が担ってしまう認識論的効果の逆説性については、物語論的な歴史理論にそくして様々に論じられてきた（Noiriel [1996=1997]；Friedlander ed. [1992=1994] 所収のギンズブルグ論文などを見よ）。

(16) 江原由美子の用いているような分析枠組みを敷衍して男性学的な素材を見事に料理したものとして、須永史生の「ハゲ」研究を見よ（須永 [1999]）。

(17) 《言説分析において、『語られていないこと』をどう扱うか」という課題は常に大きな問題となってしまう》という問題意識から書かれた秀逸な論文として望月 [2001]。法の言語が「語りえない」人びとへの暴力として作用する、という社会学的知見をしっかりと受け止めながらも、そうした暴力の解明＝脱構築に終始する社会学主義に陥ることなく、望月は「語りえなさ」と法言語の可能なる関係について粘り強い考察を進めている。

(18) いわゆる二次被害、セカンド・レイプの問題である。川畑智子は「男性社会から逸脱した女性に対する『制裁』を一次的被害……その『制裁』に異議申し立てをしたことに対する『制裁』を二次的被害」（川畑 [1995:138]）と呼び、法廷において検察・裁判官によってもたらされる二次的被害の問題を克明に論じている。

(19) この点にかんしては、Searle [1995] およびその書評論文である北田 [1998b] を参照。

(20) 「責任は私がとる！」という英雄的な結果責任への意志が、その実、「結果」を惹起させる（ことができる）主体＝主役としての自己像を前提としたナルシスティックなものにすぎないこと。結果責任をとろうともしない無責任な輩を擁護するつもりは毛頭ないけれども、結果責任を云々する人びとが前提とするナルシシズムの危険性については十分確認しておかなくてはならない。

(21) 「強い」責任理論が反ユダヤ主義者の武器となりうるというのと同様に、反実在論的な物語論が「修正主義者」たちの理論装備に寄与してしまう――「国民国家が幻想なら、よりよい幻想を作り出していけばいい」――という逆説を、我々は繰り返し見せつけられてきた。この問題を「物語論の誤用・悪用」として回収してしまうのはあまりにも乱暴だ。

物語論・構築主義の「反実在論」が帰結する問題については、浅野智彦による内在的かつ精緻な研究を参照（浅野［2001］）。

(22)「剰余」については次のような神野慧一郎の記述を参照。「たとえ行為者が解決可能な道徳的ディレンマに自分の過ちのせいでないのに直面してしまったとしても、そしてその行為者が選択せねばならない二つの大きな悪のうち、よりましな方を選択しても、それは道徳的に正しい決定であるかもしれないが、道徳的に正しいまたはよき行為でない場合がある。つまり、そういう選択の決定をしても、その行為者は心の内なる平安は得られず、自分の行為に満足できない（つまり剰余がある）場合がある。これをこれまでの哲学者は無視してきた」（神野［2002：203］）。こうした認識から神野は、独自の徳倫理の探求へと向かっていく。そうした神野の論の道筋は十分に理解できる。問題は、デリダ-レヴィナス的な「倫理学」が完成主義的な徳倫理を引き受ける覚悟があるのかどうか、という点にある。功利主義・自由主義批判において捗々しい成果をあげた「ポストモダンの倫理学」がアリストテレス流の徳倫理へと（もちろん意図せざる形で）先祖がえりしてしまうとすれば、それは何とも皮肉な話ではなかろうか。徳倫理にかんしては、第七章注(13)も参照。

(23) 立岩真也にならって、「自己身体とは私にとっての他者である」と考えるなら（立岩［1997］）、この事例を他者性に触れるものと捉えることもできないではないのだが……。

(24) ローティによるサイモン・クリッチリーへの応答を参照(Mouffe ed. [1996])。

(25) ここでとりあげる「システム倫理学」とは、専ら大庭健が精力的に彫塑している倫理学・社会理論のことを指す。大庭同様ルーマンに示唆を受けつつ独特の「倫理学」を展開しているミカエル・ブレッヒャーの議論などはここではとり上げない。ブレッヒャーについては、村上淳一が検討しているので、参照されたい（村上［1993］）。

(26) もちろん大庭はこの点十分自覚的に議論を展開しているが。

第三章

(1) 第二章でも論じたように、（文化的な）他者性への感受性の欠如を批判し、その涵養を指向する「他者性の政治学」や、ラディカル・デモクラシー、カルチュラル・スタディーズ、ポストコロニアリズム——ローティであれば「文化左翼」の名のもとに一括するであろう思潮一般——などの議論においては、「他者を尊重すること」はそれ自体、何ら正当化を要さない道徳原理として前提されている。したがって、これらの議論においては《「責任は応答する人-間関係において構築される」という社会的事実の認識（関係性テーゼ）から、「他者／人-間関係を尊重せよ」という当為を導出しうるか》という問いが意識化される余地がまったくないという点に注意されたい。もちろん私とて、人種差別的な発言に胸を痛めている人を目の前にして「責任があるのは分かった。しかし、私は責任をとるべきなのか？」と平然と言ってのける人の道徳感覚には首を傾げ（一発お見舞いしてやり）たくもなる。だが、それがたんなる私的な道徳的直観に基づいた反撥でしかないこともまた認めなくてはなるまい。「ポストモダニズム」が、「アトム的個人を前提としたリベラリズム」を脱構築した後に、「他者性を尊重する関係主義」を錦の御旗に掲げた新手の道徳主義（moralism）になってしまっているのだとすれば、それほど皮肉なことはあるまい。そうでないことを祈ってやまないが。

（2）「自然主義的誤謬」論と「価値自由」論との時代的・思想史的な「近さ」については、清水幾太郎が名著『倫理学ノート』のなかでつとに指摘している通りである（清水［2000］）。ただし、「ヴェーバーは、価値との結合から認識を救い出そうとし」、彼にとって「事実判断のシステムとしての科学が……貴い宝石であった」（清水［2000：77］）という解釈には首肯することはできない。おそらく、『トラクタトゥス』の著者と同じく、ウェーバーにとっても「語りえない」領域たる倫理的次元こそがこのうえなく「貴い宝石」であったのだ。ウェーバー教義学に深入りするのはためわれるが、私の読解はさほど素っ頓狂なものではないと考えている。詳細な検討は別稿に委ねることとしたい。

（3）一方で、ウェーバーに差し向けられた決断主義とのレッテルを剝がそうとする試み――ウェーバーを救う試み――もまた、「俗流」価値自由論に対する良心的社会科学者たちの欲望を証左するものといえよう。

（4）「事実は価値につねに・すでに汚染されている」という旧来からある価値被拘束性にかんする認識論的主張、および、ある言明が対他者的効果を有するという語用論的主張を、言語行為論的ターミノロジーに精神分析的調味料をまぶして援用して語るのが最近の流行らしい（典型的にはButler［1990＝1999］［1997］を見よ）。また、ポッターは『言葉を用いて何をするか』におけるオースティンの言語行為の哲学と、バーガー＆ルックマンの『現実の社会的構成』における知識社会学の展開」を、社会構築主義の重要な先行研究として挙げているし（Potter［1996］）、イングリスも、言語行為論とカルチュラル・スタディーズの思考の類縁性について言及している（Inglis［1993］）。

（5）Putnam［1981＝1994：307］参照。パトナムは次のように述べる。「『私は私がすべきことをしようとなんかしていない』は、『私は善人であろうとなんかしていない』とくらべてずっと奇妙に聞こえる（また「私は私がしなければならないことをしようとなんかしていない」は異常に聞こえる）」（Putnam［1981＝1994：309］）。この奇妙さの由来を、当為言明（xすべし）／価値言明（xすることはよい）それぞれの、「xしようとする」意志とのかかわり方の相違に求めることも可能であろう。だが、いうまでもなく、当為言語／価値言語をめぐる言語分析からあまり早急に哲学的な含意を読みとってはならない。後述するように、「私は私がすべきことをしようとなんかしていない」という言明は、ただ「奇妙」なだけで、完全に有意味で理性的な言明でありうるのだから。

(6)「行為者が自分の最上の判断に反して行為し、しかも意図的にそのように行為する」意志の弱さについては、デイヴィッドソンの啓発的な論文（Davidson [1980=1990]）を見よ。また、「意志の弱さ」をめぐるデイヴィッドソンの提議を、道徳哲学における「道徳的コンフリクト」の問題として受け止め、独自の展開を図ったものとしてジャクソンの議論（Jackson [1985]）を参照。

(7)「論証の方向性」などという――哲学プロパーの方々にとっては到底許容し難い――表現の曖昧さにどうか呆れないでほしい。もう少し洗練された言い方をするならば、道徳的行為（判断）とその動機（「理由」とか「原因」）との（経験的に観察される）不可逆な関係性のことを言い表しているにすぎない（理由―判断の関係は意味的・概念的なもので可逆的だが、欲求↓判断の関係は非可逆的・因果的なものである）。ヒューム的自然主義は、この「方向性」の問題を欲求↓行為の因果性に基づいて説明するものであり、合理主義的な道徳理論がかかる「方向性」の問題を等閑視していることに対するラディカルな批判であったと考えられる。

(8) いうまでもなく、新カント派の嫡出子たるウェーバーにとって、分析（者）の価値被拘束性は当然の理論的前提であった。ウェーバーの方法論論文の要諦はその先、つまり、《価値被拘束性を認めたうえで、出来事記述の客観性（公共的な妥当性の確認可能性）をいかに担保することができるか》という点にあったと考えられる（この点にかんしては、たとえば濱井 [1982]、中野 [1983] などを参照）。

(9) サールによれば、剝き出しの事実（brute fact）とは、代表的には自然科学がとり扱うような外延的に処理可能な（つまり、それを記述する文・命題が透明な文脈を形成する）出来事・事態であり、また社会的事実（social fact）とは、「集合的志向性を含む事実」のこととされる。たとえば、「Aが喉を振るわせた」というのは剝き出しの事実の記述にすぎないが、「Aは約束の発語内行為をした」という記述は、約束という社会的・間主観的な制度を前提とした場合、社会的事実の記述となる（ごく概括的にはSearle [1969=1986]、存在論的な領域にまで踏み込んだ詳細についてはSearle [1995] を参照せよ）。また、サールは、制度的事実／社会的事実を一応区別しているが（前者は後者のサブ・クラスを形成する）、本書ではとくに区別しない。

(10) いまかりに、《行為xがよいのは、行為xが行為者の幸福を最大化する場合である》といった具合に、評価語「よい」を何らかの《規準》に基づいて自然主義的に定義したとする。もし自然主義が正しいのだとすれば、「（大前提）私はケーキを食べるとき幸福である」「（小前提）これはケーキである」という二つの命題から、「私はこれを食べるべきだ」への推論は正当なものとして承認されるはずだ。しかし、実際に当為命題を導くためには、前提のいずれかに当為的（命令的）な性格が備わっていることをあらかじめ想定しておかなくてはならない。もちろんそんな想定をしてしまえば、もはやいささかも「自然主義」的たりえないことは火を見るよりあきらかであろう。サールの議論は、こうした意味での「自然主義的誤謬」——道徳原則の密輸入——を回避しつつ、「べし」を自然主義的（というよりも社会学的に）説明しようとする試みであると考えられる。

(11) サールの想定問答においてとりあげられている反駁は次のようなものである。——1*サールの議論は約束のような制度に対する非承認を認めない保守主義なのではないか、2*サールの「関与」概念に従うなら、いかなる恣意性な義務をも他者に負わせることが可能になってしまうのではないか、3*サールの議論では、評価的判断とされてきたものが制度の承認／拒否の決断になってしまうのではないか、4*サールの議論があきらかにしたのは、「約束する」が実は評価的な語であるということにすぎないのではないか、5*サールは制度内的視点／制度外的視点を混同しているのではないか（第五反駁―第八反駁）。

(12) ヘアが同様の観点に立脚しつつ、もう少しフォーマルな形でサールの理説を検討している（Hare [1989] の第九章を見よ）。

(13) もちろん、引用符解除規則は、個別的な構成的ルールのような制度内的なルールではなく、サールが「制度」一般に見いだした＝付与したメタ・ルールにほかならない（この点にかんしては想定問答中の第六反駁に対する回答を見よ）。当初私は、このルールの階層性についてサールの論証の欠陥があるのではないかと睨んでいたが、今では、サールがいう意味での制度にこうしたメタ・ルールが仕組まれているのは抗いがたい（ということは「些細な《トリヴィアル》」）真理だと考えている。道徳という制度は、内在者が当為言明を引用符なしに使うことを強制するのであって、あらゆる道徳理論はかかる道徳の特性を説明できるものでなくてはならない。フェティシズムなき道徳は道徳ではないのだ。ゴーシエ流に「自己利益」の観点から Why be moral? の問いに答える理論は、この特性について説明できていない（自己利益のために道徳に従う者は、つねに引用符を解除できていない）。この論点にかんしては、大庭・安彦・永井編 [2000] における永井均と安彦一恵の応答も参照。

(14) もちろん、このトートロジカルなあり方こそが、他のルール一般と異なる道徳的規範の特質であると考え、そこに「道徳」の超越論的（？）機能を見いだすことも可能である（大庭 [2000c:241-242]）。たとえば、道徳的な「……はよい」という言明は、いずれも「……」という行為実現に対する発話（行為）者のコミットメント——引用符を解除した形での使用——を随伴する（一方、功利主義的-目的合理的な「……はよい」という言明は、必ずしもそうしたコミットメントを要請しない）……といった具合に。私の解釈が間違っていなければ、ここで大庭が言っているのはそういうことである（しかしそうなると、目的合理的な行為選択における「意志の弱さ」と、道徳的な行為選択状況における「意志の弱さ」とは異なったものでなくてはならない）。

(15)　カント的視座からすれば、嘘をつくという、定言命法《嘘をついてはならない》に反する行為を行う行為者ですら、行為遂行にさいして「嘘をつくことは善いか否か」という道徳的判断を行ってしまっているといえる（Kant [1781=1961: 225-226]）。仮に「嘘をつくことは善い」とする格率を持つ存在者といえども、かかる判断を顧慮した（しうる）可能性を否定できないのであり、要するに、自らの行為の道徳性への関心を示す行為者であれば（たとえ嘘をついたことを自己正当化しようとする人であっても）、道徳的法則に則って行為する可能性を否定しきることはできないのである（その意味でアナーキストも理性的存在者だといえる）。このように、行為時点での法則に対する意識（対象化）の有無にかかわらず、具体的行為を行うさいに行為者が《つねに・すでに》道徳的判断を〝事実上〟下してしまっている、というような理性的存在者における道徳法則のあり方を、周知のごとくカントは「理性の事実（Faktum der Vernunft）」と呼んだ（Kant [1788=1979: 74]）。この「理性の事実」という概念は、《法則に従っていることの経験的意識》と混同されてはならない（新田 [1993: 283-291] などを参照）。

(16)　ここにいう《規範の他者》とは、社会学者が好んでとり上げるクリプキの「クワス」の事例に登場する子ども——$x+y$とx, y双方が57より小さい場合は通常の加法を遂行し、一方でも57より大きくなった場合は一律5と回答する困った子ども——のことである。こうした《規範の他者》は、まさしくそのルールに悖る振舞いによって、「ルールの遵守／への違背」という区別をコミュニケーション参加者に認知させ、（説教やサンクションを受けることにより）結局ルールの再生産に寄与することとなる。つまり《規範の他者》は、「根拠などない、盲目的に従え」と強制することが有意味であるような、コミュニケーション共同体の「内なる外部」なのである。問題は、「なぜ制度に内在すべきか」と問う制度の他者が、そうした意味においてはまったくルール／制度の再生産に対して貢献しえないということだ。制度の他者はいったいいかなるルールに違背しているといえるだろうか。

(17)　「無道徳主義者」をめぐるヘアの議論を参照。「AはBに対してあることをしようとしている。Bはそうされたくないという選好を持ち、Aがそうしたいという選好はBの選好より弱い。われわれが考察してきた方法によれば、Aに『彼はそうすべきである』という道徳判断を拒否させることが可能である。なぜなら、Bの立場に置かれるのがどういうことであるか考えてみたなら、Aは『そのような状況ではそれが為されるべきだ』という普遍的指令を受容しないからである。しかし、彼は、この普遍的指令を拒否しても、そのような行為を普遍的に禁じる指令を受容する……ことを強制されるわけではない」(Hare [1981=1994:273])。ここでヘアが言っているのは、「私はxすべきだが、xしようとは思わない」という《制度の他者》は、完全に理性的な存在であり、かつその人を自-他の立場の相互性に訴えかける理論によっては説得することはできないということだ。彼はヘア流の功利主義の論理――普遍化可能原理＋選好の強度を考量した行為選択――を完全に理解することができる、つまり「義務とはどんなものであるかは知っている」のだが、「そのようなものが存在することを承認しないのである」。けだし、この制度の他者に対して、ヘアが論理的な説得を断念し、ただ「非道徳的であってはならない」経験的・非論理的な理由をのみ提示していることは、ヘアの知的誠実さを指し示すものとして注目されよう（少なくとも私にとっては、極限的な思考実験――ギュゲスの指輪――の有効性を懐疑するヘアの見解とは思われず、新鮮な驚きをもって受け止めた）。

(18) けだし、永井均が大庭健をして「専修の説教者」と呼ぶ所以である（永井・小泉 [1998:50]）。おそらく大庭自身の議論には、次に述べる二番目のタイプの誤変換も見受けられる。個人的には、二番目のタイプの誤変換を語る「洗練化」された大庭よりは、生活世界に染み込んだ「見えない差別」と格闘する「声なき声」の実例を挙げて、「こんな残酷なことにダンマリ決め込むほどオマエはノーテンキなんかぁ？」と脅しにかかる道徳的総会屋としての大庭の戦略、すなわち一番目のタイプの誤変換の遂行の方に共感を覚えるし、ロジカルな次元においても問題を感じない（大庭自身もレヴィナスとは距離を置きたがっているようだ。大庭・安彦・永井編 [2000:253]）。

(19) この「つねに・すでに」論法は、高橋哲哉に限らず、レヴィナスやデリダに依拠して倫理を語る人たちの常套手段となっている（斎藤 [1994:153]）。また前注でも言及したように、大庭健も少なくない場面でこの論法を採用している。実は、哲学史的にみて、「つねに・すでに」論法的な論証形式はカントの専売特許ではなく、社会契約の世代を越えた妥当性をめぐってなされたロックの詭弁――契約当事者の後続世代の人びとは、国家の保護を享受することによって「すでに」国家への暗黙の同意を与えている――にまで遡ることができる。ロックのかかる議論に対してヒュームが提示した反論（「貧しい農夫や職人は、外国の言葉も知らないで、わずかな日銭でその日その日を送っているに過ぎない。そんな彼らに、自分の国を去っていく選択の自由があるなどと本気で言えることだろうか。そんなことが言えるとすれば、同様にまた、眠っているうちに船内に運び込まれ、脱出しようとすればたちまち大洋に飛び込んで死んでしまわねばならないような場合でも、やはり、その人が船内に留まっているというそのことだけで、すでに船長の支配に自由な同意を与えていることになるという、そんな馬鹿げた主張さえも成り立ってくるだろう」 Hume [1748=1968:546]）の持つ意義を我々は過小評価してはならない。思うに、「つねに・すでに」論法というのは、道徳という制度＝ゲーム（ある特定のゲームではなく、一般的な意味での道徳ゲーム）に参加している人びとに対してのみ持ちうる説得力を、「超越論的」という次元の設定により「すべての理性的存在者」にまで及ぼそうとする一種の知的欺瞞である。

ちなみに、カント倫理学に代表される「つねに・すでに」論法とは、今日的な倫理学用語で言えば、「行為者の信念（および実践原理）のみによって行為が動機づけされうる」という反ヒューム的な合理主義の立場を採択するものであるが、成田和信が鋭く指摘するように、その立場は「自分を含めてすべての人が特定の実践原理に従っている・状態であってほしい」という「ゲーム参加への同意」に対する（メタ）欲求を必要件とする（成田［1997］）。「純粋な合理主義」というものが、こうした「道徳ゲームへの皆の参加・への欲求」をあたかも無きものとするところに成り立っていることをゆめゆめ忘れてはならない（石川伊織も同様の指摘をしている。石川［2002：五章］も参照）。

(20)「1*（人類学的にみて）一般的に『人を殺すべきではない』という規範が通用していることは観察できるが、私はその規範にコミットしない」というのと、「2*（人類学的にみて）一般的に『人を殺すべきではない』という規範が通用していることは分かるが、『規範を受け入れるべき』というメタ規範を受け入れることはできない」というのとではまったく異なる。前者を主張するためには特定の規範に違背することへの欲求、たとえば「私は人を殺したい」という欲求が必要とされる（そうした欲求がなければ理解不能となる）が、後者においてはそうした欲求はいささかも必要ない。そんな欲求がなくとも後者の問いを発することは十分可能である。「なぜ人を殺してはならないのか」と問う少年に対して、「社会の利益のため」とか「アンタが殺されたら困るでしょ」などと答えても無駄なのは、彼の問いがそもそも「人を殺したい」という欲求を持たないでも成り立ちうるからなのだ。そうした欲求を隠れ持つ1*の問いに対しては、「教える立場」（柄谷行人）からの説得の余地はある。

(21)周知のように、ポパーのいう「歴史主義」とは精確には「歴史法則主義」とでも呼ばれるべきものである（Popper［1957=1961］）。この歴史主義批判は、ある部分——おそらく行為に関する因果論的把握という共通項を介して——『ロッシャーとクニース』『批判的研究』におけるウェーバーの歴史学方法論と重なり合う（Weber［1903=1955］［1906=1965］）。かれらの歴史主義批判は、たんなる「科学主義」に由来するものではなく、「批判を脱臼させる制度」「事実と価値とを直結してしまう制度」に対する鋭敏な倫理的嗅覚からもたらされたものと考えられねばならない。かれらは、ある意味でマルクス主義者よりはるかに「倫理的」なのである。

(22)たとえば、モーリス・コーンフォースなどは、マルクス主義哲学を、ムアの「自然主義的誤謬」に陥ることなく、道徳的主張をなすことに成功した言説であると解釈している

（Cornforth［1965=1972］）。相当に無理のある見解ではある。ただ同時代の「大陸系（含日本）」マルクス主義者が頑なに「分析哲学」を撥ねつけていた歴史的経緯などを考えると、イギリス哲学の土壌に馴染んだマルクス主義者の悪戦苦闘が伝わってきて、なかなか楽しめる著作ではある。

(23)「……は（実は）社会的に構築されたものである」という言明を、疎外論を密輸入する物象化論――「本当は言説によって構成されているのに、本質であると誤認されてしまっている」――にコミットすることなく語ることができるだろうか。こうした論点については、構築主義内部でも「存在論的な境界線ごまかし（Ontological Gerrymandering）」の問題という形で様々に論じられているようである（たとえば中河［1999］参照）。この問題にかんする私の見解については北田［2001a］参照。また「近代における……の誕生（構築）」を語る言説の抱える問題については、次の「系譜学的相対化の戦略」の記述を見よ。

(24)「疎外なきユートピア」を見通すポジティブな議論と、疎外を生み出す「客観的」メカニズムたる物象化過程のネガティブな記述とは、論理的にオモテ／ウラの関係にある（物象化論だけでは何らの規範的含意も持ちえない）ことに、無意識的にではあれ気づいていたからこそ、透徹した思想家廣松渉は最後まで「共産主義」への希望を手放さなかったのだろう（その無意識に対する「否認」の症候が、文献学者廣松の「前期／後期マルクスの断絶」説への固執だったのかもしれない）。もう一人の日本を代表する物象化論者見田宗介もまた、自己を二重化（真木／見田）させることにより、この問題に対する誠実な対応をしていると思う。

(25) したがって、言説分析／系譜学をめぐっては、知識社会学化してしまう「罠」から自己を回避させる《文体論》――それは本来的には遂行的にのみ示されねばならない――だけが求められるのであり、けっしてその「方法論」などは語られてはならないのだ。だから、もし、方法論に基づく社会の記述が社会学の目的であるのならば佐藤俊樹がいうように、系譜学は本質的に「反社会学的」であらざるをえない（佐藤［1998］参照）。言説分析が「方法論」ならぬ「（遂行的に示される）文体論」をこそ必要としているという点にかんしては、遠藤知巳が、彼にしては珍しくザッハリッヒに論述している（そのキットラー批判には完全に同意することはできないが……。遠藤［2000］参照）。

(26) ごく素朴な（そして罪深い）言い方をするなら、ここにフーコー的系譜学にまとわりつく「ゲーデル的問題」を見いだすことができる。系譜学にとって、系譜学の遂行そのものの意義を問うことは徹底して禁じられねばならない。それは、たんなる方法論的制約などではなく、むしろ系譜学的な言語ゲームを成り立たしめる「文法」なのである（翻って、社会構築主義の「厳格派」のいう「厳格さ」は、実証分析に臨むうえでの方法論的・プラグマティックな規制にすぎない）。フーコーの諸著作が感動的なのは、この文法違反を回避すべく困難な文体を模索しているからであって、文法違反をしている事実（禁欲的な言説分析とアクティブな政治行動との往還）にことさら反応すべきではない。著作を越え出た彼の「文法違反」は、むしろフランスの知識人としては凡庸の部類に属するだろう（むろん、それが尊敬すべきものであることはいうまでもないが……）。「著作では……であったが、実際の政治的行動は……であった」「著作での……という主張は彼の政治的スタンスと深く関連している」といった、いかにも英米ポストモダニストが好みそうなフーコー学は、フーコーをかつてウェーバーがたどった悲劇的な解釈空間へと導きいれるだけだ。

(27) 文化左翼系の文献の多くが「コンテクスト」を重視することを想起せよ。もちろん、コンテクストを設定すること自体が悪いといっているのではない（そんなことは不可能である）。「コンテクストとは何か」という理論的問いかけを欠いたまま、分析者の想定する「権力関係」「社会構造」を分析対象の背後に想定するという知的態度が、文化研究が批判しているはずの主流派（?）「社会学」と案外似通ったものになってしまうというアイロニーを指摘しているにすぎない。デリダがいうように、「コンテクストは、常にすでにその場の内部にあるのであって、単にその周囲にあるのではない」(Derrida [1977=1988:123]) のだ。

(28) 盛山和夫によるフーコー的権力論批判を参照（盛山[2000]）。「権力があるから系譜学を開始する」というのは、系譜学／言説分析を知識社会学化するという宣言にほかならない。もちろん、知識社会学がマズいと言っているのではない。「権力があるから系譜学を開始する」と言う人は、フーコーではなく、マンハイムを引用すべきだといっているのである。

(29) 《「である」→「べし」》導出問題をめぐる歴史神学的「解決」と、系譜学的な「抑圧」——こうしたトリッキーな回答法はもちろん、マルクス主義やフーコー的系譜学のみならず、本書がコミットするルーマン流の社会システム論（から何らかの倫理的含意を引き出そうとする議論）などにおいても流用されている。すなわち、1*社会進化・分化の歴史的理論としてシステム論を受け止め、近代における機能分化の事実そのものに肯定的な意味を与える戦略、2*偶有性を加味したコミュニケーション理論としてシステム論を受け止め、機能的に等価な行為選択肢を開示していく「社会学的啓蒙」、のいずれの方向性においても、[3-1]の問いの《外部》性が独特な形で抑圧されているように私には思われるのだ。1*の戦略は、《システム分化＝コミュニケーション・チャンスの増大》という現在／未来を架橋する「歴史法則」を手に入れることによって、システム分化に逆行する道徳的言説を「批判」する、まさしく歴史神学的な解決策にほかならず、また2*にしても、系譜学的相対化の戦略が陥った穽——ある選択にかんして機能的に等価なオルタナティヴがあるという事実を示すことは、はたして「よい」ことなのか?——を免れることはできない。とりわけ深刻なのは1*の戦略である。システム理論家は、過去のデータをもとに、システム分化の歴史を事後的に観察するなかで、「機能による淘汰」をたかだか仮説的に見いだす（「退行」的な出来事と観察されたものを観察）にすぎないはずなのに、システム理論という意匠をまとった新手の歴史神学は、仮説としての機能論的進化論をいつのまにか説明理論に祭り上げてしまう（意味から強度へ？）。かかる新手の歴史神学においては、淘汰の後にはじめて記述可能になるはずの《選択肢*c*は退行的である／ない》という差異＝判断が、どういうわけか淘汰の前に観察されるのである。それはまさしく、かつて「通俗的」マルクス主義が考案した巧妙な戦略の笑えないパロディにほかならない。

(30)　おそらくここにいう「べし1」「べし2」「べし3」をめぐる議論は、永井均が提示する規範の生成論――道徳的な「べき」と超脱的な「べき」をめぐる論考――と重なりあう部分を持っている（というより、そこから大きな示唆を受けたことは否定しない。永井[1991：第三章]）。ただ、永井は相当に自説に対する「誤解」にことのほか（ウィトゲンシュタインなみに？）厳しい方のようなので、あえて接合点について云々することはやめようと思う。

(31)　思えば、《機能主義的逸脱理論➡レイベリング論➡社会構築主義》という学説史の流れは、何とかして《原罪》から逃れ出んとする、きわめて倫理的に誠実な試行錯誤の歴史であった。この知的葛藤の帰結が、「厳格派構築主義」と呼ばれる無味乾燥な開き直りと、「このように語ってしまう私の政治性（を考えてしまう私の政治性・の政治性……）」への反省にヒロイックに耽溺する「反省的社会学」にしか行き着かなかったとすれば、それは間違いなく悲劇である。反省にとりつかれた人たちを「若い頃には一度はかかる熱病」などとパターナリスティックに揶揄するつもりはないけれども、中河伸俊が強調するように、「悩んでいることを書く」のではなく「書くことで悩む」ことこそが、《原罪》に対する唯一の対処法なのではないかと思う。

(32)　ローティに対する私の見解については、北田[2001b]を参照。「他者への尊重」を自然化するローティの所論に対する「反論」はまさしく枚挙に暇がない（日本語で読めるものとしては、何よりBernstein[1991=1997]の第八章・第九章、浜野[2000]を、また、デリダに言及しつつ、ローティ哲学が前提とする「公＝政治／私＝哲学」区別を乗り越えんとする試みとしてRothleder[1999]、Critchley[1996]を参照）。さらにクリッチリー論文が収められた論集（Mouffe ed.[1996]）所収の、ローティのリプライおよび、デリダの論稿も見よ。また比較的ローティに好意的なものとして須藤[2000]、Blake[2000]も参照。

(33)　道徳の社会的な存立機制を問う物象化論は、いうなれば、社会的事実として道徳的言明を捉え、道徳的推論を自然主義的に説明しようとする「記述説（R・M・ヘア）」の一種である。かかる記述説は、ヘアがいうように、「それがどうした?」という懐疑的（でありつつもきわめて理性的）なレスポンスを避け難く呼び込んでしまうように思われる。「どの種類の記述説も、社会の一部の人々に浸透して実践されるなら、『それがどうした?』の道徳を彼らに採用させることになる――つまり彼等は『ああ、わたしはそれが悪いと知っている。それがどうした?』と言うことができるのである」(Hare [1981=1994:106])。

(34) あらゆる知の「岩盤」をめぐるプラグマティストの見解は、すべからくこの清々しい「しかり」へと帰着するべきである。知識論をめぐる戸田山和久の次の見解を参照。「もし徹頭徹尾プラグマティックに思考しようとすれば、我々は『ある理論が真であるか否かを見通すいわば「超越的」認識を原理的に持ちえない』という主張すら行なえないはずである。むしろ、もし、真正直に『自分たちの認識論的状況の限界内に留まろう』とするのであれば、我々は、『これが目下のところ我々が知りえたことの全てであり、それはすべて真である。そして実在世界はおおむね我々が知っている通りにできている』とすがすがしく言い放つべきなのだ」(戸田山[1996:140])。

(35) 注意すべきは本書にいう《制度の他者》とはあくまで思考実験のなかで見出された理念的存在であって、経験的な形で観察されうるような実体ではないということだ。経験的実在としての純粋な《制度の他者》はどこにも存在しないともいえるし、また誰しも「内なる《制度の他者》性」を持っていると言うこともできる。

(36) したがって、精確を期していうならば、立岩-ローティの議論は、道徳規範の存立をめぐる外在主義的理論（道徳に従う動機を行為者の欲求に求めるヒューム的態度）とも同一視されてはならない。かれらが内在主義を批判することは確実だが、かといって外在主義を擁護するとも私には思われない。

(37) 第四章で展開される「契約論」は、通常の契約論と異なり、特定の制度に「すべての合理的主体が同意する」ことを前提としていない。むしろ、《外部》の問いを発する他者が、「外部」への誤変換を承認する者、「内部」への誤変換を承認する者の増加によって、「マイノリティ化」――非合理な存在としてスティグマ化されていくこと――していく様相を、段階論的に追尾していくのが第四章の目的である。我々が前提とする合理性からスタートするのではなく、《制度の他者》が我々との交渉の中で「非合理」化されていくプロセスを思考実験し（反照的に我々の「合理性」のローカリティを再認し）ていくこと。通常の契約論と毛色を違えるこうした我々の方法論を、「仮想人類学的」と形容することもできるだろう。ただ下手な造語を振りかざすのは趣味ではないから、以後の議論のなかでは基本的に「契約論（的）」という表記を用いることとする。

第四章

（1） 社会契約論をめぐっては今なお、きわめてスリリングな論争が続いている（さしあたって、飯島［2001］、Boucher & Kelly［1994＝1997］［1998=2002］などを参照）。

（2） マッキンタイアは、ソクラテスの倫理理論についての評言（MacIntyre［1967=1986：第三章］）のなかで、次のような議論を展開している。ゴーシエが要領よくまとめているので、そちらの方を引用しておくこととしよう。「アリステア・マッキンタイアーは、自然人という観念は『致命的な内的不整合によって害されている』と主張している。社会契約以前的と称されるこの被造物の特徴を表わすために使われている『利己的』とか『攻撃的』といった用語は『既に確立されている行動規範によって定義される』のであり、それゆえ『社会生活から引き出された語彙』なのである」(Gauthier［1986=1999：363］)。このマッキンタイアの論法でいけば、不可視の「私」が社会生活を営む可視的な「私」に貢献するのは――不可視の「私」の欲望は可視的な「私」の生活空間のなかで形成されるのだから――当然ということになろう。「利己的」と（社会的に）定義されるような主体についてなら、たしかにそのように言うことができる。しかしここで私が問題にしているのは、そもそも「利己的」とも「利他的」とも形容することのできない主体、マッキンタイアの言う「致命的な内的不整合」を回避している主体の欲望のあり方なのであって、マッキンタイア流の契約論批判――「社会学的規範理論」（北田［2002］）の常套手段でもあるわけだが――は本書が問題としているようなラディカルな思考実験にかんしては的を逸したものと言わざるをえない。

（3） そのほとんど唯一の例外が、本書で何度も言及することとなる稲葉振一郎の議論である（稲葉［1999］）。とりわけ永井均の思考を継けつつ、独特な形で「人格的個人の尊厳」についての議論を展開する稲葉［1999］の第二章を参照。

（4） 後にも触れることとなるが、このあたりの話はロック以来哲学の第一級のテーマであり続けてきた「人格の同一性」問題にも関連してくる。ロックの人格概念については何よりも一ノ瀬正樹の名著（一ノ瀬［1997］）を、また、パーフィット、森村進、奥野満里子らの研究も参照（Parfit［1984=1998］、森村［1989］、奥野［1997］）。

（5） 前章の注(37)でふれたように、我々の議論のスタイルは「契約論」というよりも、「仮想人類学」あるいは「仮想民俗学」と呼ばれるべきものかもしれない。後に見ていくように、我々は全構成員が「合意」する地点を見極めるためにではなく、むしろ「合意」に到達する人々のコミュニティがいかに限定的なものにすぎないかということ、つまり道徳共同体の民俗誌的事実を示すために、契約論的な「交渉」を進めていく。「合意」の内容よりは、「合意」から漏れ出るものを捕捉し正確に記述していくこと――これこそが本章の課題である。

「合意」の《内》と《外》との関係については、第六章で詳しく検討する。

（6）以下でとりあげる「自然主義」「理性主義」という分類は、あくまで「アイロニスト」の位置を明確にするためだけに設えた藁人形であり、アカデミックな批判に耐えうるようなシロモノではない。本来ならば、ウィリアムズの「内的理由／外的理由」論などを参照しつつ、行為論的に煮詰めた議論を展開すべきなのだろうが、目下の私にはその余裕も能力もない（このあたりの議論に興味のある――専門的哲学者以外の――読者は、さしあたり Hollis [1987=1998] の第六章などを導き手として、Williams [1981] に収められた "Internal and External Reasons" を熟読することをお薦めする）。

（7）進化論的な道徳理論としては、何よりもまず内井惣七の一連の研究がひもとかれるべきである（内井 [1996] [1998-2000] を見よ）。また、Changeux ed. [1993=1995]、Paradis & Williams [1989=1995]、神野 [2002]、入江 [2000: chap5]、少々毛色は異なるが佐倉 [1992] [1997] などが興味深い。社会生物学的な道徳理論としては Ruse & Wilson [1985=1992] を参照。ただしウィルソンらの議論を読むにあたっては、くれぐれも次のようなデネットの警句を忘れることのないように。「社会生物学者たちは、ダーウィンが『カタストロフ主義者』たちに過剰反応したのとほぼ同じように、文化絶対主義者……たちに過剰反応することで、文化は私たちの生物学的遺産〈のなかから育った〉のにちがいないという点を強調したがるのである。たしかにそのとおりにはちがいないし、私たちが魚から成長してきたこともまた確かであるが、私たちの理性は、魚が私たちのご先祖だからといって、魚の理性と同じであるわけではない」（Dennet [1996=2000: 632]）。

（8）ローティの着想に少なからぬヒントを与えたジュディス・シュクラーは、「それ［残酷さ――引用者］が極限的な悪として識別されたとすれば、それはまったくそのものとして極限的な悪と判断されたのであって、かかる残酷さが神やらより高次の規範やらといったものの否定を意味するからそう識別されたのではない」（Shklar [1984]）と言う。このシュクラーの議論が、自然主義に与するものではないことに注意せよ。

（9）したがって、ローティが《言語や思考、行為、学習、相互行為にはみられない（とローティが考える）普遍性を「痛みへの共感能力」に見いだしている》というマッカーシーの議論（McCarthy [1993]）は完全に的を逸している。マッカーシーが考えるような意味における普遍性を、ローティは「痛みへの共感能力」に賦課しているわけではない。

（10）ただ、この点にかんしてはローティの議論は微妙である。本書の第六章との議論とも関係してくることだが、他者の尊重原理を認めない《他者》との「対話」にかんして、ローティは問題なしとはいえない考えを持っている。ローティの言う意味における「リベラル」ではない他者と、「リベラル」

との関係について鋭い指摘をするディヴィッド・オーウェン（Owen［2001］）に対するローティの応答を見よ。ローティは言う。「［たしかに］想像しうるかぎりにおいてどんな最善のリベラルな社会においても、非リベラルが十分な認知と尊敬を受けることはありそうにもない。とはいえ、彼女が切望するものをどのように与えればいいのか私には分からない」（Rorty［2001：114］）。

(11) 同様の疑念は、たとえば、ナチ信奉者に対する説得という論点をめぐっても投げかけることができる。我々と行為を正当化する理由の体系を大幅に異とするナチ信奉者に対しても、ローティ流のアイロニカルな自由主義者は、「論証」による哲学的論駁ではなく、レトリックを駆使した因果的な説得に勤しむ〝べき〟ということになろう（なにしろ「合理的」な「論証」ということでいえば、かれらは自らの行為選択を合理化する理由体系作りの名人＝ハイデガーを抱え込んでいるのだから、論証合戦ではらちがあかない）。この点にかんして、Gander［1999：chap. 3］は、こうしたアイロニスト的戦略が、実は「非リベラル」な他者に対する「暴力」を想定することなしには成り立たないのではないかとの疑念を提示している。ガンダー的な指摘が持つ理論的意義については、本書第五章における《暴力》論を参照していただきたい。

(12) ローティにあって「メタファー」は、彼が敬愛するデイヴィッドソンとデリダを架橋するキー概念としてきわめて重要な役割を担わされている。メタファー論などに言及しつつ、デイヴィッドソン／デリダ（あるいはド・マン）、分析哲学／脱構築の結婚調停を試みるチャレンジングな研究としては、ローティお気に入りのWheeler［2000］などを参照。

(13) 「人生の無意味さ」についてのネーゲルの論述を参照。「もし誰かが自分の個別的で動物的な本性を野放しにし、衝動のおもむくままにさせておく……とすれば、それだけで彼は、相当量の反社会的な犠牲を払ってではあるが、たいていの人生に比べて無意味さの少ない人生を送れるかもしれない。もちろん、その人生が有意味であるとも言えないだろう。しかし、その人生においては、世俗的な目標の絶え間のない追求の中に、超越的な認識が忍び込んでくることもない」（Nagel［1979＝1989：36］）。有意味とも無意味ともいえず、事実的な生の進行から身を引き離す反省的契機（たとえば、《外部》の問いを思いつくこと）を欠く生のあり方――それこそが、純粋さを究めた完全なるギュゲスの生活様式なのである。

(14) “Why be moral?” という問いの考察においては、何らかの解答を差し出すこと以上に、その問いの性格を慎重に精査することが重要である。この点にかんしては――最終的に到達する「解答」は私のものとだいぶ異なるものの――安彦一恵の論稿（安彦［1992］）から多くを教えられた。

(15) この神の地点から「意図伝達の成功＝誤解の払拭」を正確に測定しようとして、底なしの泥沼に足をすくいとられたのが、シファー、ストローソン、グライスらによる「発話者の意味と意図」をめぐるかのスコラ的論議だったのではなかろうか（Grice [1989=1998：第五章] を参照）。

(16) 社会学者による「道徳理論」、たとえば、デュルケムの道徳社会学や、G・H・ミードによる定言命法の解釈なども"Why should we be moral?" に対する「解答」として理解することができるだろう（加藤 [1991] [1992]、田中 [2000] 参照）。

(17) もちろん、「解答」を与えること自体が「問い」の哲学的純粋性を失わせてしまう、という事実にあくまで敏感であろうとするならば、やはり我々は「一緒に考えてみよう」という解答ならざる解答しか差し出しえないのだろう。「もし問いが真正の哲学的な問いなら、大人はほんとうは子どもに教えるべき答えなど持ってはいない。大人はそのことに気づき、自分がじつは子どもと同じであることを知るべきだし、同時に、そのことを子どもにはっきり教えるべきなのである。哲学的思考はただそのような仕方でのみ役立つ」（永井・小泉 [1998:94]）。

(18) SFなどに出てくるエスパーの多くは、「図4-2の世界における問いを、図4-1の世界を介さず、答える人に伝達すること」に成功してはいないことに注意せよ。かれらの多くは、「口」の代用となる便利な言語発声器官を持っているにすぎず、愚直なまでに図4-1の世界（表象の世界）に安住し（たり、そこでの住み心地の悪さに実存的に悩んでみたりし）ているにすぎない。

(19) だから、大庭健のように、永井均による『青色本』からの引用・解釈――「本質的なのは、私の言うことを、聞く人が理解できてはならない、ということだ」――に目くじらを立てる必要もないのだ（大庭 [2001:64-67]）。問いの伝達不可能性を踏まえつつも、ヨリまっとうな「誤解」にたどり着けるよう悪あがきし、何とか「解答」を与えようとすることが、倫理学・社会哲学の課題であるとするならば、永井はそうした意味における倫理学をやるつもりは毛頭ないのだから。

(20) もちろんネーゲルもこうした論法に踏み込んではいるのだが、どうにも「利他主義先にありき」の印象、つまり、時間に対する不偏的視点についての議論が、自他に対する不偏的態度の合理性を「立証」するための手段となっているという印象は否めない（詳しくは、Nagel [1970] および Nagel [1986]、あるいは Nagel [1991] の第二章あたりを参照せよ）。

(21) この点にかんしては、第五章および第六章で詳述する。

(22) もちろん、こうしたフェティシズムを内面化した方が、結局本人にとって合理的である、とはいいうる。「人々は相互に利益をもたらす協力の条件として道徳の拘束を合理的に承認する。その後で人々はこの拘束に従った協力的な共同の活動への参加に価値を認め、更に仲間の参加者に関心をもつようになる。そして最後に彼らは、当初は単に合理的な拘束とのみ見えた道徳に価値を認めるに至る」（Gauthier [1986=1999:395]）。（かかるゴーシエの議論に対して、「いや、事の成り行きは逆であって、拘束力のある道徳の拘束の方が、個人的な合理性判断よりも先行するのだ……」と批判せずにはいられない方には、太田［2000］のとりわけ第三章あたりを熟読することをお薦めする。）

(23) パーフィットによる「自己利益説」批判は、たとえそれが正しいとしても、彼が推奨する「近さへの偏愛」を肯定する倫理観の正しさを担保しうるものではない。この点、私は小林公の次のような議論に賛同する。「パーフィットの論旨が、単に、時間的中立性を合理性の条件とみなす理論の論駁にあれば、その論証はかなり説得的である。しかし、パーフィットがこの理論に代えて、将来の効用の割引を唯一合理的な時間選好と考えているならば、これも自己利益論と同様に正しい見解とはいえない。時間的に中立な態度をとり将来の自己について慎重に配慮することも、また、将来を配慮することなく目の前の利益を優先させることも、熟慮された選好であるかぎり両者ともに合理的と考えるべきである」（小林［1991:23］）。

(24) したがって《リベラル》は、非常にプリミティブな意味における《権利》概念を理解する主体であると言うことができる。ただし当然のことながら、《リベラル》は、自他の対称性を認知したからといって、即座に自他の利害に対する平等な配慮を要請されるわけではない。「対称性を認知したうえでの自己偏愛の抑制」を承認することは、「《リベラル》であること」を承認することと等置できないのである。この点については、第五章・第六章で詳しく言及する。

(25) ふつう我々は、自分の意志に適った形で自分をとり巻く状況が実現される世界の方を、どんなに努力しても状況が変わりえないような世界よりも好む。「世界への介入」に対するこうした選好の存在ゆえに、我々はあまり過去の自分の利益を慮ることはないのだろう。かかる選好は、生物としての人間が進化の過程のなかで獲得した傾向性なのではなかろうか（過去の利害ばかり考えているよりは、未来の利益を考えた方が環境と上手く折り合っていくことができる）。過去の利害に拘泥するタイムレス氏は、別に論理的な間違いを犯しているのではなく、おそらくは、「あった方が不具合が少ないであろう」特定の傾向性を欠いているだけなのだ。タイムレス氏の非合理を云々する前に、「未来への配慮」と「過去への配慮」の非対称性に過剰な形而上学的含意を見いだしてしまいがちな我々の習慣を疑ってみる必要がある。

(26) ここにいう「自己の未来の利益への配慮」と「他者の利益への配慮（自他の対称性の承認）」とは、おそらくロールズの《善を構想する能力／正義を感受する能力》《合理性／道理性》という対照項とある程度対応する（Rawls［1980→1989］）。以下では特に断りのない場合は、「他者の利益に配慮する能力」のことをロールズにならって「道理性 reasonableness」と呼ぶこととする（第一章注(10)での用法とは微妙に異なるので注意せよ）。ただし厳密にいえば、私の言う「道理性」＝「他者の利益に配慮する能力」と、ロールズのそれとは内容を異としている。本書に言う「道理性」＝「他者への共感能力」とは、1*自己を自己であるという理由だけで特権的に尊重しないこと、2*他者の悪＝災厄を自己のものと同様に回避されるべき悪と捉えること、を要件とした「弱い」道理性であり、ロールズの道理性のように「公正な共同へのコミットメント」といった意味あいは込められてはいない（ただ、ロールズ自身の記述も「強い」用法と「弱い」用法のあいだで揺らいでいるように思われる）。私は第五章で、《合理性と道理性を備えているからといってその主体が「正義の優先」ルールを承認することにはならない》と論じる予定なので、この点、読者は注意していただきたい。

ちなみに、ロールズ自身は、彼の言う合理性と道理性の関係について、「道理的であることは合理的であることを前提すると同時に従属させるのだ」（Rawls [1980→1999:317]）とかなり苦しい説明をしているが、私はウォルフが示唆するように（Wolf [2000]）、道理性は合理性の観点からある程度還元的に説明することができるように思う。私が、時間的に不偏的な視点の導入を梃子に、自己利益に対する合理的配慮が他者に対する配慮を導くと論じたのと同様に、ウォルフは両者に共通する「高階の利害関心（higher-order interest）」に着目して（Wolf [2000:105]）、「正義を感受する能力は、自らの善の構想を評価し合理的に修正する我々の能力によって、ある部分説明される」（Wolf [2000:108]）と論じている。ただし私は、高階の利害関心といった補助線を用いるウォルフ流の議論では、ロールズ的な「強い」道理性を合理性に（部分的にすら）還元することはできないと考える。ウォルフ的な論法が有効なのは、合理性と私の言う意味での弱い道理性の関係について説明する場面においてである。

(27)「他者の痛みを痛むことはできない」「『私は痛い』のような言明には、もしそれが誠実に発話されているのなら、訂正可能性がない」といった、痛みの一人称性をめぐる議論の多くは、慣習的語法の自明性――「私が、痛みを痛むことのできない者が他者である」「訂正可能性がない言明が、一人称の感覚報告言明である」――に寄りかかった循環論法なのではないか、という疑いを私は持っている（この点については、たとえば坂本 [1980：第四章] などを参照せよ）。

(28) そもそも、仮に痛みの一人称性をめぐる特定の哲学的議論が《私》の存在論的な特異性・異質性を示すことに成功したからといって、「ゆえに《私》という存在者の道徳的・倫理的特権性が担保される」と言うことはできないのではなかろうか。それは、仮に関係性テーゼが真であっても、その真理によって他者尊重原理が自動的に正当化されるわけではないのと同じことだ。

(29) ポール・グライスは、人間がたまたま（accidental）持っていた生物学的な「機能」が、「人格」にとっての本質的な（essential）価値へと転態する「生成史」を説得的に描き出している（Grice [1991] を見よ）。もちろん、グライスは自由が云々といった「与太話」に、触れているわけではないが……。

(30) ギルバート・ハーマンは次のようにネーゲルを批判している。「彼は、他人を気づかわないことが不合理であるということを未だ証明していないのみならず、そもそもそれ以前に、自分の将来をも気に掛けないことが不合理だということを証明してはいない」(Harman [1977=1988:124])。本章の議論はもちろん、他人を気づかわないことの不合理や近視眼的選好の非合理を「証明」したわけではないが、その内部にあって「現在」「自己」への偏愛が「非合理的」にみえてくるような《制度》生成のプロセスを、ある程度追尾-再構成することはできたのではなかろうか。その意味で、「現在」「自己」偏愛を非合理と断定する『利他主義の可能性』におけるネーゲルの議論とは袂を分かっている。ただし、ネーゲルは『利他主義』以降、ハーマンのような批判を受け入れ、「近い者への偏愛」に一定の合理性があることを認めているようだ(Nagel [1979=1989:196])。

第五章

(1) 他者を尊重することの快、他者の痛みに対する共感能力に照準しているとはいえ、もちろん、ローティによる再配分的リベラリズム擁護と、立岩真也による再配分的福祉国家擁護論はだいぶ趣きを違えている。前者は再配分的リベラリズムを、西洋近代において実行可能かつ実効的な政治体制として、いわばコンテクスト依存主義の立場から擁護しているのに対して、立岩は事実としての再配分の必要性と福祉国家の冷たさ(再配分が見知らぬ第三者によってなされること)にある種の道徳的含意を読みとり、そこから福祉国家擁護論を立てているように思われる(立岩 [1998] を参照)。

(2) 本章以降、行為者理念型としての《リベラル》と《自由主義者》とを区別することとする。前者が不偏的態度を身につけている([5-1])だけなのに対して、後者はさらに不偏的妥当性が認められる公的ルールを優先する態度を持ち合わせている。なお、《自由主義者》が優先する公的ルールは、何も超越的な神の視点から客観的に妥当であると認められたものではなく、《自由主義者》当人にとって「普遍的妥当性を持つ」と判断されるようなものであればよい。当人が普遍的であると判断したものが「本当に」普遍的なものであるかどうかはまた別の問題である。また、多種多様の「好み」を持った《リベラル》たちが端的に共存する世界を「《リベラル》たちの世界」、《自由主義者》的な好み——公的ルールの優先——を持つことが全域的に肯定されている世界を「自由主義的な政治社会」「リベラルな政治社会」と呼ぶこととする。

なお《リベラル》とは、事実上、現実に存在する大多数の行為者(要するに我々の多く)を指し示す総称と考えてよい。私の奇妙な造語につき合うつもりのない読者、あるいは前章の議論を読んでいない読者は、本章における《リベラル》を

「我々」と読み替えていただいても構わない（しかし、《リベラル》的な「我々」がいかに特殊な存在でしかないか、ということが前章の結論であったのだ！）。我々の多くは、程度の多寡こそあれ他者の痛みに対し共感を抱くであろうし、また短期的-長期的な自己利益を考慮して行為を選択するであろう。そうした最大公約数的な要件を共有しつつ、自／他、現在／未来のいずれにどの程度の強度の選好を持つかによって、「利己主義者」「利他主義者」といった人格類型が分かれてくる。前章までの議論では、利他主義的な好みを持つ人が利己主義的な好みを持つ人に比して優先されるべきか、という問題は open question であったという点に注意していただきたい。

(3) 要するに、《①長期的自己利益を勘案する態度（合理性）+②他者の痛みを回避する道理性（共感能力）》というセットだけでは、我々《リベラル》が、利他主義的な好みを持つか、利己主義的な好みを持つかを理論家が一意的に決定することができないということだ。ここである種の理論家、たとえば進化論的倫理学者（あるいは繰り返し「囚人のジレンマ」ゲームを分析する選択理論家の Axelrod [1984=1987]、山岸 [1998]、数土 [2001] など）は、十分な試行錯誤の時間というファクターを理論のなかに持ち込み（①+②+十分な時間の経過）、普遍的道徳判断を尊重する態度が形成される過程を描いてみせたりする。そうした試みは実に貴重であり、唐突に①②と異なる道徳能力（普遍的道徳判断を尊重する能力）なるものを議論のなかに挿入する論者などに比べれば、その知的誠実性は疑うべくもない。しかし、「①+②+十分な時間の経過」から導きだされるのは、「多くの人々が普遍的道徳判断を尊重する態度を持つようになる」という一般的事実にすぎず、「人はすべからく普遍的道徳判断を尊重すべきである」という価値判断ではない。つまり、進化論的議論は、「多くの人々が普遍的道徳判断を尊重する態度を持つようになった」世界において、そうした態度を持たない少数派の人々の指向を無価値化する理由を与えるわけではないのだ。したがって、時間というファクターを導入したとしても、進化論者もまた、利己主義的な好み／利他主義的な好みの差異が（価値的に）恣意的でしかないことを認めざるをえない。理論家によって解消不可能なこうした根元的な恣意性は、おそらく、現代的な功利主義の始祖シジウィックを悩ませ続けた利他主義（功利主義）／利己主義という「実践理性の二元性」と同型のものである（Sidgewick [1874=1898]）。なおシジウィックについては何より奥野 [1999] および行安編 [1992] を参照せよ。

(4) 「不偏的視点の採用」と「普遍化可能な判断の優先」は、『利他主義の可能性』の著者のような人によってほとんど無前提に同一視されているが、この両者は注意深く識別されねばならない。この点は、ネーゲルよりはよっぽど注意深いヘアのような論者にあっても十分に認識されているとは言い難い。よく知られるように、ヘアは、道徳的判断を1*「私」が

「相手」の立場に立った場合にどのような選好を持つかを精確に再現し（不偏的な考慮）、2*思考実験前の「私」の選好（の強度）と、他者の立場に立ったときの「私」の選好（の強度）とを無差別に比較考量したうえで、もっとも強度の高い選好を反映するような行為を選択するものとして捉えている。しかし、奥野満里子が鋭く指摘するように、「選好の正確な再現は、その後の比較考量における選好の公平な扱いを保証するものではない」（奥野［1999：227］）。つまり、不偏的な態度で自他の選好を再現したとしても、比較考量の段階で自己の選好にウェイトを置くべからず、ということにはならないのである。

（5）　いわゆるヒューム的な意味における共感能力は、「1*痛みの発生する場所（自／他）に無差別に、その痛みの大きさに応じて共感する能力」などではなく、「2*痛みの発生する場所とは無差別に、痛みそのものを回避されるべき災厄と感じる能力」であるにすぎない。たとえば、金欠のためコンビニ弁当を食べつつ（さらにそんな自分の境遇を哀れみつつ）、テレビで流れてくるアフリカ難民の惨状に胸を痛めている人がいたとしよう。間違いなく、彼女には2*の意味における「共感能力」を帰属することができる。しかし、もし1*の意味で共感能力が捉えられるならば、彼女は夕食をコンビニ弁当からカップラーメンへと格下げし難民救済のための募金をしてはじめて「共感能力がある」ということになるだろう。もし共感能力というものがそれほど強い意味を持つものだとすれば、そもそもどれだけの人が共感能力を持つと言えるのだろうか。少なくとも、私は共感能力を持たないということになる。

（6）　ここで挙げた事例にあまりとらわれないでほしい（「苦しんでいる人を助けるべし」は公的なルールではなく、キリスト教的ルサンチマンが云々……といった具合に）。というのも、「何が公的なルールであるのか」という問いはここでは完全にペンディングにしてあるからだ。本書では、公的なルールが実際的にどのような内容を持つものであれ、さしあたり「公的なルールであると私が認めるルールが存在する場合、私は極力そのルールを公的でないルールより優先すべきである」と考える態度を、公的ルールの優先性の承認と呼んでいるにすぎない。

（7）　共同体主義スレスレの相互扶助論を打ち出すクロポトキンから、国家に保障された所有権の廃絶を論じるシュティルナー、そしてラディカルなアナルコキャピタリズムを展開するロスバードの議論にいたるまで、総じてアナーキズムの思想は「《リベラル》は《自由主義者》となるべく動機づけられうるか」という問題に（いわゆる自由主義者以上に）真摯にとり組んできている。アナーキズムの理論が「ズルズルベッタリの共同体主義を呼び込んでしまう」とか「結局自由放任的な市場主義と変わらない」といった帰結論的・思想史的なお話しに興じる前に、かれらが展開した「動機づけ問題」のロジックを精緻に読み解く作業がなされなくてはならない。

この点については、井上達夫が啓発的な問題提起を行っている（井上［1999a：第二章］参照）。

（8）不偏的視点を採用せず特定の道徳制度にコミットすることのない《規範の他者》とは、たとえば隣人が可愛がっていた三毛猫を絞め殺してしまったとしても、自分の行為を悪だとも、またルールに違反する不正な行為だとも思わないような超人であった。端的に《自分の善＝世界の善》であり、両者が齟齬をきたす可能性に思いを至らせることのない《規範の他者》は、1*自らの善をもたらす行為が悪である可能性を示唆する規準＝ルールが存在しうるとも、2*自らの行為をそうした何らかのルール（ルールを含む理由）にもとづいて調整すべきとも考えない、つまり、ルールに依拠したり理由によって動機づけられたりはしないのである。

（9）コリン・マッギンのクリプケンシュタイン批判は、まさしくウィトゲンシュタインの議論を「私的に打ち立てられたルール」をめぐるものとして位置づけたものと考えられる（McGinn［1984=1990］）。マッギンは、ウィトゲンシュタインのルール論を「記号が意味を持つのは一定の仕方で（繰り返し）用いられることによってだけなのである」という「意味の使用説」の一般テーゼを承けたものと受け止め、ルールに従うためには他者や共同体を必要とするというクリプキの解釈を批判した。「（個人的に担保することのできる）規則遵守の事例の複数性」と「（個人では担保不可能な）規則に従う人間の複数性」を区別すべき、というわけだ。ウィトゲンシュタインのルール論が反復適用可能な「私的なルール」についてのものにすぎないのであれば、マッギンのクリプキ批判は間違いなく正しい。もちろん、以下で述べるようにウィトゲンシュタインの議論は、「私的にルールに従う」ことの成立可能性をめぐって展開されたものであり、マッギンが考えるよりは面倒なものだ（マッギン批判としては、Malcolm［1986=1991］の第九章、盛山［1995］の第六章などを参照）。とはいえ、私はクリプキのウィトゲンシュタイン解釈に与するつもりもないのだが。

（10）忘れてはならないのは、ウィトゲンシュタインの議論はクリプキが想定するように《ルールの懐疑論の提出→その解決》という道筋をとったものではなく、「解釈のパラドクスおよびそれと関わる議論」を提示することによって「懐疑論的問題を可能にさせる状況が破綻したことを示す」（Williams［1999=2001：253］）ものであったということだ（Putnam［1996=1998］；McDowell［1998：chap11］も参照）。クリプケンシュタインをとり上げる論考のなかにはこの点を踏まえていないものが少なくない。もちろん、ウィトゲンシュタインを解釈する自由は誰にでもあるわけだが（そもそも私は文献学者よろしく他人の解釈を云々できるような立場にはない）、《ルールの懐疑論の提出→その解決》というフレームワークでウィトゲンシュタインのテクストを読むのは、やや退屈に思われる。それでは、ルールに「私的に従う」ことをめぐるウィトゲンシュタイン問いのラディカルさが失われてしまうのではなかろうか（「だから、実はたいしてラディカルではなかったのだ」といったGrayling［1988=1994］のような解釈を提示することも可能なのだが……）。

(11)「『同じことをせよ！』だがその際、わたくしはその規則を示していなければならない。だからまた彼はその規則の適用の仕方を、すでに学んでいなければならない。というのは、そうでなければその表現は、彼にとってどんな意味があろうか」（Wittgenstein［1967=1975：§305］）。

(12) 花野裕康は「実際にクワス演算を、しかも本人の素直な主張として、非意図的に主張する者」の存在を想定し次のように述べる（おそらくここに言う「非意図的に」という副詞は「誠実に」と同義であると考えられる）。「『生活の形式』という概念は、われわれがそこから出発すべき所与の概念なのでは決してなく……ある種の「理性」＝行為様式を持った者（『われわれ』）にのみ通用するような限定的かつ偶有的概念なのではないか」（花野［2001：139］）。花野のいう「われわれ」とはまさしく、本書にいう《リベラル》にほかならない。

(13) 正確を期していうなら、「意図および動機を理解することのできない他者の行為を、その他者の意図と同じ意図をもって遂行する」ということ（要するに文法的に不可能な行為）である。たんに理解不能な他者の挙動を真似するということではない。

(14) 欲求についての欲求（二階の欲求）については何よりハリー・フランクフルトの議論を見よ（Frankfurt［2001］）。フランクフルトは、二階の欲求のうちでも、行為者がある特定の一次的欲求が自らの意志であることを欲求する「二階の意志作用（second order volition）」を重視し、その有無をもって人間とその他の動物とを差異づけている。「……ということを望むような人間でありたい」といった具合に表現される二階の意志作用を持つということは、要するに「自己反省（self-reflection）能力」を持つということであるが、この反省能力と欲求との関係如何にかんしては様々な議論がたたかわされている。本書の立場は一応、自己反省能力は二次的欲求として解釈できるというものであるが、さりとて、いわゆる道徳的な自己反省能力が二階の欲求とイコールであるとまでは考えていない。自己反省能力が（二階の）欲求に還元できたとしても、その反省が、他者の立場を尊重する道徳的なベクトル（公的ルールの尊重）をとるか、厳格なエゴイズム（私的ルールの遵守）に向かうかは、依然未決のままなのだから。この未決の問いに「道徳的ルールの優先性」という論点を持ち出して対応するのは、明白な論点先取である。それでは最初から「道徳的欲求」「非道徳的欲求」の二種類の欲求の存在を前提することになってしまい、道徳の「規範性の由来」を欲求をベースに自然主義的に解釈するという企図は失効せざるをえないのではなかろうか。この問題については別の場所で今後じっくりと詰めていくこととしたい。なお、二階の心的態度がいわゆる道徳的と形容されるような行為への動機づけを可能にするのではないかという議論は、センのコミットメント概念などにも見受けられるが（Sen [1982=1989]）、彼もまた反選好的な選択を可能にするコミットメントを勘案した選好構造が（たとえば「共感」を勘案した選好構造より）優先される「べき」理由を提示してはいない。「実践理性の二元性」（シジウィック）という幽霊は、階梯を一段上げてもなお執拗につきまとってくるのだ。

(15) ヒュームは、「それ自体の善さから離れて善い」と錯視されるにいたった行為に対する義務（道徳的義務）と、端的に善さをもたらす行為に対する義務（自然的義務）とを区別している。

(16) サール（Searle [2001: chap5]）の表現を借りるなら、「言語行為を遂行する能力を持つ人間が持つコミットメント」と言い換えることができるかもしれない。

(17) この点をコースガードは力説している（Korsgaard [1996: lecture4]）。彼女もまた本書同様にウィトゲンシュタインの議論を援用しつつ、我々が理由を解さないわけにはいかない存在であること、そして「理由の共有を、可能にすると同時に強制するものこそが、深い意味における我々の社会的本性である」（ibid: 135）ということを論証している（ただし、私はコースガードの洗練されたカント主義――ギバードの言う「論理的に抑制された反省的主観主義」（Gibbard [1999: 147]）――には浅からぬ疑念を持っている）。なお、多少文脈は異なるが、「理由の空間」をめぐる門脇俊介の議論も、コースガードと同じく、「理由を解さないわけにはいかない」行為＝認知主体のあり方を分節化したものといえよう（門脇［2002］）。

(18) したがって、理由の共同体は理由なき行為者を外部へと放逐する。理由を持たない《他者》の存在を隠蔽し、自らの共同体の外部がないかのように内部を構成する世界――それこそが《リベラル》の生きる生活様式なのである。この点については第六章でも言及する。

(19) 物理的サンクションの存在によって権力や制度の成り立ちを説明しようとする試みに対して、判で押したように提示されるのが「被制裁者の側に、ある特定のサンクションを正当なものとして承認する構えがなければサンクションは行為の修正を促しえない」という批判である（橋爪［1993：第三章第五節］。盛山［1995：第五章］も参照）。たとえば、私のとった行為があまり親しくもない隣人の逆鱗に触れ、隣人が私を「無視する」といったサンクションを課したとしても、私はそれをそもそも規範逸脱に対する制裁として受け止めることはない（私たちは仲が悪いだけなのだ）。また、ある狂信的なカルト集団が私の行為を咎め、私の生命を脅かすような行為に及んだとしても、私は自分の行為を改めようとは思わないかもしれない。要するに、特定のサンクションSに及ぶ理由を共有する者のあいだでしか、その行為Sはサンクションとして認知されることはありえず、したがって制裁者が被制裁者の事後の行為調整に影響を与える――これがふつう権力の行使と呼ばれる――ということもありえないのである。このことは、世にいう権力関係なるものが、物理的サンクションにではなく、そのサンクションをサンクションたらしめる理由空間によって担保されているということ、我々の関心に引きつけていうなら、権力関係とは理由によって動機づけられうる者《リベラル》のあいだでしか成り立つことはありえない、ということである。それはそれでよい（パーソンズ以降の社会学的権力論の常識である）。ここで一つ問題――では、ルールにもとづく理由によって動機づけられることのない《規範の他者》の規範違反行為に対する「サンクション」は、はたして正当な権力の行使と認められるのだろうか？ それはたんなる暴力にすぎないのか？ この点についての私の見解は、第六章参照。

(20) いかなる行為が「危害」「迷惑」なのかを客観的な形でリストアップすることはほとんど不可能に近い。たとえば誰にも迷惑をかけずひっそりとポルノグラフィを楽しむといった被害者なき行為すら、一部のフェミニストのように「ポルノグラフィそのものがパフォーマティヴな侮蔑行為なのだ」という具合に意味づけるなら、他者の自由権を侵害することとなってしまう（ただし、このバトラー的な「パフォーマティヴ論」もまた、第二章で述べた強い責任論と同様の危うさを持っていることを忘れるべきではない！）。ミルによる自由をめぐる「単純な原理」の提示（Mill [1859=1971]）以来、自由主義理論の喉元に長らく突き刺さる骨となっている。かかる加害の解釈問題について検討している論者に、たとえばメンダスがいる（Mendus [1989=1997] 第五章）。また、同様の解釈問題が、いわゆる「ロックの但し書（the Lockean proviso）」についても発生するということにも注意を促しておきたい（ごく概括的には森村 [1997a] を参照）。

(21) たとえばH・L・A・ハートは次のように述べている。「他者の自由への干渉には倫理的正当化が必要とされることが認められていないかぎり、権利概念が倫理において役割を演ずることはない。これは明白なことと思われる。というのも、権利を主張することはこの種の正当化が存在していることを主張することだからである」（Hart [1955=1987 : 28]、ただし傍点は引用者）。この点は、「自由は自由のためだけに制限される」というロールズの議論に対するハートの批判とも関連してくるものだ。「自由は自由のためにだけ制限されるという原理はある行為が他者の自由を拘束すること以外の仕方で当の他者に苦痛や不幸を惹き起すときに、その行為を制限する適切な根拠を提供するだろうか」（Hart [1973=1987 : 242-243]）。

(22) [5-10] は、文中の括弧内の部分（「理に適った形で拒絶できない」）を除くと、結構「強い」タイプの――正当化理由に対する自他の肯定的・積極的（positive）コミットメントが想定されている――正当化原理である。これをスキャンロンやバリー（Scanlon [1982] [1998]、Barry [1995]）の示唆に従い、括弧内の文言の含意を強調して、次のように弱めることもできる。すなわち、《[5-10b] 他者に悪をもたらす行為aは、基本的に行為者にとっても回避されるべき悪であるが、その行為につき、他者が理に適った形で拒絶できないかぎり、当該行為は一応自他にとって望ましいもの＝善いものでありうる》。この弱い原理でも本書の行論に大きな変更を加える必要はないと思われるので、以下では基本的に括弧内文言抜きの[5-10]と[5-10b]を区別せずに議論を進めていく。なお、スキャンロンらの契約主義contractualismにかんしては、次のようなネーゲルの的確な「注意書き」を参照。「『契約主義』という言葉を読み違えてはならない。つまり、そこでは何らかの現実的な契約ではなく、道理的であると同時に合意への欲求によって動機づけられていると想定される人びとによる想像上の合意のみが、道徳原理をもたらすと想定されているのである」(Nagel [1999])。

(23) カントやヘアの普遍化可能性の議論にしても、自由原理と正当化原理を精緻に組み合わせた自由主義理論として受け止めることができるだろう。ということはつまり、「論理的真理」と「事実」だけから構成されるという触れ込みのヘア流の倫理理論もまた、「正当化原理」「優先性ルール」の承認という非論理的な主体のコミットメントを必要とするということである。このヘア理論における「判断者の支持的態度」の必要性という論点については、柴崎[1997]参照。

(24) ギルバート・ハーマンの次のような主張はここでの我々の議論と同じことを言っている。「万人が各自の幸福を最大化しようとするのは合理的だが、万人がそうすることを自分は望まない、という考え方には誤りがあるということを、カントは未だ示してはいないのである。従って、純粋に利己心だけから行為することには不合理な点があるということを、カントは示していないのである」(Harman [1977=1988:133])。また事実上ほぼ同内容のカント主義(普遍化可能性論)批判を、ピーター・シンガーは「〈合理的な判断は普遍的に受け入れられるものでなければならない〉という場合の意味は、〈倫理的な判断は普遍的に受け入れられるものでなければならない〉という場合の意味よりも弱いのである」という表現でもって提示している(Singer [1993=1999:381])。

(25) このやり口は、べつだん人為的に状況設定を行う社会契約論の言述スタイルにのみいえることではない。たとえば契約論の語り口に対する辛辣な批判者であった経験論者ヒュームが次のように言っていたことを想起しよう。「人間の利己心(1*)と制限された寛大さ(2*)、さらには、人間の欲望に比して自然の恵みが不足していること(3*)、このことからのみ正義は由来するのである」。1*は長期的利益に配慮する傾向性、2*は他者の痛みを回避する態度、そして3*は「優先性ルールを受け入れざるをえなくなるような状況設定」と解釈することはできないだろうか。とすると、ヒュームもまた、1*2*の特徴を備えた《リベラル》がただそれだけで正義にコミットする存在ではない、ということを認めていたことなる。

(26) こうした「囲い込み」論法の代表格であるハーバーマスですら、この種の《暴力》の存在にうっすらとは気づいているようだ。ハーバーマス流の「優先性ルールを受け入れざるをえなくなるような状況設定」とはいうまでもなくコミュニケーション的行為が遂行されるディスクルスの場の設定であるが、『道徳意識とコミュニケーション的行為』(Habermas [1983=1991])のなかで彼はこうした状況に入っていく動機づけ、つまり「より良い論拠を求めるという強制」(Habermas [1983=1991:142])へのコミットの問題を相当な紙数を割いて論じている。『コミュニケーション的行為の理論』の段階では、アーペルと同様、コミュニケーション的行為を拒絶する者の遂行的矛盾を指弾するといった超越論的な戦術が前面化されていたように思われるが、『道徳意識とコミュニケーション的行為』では、コールバーグ的な発達心理学の知見によって自然主義的に根拠づけられている。この「転向」をハーバーマスなりの《暴力》への気づきの表明であったと理解することも(一応)可能だろう。

(27) 公的なものへの服従が、何らの交渉の余地もなく《贈与の一撃》によって与えられる(しかない)ということを誰よりも深く認識していたのは、ホッブスではなかったか。「主権者の権威(公的権威)になぜ服従すべきか」という問いに対し、ホッブスが出した答えは「アブラハムが神から受けた啓示」によってというものであった。何と素直なことか。

(28) 「派生的に見れば、これらの原理[無知のヴェールのもとで選択された社会の基本原理——引用者]の受容は個人の行動に対して意味をもってくるはずであるが、ロールズはこれらの原理が個人の選択に対する合理的拘束を含むことを一度も主張していない。これらの原理はロールズの用語で言えば理にかなった(reasonable)拘束かもしれないが、何が理にかなっているかということ自体は合理的選択の限界を越えた道徳的にみて実質的な問題なのである」(Gauthier [1986=1999:15]、ただし傍点は引用者)。

(29) さらにはロールズ-ローティ流の「アメリカの伝統としてのリベラリズム」論の向こうを張って、「伝統としての共和主義」発掘に勤しむサンデルの姿には、ある種の痛ましさすら感じてしまう(Sandel [1996])。「アメリカの共同体的な伝統ってリベラリズムじゃん」とあっけらかんとロールズ-ローティに言われてしまい、狼狽するコミュニタリアンの《帰結》がそこにはある。

(30) せせこましいリスク計算から完全に解放された「超人」であることは、すなわち、いまだリスク計算のイロハすら知らない「子ども」であることを意味する——『ツァラトゥストラ』のニーチェはこの点を鋭く見抜いていた。

(31) もちろん、ここで言及した《規範の他者》でなくとも、「物理的に弱いが、意志的に強く」あることは可能である。合理性と道理性は備えているが極端に「現在-の-自己」偏愛的な選好を持つ《リベラル》もまた、未来時点における

《「現在‐の‐自己」偏愛的な選好》を禁じるような正当化原理を受け入れることはないだろう。

(32) つまり、《リベラル》のなかに少なからず存在する「現在‐の‐自己」偏愛的選好を持つ者は、ロールズの議論のなかから排除されているのである。

(33) 「こうしたドゥオーキン(や本書)の批判は『正義論』の頃のロールズに対してであってもフェアではない」という見解もあるだろう。たとえば、《始源状態論は、そもそもより広い射程を有する反照的均衡(reflective equilibrium)という方法論を展開するうえでの一つの道具立てなのであり、契約状況の条件は――アプリオリに規定されるものではなく――「我々」の道徳的直感との照合にもとづいて随時変更可能なものと考えられている》というようにロールズ理論を全体として擁護することは不可能ではない。始源状態論という局部に関心を集中させがちなロールズ研究から距離をとり、反照的均衡の理念を軸にロールズ理論のそのようなホーリスティックな理解を目指している研究として、川本隆史やクカサス&ペティットのものを参照(川本[1997]、Kukathas & Pettit [1990=1996])。

(34) 柄にもなくメタフォリックな表現をしてしまったが、かかる《原初の暴力》は、1*有無をもいわさぬ力によってある種の秩序を仮構するばかりではなく、2*その暴力が行使された事実すらをも不可視化するという点において、根元的なものである(こうした暴力の機制については、精神分析的文体の色気を好む論者がもっとスマートに解説してくれている)。シャンタル・ムフが「自由主義には政治的なるものについて考える能力が欠けている」(Mouffe [1993=1998 : 64])というとき、この二重の意味における暴力の消去のことを意味しているように思われる。

(35) よく知られるように、『政治的リベラリズム』(Rawls [1993])におけるロールズは、『正義論』で展開された「理論」による追い込みを断念し、西欧的な立憲民主の伝統という「事実」による追い込みへと路線変更するにいたる。

(36) 公的規範の作用圏が全域性を持たない世界から、全域性を持つ世界への移行に《リベラル》たちは動機づけられうるか、という我々の問いは、次のようなノージックの問題意識と近接している。「政治哲学の根本問題は、苟も何らかの国家がなければならないのかどうかにあり、この問題は国家がいかに組織されるべきかの問題に先行する。なぜ無政府状態《アナーキー》にしておかないのか……アナーキズムは魅力に乏しい教義なのではないと考える人々は、政治哲学がここで終ってしまっても何も悪くはないかも知れぬと考えるだろう」(Nozik [1974=2000 : 4])。

(37) だから、稲葉振一郎がいうように、かれらの正義の私的執行は「禁止」されたというよりは、たんに「抑止」されたと記述した方がよい(稲葉[1999 : 242])。かれらの多くは、自分たちの私的ルールの方がより「正義に適っている」と考えているかもしれない。

（38）このあたりの問題については、ウルフの議論が啓発的である（Wolff [1991=1994] の第三章）。

第六章

（1）もちろんリベラルな政府が、暫定的な形で理由の優先順位をつけることができるということを否定しているのではない。政治の現場にある政府（や権利主体）の視点から超越したリベラリズム理論家が、アプリオリな形で理由の階層構造を特定することはできない、ということにすぎない。

（2）パーソン論的な「割り切り」が何か重要な道徳的直観を圧し殺してしまっているのではないか――そうしたためらいは倫理的なるものを考察していくうえで間違いなく重要なものである。ただ、善の構想をめぐる公的決定にかかわるリベラリズムが、そうした感覚に過度の注意を払うことは、逆にある種の危険性を呼び込んでしまうことに注意しなくてはならない。重要なのは、パーソン論的な思考様式をその「割り切り」という形式ゆえに全否定するのではなく、その「使用上の注意」（田村 [1998]）を自覚的にしっかりと守っていくことなのではないか。

（3）一方リベラルな立場から肯定論（というより、「否定できない論」）を展開しているのが、橋爪大三郎、瀬地山角、宮台真司である（橋爪 [1981]、瀬地山 [1992]、また宮台編 [1998] など）。ただしかれらの議論は、リーガリズムならぬ自由主義理論の持つ微妙なニュアンスを決定的にとり逃しているように思われるのだが……。

（4）マーサ・ヌスバウム（Nussbaum [1998: 144]）のひそみにならって、我々の考えるリベラリズムの構想を、「濃くも曖昧なリベラリズム the thick vague conception of liberalism」と呼んでもいい。

（5）この点についてバーリンの立場は微妙だ。セン（鈴村・後藤 [2001: 220]を見よ）や橋本努（橋本 [1994: 232-233]）、ジョン・グレイ（Gray [1989=2001: 71-72]）、塩野谷祐一（塩野谷 [2002: 94]）などがいうように、バーリンの消極的自由は、リバタリアンであれば積極的自由として排するようなものをも含みうる豊かな概念であったとも考えられる。たとえば次のような文章を見よ。「トーニー氏が、強者の自由は、その強さが肉体的なものであろうと経済的なものであろうと、制限されねばならぬと言われたことを、ここで思い起してよいであろう。この格率の要求する配慮は、あるひとの自由に対する配慮が論理的必然として、そのひとと同様な他人の自由に対する配慮を必要とするという、あるア・プリオリな規則の帰結としてのものではない。ただたんに、正義の原則に対する配慮、あるいはあまりに不平等な処遇に対する羞恥の念が、人間にあっては自由への欲求と同様に基礎的なものであるからなのである」（Berlin [1969=1971: 387]）。

（6）この辺りは、いうまでもなく、センやヌスバウムが展開している「機能 function」「潜在的能力 capacity」の議論に多くを負っている（Sen［1985=1988］［1992=1999］［1999=2000］、Nussbaum & Sen［1993］など）。

（7）もちろん、理論家ならぬ国家は何らかの形で基本的な「自由」「必要」のリストを作成しなくてはならない。そのさい、理論家は様々な「不偏的理由」を提示することによって、そのリスト作成に寄与することはできるだろう（たとえば、相対的剥奪論に徹底抗戦し、独自の貧困測度を提示したSen［1981=2000］のように。この点については山森［2000b］参照）。また、哲学者や政治学者、社会学者は、リストアップされた自由を実効化するための基本的ニーズの概要を描き出し、「市民」と「国家」を取り結ぶメディエイターの役割を買ってでることもできるかもしれない（往々にして「市民」自身の方が得意な仕事であろうが）。理論家は、たんに不遜な野望を捨て去ればよいだけのことであって、何も絶望する必要はないのだ。

（8）しかし、こうした障害者の自由に対する侵害を、侵害者と被害者とが明確に特定されうるような侵害（たとえば正当化理由なき暴力の行使）と、まったく同じように考えることができるかどうかは微妙なところである。私としては、障害者の自由への侵害に対して障害者＝被害者は《同等の自由を行使できるだけのニーズを満たすよう要求する権利》を持つと考えるが、そうした権利の存在を否定的に語る論者も少なくない。たとえばオニールなどは（O'Nneill［1998］）、ニーズを請求する権利の限界（および消極的／積極的自由の区別を無効化することの限界）を指摘し、ニーズをめぐる問題は権利語の範疇を越える「義務Obligation」の領野において扱われるべきとする（オニールと対照的に、こうした権利の存在を肯定的に捉える論稿としてCopp［1998］）。この点にかんしては、稿をあらため検討していくこととしたい。

（9）セン流にいうなら、『消極的自由』に価値を置くということは、他者の消極的自由を積極的に擁護する行動を肯定的に捉えるという含意を持つ」（Sen［1987:56］）ということである。

（10）ここに書かれているような請求権は、おそらくは正当なニーズの充足を請求する権利であるといえようが、ごく簡単にその権利を定義すれば次のようになるのではないか。すなわち——1*他の条件が等しければ当然享受できるはずの自由Lを、2*特定の他者が意図的に侵害しているわけではなく、かつ、3*当人Aに何らかの過失もないにもかかわらず、享受できていない場合に、AはLを享受するのに必要とされる財およびサービスを請求することができる、と。たとえば、現代日本において、都市空間をある程度随意的に移動する自由は誰しも享受すべきものと考えられているが、車椅子を使用する人たちはその当然の自由が享受できないでいる（1*）。その不自由は、もちろん当人の過失に起因するものではなく、健常者中心主義的な社会状況のなかで構成されたものであるが（3*）、かといって、特定の他者の意図的な侵害行為によってもたらされたという類いのものでもない（2*）。リバタリアン的な論理のなかでは、特定の侵害行為のないこうしたケースは、政府が関与すべきではない事柄として処理されるのであろうが、我々のリベラリズムにおいてはそうではない。リベラルな社会の構成員は、1*と3*の条件が揃ってさえいれば、他者による特定の自由侵害行為の被害を受けていなくても、自らの自由を実効化させていく措置を政府（≠特定の個人）に対して求めることができるのである。

(11) このあたりの論点については――共同体主義的な「解決」方法にやや物足りなさを感じないではないが――メンダスが鋭い議論を展開している（Mendus［1989=1997：第四章］）。また、「もう一人のリベラリスト」ラズの試みは、ある意味でマッキンタイア的な「自己物語論」スレスレの地点にまで、リベラルな「自律」概念を改釈していくものといえよう（Raz［1986］を参照）。

(12) 本当は、「他者に物質的に依存せず生を送ることができる」ということを意味する「自活」と、「自らの意志によって、行為を導く格率を発見-修正できる」というカント的な意味における「自律」とを区別すべきなのかもしれない。当然のことながら、「自活」できない者でも「自律」することはできる。両者を混同し「自活できなければ自律なし」という命題を真なるものとして受け止めたとき、障害者の処遇を人々の私的な善意に委ねるしかない経済的なリバタリアンの倫理が実定化されてしまう。問題は福祉的自由の批判者たちの掲げる「自活なければ自律なし」という金科玉条が、規範的・人間学的な命題であるというよりも、むしろ批判者の思い込みに由来する疑似-記述命題でしかないということだ。福祉的自由の享受が、カント的な意味での自律を深化させうるという事実については、なぜかれらは言及しようとはしない。なお、ここにいう「自律」と「自活」についての議論は、おそらくはセン（Sen［1992=1999］）の「行為者自由agency freedom」「福祉的自由well-being freedom」という対概念を援用することによって、より精緻な形で展開することができるだろう。

(13) もちろん、「自律的な主体」というものをどのように概念化していくのかは、哲学のみならず社会（科）学的にも非常に重要な課題である。この点については、橋本努が精力的に論じている（橋本［1999］参照）。

(14) 公的なルール、公的理由がある種の継続性・保守性を持つことには、「それが人びとに周知されねばならない」という根拠がある。「周知されること」は「公的であること」にとって外在的な要件とはいえまい。この点にかんしては、「合法性の形式的諸原理」をめぐるロン・フラー、およびそれを敷延したバーネット（Barnett［1998=2000］の第五章第二節）の議論を参照せよ。

(15) 補論でふれるように、非《リベラル》たちが具体的には「誰である」かを同定する作業は、実はかなりの困難を伴うものである。さしあたり本節では、合理性-道理性を欠くホモ・サピエンスを主たる対象としながら話を進めていくこととしたい。

(16) たとえば筒井康隆『最悪の接触』(筒井［1982］)で問題となっていたのは、まさしくこうした火星人のような《他者》ではなかったか。「……『その肉食う。あなたの命それ限りね。わたしその料理に毒入れたよ』／しばらく茫然としていたおれは、ケララの言葉の意味を理解し終えるなりナイフとフォークをテーブルに叩きつけて立ちあがった。『くそ。おれを殺そうとしたな』／『なぜ怒る』 ケララは驚いた様子で眼を丸くし、おれを見つめた。『殺す気なんかじゃなかったことはわかるだろう。毒が入っていることを教えたんだから』／おれはケララの胸ぐらをつかんだ。『料理に毒を入れた。それは認めるな』／ケララはおれの手を振りはらい、ヒステリックに叫んだ。『なぜわたしがそんなこと認めなければならない。あなたならともかくとして』 泣きはじめた。『ひどい誤解だ』／『どう誤解したっていうんだ』 おれはわめいた。『これじゃおちおち飯も食えない。いつ殺されるかわからん』／ケララは泣きやんでおれを不安そうに見た。『そうなのかい』……」。こうした「合理性の外部」に位置する《他者》は、ポストコロニアリズムなどが問題としている文化的他者と混同されてはならない。

(17) 責任主義――「責任なければ刑罰なし」――の立場を採る近代刑法が、責任無能力者や限定的な責任能力者の行為を(法的、もしくは道徳的に)非難不可能と考え、その責任の減免措置を肯定するのも、「かれらの行為に対して刑罰を加える正当化理由を国家が持ちえないと判断しているから」と考えることもできるだろう。

(18) 気をつけなくてはならないのは、1*理由体系があまりに自分のものと異なるということと、2*個々の理由(を記述した文の命題)内容が異なるということが、別問題であるということだ。2*の場合、我々は問題となっている他者の挙げる行為の理由がいかに「奇妙」なものであれ、かれらが基本的な論理結合子の使用法や規則(肯定・否定、排中律など)を我々と共有していることまで疑う必要はない。ここで我々は、クワインの根元的翻訳(Quine［1960=1984］)が、感覚刺激に促されて肯定もしくは否定される「場面文」から――真理関数的な結合子の翻訳可能性を前提としつつ(ibid：90-97)――スタートしていたことを想起すべきである。1*の場合は、そうした原初的な「合理性」すら帰属できるかどうか分からない他者との関係が問題となっているのである。

(19) もちろん、高度な合理性・道理性を持つ行為者も、麻薬や酒などの力を借りて、自らを心神喪失もしくは心身耗弱の状態に置くことはできる。その場合の「犯罪者」の責任能力は、どのように考えればよいのであろうか――刑法学の文脈において「原因において自由な行為」(概括的には山口［2001］参照)として主題化されているこの問題は、おそらくは刑法学の守備範囲を越えて、行為の同定、行為の実行時点の特定といった哲学的難問ともかかわってくるはずだ。

(20) 贈与は当然、個々の「贈与される者」の(仮想される)

ニーズを汲みとりつつ、慎重になされるべきである。たとえば、ある非《リベラル》は十分な合理性を持ってはいないものの、自律的な選択をする自由を欲しているように見えるかもしれない。そうした存在に対しては、たんなる「福祉的自由（のようなもの）」だけではなく「行為者自由（のようなもの）」をも贈与すべきであろう（福祉的自由／行為者自由については本章前掲注(12)参照）。たとえば、精神疾患を持つ患者の性的な自己決定権のことなどを考えてみればよい。（もちろん《リベラル》の場合と同様、無条件にかれらの「自己決定」を言祝ぐ必要はない。）

(21) もちろん、非《リベラル》には通常の意味での権利行使能力が欠けているのだから、かれらに贈与される「みなし権利」の内容は相当に無規定的なものでしかありえない。以下では、とりあえず、「贈与を受ける存在が自らの存在を継続させる権利」という非常に抽象的かつきわめつきに基本的な権利、おそらくは生命権とでも呼ばれるべき権利を念頭に置きつつ議論を進めていく。したがって、「みなし権利」のなかにその他の権利が含まれえない、と私が主張しているわけではない点に注意していただきたい。たとえば、精神病患者や痴呆患者、幼少者の「性的な自己決定をめぐる（見なし）権利」といった事案については、ここでは完全に保留にしてある。

(22) 私は、後に述べる「尊厳」という問題を突き詰めていけば、結局のところこの直観に立ち戻らざるえないと考えている。ただしそれは、《人間中心主義が「哲学的」に正当化されうるから》ではなく、《**私たち人間の社会は、大した哲学的根拠もない人間偏愛の傾向性を、進化論的な帰結として獲得したから**》にすぎない。本書第四章注(7)に挙げた文献を参照。

(23) ファインバーグの「利害関心原則」の議論は、必ずしも特定の主体が請求能力を持っていなくともその主体が「能動的な意欲から生じた」利害関心を持っていれば、権利の帰属を可能とするものであり、彼はこの原則にもとづいて事物・植物などに対する権利帰属の可能性を否定している。我々としては、ファインバーグがその原則適用にさいし、植物や事物などと事なり、動物と胎児にかんしてかなりの《困惑》を率直に表明していること、その《困惑》に実はその後のパーソン論の見落とした重要な論点の所在が仄めかされていることを忘れてはならない（Feingerg [1974=1990]）。ナッシュの解釈（ファインバーグの説明によれば、動物は道徳的行為者（あるいは、道徳的主体）ではないが、このような原則を満足させるための関心と権利を保有する可能性はもっている（Nash [1990=1999:305]）の早計を難じる訳者の松野（ibid:[377-378]）の指摘は重要であるが、ファインバーグ自身の動物・胎児をめぐる議論が、植物・事物についてのものほどには明快ではないことは認めざるをえない。

(24) たとえば、《汚染した空気に晒される樹木の「生きし方」を定点撮影し、それを早送り再生したものを見るとき、我々は少なくとも干からびてのたうちまわるミミズと同程度の

「痛み」をそこに観察するのではなかろうか。人間の時間尺度で他者の「痛み」を測定するから、我々は「植物には痛みを感じる能力（利害関心）がない」と断定してしまうのだ》といった具合に、痛み観察の人間中心主義——デネットのいう「自己時間尺度中心主義」（Dennet［1997=1997：114］）——をつくことも不可能ではない。《いや、そんなことはない。たしかに、早送り映像では植物は「痛がっている」ように思えるが、「かれら」は痛みにともなう〝あの〟感覚を感じる能力はないのだ》と食い下がるならば、その人は、少なくともクオリア問題という哲学的泥沼（？）に潔く足を踏み入れ、それなりの「痛み（のクオリア）」理論を提示できなくてはならない（クオリアについては、さしあたり柴田［2001］を参照）。もちろん、クオリア問題なんて疑似問題だと言うこともできるわけで、クオリアに訴えかけない別の食い下がり方もあるにはあるだろう。だがいずれにせよ、ファインバーグや森村進のように「植物は利害関心を持たない」「植物に痛みを読みとるのは、あまりに不自然な擬人化だ」と断定する（森村［1997b：293］）のはそれほど容易なことではないということ、この点だけは確認しておく必要がある。植物の痛みにかんしてはシンガーも言及しているが（Singer［1975=1988：298］）、自らの「動物中心主義」にキチンとした形でケリをつけているようには思われない。

（25）熊野純彦の卓抜な表現を借りるなら、「二人称の死には、いわば定義上終わりがない」（熊野［2000：40］）ということである。

（26）ここでいう関係論な生命論とは、森岡正博の言う「（脳死への）関係性指向アプローチ」（森岡［2001］）、パーソン論と対照される「他者理論」（森岡［1988］）のことを指す。これは、「死」や「生」といった出来事が、医学的な知識によって客観的に同定しうるようなものではなく、「脳死患者と家族との関わり合い」のなかで構成される社会的事象であることを主題化したものである（森岡によれば、中島［1985］や杉本［1986］の議論を「一歩前進させた」（森岡［2001：53］）森岡［1989］や、小松［1996］などがこれに含まれるという）。もちろん、関係論的な視点に立脚する論者のなかでも、たとえば「尊厳死の自己決定」といった論題をめぐっては、「コミュニタリアン」的な論陣を張る小松美彦——あるいはかなり微妙だが、清水哲郎（清水［2000］）——と、「リベラル」な森岡とでは、だいぶ異なる見解が提示されている。

（27）この抗いの感覚は、清水哲郎の言葉を借りるなら、「見做しアニミズム」とでも呼ぶことができるかもしれない（清水［2000：141］）。

（28）したがって当然のことながら、我々の「みなし権利」をめぐる議論は、法哲学における「選択説 vs. 利益説」云々といった話の枠組を超出しないわけにはいかない（選択説／利益説については、Hart［1983=1990］、小林［1986］などを参照）。我々が問題としているのは、「保護に値する利益」とか「保護されるべき自律的な選択能力」の有無ではないのだから。この点、「権利の基礎となる人間本性は、それ自体、常に人間の精神による解釈の産物であり続けるだろうし、権利は決して我々を生命体として構成するところの人間的素質と人間的必要の束にのみ還元されうるものではないだろう」(Freeden [1991=1992:100]) というフリーデンの議論は啓発的である。

(29) 加藤秀一の次のような議論は、ここで私が述べていることとおおよそ同一の内容を持っているように思われる (加藤 [1996a:58])。「線引き問題において最も重要な点は、ある『存在者』が何者であるかということではなく、そもそもそれが『存在者』と呼ばれるに値する何ものかであるか否かということなのである」(ただし私は、加藤が胎児を「存在者」と呼ばれるに値する何ものかではないとする論拠がいまいち分からないでいる。「『存在者』と呼ばれるに値する何ものか否か」という問いは、分析者=加藤が一意的に解答を与えることができるようなものなのであろうか)。また、微妙なところだが、「存在するものに価値を帰属させることができるとしよう。実際どれほどに価値が現前しているか、それは問わない。だが、そうした帰属性だけで、無に対する存在の優位はすでに揺るぎないものとなる」というハンス・ヨナスの議論も (Joas [1979=2000:85])、私や加藤の議論と同じようなことを問題にしているのかもしれない。

(30) ダブル・コンティンジェンシー (ルーマン) でも、根元的翻訳 (クワイン)、根元的解釈 (デイヴィッドソン) でも何でもいいのだが、ともかくもそうした《コミュニケーションの困難》を解決するのではなく、その困難に踏み出すための前提条件こそが、尊厳の帰属可能性である。コミュニケーションを継続するための条件を指し示す「善意の原則」や「協調原理」(Grice [1989=1998]) といったものは、この尊厳帰属がなされた後にはじめて意味をなすこととなる。重要なことは、本書にいう尊厳を「自尊 (self-respect)」と混同しないことだ。自尊としての尊厳は、ルーマンが言うようにコミュニケーション=対他的交通のさなかで「構成されねばならない」(Luhmann [1965=1989:100]) わけだが、我々が問題にしている尊厳は、そうした構成の前提条件をなすものなのである。

(31) もしかすると、レヴィナスやデリダなどが「歓待」と言うとき、こうした承認のことを指しているのかもしれない。とはいえ、私は、火星人の「分からなさ」と、私にとってのユダヤ人の「分からなさ」を一緒にする気にはなれないので、贅言は避けておこう (当然のことながら、精神病患者の「分からなさ」と、胎児の「分からなさ」、そして私にとってのユダヤ人や女性の「分からなさ」、親しい友人の「分からなさ」といったものを他者性という言葉で一括りにすることはできるはずもない。この点、「他者」論者はどう考えるのだろうか)。

(32) もちろん、私はこうした超越的な価値の実在を主張しているのではない。あるいは「明確な規定からつねに逃れ出るものとしての何か」を価値として肯定する=実定化する否定神学に与しているわけでもない。むしろ私は（少なくともこの論点にかんするかぎりは）徹底して記述主義的な立場をとっている。おそらくは何らかの原因（たとえば生物学的・進化論的原因）があってたまたま我々は、こうした尊厳という属性の超越性を信じるようになっているだけで、そこには神学的・哲学的な根拠はないのではないか。尊厳の超越性を記述することは、それ自体、尊厳という属性の「客観的」な道徳的優位性を含意するものではないのだ。私とはだいぶ異なる理路をとってはいるが、ドゥオーキンもまた「生命の神聖性」を非神秘主義・非神学的な形で説明している（Dworkin [1994=1998] の第三章を参照）。

(33) 尊厳の他の属性への還元不可能性については、村松聡の指摘を参照。「そこに人格を見るから、人格なのだということを、循環論証と解釈する人たちは、人格を何か他のものや条件に還元しなければすまなくなることを考えて欲しい。その時、私たちが尊厳と呼んだものはどうなるのか。何事にも換えることができないから、尊厳だろう。もし他のものから人格が説明できるならば、価値があり、尊厳をもつのは人格ではなくその他のもののほうである」（村松 [2001:190]）。

(34) もちろん「暫定的な宗教的教義を立ててはならない」というだけのことであり、ある特定の宗教団体の構成員が公的ルールへの違背行為を、自らの宗教的信念ゆえに行った場合には、リベラルな政府はそれを他の《リベラル》と同じようにとり締まることはできる。その構成員は、彼の宗教的信念ゆえにではなく、彼の行為によって処罰を受けるのだから、リベラルな政府が「宗教的教義」の内容に口を出したということにはならない。しかし、他者の権利を侵害することなくしては己が理想を貫徹できない信仰というものも当然あるだろう。そうした信仰を持つ人はおそらく、前章で述べたところの「意志的に強い主体」——合理性や道理性は持っているが、どんなに苦境に置かれても優先性ルールを承認しようとはしない主体——なのであり、我々は次節で、かれらと《自由主義者》とのありうべき関係について論じていくつもりだ。

(35) この女性身体に生起する「孕む」という出来事の固有性・特殊性——胎児を他者とも腫れ物とも決定できない女性の立場の複雑さ——を指摘しつつ、女性の自己決定権を擁護する議論は、フェミニズムに親和的な論者から様々な形で提示されている（加藤 [1996a][1996b]、Cornell [1997]、河上 [2001] あるいは、「権利」概念に一定の留保を付しているが、荻野 [2001] 参照）。「女という性的身体の視点から見直してみるならば、ジェンダー中立的に見える『個人』の基準もしくは内実がじつは男でしかないのだと指摘することによって、むしろ『個人』や『平等』という近代社会の基本理念そのものの意味や妥当性を再検討することを求めている」（荻野 [2001:254]）というのは、いくら何でも言いすぎだと思うが、私は——井上達夫（井上 [1996:101]）と異なり——こうした議論がそれなりに不偏的で理に適った理由を形成していることは間違いないと考える。ただ私なら、こうした理に適った理由の考慮を不当に拒絶し続けてきたリベラルな社会の――「権力」をではなく――未成熟を批判するだろう。荻野のこうした批判は、「個人」「平等」といった理念が担ってきた社会的-政治的機能をめぐる社会学的な批判であって、その「意味」や「妥当性」そのものに対する倫理学的な水準での批判ではないように思われる。(社会学的批判と倫理学的批判を区別すること自体が「男性的である」という考え方には私は首肯することはできない。)

(36) 女性固有の身体感覚の存在は、《女性が最終的な決定をなす主体であるという公的決定》を支持する有力な理由にはなるが、当然のことながら、決定的な・最終的な理由にはなるというわけではない。脳死状態に陥った未来の私と現在の私は、「身体的な同一性を持つ」という点で特権的な関係にあり、それゆえ、未来の私が受ける医療措置について現在の私がある程度優先的に「決定」する権利を持つと考えられるが、だからといって、現在の私が未来の私の処遇を完全に決めてしまえる権利を持つということにはならない。中絶をめぐる女性の自己決定権の承認は、あくまで現在の社会的-政治的文脈を勘案したさいに採択される「最善なき次善」のオプション＝政策なのである。

(37) 出生前診断をめぐる問題は、いわゆる「決定する主体の決定」の問題とは、異なる水準に位置するものである。立岩真也は次のように述べている。「出生前診断っていうのは自己決定の問題であるかどうかさえ疑わしい、と僕は思う。……そこで決められているのは何なのか。そこで決められているのは自分のことではないですよ。どういう存在が生まれるのか、あるいは生まれないかを決めるわけで、それを自分のことを決めるというふうに言うのは、論理のすり替えというか、変な話だと思うんだよね」(立岩［2000:149］)。当たり前の話だが、「1*女性が最終的な決定権を持っている(と公的に決定する)」ということと、「2*女性がどんな質の生命が生まれてくるかを操作する権利を持っている」ということとは、概念的にも倫理的にもまったく異なる事態である(だからこそ、リブと「青い芝の会」は共闘しえたのではなかったか)。さらにいえば、2*と「3*各々の女性はどんな質の生命が生まれてくるかにかんする私的好みを持っている」ということもまったく別の事柄である。私の考えでは、リベラルな政府は、2*を否定、1*を肯定しつつ、3*については(政府としての)道徳的判断を留保すべきである。「五体満足」の子どもが生まれてきてほしいという女性の私的な「好み」――それは自己を肯定している障害者の女性すらもが、持つかもしれないものである――を公的な次元で規制・介入することはできないが、リベラルな政府はその「好み」に公的なお墨つきを与えることは回避しなくてはならない。もちろん、リベラリズムの見地に立って、他の「べき」論を展開することも可能であろうが、何にせよ1* 2* 3*の議論の水準のズレを見失わないようにすることが肝要である。

(38) では、リベラルな政府は、ポジティブな形で偏見の助長を抑制する政策を講じることができるだろうか。私と同じく「生命の神聖性」に着目するドゥオーキンなどは、わりと積極的な「教導」政策を支持しているようである。しかし、どうだろう。たしかに「障害を持っている子どもは生みたくない」と思う人がなるべく居なくなるような社会的施策（障害者およびその介助者が生きやすい社会制度の構築）を練ること——あるいは障害者として生まれてくることが絶望的に不幸なことだと思い込んでいる人に対して、「そうではない（かもしれない）」と助言すること——は（1*）、理に適った理由に対する平等な配慮を旨とするリベラルな政府の重要課題であろうが、出生前診断も受けることなく「別に子どもなんてほしくない、生みたくないもんは生みたくない。さっさと掃除して」と言い放つ人に対して、「アナタは生命の尊厳というものをどこまで考えていますか」と問い詰める作業を制度化すること（2*）は、本当にリベラルな政府がなしうることなのかは少々疑わしく思う。2*はあきらかに尊厳帰属の規準内容に対する政府の介入であって、障害を持つ人びと（=《リベラル》）に対する差別状態の是正を図る1*とは質的に異なっているのではなかろうか。

(39) もちろん尊厳帰属の規準の内容を指定することはできないわけだが、社会的-文化的背景に応じてリベラルな政府は、「ここから先は、個々人の問題じゃないでしょう」と言えるような線を引く必要が出てくる。それは、尊厳帰属の規準への介入というよりは、むしろ《リベラル》たちの生への不安を除去するというプラグマティックな要請にもとづく措置である。たとえば、私の生きている現代日本では、どれほど「女性の自己決定権」を強調する論者といえども、いったん母体の外に出た胎児の生命を奪うこと（間引き）を無前提に肯定することはないように思われる。また、未熟児の状態ではあれともかくも「出生」することのできる成長段階の胎児——母体から独立して生存する可能性を持つ胎児——の生命を奪うことにも、ほとんどの人が違和を感じるのではなかろうか。こうした違和感に形而上学的な根拠はないのだが（なにしろ、時代的・文化的背景が異なれば、そうした違和を感じない合理的・道理的存在はいくらでもいるのだから）、我々はそれを認めることに強烈な違和を感じざるをえない。リベラルな政府は、こうした違和感と不快感が蔓延することの不利益を功利主義的——功利主義的理由は立派な「不偏的理由」の一つである——に計算し、一定度の「線引き」を実行することもできるだろう。つまり、対・非《リベラル》との関係という文脈（尊厳帰属の規準内容への介入）においてではなく、対《リベラル》との関係という文脈（《リベラル》たちの不安蔓延の抑止）において、一定の線引きは正当化されうる（かもしれない）のである。こうした正当化行為は決定的なものではないけれども、政治社会を営んでいくうえで不可避の「必要悪」なのだとすれば、容易に退けるはではできないのではなかろうか。

(40) 最終的に我々の多くは、精神病患者・胎児・幼児などの人間に対し、これといった根拠もなく尊厳を帰属する一方で、あきらかに一定度の合理性を持つ動物の尊厳を認めない、という、ある意味「不公正な」態度をとり続けることだろう。たぶんその不公正=人間偏愛は、生物としての人間が長い進化論的時間の経過のなかで獲得した、道徳的感情=欲求の一部をなすものなのだ。私はこの補論である種の「人間偏愛」を肯定するような記述をしてきてしまったが、それは私の理性が情念につき動かされている、ということの赤裸々な証拠なのかもしれない。少なくとも私は、自分の人間偏愛を「拭いきれない直観を手放すことへのためらいなのだ」といった具合に合理化するつもりはない。私、そして多くの《リベラル》たちが持っているであろう人間偏愛は、情念の帰結である——シンガーの鋭く、あまりにむごい問いかけに対して、私はただただ畏まるしかない。

(41) もちろん、リベラリズムの《起動点》として〈魂〉の唯一無二性に対する尊重を掲げる稲葉振一郎(稲葉[1999:93])と、永井均流の「〈魂〉に対する態度」論を規範理論に組み込むことに懐疑的な本書とでは、議論の出発点そのものがまったく異なっており、本書の観点から稲葉の議論の成否を判定することはできない。同じことは、「他人の人格の不可侵性」を表現する「横からの制約」を議論の超越(論)的な前提とするノージックの議論についてもいえる(また、ノージック-稲葉が共有しているように思われる、生命の維持にかかわる身体への危害を回避されるべき「災厄」「悪」の典型と考えるロック的理念とも本書の議論は縁遠い)。加害-被害の現場から距離をとる第三者機関——問題となっている行為の公的な正しさを判定し(裁判権)、かつ不正な行為をなした者に処罰という正当化された「悪」を与える権限(処罰権)を持つ機関——が全域的な権威を持つということを自明の与件とせず、そうした全域的妥当性(権威)を獲得する手続きもしくは過程を解明することを政治哲学の課題として設定する点において、稲葉(およびノージック)と本書の議論は交差しているにすぎないのである。私的なルールを「設立」「執行」する主体が、公的と見なされるルールに準拠する態度(従ったり、背いたりすること)を主体的に獲得する(不)可能性の探究——それ以外の稲葉(ノージック)の議論の成否は、ここでは一切不問に付すことにしよう。もし、それでは稲葉の議論を検討する内在的意味がないというのであれば、右記の論点にかんするかぎりで私がサンプリングした稲葉(の議論)を、イナバ(の議論)と呼んでも構わない。以下特に断りがない場合は、「稲葉」という表記は「イナバ」を意味するものと考えていただきたい。

(42) ここにいう「局所化された国家」とは、自らの他に、公的ルールの執行機関たることを標榜する国家が存在すること、つまり、国家の複数性を承認する国家のことである。

(43) 自己欺瞞(Self-deception)についてはデイヴィッドソンの古典的論文を参照(Davidson[1986d])。

(44) そもそも、合理性を持たない主体の行動（あるいは信念の持ち方）にかんしては、自己欺瞞的であるとかないとか言うことができないということに注意せよ。フロイト理論にのっかって「合理的／非合理の区別を脱構築する」などと宣う人びとが往々にして見逃しているのはこの点である。

(45) 「なぜ典型的な独立人が補助金による保護の提供に無価値ではなく価値を見出そうとするのかは明らかではない。独立心のある人間への保護の提供には、共約可能性をめぐる途方もなく大きな問題が隠されているように思われるのである。いったいどれくらいの補助金による保護であれば――それに関して独立人はせいぜい曖昧な態度を示すだけなのだが――独立人がもっとも高い価値を見いだすかもしれない自律性や自助努力の欠如を埋め合わせるのに十分なのだろうか」(Wolfe & Hittinger ed. [1994=1999 : 109])。

(46) もちろん、全域的な正統性――裁判権および刑罰の執行権の独占――を主張しない「私的な」保護協会-協同組合の場合であれば、自らの外部に他の保護協会が複数存立していること、また自らもその保護協会群のうちの一つであり、他の保護協会と顧客獲得競争に参与しているということを躍起になって否定したりはしないだろう。私的な保護協会は、当然自らの支配圏の拡大を目指しはするだろうが、それは認識論上の（?）保護協会の複数性の事実の否定を含意するものではないのである。したがって、そうした保護協会は、自らに悪をもたらす、私的なルール執行に拘泥する独立人の存在を事実として疎ましく思うだろうが、そうした独立人が「そもそも存在すべきではない」とまでは考えないはずだ。保護協会にいかなる意味でも迷惑をかけることができないぐらい遠方に独立人が生息しているのなら、私的な保護協会のメンバーは彼／女が何をしようとも、涼しい顔をして静観していることだろう。自らの局所性を自覚している以上、非共存的な独立人に対する保護協会の無関心は、事実的にも規範的にもごく自然な態度なのである。しかし自らが唯一の「公性」を主張しうる主体であると自認し、自らが「私的」な保護協会の一つに成り下がることを拒絶しなくてはならない支配的保護協会、あるいは国家の場合は話が違ってくる。

(47) 1* 私たちが生きている現実の国際社会（international society）における移動の自由と、2*「国家はそもそも可能か」を問うロバート・ノージックや稲葉振一郎の規範理論内における移動の自由とは、まったく異なる水準に位置していることに注意せよ。前者は事実的-偶然的に複数の国家が存立している状況下での移動の自由であるのに対し、後者は規範的に独占を指向せざるをえないただ一つの《国家なるもの》における移動の自由である。

(48) 稲葉振一郎によれば、支配的保護協会との交渉力を持ちうるほどに経済的に豊かではない――保護サービスを受けずに生きながらえるだけの資力を持たない――「弱者としての独立人」もまた、人格の不可侵性の大前提である生存権という自然権を持つ以上、支配的保護協会（超最小国家）はその生命の保護にコミットしなくてはならない。そのコミットメントは、保護サービスと交換可能な「フリードマン風の」クーポン券の無料給付によって実効化されるだろう。それはあきらかに、再配分的な非歴史原理（パタン化された状態原理）を説明のなかに導入することにほかならない。つまり、「国家によって権利本位的道徳が執行されるとすれば、そのガイドラインとしては権利の歴史原理だけでは不足であり、状態原理が必要となる」（稲葉 [1999 : 287]）のである。かくして、いやしくも「弱者としての独立人」をも含めた合理的存在者全員を構成員とする国家なるものが成り立つとすれば、それは再配分的な指向を持つ「最小福祉国家」たらざるをえないことになる。国家の全域性は、支配的保護協会による無償の贈与によって成し遂げられるのである。

福祉国家になることなく、（全域性を持つ）国家にはなりえないとするこの稲葉の提案は実に挑戦的で魅力的ではあるのだが、私としてはやはり疑問を投げかけずにはいられない。そもそも「弱者としての独立人」と「強者としての独立人」というものを有意味な形で差異化することができるのだろうか。保護協会と独立人が乱立している状況においてならともかく、「事実上の独占」を謳歌する支配的保護協会が成立している場合には、すべての独立人は、「定義上」支配的保護協会の存立を脅かすほどの力を持たない「弱者」であるはずだ。もちろん「強者としての独立人」は個々のクライアントの安全を脅かす程度の力を持っているのに対して、「弱者としての独立人」はそうではないと言うことはできよう（その意味で、支配的保護協会が「強者」の取り込みの方に力を入れる、ということは十分ありうる）。しかし、「強者としての独立人」も「弱者としての独立人」も、支配的保護協会そのものを危険に陥れるほどの強さ、そして支配的保護協会の外部で単独で生きるほどの経済力は持ちえない――「事実上の独占」によって独立保持のために必要な力を賄うコストは相当に高まっているはずだ――のではなかろうか。

(49) 事実的・偶然的な非共存状態は成り立ちうるが、規範的な意味における非共存はありえない（本章注(47)の二つの水準を参照）。ノージック的な議論は、あきらかに、事実的な力の拮抗に照準する「国際関係論」ではなく、規範的な「国家正当化論」の文脈にあるわけだから、幸福な非共存状態を無批判に前提とするわけにはいかないはずだ。

(50) ちなみに、ここで問題とする独立人は定義上賠償の申し出にも応じないのだから、《自由主義者》はかれらに賠償する必要はない。というより、賠償しようとしても無理なのだが。

(51) この点については、第五章の注(9)を見よ。

(52) 別の言い方をするなら、我々が手にしている民間心理学の語彙体系のなかでは、心神喪失者に、デイヴィッドソン流の行為者性（agency）を帰属することができない、ということである。我々は、意志の強い独立人の振舞いにかんしては「殺そうとして殺した」と（つまり、何らかのアスペクトの下で「意図的」なものとして記述しうる行為であると）判断することができるが、心神喪失者の場合はその人が「殺そうとして殺した」のかどうかすら分からない。独立人はたしかに素っ頓狂な信念や欲求を持ってはいるかもしれないが、心身喪失者や火星人と異なり、我々は「彼がなしたことに関して、彼がそれを意図的になしたという文を真ならしめるような記述」（Davidson [1980=1990: 69]）を見いだすことはできる、つまり行為者性を帰属することはできるのである。

（53）カントが抵抗権を頑なに認めようとしなかった理由は、このあたりにあるのではないだろうか。「もし支配者の機関である執政者が法則に違反する振舞いをなしたとしても、たとえば課税や徴兵等々にあたって、公用負担の配分に関する平等性の法則に違反したとしても、臣民はこの不正義に対し不服申立［gravamina］をなすことはできるにしても、何らの抵抗もなすことを許されない」（Kant [1797=1972: 458]）。これを、たんなるリーガリズムの主張と捉えてはならない（し、当然、時代背景やカントの性格についての伝記的情報によって理解した気になってはならない）。《公的であること》の意味と意義を誰よりも深く洞察していたからこそ、カントは安易に抵抗権を容認する（＝国家の公性を相対化する行為を国家が権利として承認すること）わけにはいかなかったのである。先の引用に続けてカントはいう。「否、さらに憲法においてさえも、最高の命令権者が憲法法規に違反した場合に彼に抵抗し、したがって彼に抑制を加えることを、国家の或る権力にさし許すようなどんな条項も含むことはできない。そのわけはこうである。国家権力に抑制を加えるべき者は、抑制を加えられる当の権力より以上の、もしくは少なくともそれと同等の力をもっていなくてはならない。そして、その者は、臣民に抵抗を命ずる適法な命令権者として、また臣民を保護しうるものでもあり、かつ、生じうべきどんな場合にも法的効力ある判定を下し、したがって公的な仕方で抵抗を命じうるものでなくてはならない。しかし、そうなれば、後者（つまり抑制を加えられる最高権力）ではなくて前者こそが最高の命令権者であるということになるが、これは自己矛盾である」（ibid: 458）。

（54）ちなみに、自由主義の哲学的基礎づけの断念を謳い、自由主義を西洋近代――わけても合衆国――という社会的文脈のなかに埋め込んだローティが、《9・11》をめぐってどうにもふ抜けた感想文しか書きえていないことを、我々は見逃してはならない（中山編［2002］）。驚くべきことに、ローティにとって《9・11》とは、アメリカ内の「民主主義」的価値の危機を意味しているにすぎないのだ！ 脱-哲学化した政治理論は、下手をすれば、《リベラル》ならざる人びとの関係を「真剣に考える」ことから逃避する言い分＝理由を与えるプロパガンダとなってしまうのではなかろうか。もちろん「だから、やっぱり基礎づけが必要だ」などと言うつもりはないけれども……。

第七章

(1) いうまでもなく、ここに引用した『制度としての基本権』当時のルーマンと、「オートポイエーシス以降」のルーマンとでは国家なるものの捉え方もだいぶ違ってきている。政治システムと法システムとの相互自律、およびオートポイエーティックな自律を前提としたうえでの「構造的カップリング」の現象形態としての国家の理論的位置づけについては、たとえば、Luhmann [1990c=1996：第八章] などを参照せよ。

(2) これはルーマンに対して批判的な陣営についても（こそ？）いえることである。政治システムをめぐるルーマンの見解の背後に、何らかの政治哲学的含意を読みこみ、ルーマンを政治学的に批判する「左派」は、政治哲学的な言説の文法から「降りよう」とするルーマンのプロジェクトを完全に読み損なっていると言わねばならない。その典型はルーマンをテクノクラート呼ばわりしたかの「ヨーロッパ最後の良心」であろうが、シュミットの「敵／味方」論からの連想ゲームにもとづきルーマンを「新保守主義者」と呼んで憚からないシャンタル・ムフ（Mouffe [1993=1998：95]）なども見逃すことはできない（この連想ゲームのマズさを理解するためには、たとえば Rasch [2000] の第七章を参照しつつ、Luhmann [1990d] あたりを読み返してみればよい）。

(3) A・Bいずれの点にかんしても、以下で展開される私の議論は到底ルーマン内在的なものとはいえない。Aで展開されるような《正義》をめぐるチマチマとした語用論的な分析をルーマンのテクストのなかに見つけ出すことはできないし、またBのシステム分化の分析についても、私が考えるような意味でルーマンが分化をめぐる「二つの考え方」を峻別していたかどうかは甚だ怪しい。私のやろうとしていることは、ルーマンおよびその真摯な継承者・釈義者が蓄積してきた豊饒な資産をフリーライドするだけして、結局のところ自分のイイタイコトをルーマンという名前の権威によって正当化するという、きわめてイヤ(ら)しい作業なのかもしれない。その品性のなさについての咎は心して引き受けるつもりである。

(4) いうまでもなく、「行為の観察」→「観察の提示」→「その理解」というプロセスは、単純な時間的経過に対応したものではない。他者による「理解」の提示によって、遡及的に「観察の提示」がなされることもあるし、「理解」そのものが行為として主題化されることもある（コミュニケーションの複層性をめぐるこの辺りの論点については、何よりも西阪 [1990] を参照せよ）。

(5) ここにいう「《有意なもの／有意でないもの》の区別」とはもちろん、ルーマンの用語でいえば「《システム／環境》の区別」と表記されるべきものである。なるべく人間語を用いようという本書の方針に則って、あえて《有意なもの／有意でないもの》と記したが、ここにいう《有意》なる語は現象学的社会学における《有意性 relevance》（Schutz [1970]、江原 [1985a]、中村 [1998]）と混同されてはならない。おそらくルーマンにあっては、《1*「有意なもの（システム）／有意でないもの（環境）」の区別の観察が、出来事・行為記述の意味的・概念的連接性（の社会的信憑性）を可能にする》のであって、シュッツ理論におけるように《2*「有意なもの／有意でないもの」の区別が、出来事・行為記述の意味的・概念的な連接性（connection）によって可能になる》のではない。一見ささいな違いと思われるかもしれないが、「システムは自らの構成単位を再生産する」というオートポイエーシス論の公理に忠実であろうとするならば、1*と2*との違いは無視しえないものとして現れてくるだろう。読者は各々、具体的なコミュニケーション・システム（法システムなど）を想定しつつ、1*2*の差異を思考検証していただきたい。

(6) たとえば、「モラルのコミュニケーションをその社会の諸連関のなかで把握するという、別の可能性」（Luhmann [1989=1992:18]）について語るルーマンの《道徳》論のようにして。

(7) だからこそデリダは、「知識の地平を遮断する切迫性」という「第三のアポリア」を付け加えたのである。「正義は、現にそこにあらしめる／現前させることがまだどんなに不可能であろうとも、待ってはくれない。それは、待つということをしてはならないものである」（Derrida [1994=1999:66]）。ロマン主義的な決断主義が――その「決断」主義の装いにもかかわらず――陥ってしまうイロニー的態度の価値化・実定化に対する、いかにもデリダらしい距離化の戦術をそこに読みとることができよう。

(8) 要するに、「神」もしくは「本人」の観点からみて、デイヴィッドソン的な意味における行為者性が帰属されえない場合でも、コミュニケーション自体（あるいは、「自分には行為者性を帰属することはできない」ということを主題化するコミュニケーション）は継続されなくてはならない、ということである。

(9) もちろん、ここにいう「因果関係」とは、あくまでも二つ以上の出来事の関係に対して（往々にして事後的に）帰属されるもの、つねに人間（というよりコミュニケーション・システム）の側の認知的な作業によって構成されるものにほかならない。たとえばルーマンの次のような議論を参照。「因果カテゴリーにおいて問題なのは、環境のなかに『それ自体として』実在する事実（一般にはそれによって、システムの成立と消滅が特定の原因から説明されると考えられている）を指し示すことではない。むしろポイントは次の点である。現実的なものを因果カテゴリーのかたちで図式化することは、システムが取る戦略に他ならない。この戦略は、それがどんな機能をもつかという観点から研究されうるのである」（Luhmann [1968=1990:136]）。また「因果関係」の認知的性格をめぐる哲学的考察については一ノ瀬正樹の精緻な論述を参照（一ノ瀬［2001］）。

(10)　「因果帰属①」「意味連関措定②」は、大筋において『ロッシャーとクニース』におけるウェーバーの歴史記述方法論（Weber［1903=1955］）と重なり合う。私自身は、ウェーバーの議論は、現代的な「行為の哲学」「歴史方法論」と接合可能なアクチュアルな理論であると考えており、とりわけデイヴィッドソンの行為理論との関係に照準した論稿を現在準備しているところだ。こうした研究の方向性を疑わしく思われる方は、たとえばRinger［1997］、あるいは、Turner & Factor［1981］のチャレンジングかつ精緻な議論を熟読していただきたい。

(11)　もちろん、隠蔽がなされないもの＝隠蔽されざるものが自存的に存在しているわけではない。隠蔽されざるものは、つねに隠蔽という操作とともに／の結果として、立ち現れてくるものなのである。

(12)　ルーマンの《道徳》論に言及した日本語で読めるものとして、村上淳一、中野敏男、馬場靖雄、クニール＆ナセヒらの論稿がある（村上［1990：第二章］、中野［1993b：第二章第四節］、馬場［1992］、Kneer & Nassehi［1993=1995：V章二節］など）。

(13)　ルーマンは、「すべての道徳は、最終的には、人びとが相互に尊重したり、尊重しなかったりするのかどうか、またはいかなる条件で尊重したり、しなかったりするのかという問題に関連している」「尊重にとっては、パースンが全体として評価されているということが、基本的に重要なのである」（Luhmann［1984=1993：373］）としたうえで、「ある社会システムにおいてパースンが尊重されるのか尊重されないのかが決定されることになる諸条件の総体を、その社会システムの道徳と言い表すことにしたい」（Luhmann［1984＝1993：374］）と言う。ここにいわれる道徳とは、あきらかに完成主義（perfectionism）的な徳倫理にほかならない（徳倫理の現代的展開についてはさしあたりStatman［1997］、Crisp & Slote［1997］を参照）。

(14)　もちろん、いわゆる「新しい社会運動」のすべてが――『エコロジーのコミュニケーション』のルーマン（Luhmann［1986a=1992］）が示唆するように――《道徳》的なコミュニケーションを展開しているというわけではない。むしろ、《道徳》とは異なる《正義》または《リスク》のコミュニケーションとして捉えた方が的確な社会運動の方が多いくらいかもしれない（何でもかんでも施政者・マジョリティの「悪意」に帰着させるコミュニケーションは、あまりにリスキーなものとなろう。本書では言及することのできなかった《リスク》のコミュニケーションの概要については、たとえば土方＆ナセヒ編［2002］の第一章のナセヒ論文などを参照）。

(15)　もちろん、この不偏性（再配分）要求は無制限になされうるようなものではない。頻繁に公的ルールが改変されたり、同一とみなされる事案に対してあまりにアドホックなルール適用がなされたりすれば、再配分を請け負う公的機関の信頼性・安定性が脅かされてしまう。下手をすれば保守主義的な含意を持ちかねないものの、「公的ルールの安定性保持」といった理由は、それなりに配慮されるべき理由の一つとなりうるのである。もちろん、それは数ある「配慮されるべき理由」の一つにすぎず、他の理に適った理由を無条件に over-ride するようなものではありえないのだが。

(16) 注意していただきたいのは、［7－3a］［7－3b］［7－3d］は、［7－3a′］［7－3b′］［7－3d′］に表現されているような「区別」が存在するという「事実」を示唆するのであって、そうした「区別」の内容的規準を提供するのではない、ということだ。たとえば［7－3a］の加害原理は、世界に「他者の自由に対する侵害行為／他者の自由を侵害しない行為」という二つの行為類型が存在することを示唆するが、特定の具体的な行為が「侵害行為か否か」を判別する規準を与えるものではない。

(17) ［7－3a′］の区別は、ミル的な用語系では「他者にかかわる（other-regarding）行為／自分にのみかかわる（self-regarding）行為」と表現することができるだろう。周知のように、ミルの「自分にのみかかわる」という概念に対しては、「他者との関係から孤立した行為などありえない」「あらゆる行為は、他者に対して何らかの影響を与えざるをえない」……といった関係論的な批判が――それこそ『自由論』の出版以来――投げかけられてきた。しかし、『自由論』の第四章あたりを斜め読みしてみれば分かるように、ミルは、そうした社会（学）的事実（個人による行為選択が規範の拘束を受けること、「自分にのみかかわる」行為が他者に影響を与えること、「何が危害なのか」は社会的・歴史的文脈によって異なることなど）を否定していたわけではない。おそらく、ミルの真意を理解するためには、他者に対する「利益」「影響」「迷惑」といった概念を乱暴に一括りにすることなく、丁寧に分節化していく必要があるのではなかろうか（この点、たとえば、加害原理を分析的に再構成する Lyons [1996] や、Gray & Smith ed. [1991=2000] に収められたリース論文などは啓発的である）。

(18) もちろん、「後続する行為」がいつ現れるかは決定的に不確定であらざるをえない。とりわけ科学システムにおいては、行為連接の時間的なギャップはしばしば観察されうるだろう。

(19) この文脈においては、［7－3a′］は他者に逸脱として観察されうる行為／逸脱として観察されえない行為》、あるいはミル的に《他者にかかわる行為／自分にのみかかわる行為》と表記すべきかもしれない（科学システムにおいては、全くもって逸脱として観察される可能性のない self-regarding act が数多く産出されているのは周知のことだ）。

(20) かかる《正義》における不偏性要求は、法システムにおける「裁判官の不偏性・中立性原理」と混同されてはならない。裁判官に要請される不偏性要求の原理はあくまで「法システム内部からみた不偏性要求」なのであって、それは、ある意味で《正義》的な不偏性要求のあり方と矛盾・対立しかねないものである。

(21) こうした《正義》のコミュニケーションのあり方は、ある意味で、ポパーの反証主義が「政治理論化」されたものとしても位置づけられるかもしれない。私自身は、ポパーの科学哲学、政治哲学のいずれに対しても少なくない疑念を抱いているが(何しろ私はクワイン主義者かつマルクス主義者なのだから)、ポパー的な心性=批判的合理主義がリベラリズムへと傾斜する必然性はある程度理解できているつもりだ(山脇[1993]、関[1990]、橋本[1994]、Gray[1989=2001]などを参照)。ただし、もちろんポパーは、自身の自然(科学)哲学=反証主義と、社会哲学=自由主義とを安易なアナロジーによって連接しているわけではない。

(22) こうした科学システムのあり方を「中立性の神話」と呼び難詰する人は往々にして、当然参照すべき真理理論を扱った文献に当たることもなく(きわめてマニアックな世界だから別に当たる必要はないのだが)、神秘性と至高性と絶対性とが交ざりあった奇妙奇天烈な《真理》イメージを持っていることが少なくない。それはそれで別様の「科学という神話」を構成することになってしまうのではなかろうか。社会学的な科学批判が、科学にかんする新たな神話を作り出してしまうという逆説。この点ルーマンは十分自覚的である(Luhmann[1990a])。

(23) 「十分に不偏化することのできていない理由にもとづく異議申し立て」に対する応答を免除すること——不偏性に結実しない声を排除するこうした《正義》の「暴力性」に対しては、周知のように、様々な批判が投げかけられてきた(Benhabib[1986=1997]、齋藤[2000]。法的コミュニケーションをとり扱ったものとして、望月[2001]、棚瀬[2002]など)。この暴力性を《正義》内在的な形で完全に解消することはできない。しかしたとえば、「マイノリティが配分される社会的資源の不均衡ゆえに、不偏的な語り口をもって異議を申し立てることはできない」という(バーンスタイン的な)主張そのものはきわめて「不偏的な」ものであり、不偏的な語り口で語りえない(語ることを抑圧された)人びとの声を注意深く分節化する責務を公的な機関が引き受けることを要請する理由を形成しうるものだ(このとき、理由生産者としての社会学者がきわめて大きな役割を果たすこととなるだろう)。《正義》は自らの暴力性を完全に清算することはできないが、独特な形で事態を「翻訳」し応答することはできるのだ。

(24) 「ポストモダン」的な政治理論のなかで展開される「ポジション」についての語りと、差別主義的な選好の表明との意図せざる共鳴——この問題は、「絶対的利他主義」(その他者がその他者であるがゆえの尊重)と「絶対的利己主義」(自分が自分であるがゆえの尊重)との捩れた同盟関係と似たところがある。この点にかんして、井上達夫は次のように指摘している。「極限的利他主義者は利己主義者の対極に位置するが、自己と他者との差別的扱いの理由を両者の属性の相違にではなく、自己と他者との個体的同一性における相違に求めている点で、利己主義者と同様にエゴイスティックであり、正義の禁止に抵触する」（井上［1986：50］）。

(25)　後に述べるように、《あいだ》はシステムならざるものとして実体化されるべきではないと私は考えているが。

(26)　「オートポイエーティック・ターン」の理論的意味にかんしては、何より馬場［1988］を参照。私自身の見解は、次のような石戸教嗣の見解に近い。「ルーマンのシステム論は、前期の『複雑性の縮減』から後期の『オートポイエーシス』へと関心が移行したと言われるが、この移行は連続的なものである。システムが自己を再生産しながら発展し続けるとき、システムはオーバーフローする恐れがある。複雑性の縮減はシステムのオートポイエーシスには必ず随伴する課題である……『複雑性の縮減』の場合、システムによって生み出された結果に比重を置いて考えるのに対し、『オートポイエーシス』はそのプロセスに比重を置いていると言えよう」（石戸［2000：12］）。

(27)　もちろん、ルーマンの《正義》観が「オートポイエーティック・ターン」を境として第一の考え方（適度な複雑性としての《正義》から第二の考え方（足場なき奇食体としての《正義》）へといきなり移行したというわけではない。ルーマン社会学における正義概念の微妙な変位（あるいは揺らぎ）については、中野［1993a］あるいは仲正［2001］の論述を参照せよ。

(28)　ただし読み方次第では、中野敏男のこうした議論は「第二の考え方」の方に近いようにも読める。いずれにせよ、中野の一連の論稿が（中野［1993b］［1994］など参照）、ルーマンの遺産の「創造的運用」という点において、他に類をみない秀逸なものであることは間違いない。

(29)　以下の引用は、基本的に英訳版の『事実性と妥当性』に拠って訳出した（Habermas［1992=2002：77-78］のドイツ語からの達意の訳を参照すると、いくつか異同があるようである）。

(30)　したがって、全体社会と分化したサブ・システムとの関係は、「いかなる図示や比喩をもっても語ることはできない」（村中［1996：178］）。

(31)　したがって、上野千鶴子による次のような「全体社会」概念批判は、少なくともルーマンの社会理論については当たらない。「『全体社会』の境界はどこか？　『全体社会』が言語と文化と国家権力の重複した運命的な共同体であるという考え方は、国際的な人口移動やディアスポラの現実のなかで無効となってしまった。『全体社会』はしばしば国民国家とその外延を等しくするが、ここには二重、三重の隠蔽が働いている。……」（上野［2002：300-301］）。

(32)　そもそも〈生活世界における《正義》的な主張を、法システムが積極的に読みとる〉という議論は、その市民派的・

良識的な装いにもかかわらず、法という行為領域に《正義》が飲み込まれてしまうという「法化」の問題にやや楽観的であるように思う。インゲボルク・マウスが指摘するように（Maus [1986=2002：第十章]）、この問題は生活世界を侵食する「メディアとしての法」に「制度としての法」を対置させれば解消されうるようなものではあるまい（この点については、ハーバーマスが引用するTeubner [1984=1990]、あるいは小谷 [2000] などを参照）。法化——と生活世界の関係——の問題にかんしては殊更に大上段に構えて論じるのではなく、たとえば江口 [1998] や棚瀬 [2002] のように、法的なコミュニケーションが日常世界のなかで立ち上がる現場の微妙さに目を向けるべきであろう。

(33) 正確にいうなら、「同じ」だとか「同じではない」と言いうる場所・審級がありえないということ（もっと正確にいえば、そうした場所があるともないともいえないということ）である。

(34) 同様のことは、（ハーバーマスにあって《正義》の空間とほぼ等置される）《生活世界》についてもいえる。《生活世界》とは、「慣れ親しんだもの／慣れ親しんでいないもの」という区別を元手に観察者によって「慣れ親しんだもの」として観察された一連の行為領域にほかならない（Luhmann [1986b] 参照）。それは諸機能システムの外部にあって「社会統合」の礎となるような「貯水池」ではないのである。

(35) 我々の社会では、生真面目な「正義の人」の非道徳性が語られたりもする（正義漢の無慈悲さ）。一方で素晴らしく完成主義的な人格性を持つ人が「公正」さを保つことができないというのもよくある話だ（人格者の法違背行為）。《道徳》と《正義》は、互いに互いを「外側」から観察しているのであり、《道徳》のなかに《正義》がプログラムとして収まるようなことはありえないのである。「正しい行為／間違った行為」の差異をめぐる倫理原理（《正義》）と、「有徳／悪徳」の差異をめぐる倫理原理（《道徳》）との相互独立性については——システム論とはまったく異なる知的スタイルで語られてはいるが——トリアノスキーの議論が示唆的である（Trianosky [1998]）。

(36) 同様に、《道徳》もまた《正義》を踏み越えることを期待されている。

(37) したがって我々は、《正義》を法システムの「内的契機」として（のみ）捉える『法の社会学的観察』時点のルーマンの見解を、「オートポイエーシス」的なシステム論の帰結としては不徹底なものと考える。私としては、「第一の考え方」に逆行することなく、《正義》を全社会的原理として捉え返す可能性を示唆する『社会の法』の議論（Luhmann [1993：178]）を、自分なりに改釈しつつ、考察を進めていくこととしたい。

(38) システム論の考え方を突き詰めていけば、《権利》そのものが、「法システムと心理システムとの構造的カップリングのメカニズムとして十分な役割を果たしている」（福井

[2002:168]）と考えることもできる。問題は、《権利》と直ちには等置されえない《正義》をシステム分化論の文脈のなかに――つまり個々のサブ・システムとの固有の「関係性」に照準して――精確に位置づけていくことである。法システム以外の機能システムと《正義》との関係は、具体的にどのようなものとして説明されうるだろうか。たとえば、「経済」「教育」「親密圏」……。《正義》を「法」から（理論的に）解放した後に、問われざるをえないこうした問題は、間違いなく第一級のアクチュアリティを持つ社会学的課題であろう。

(39) この点にかんしては、「もう一人の第三世代」クラウス・オッフェの「アソシエーション」「責任倫理」をめぐる論稿なども promising な導きの糸となりうるかもしれない。私自身は「第三世代」特有の鼻につく（?）開き直った市民社会論（およびルーマンに対する確信犯としか思えない無理解＝誤解）を相当にウサン臭く感じていたのだが、オッフェの「二階の近代化問題」の議論などは、かなり深く掘り下げられたシステム分化論としても読むことができる――このあたりの基本情報はほとんどすべて（つい最近）田村哲樹から学ばせてもらった（田村[2002]参照）。それにしても「フランクフルトってこんなんでしょ」という我が内なる「独断の微睡み」がいかに根深いものであったことか！ 今更ながらに驚かざるをえない。

(40) もちろん、「高度に機能分化した社会だからこそ／であるにもかかわらず」独特の社会的位置価を獲得する《正義》のあり方は、本書のような「机上の戯言」的語りのなかに回収されうるようなものではありえない。社会学的な知性と粘り腰をもって《正義》の実定的なアスペクトを描き出そうとする試みとして、たとえば「環境正義」をめぐる原口[1997]、金菱[2001]などの議論を参照。また、社会学的な正義論の基礎と応用可能性を概括的、かつ精緻に論じた論考として斎藤[1998]などがある。

現実（主義）から遠く離れて
――あとがきにかえて

ヨーロッパの未開人がアメリカの未開人とちがうと言っても、それはもっぱら次のことだけである。つまり後者の多くの部族がそれらの敵によってまったく食い尽くされてしまったのに対して、前者は敗北者たちを食い尽くすよりももっとうまく利用するすべを知っており、むしろかれらを集めて自分たちに隷従する者の数を増やし、したがってまた、いっそう拡大した戦争のための道具の量を増やすことを知っている、ということなのである。

（カント『永遠平和のために』）

現実という喜劇

忘れもしない。本書の第五章・第六章の構想を練るためにノージックのテクストを再読していた蒸し暑い初秋の夜、私は、最初の衝突から一時間ほど遅れてあの映像を目にした。「映画的」などと形容されていたが、そう形容するにはあまりに無-意味なあの映像。湾岸戦争のときもオウム事件、バスジャック事件のときも、過剰な（社会学的）意味を見いだそうとはしなかった――むしろ、斜に構えて、意味を与えようとする言説の欲望を静観していた――私であったが、いささかの意味をも見いだすことのできないあの映像を前にしては、ただ言葉を失うしかなかった。「怒り」とか「高揚」といった有意味な人間としての感情を、徹底して禁じてしまうような有無をも言わさぬ何か、あらゆる言語化をはねのけてしまうかのような何か――イスラムがどうだとかアメリカがどうだとかの地政学的思考を働かせる余地を与えてくれない、不気味な不寛容さがあの映像（と出来事）には内包されていたように思う。悲しみも怒りも嘆きも、そして屈折した高揚感もありえない。妙にあっさりとした空虚が私の身体を支配していた。

その空虚の由来は、第一には、あの映像の突き抜けた無意味さにあったといえようが、おそらくは、自由主義をめぐる基礎的な考察があっさりと「実証」されてしまったということに私が拍子抜けしてしまったということにもある。ホッブスの言う死を賭してリヴァイアサンに抵抗する個人、あるいは、たとえどれだけ物理的に弱体化されたとしても、意志的な弱体化を断固として拒み続ける独立人――おおよそ現実政治と接点を持たないはずの契約論の登場人物たちが、「事実上の独占」を謳歌する支配的保護協会＝アメリカに、現実の世界をフィールドにして抵抗してみせる……。もちろん、悲劇の社会学的・国際政治学的背景を詳細に分節化していくことは可能だろう。しかし、そんなことよりも、ノージックの与太話が、愚直なまでに現実化されたという喜劇性こそが、私にとっては気になって仕方がなかった。あの事件によって失効を宣告されたのは、「現実に関連が薄い」と非難され続けてきた契約論的リベラリズムではなく、実は、契約論的思考を非現実的として嘲笑してきた現実主義の方だったのではなかろうか。

たとえば、保守的な論者が得意とする軍備増強を唱える現実主義《リアリズム》や、負荷なき自己概念を槍玉にあげ多元的な価値の闘争を主題化する左派陣営の社会‐主義的な現実主義《アクチュアリズム》も、ともに、自らの価値（私的ルール）の貫徹のためには死をも厭わない独立人の存在を等閑視するところに成り立っていた。前者は、物理的暴力によって「意志的に強い」独立人を屈服させることができるというほとんど空想的な理論を採用しているし、また、左派的な現実主義にしても、つねに議論の照準を「他者性を感受しないマジョリティ」への批判に定めていたために、「他者性を感受しない」徹底したマイノリティ＝独立人の存在を例外視する――「他者性の倫理」の外部に存在する他者についての考察を回避する――ことができていた。いずれにせよ現実主義は、物理的支配に屈することのない意志的な強者、私的価値の貫徹のためにはいかなる方法も拒むことのない独立人といったものを無化したうえで、自らのロジックを構築してきたのであった（要するに左右両陣営とも、力の支配に弱く、ほどほどの合理性を持った《リベラル》な主体像――合理性と道理性を兼ね備えた行為主体――前提としていたということだ）。

事実上の独占に怯むこともなければ、救済されるべき文化的他者として登記されることもないような透徹した独立人たち。かれらは、あたかもノージックの無邪気な台本を深く読み込み、その裏をかくかのように、事実上の独占という演出＝アイディアが抱え持つ「穴」の所在を遂行的に指し示してしまう。現実主義者たちが嘲笑した契約論的なリアルは、あまりによくできた喜劇として、したがって底なしの悲劇として私たちの眼前に立ち現れてきたのだ。事実上の独占を徹底しようと図るアメリカ的戦略と、イスラム社会の置かれた政治的コンテクストから「理解」を目指す文化左翼的な方策。どれほど精密に練られていようとも、そのいずれもがどこか的を外し続けているようにみえるのもたぶんそのためである。《9・11》のどうしようもない喜劇性、凡庸な悲劇（物語）的解釈を寄せつけない愚直さ＝契約論的リアルをこそ我々は正視しなくてはならない。現実が喜劇的であることの耐え難さから目を背けることは許されない。

リアリズム／アクチュアリズムに抗して

本書の構想を練り始めたのはたしか二〇〇〇年の五月頃だったと記憶している。もちろんそのときには、《9・11》のような出来事が現実化しうるなどとはまったく考えていなかった。むしろ、「なぜ人を殺してはならないのか」という問いを安直に退けてしまえる社会学的・関係論的感性に対する（業界内的な）違和が執筆作業を駆動させており、自ら考察がリアルな国家論につながっていくなどということは思いもよらなかった。しかし、今にして思えば、私はその頃から一貫して一つの問いをめぐり、ない知恵をこねくりまわしていたのだ。つまり、

「なぜ人を殺してはならないのか」「なぜ道徳的でなければならないのか」という問いを「無意味」だとか「間違い」だとか言えてしまえる人びとの存在はいかにして可能か、そしてそうした人たちによって構成される社会は、平然と「なぜ人を殺してはならないのか」と言いのける人びととどのような関係を持ちうるのか、

という問い、言い換えるなら、合理性と道理性を持つ《リベラル》的な主体の特殊性と、その特殊性を持つ人びとが構成する社会の限界をひたすら考えていたように思う。本書第二章、第三章における「社会学批判」も、第五章、第六章における「自由主義批判」——自由主義の限界画定——もこの問いをめぐる二つの問題系の展開であった。私は社会学（関係論）の立場に立って自由主義を糾弾しているわけでも、自由主義の立場に立って社会（学）的なるものを批判しているわけでもない。「批判」という正答を提示することではなく、右の問いに対する社会学的な抑圧、自由主義的な抑圧をともに精査しつつ、人びとが集う《社会》という場に思いをめぐらす思考スタイル——それは定義上、何らかの形で右の問いを抑圧、もしくは誤解せざるをえない——の限界と可能性を描き出すことが、私の目指すところであった。

価値理念としてのリベラリズムを積極的に擁護するというよりは、むしろリベラリズムと呼ばれる思考の限界を測定することによって、リベラリズムの可能なる居場所を特定する＝囲い込むこと。暗に陽に道理性と合理性を持つ主体を前提とするがゆえに「なぜ人を殺してはならないのか」といった問いを棄却せざるをえない関係論的視点やネオリベ的な自由至上主義を、契約論的な発想の手助けを借りながら批判しつつ、同時に、契約論によって構成

される自由な社会の臨界・限界を見定めていくこと。私にとって、リベラリズムとは、議論の出発点でないのはもちろんのこと、議論がいつか行き着くべき目的地ですらなかった。《社会》を主題化する思考（社会学・政治学）と右の問いとのありうべき（非）関係こそが、おそらくは本書が照準してきた唯一の問題だったのである。

《9・11》に対して私が不謹慎ながら、ある種の喜劇性を読み取ってしまったのも、左右の、そして「左右の対立なんてどうでもいい」とお利口に言ってのける現実主義者たちにとって「どうでもいい」と映るであろうこんな問題を考えていたからだと思う。もちろん私は「論理が倫理を規定する」とも「理論こそが情況を変えうる」とも思ってはいない。だが、解釈次第でどうにでもなる「現実」「情況」などというものに寄り掛かり、思想や理論のいわば物質性を軽視する怠惰（そのもっとも狡猾で尊敬すべき確信犯がリチャード・ローティである）に対しては、断固として抗い続けたいと思う。《9・11》という出来事が示してしまったのは、その怠惰がたんなる知的なものであるばかりか、実践的・倫理的な怠惰でもありうるという苛酷な現実ではなかったか。「アメリカのアガニスタン爆撃は、自由を護るための正当防衛である」という言説も、「テロリズムはアメリカの覇権主義的リベラリズムが生み落とした鬼っ子である」という言説も、ともに、「そもそもアメリカはリベラリズム国家なのか」「テロリズムとの『戦争』は可能なのか」といった問いを等閑視してしまっている。見苦しいまでにグローバル（全域）化を希求する支配的保護協会としてのアメリカ合衆国――ノージックの空想的な筋書きのなかに現在のアメリカの姿を見いだすことこそがもっとも「現実的」であるような喜劇的状況に、今、私たちは立ち会っているのである。私はこの喜劇（＝契約論的リアルの再演）を悲劇（＝新しい戦争）としか読みとれない人たちの政治的感性というものを、どうしても信じることができない。

出来事としての固有性をそぎ落とされ、いまや普通名詞化しつつある《9・11》について、これ以上贅言を重ねるのは控えよう。当然のことながら、《9・11》という出来事は、リベラリズム理論の応用問題として処理しうるようなものではない。その固有性を捕捉するためには、様々な社会学的・国際政治学的・宗教的知が注意深く選択・援用されなくてはならないだろう。ここで印象批評風に語った《9・11》の喜劇性という論点も、「契約論的筋書きが再現された（したがって、契約論は今なお有効な理論装置である）」などという間抜けたお話しに帰着させるのではなく、「現在-アメリカ-イスラム-テロリズム」という線分の実定性（喜劇の社会学的背景）を踏まえたうえで、慎重に分節化されるべきである。それは間違いなく、本書以降の、社会学者としての私自身の課題である。

＊

「なぜ道徳的でなければならないのか」「なぜ人を殺してはならないのか」という問いに明確な回答を与えるというよりは、むしろ回答の与えられなさ、回答を与えようとする人々の欲望のあり方を考えるなかから、私たちの倫理的生の臨界平面を測定する――本書では、こうした指針にのっとり、「自由」「責任」「正義」「尊厳」といった様々な政治的トピックについて考察を加えてきた。個別的な論点について、論理的・理論的なもののみならず、学説史的な誤りも少なからず含んでいることと思う。一書全体を見渡し著者の意図について解釈学的善意を働かせてくれ、などと図々しいことを言うつもりはない。どんな些細なことでもいい。読者の皆さんからの「理に適った異議申し立て」をお待ちしている。できうるかぎりの応答責任は果たしていきたいと考えている。

excuses

本書は基本的に書き下ろしであるが、第一章、第三章（の一部）は、過去に公表した論文を再利用した（「コミュニケーションにおける行為の同定と帰責」『相関社会科学』七号、東京大学大学院総合文化研究科国際社会科学専攻、一九九七年、および、「道徳をゲームとみなすことの『倫理』」『大航海』四二号、新書館、二〇〇二年）。私にとって三冊目の単著ということになるが、政治理論・社会倫理学的な問題系を主題化したものとしては事実上の「処女作」と言っていい。文化社会学、メディア論とは異なる自分の研究の「もう一つの柱」を仮初にも書物に仕上げることができたということで、素直に安堵している。

この本を仕上げていく過程で、少なくない人たちから「何でアンタがリベラリズムなんかやるの？」という疑念をともなった質問をいただいた。この質問には二通りの意味があったのだと思う。第一に、「広告だのメディアだの文化社会学的なテーマを扱ってる人が、なんでいきなり政治理論などやるのか」という疑念／疑惑。そして第二に「社会学者なら、こんな抽象的な自由論ではなく、もっと実定的な自由分析——監視社会の問題など——をやるべきだ」という疑念／疑惑。いずれの疑念もまったく正当なものだと思う。しかし、と同時に、文化社会学、というか社会学と呼ばれる思考様式というのは、いかなる知的営為にも増して「社会的なるもの」（を議論の与件として立ててしまうこと）に対する距離意識・批判的態度を持っている（べきな）のであって、そうした意味では、本書で遂行した「社会的なるもの」への懐疑というのは、「社会学的な」思考空間のど真ん中に位置するものなのではないか、とも思ったりもしている。

文化に照準した社会学というのは、一見したところの「文化」の語りやすさゆえに、他の連辞社会学以上に「社会反映論」という陥穽の存在に敏感でなくてはならない（でなければカルチャー・センターの「映画で学ぶ社会学」のようなものになってしまう）。文化社会学は、その理想形態においては、妥協の余地なく「社会的なるもの」に対する懐疑を徹底する知的態度のことなのだ（ウェーバーの「文化科学」とはそういうものではなかったか）。私自身が自らの文化社会学的研究においてそうした知的態度を貫徹しえているとは、もちろん言わない。しかし、ロジカルな次元で詰めていった場合、文化社会学と高度に抽象化された理論社会学（社会的なるものの成り立ちを懐疑に晒す思考）とはメビウスの輪のように表裏の位相を混然とさせたまま、分かちがたく結びついてしまっている、という私の信念にそれほど間違いはないようにも思う（見田宗介氏や大澤真幸氏、宮台真司氏、長谷正人氏などの仕事を見てみればよい）。《文化社会学＝実証的・経験的／理論社会学＝抽象的・非経験的》と割り切れるほど、両者の関係は単純なものではないのだ。「社会（学）的なるものへの懐疑」という一点において、私自身は自分の仕事のなかにある種の「一貫性」を見出しうると考えている。当然のことながら、それが首尾よく実行されていると強弁するつもりはないけれども……。

＊

政治学や倫理学、法学などにまったく不案内な私が、無謀にもリベラリズムを主題とする本書を何とか仕上げることができたのも、様々な方々との制度的な知の境界を越えた「対話」のおかげである。

まずは、第一章のもととなった論文の抜刷を不躾にも送りつけた私に、ご自身が主宰される研究会（現代倫理学研究会）で発表する機会を与えてくださった大庭健（専修大学）、川本隆史（東北大学）の両氏に謝辞を捧げたい。典型的な「遅れてきた（原理主義的）ニューアカ青年」であった私に、倫理的なるものを分析的に語ること、ホットな倫理観をクールに語ることの切実さを教えてくれたのは、間違いなく大庭氏の「システム倫理学」をめぐる一連の著作であったし、また、川本氏の啓蒙的でありながら思考をたえず刺激する自由主義論であった。特に大庭倫理学には、自分の書くものがほとんど「大庭節」の文体模写になってしまうほど、学部時代にひたすらハマっていた記憶がある。本書は、大庭倫理学をめぐって一人の大庭マニアが約十年のあいだ考え続けてきたことを、ない頭を絞ってどうにか文章化した「独白」でもある。「大庭さんからの卒業論文」といえば、不可を食らうこと確実であるが、せめて学部レポートレベルで「C」ぐらいは頂けるだろうか。不安なところである。

そして本書第三章のもととなる論稿を発表する機会を与えてくださった法社会学会関西研究支部の皆さん、とりわけ棚瀬孝雄先生（京都大学）にお礼を申し上げたい。《「なぜ道徳的でなければならないのか？」という問いは合理的な問いとしてとり上げねばならない》という見解をめぐって議論は紛糾し、「リベラリズム」と安直に言ってしまえる自らのポジションについて改めて考えざるをえなくなった。社会学者（の端くれ）である私が「社会学的な思考」の肥大に異議を申し立て、法学を専攻されている方々が「リベラリズムにおける社会学的思考の欠如」を鋭く衝く――いずれの態度が正しいというのではなく、「社会（学）的なるもの」と「政治（学）的なるもの」とのあいだで揺らがざるをえない我々の置かれた位置の微妙さを問題化することこそが重要なのではないか。「まえがきにかえて」で述べたことは、この研究会で繰り広げられた熱い討論に多くを負っている。傍若無人な私の物言いを突き放すことなく粘り強く付き合ってくださった参加者の皆さん（なぜかプログレ者が多かった！）に、心から感謝している。

友人たちの存在も大きかった。本来歴史社会学をテーマとした研究会であるはずなのに、本書の草稿を発表するという私の暴挙に、嫌な顔ひとつせず付き合ってくれた友人たち、また中学校以来のつきあいで、つねにその驚嘆すべき博識でもって私の思考を刺激続けてくれている古野拓氏（研水会平塚病院）、そして、政治学に不案内な私に的確な指示を与えてくれた田村哲樹氏（名古屋大学）。偶然の出会いから得られた思考空間の広がり、立場は違えども「政治の現在」を虚心坦懐に語り合う友人を得ることができたという自らの僥倖に感謝している。また、「友人」というのは憚られるが、本書の草稿に目を通して頂いた馬場靖雄氏（大東文化大学）、長谷正人氏（早稲田大学）にもお礼を申し上げておかねばならない。私は「理論の持つ物質性」を馬場さんから、「社会を野蛮に語ることの困難さ」を長谷さんから学ばせて頂いた。先にも述べたように、私は「で、結局アンタは理論やりたいの、それとも歴史やりたいの？」という質問を受けることが多いのだが、このお二方はそんな「アレかコレか」的な問いを突きつけることなく、正面切って私の論稿につきあって（＝ケチをつけて）くれている。本当にありがとうございます。

最後になったが、本書の編集を手掛けて下さった勁草書房の徳田慎一郎氏に、心からの謝辞を捧げたい。徳田氏は、無名の新人の「青い怒り」に嫌な顔ひとつせずに耳を傾け、ともすると安易な落とし所に逃げてしまいかねない私に、妥協せずに考え続けていくことの困難と快楽とを身をもって教えて下さった。法学・哲学・政治学・社会学のあいだを往環する氏のフットワークを目の当たりにし、私自身の思考空間もだいぶ広がってきたように思う。「リベラリズムと社会システム理論を架橋する」という当初の約束を守りおおせたかどうかは心もとないのだが、とにもかくにも本書を書き上げることができたのは徳田氏のご尽力のおかげである。長いあいだ、どうもありがとうございました。

二〇〇三年四月

北田暁大

著者略歴

1971年　神奈川県に生まれる
1999年　東京大学大学院人文社会系研究科博士課程退学
現　在　東京大学大学院情報学環助教授（理論社会学，メディア史）
著　書　『広告の誕生――近代メディア文化の歴史社会学』（岩波書店，2000年），『広告都市・東京――その誕生と死』（廣済堂出版，2002年），『意味への抗い――メディエーションの文化社会学』（せりか書房，2004年）ほか

責任と正義　リベラリズムの居場所

2003年10月25日　第１版第１刷発行
2006年１月25日　第１版第４刷発行

著　者　北《きた》　田《だ》　暁《あき》　大《ひろ》

発行者　井　村　寿　人

発行所　株式会社　勁《けい》　草《そう》　書　房

112-0005　東京都文京区水道 2-1-1　振替　00150-2-175253
（編集）電話 03-3815-5277／FAX 03-3814-6968
（営業）電話 03-3814-6861／FAX 03-3814-6854
港北出版印刷・牧製本

ISBN4-326-60160-4　Printed in Japan

索引

あ

アイロニスト(→自然主義者，理性主義者)　128, 129, 130, 131, 132, 133, 134, 135, 136, 137, 138, 351, 352
青山治城　319
アコーディオン効果（アコーディオン的拡幅）　14, 15, 17, 75, 298, 336, 337
浅野智彦　339
アナーキスト　101, 283, 343
アナーキズム　201, 225, 228, 358, 365
アナルコキャピタリズム　358
安彦一恵　342, 352
アーペル, K.O.　333, 364
アリストテレス　158, 339
アレクサンダー, P.　236
アレント, H.　iii, iv, v, viii, 331
アンスコム, G.E.M.　43, 336

い

イグナチエフ, M.　xvii
イーグルトン, T.　iv
石川伊織　345
石戸教嗣　385
位相学的な全域性　310, 311, 312, 316, 319, 328
一之瀬正樹　350, 381
移動の自由(→ノージック)　270, 274, 275, 276, 377
意図せざる行為(→行為の意図せざる結果)　30, 39, 40, 42, 301, 335, 337
稲葉振一郎(→ノージック)　110, 268, 269, 270, 271, 273, 274, 276, 277, 350, 365, 376, 377
井上達夫　xix, 359, 373, 384
イングリス, F.　340

う

ウィトゲンシュタイン, L.　101, 102, 119, 188, 190, 192, 209, 348, 359, 361
ウィリアムズ, B.　195, 351
ウィルソン, D.　10, 333
ウィルソン, E.O.　351
ウェーバー, M.　5, 45, 60, 85, 86, 87, 88, 88, 93, 114, 118, 296, 340, 341, 345, 347, 382, 395
上野千鶴子　xiv, xviii, 398, 332, 385
ウォルツァー, M.　312
ウォルフ, S.　355
薄いリベラリズム　233, 234, 235, 237, 238
薄く濃いリベラリズム　231, 245, 246, 284, 290, 293, 296, 301
内井惣七　207, 351
ウルフ, J.　366

え

江原由美子　xv, 338
エンゲルス, F.　106, 107, 173
遠藤知巳　346

お

オーウェン, D.　352
大澤真幸　331, 332, 337, 396
オースティン, J.L.　8, 16, 22, 340
大庭健(→システム倫理学)　xviii, 36, 70, 71, 73, 84, 335, 339, 343, 344, 353
岡野八代　40
荻野美穂　374
奥野満里子　350, 357
小倉千加子　332
おずおずとした決断（主義）　65, 66, 67, 69,

72, 74, 76, 77, 291
オッフェ, C.　386
オニール, O.　367

か

外的選好　210
外的理由　195, 351
加害原理（→自由原理）　60, 201, 204, 207, 227, 383
隠れカント主義(→カント)　237
柏端達也　334, 336, 337
価値自由　86, 88, 340
加藤秀一　xiv, 372
門脇俊介　361
神野慧一郎　66, 339
からかいの政治学　57
柄谷行人　345
カルチュラル・スタディーズ　iv, vi, vii, viii, xii, 339, 340, 347
カルナップ, R.　141
川崎修　331
川島武宣　331
川畑智子　338
川本隆史　365
河本英夫　335
関係性　xiii, 109, 111, 114, 116
関係性テーゼ　81, 84, 85, 103, 105, 106, 107, 113, 117, 339, 355
関係論　32, 102, 113, 258, 259, 260, 371, 383, 387, 391, 392
ガンダー, E.　352
カント（主義）　100, 122, 125, 149, 185, 194, 200, 208, 209, 211, 216, 227, 284, 289, 304, 343, 344, 345, 361, 363, 368, 379, 389

き

基礎づけ主義　130, 132
キットラー, F.　346
ギデンズ, A.　45, 336
ギバード, A.　361
キム, J.　337
ギュゲス, ギュゲスの指輪　120, 121, 122, 123, 125, 126, 127, 128, 129, 134, 135, 136, 137, 138, 139, 151, 174, 175, 176, 344, 352
共感能力　82, 116, 126, 172, 183, 184, 185, 186, 201, 228, 249, 259, 351, 352, 355, 356, 357, 358
協調原理　372
共通善　200, 211, 212, 228
共同体主義, 共同体論(→コミュニタリアン)　ix, 113, 210, 212, 213, 228, 258, 316, 358, 368
共同の合理性　25, 26, 30, 32
協働の合理性　26, 30, 32
ギンスブルク, C.　338
近代リベラリズム　xv, xvi, 3, 35, 54, 60, 61, 77, 201, 202, 231, 232, 233, 289

く

クオリア　371
クカサス, C.　365
クニール, G.　382
熊野純彦　371
グライス, P.　1, 10, 333, 334, 352, 355
グラムシ, A.　v, 107
クリッチリー, S.　66, 339, 348
クリプキ, S.A.　188, 343, 359
クロポトキン, P.　358
クワイン, W.v.O.　369, 372, 384

け

契約論　82, 117, 119, 120, 125, 128, 143, 146, 156, 159, 161, 175, 183, 210, 211, 212, 228, 285, 289, 349, 350, 363, 390, 391, 392, 393, 394
ゲーデル, K.　346
結果責任　338
ゲティア, E.L.　140
ゲワース, A.　238
検証主義　141
言説分析　vii, xii, 338, 346, 347
権利語（ライツトーク）　ii, xv, xxi, 252, 267

こ

濃いリベラリズム 238
行為者性（エージェンシー） 9, 302, 378, 381
行為の意図せざる結果 38, 39, 40, 42, 44, 47, 61, 303, 307, 313, 314, 316, 337
公共圏 30, 83
公正としての正義 211, 213
（社会）構築主義 vii, xii, xiii, 33, 108, 296, 338, 339, 346, 348
公的ルールの優先（→優先性ルール） 185, 187, 218, 222, 232, 246, 247, 267, 280, 284, 299, 309, 356, 358
功利主義 203, 219, 231, 233, 291, 299, 339, 342, 344, 357, 375
ゴーシエ, D. 143, 289, 342, 350, 353
コースガード, C.M. 361
コールバーグ, L. 23, 364
コーンフォース, M. 345
国家の複数性（→ノージック） 269, 270, 274, 275, 276, 376
コノリー, W. vi, 77
小林公 334, 354
小松美彦 371
コミュニケーション的行為 3, 6, 7, 16, 30, 34, 83, 332, 364
コミュニタリアン（→共同体主義，共同体論） iii, 364, 371

さ

サール, J. 6, 7, 9, 11, 15, 88, 93, 94, 95, 96, 97, 98, 99, 104, 105, 113, 332, 333, 341, 342, 361
最小国家（→超最小国家，最小福祉国家，ノージック） 217, 218, 222, 223, 224, 225, 238, 239, 241, 268, 269
最小福祉国家 269, 378
齋藤純一 243
サッチャー, M. 331
佐藤俊樹 346
サバイバル・ロッタリー 234, 235, 237
サバルタン・スタディーズ 55
サルトル, J. 64, 67
サンデル, M. 210, 211, 212, 215

し

塩野谷祐一 366
時間選好 156, 162, 163, 165, 354
始原状態 159, 175, 210, 211, 213, 215, 216, 217, 225, 365
自己欺瞞 271, 272, 273, 376
自己決定（権） ii, xiii, xiv, xv, xviii, 247, 265, 373, 375
自己所有権 171, 231, 233, 234, 236, 238, 239
自己利益説（→パーフィット） 162, 165, 354
シジウィック, H. 207, 233, 357, 361
ジジェク, S. viii
事実／価値 77, 86, 87, 88, 89, 90, 91, 92, 93, 340, 345
事実上の独占 220, 221, 229, 267, 269, 274, 378, 390, 391
システム倫理学（→大庭健） 36, 70, 72, 73, 74, 75, 76, 77, 83, 84, 86, 113, 301, 339, 396
自然権 217, 218, 219, 224, 234, 274, 275, 377
自然主義 121, 129, 174, 341, 348, 351, 360
自然主義者（→アイロニスト，理性主義者） 128, 130, 132, 136
自然主義的誤謬 86, 340, 345
自然法 205, 217
志田基与師 331
自他の対称性（→共感能力） 154, 155, 164, 165, 168, 170, 254, 271, 284, 354
自他の比較可能性 168
自他の非対称性 168, 169, 174
実践理性の二元性 357, 361
史的唯物論 107
支配的保護協会, 支配的保護機関 217, 218, 219, 220, 221, 222, 223, 224, 268, 269, 270,

271, 272, 273, 274, 275, 276, 277, 283, 377, 378, 390, 393
私秘性　168, 169
シファー, S.　333, 352
清水幾太郎　340
清水哲郎　371
社会学的啓蒙　347
社会的事実　93, 99, 100, 114, 339, 341, 348
自由権(→正当化原理)　170, 171, 174, 185, 201, 204, 226, 227, 228, 231, 232, 238, 240, 241, 243, 248, 251, 252, 282
自由原理（→加害原理）　xix, 201, 307, 363
シュクラー, J.　351
シュッツ, A.　5, 333, 337, 381
シュティルナー, M.　358
シュミット, C.　v, 331, 380
消極的自由　239, 240, 241, 243, 244, 331, 366, 367
情報意図（→伝達意図）　10, 11
シンガー, L.　256, 263, 363, 371, 376

す

スキャンロン, T.M.　362
スチュワード, H.　337
数土直紀　332
ストローソン, P.　10, 11, 333, 352
須永史生　338
滑り坂論法　90, 92, 93
スペルベル, D.　10, 333

せ

生活世界　30, 291, 317, 318, 320, 322, 324, 327, 328, 386
政治的リベラリズム　317
正当化原理(→自由原理)　185, 202, 204, 205, 206, 207, 209, 214, 216, 218, 226, 227, 228, 230, 231, 232, 238, 240, 244, 251, 252, 291, 293, 307, 362, 363, 365
制度的事実　82, 95, 99, 110, 114, 341
制度盲　101, 119, 137, 138, 150
盛山和夫　68, 331, 337, 347
責任のインフレ　74, 294, 298, 299, 301, 302, 315, 330
瀬地山角　xiv, 366
積極的自由　239, 240, 241, 243, 244, 366, 367
セン, A.　xvii, 361, 366, 367, 368
善意の原則　24, 372
善に対する正の優越　194
善に対する正の優先(→優先性ルール)　232
線引き(→パーソン論)　257, 259, 262, 263, 372, 375
戦略的行為　6, 16, 30, 83

そ

相互干渉　317, 319
総督府の功利主義　235
贈与(→みなし権利，有権利，無権利，非権利)　253, 254, 255, 256, 258, 259, 260, 261, 262, 264, 266, 284, 369
疎外論(→物象化論)　105, 108, 109, 111, 112, 113, 115, 346
ソーカル A.　ix
ソクラテス　120, 121, 143, 350
尊厳(→贈与)　261, 262, 263, 264, 265, 266, 370, 372, 373, 375, 376
存在／当為　81, 85, 86, 87, 89, 90, 91, 92, 93, 107

た

ダーウィン, C.　351
高橋哲哉　103, 338, 344
逞しいリベラリズム　330
他者性の政治学　36, 48, 53, 84, 339
他者(の)尊重原理　105, 106, 113, 114, 118, 125, 126, 128, 130, 131, 351, 355
他者への責任／行為への責任　51, 53
脱構築　vii, x, 35, 67, 74, 89, 90, 226, 230, 255, 340, 377
立岩真也　xiii, xiv, 103, 114, 115, 116, 117, 118, 126, 127, 183, 184, 204, 339, 349, 356, 374

棚瀬孝雄　331
田村哲樹　387
ダメット, M.　8

ち

チザム, R.M.　336
抽象的遂行仮説　337
超最小国家(→最小国家)　218, 222, 224, 225, 377
チョムスキー, N.　23, 282, 334

つ

筒井康隆　369

て

デイヴィッドソン, D.　334, 335, 336, 337, 341, 352, 372, 376, 378, 381, 382
テイラー, R.　35
デネット, D.　334, 351, 371
デュルケム, E.　353
デリダ, J.　51, 54, 65, 66, 85, 332, 338, 339, 344, 348, 352, 372, 381
伝達意図(→情報意図)　10, 11

と

ド・マン, P.　352
トイプナー, G.　317, 319
ドゥオーキン, R.　117, 216, 245, 263, 264, 365, 373, 375
投射的錯誤　249, 250, 251, 254, 278, 281
道徳的コミュニケーション(《道徳》)　26, 27, 28, 29, 34, 304, 305, 306, 314, 315, 322, 324, 325, 326, 327, 328, 330, 381, 382, 386
独立人　175, 218, 219, 220, 221, 222, 223, 268, 270, 271, 272, 273, 276, 277, 278, 279, 280, 281, 282, 377, 378, 379, 390, 391
徳倫理　305, 339, 382
戸田山和久　349
トリアノスキー, G.V.Y.　386

な

永井均　99, 108, 147, 342, 344, 348, 353, 376
長岡克行　334
中岡成文　317
中河伸俊　348
永田えり子　236, 331
中野敏男　108, 316, 319, 382, 385
仲正昌樹　317, 338
ナセヒ, A.　382
ナッシュ, R.F.　370
成田和信　345

に

ニーチェ, F.　122, 143, 155, 171, 256, 364
二階の意志作用　360
二階の欲求(→フランクフルト)　197, 272, 273, 360
西阪仰　331, 333
西山佑司　334
二重効果の原理　49, 53, 69

ぬ

ヌスバウム, M.C.　xvii, 366

ね

ネーゲル, T.　153, 154, 164, 172, 352, 353, 356, 357, 363

の

ノージック, R.(→稲葉振一郎)　xi, xxi, 175, 209, 217, 218, 219, 220, 222, 223, 224, 225, 226, 227, 268, 269, 274, 276, 277, 278, 282, 289, 295, 365, 376, 389, 390, 391, 393
信原幸弘　168
野矢茂樹　336

は

バーガー, P.　340
パーソンズ, T.　3, 5, 362
パーソン論　253, 256, 259, 366, 370, 371

ハート, H.L.A.　362
バーネット, R.　368
ハーバーマス, J.　3, 5, 6, 7, 8, 9, 10, 11, 13, 15, 16, 17, 21, 23, 25, 31, 34, 36, 45, 83, 317, 318, 319, 320, 328, 329, 332, 333, 364, 386
パーフィット, D.　161, 162, 165, 166, 167, 350, 354
ハーマン, G.　356, 363
バーリン, I.　240, 366
バーンスティン, R.　384
ハイエク, M.　331
賠償原理　xiv, 223, 224, 268, 269, 277
ハイデガー, M.　43, 141, 352
橋爪大三郎　xiv, 331, 366
橋本努　366, 368
橋元良明　337
長谷正人　396
発語内行為　6, 7, 9, 10, 11, 12, 13, 14, 15, 16, 17, 20, 22, 30, 332, 341
発語媒介行為　6, 7, 11, 14, 15, 16, 17, 20, 22, 30, 58
パトナム, H.　88, 89, 340
バトラー, J.　332, 362
花野裕康　360
馬場靖雄　320, 321, 382
バリー, B.　362
反証主義　384
反照的均衡　365

ひ

非権利(→みなし権利)　252, 253, 259, 261
批判法学　vii, xiv, 259
非法則的一元論　334, 337
ヒューム（主義）　149, 335, 344, 349, 358, 361, 363
ヒュームの禁則（ヒュームの掟）　86, 88, 90, 92, 93, 96, 98, 105, 114, 115, 118
平等原理　234
廣松渉　108, 346

ふ

ファインバーグ, J.　256, 370, 371
フーコー, M.　iv, vi, vii, xii, 67, 68, 85, 108, 110, 331, 346, 347
フェミニスト　58, 236, 362
フェミニズム　iii, vi, vii, ix, xiv, xv, 55, 332, 373
負荷なき自己　210
物象化論(→疎外論)　xx, 3, 70, 71, 72, 74, 85, 105, 106, 108, 108, 109, 111, 112, 113, 114, 115, 116, 301, 346, 348
不偏性要求（の原理）　307, 308, 311, 325, 328, 382, 383, 384
不偏的視点　171, 172, 186, 192, 194, 231, 254, 353, 355, 357, 359
不偏的(な)態度　185, 187, 188, 189, 190, 193, 194, 195, 196, 246, 272, 279, 280, 283, 284, 356
フラー, L.L.　368
プラトン　120, 121
フランクフルト, H.　272, 360
フリーデン, M.　372
フリーライダー　104, 121, 137, 151, 152, 158
フレイザー, N.　245
ブレッヒャー, M.　339
フロイト, S.　377
文化左翼(→ローティ)　iii, iv, v, vi, xi, xii, 331, 339, 347, 391

へ

ヘア, R.M.　126, 342, 343, 344, 348, 357, 363
ベイアー, K.　206
ペティット, P.　365
ベネット, J.　333, 337

ほ

法化　386
補償措置　175

ポストコロニアニズム　55, 339, 369
ポストモダン政治学　iv, vi, xviii, 36, 48, 54, 55, 60, 64, 68, 69, 70, 71, 77, 301, 314
ポッター, J.　340
ホッブス, T.　xii, 120, 125, 128, 143, 175, 205, 225, 231, 364
ポパー, K.　106, 310, 345, 384
ホワイト, S.K.　51, 52

ま

マウス, I.　386
マッカーシー, T.　351
マッキー, J.L.　96, 97
マッキノン, C.　332
マッギン, C.　359
マッキンタイア, A.　350, 368
丸山真男　60
マンハイム, K.　88, 347

み

ミード, G.H.　353
ミーム　130
見えざる手　218, 220, 221, 224, 225, 268, 269, 270, 274, 275
見田宗介　346, 396
みなし権利(→非権利，有権利，無権利)　255, 256, 260, 370, 371
宮台真司　viv, 45, 331, 337, 366, 396
ミル, J.S.　205, 232, 244, 263, 362, 383, 383

む

ムア, G.E.　345
剝き出しの事実　341
無権利(→有権利，非権利)　250, 252, 253, 254, 261
無知のヴェール　159, 175, 210, 212, 213, 214, 215, 222, 229, 277, 364
ムフ, C.　v, x, 107, 365, 380
村上淳一　339, 382
村松聡　373
メルロ＝ポンティ, M.　258
メンダス, S.　362, 368

も

望月清世　338
森岡正博　258, 371
森村進　250, 350, 371

ゆ

有権利(→無権利，非権利)　250
優先性原理　272
優先性ルール(→公的ルールの優先)　200, 206, 207, 208, 209, 209, 212, 213, 213, 216, 217, 217, 218, 222, 222, 224, 224, 225, 226, 226, 227, 228, 228, 230, 254, 283, 283, 293, 307, 308, 363, 364, 373

よ

ヨナス, H.　372

ら

ラクラウ, E.　107
羅生門　47
ラズ, J.　244, 368
ランド, A.　239

り

リアリズム法学　ix
リーガリズム　226, 245, 366, 379
リース, J.C.　383
リヴァイアサン　128, 229, 390
利害関心の原則　370, 256
理性主義（者)(→アイロニスト，自然主義者)　128, 129, 130, 132, 136, 174, 351
理性の事実　104, 343
リバタリアン　217, 236, 240, 366, 367
理由の共同体　200
理由の民主主義　237, 244, 283, 311, 312, 313, 319, 329
了解の獲得　12, 13

る

ルーマン, N.　iv, xii, xviii, 3, 5, 21, 22, 23, 25, 26, 29, 30, 31, 33, 34, 36, 48, 61, 62, 70, 83, 142, 291, 294, 295, 296, 299, 300, 304, 309, 315, 316, 318, 319, 320, 321, 324, 325, 333, 334, 335, 339, 347, 372, 380, 381, 382, 384, 386
ルール準拠的な態度(→不偏的な態度)　187, 188, 189, 190, 193, 194, 195, 196, 207, 226, 268
ルカーチ, G.　107
ルックマン, T.　340

れ

レヴィナス, E.　85, 103, 234, 258, 339, 344, 372
レーガン, R.　331
歴史主義　106, 345, 346

ろ

ローティ, R.　iv, xi, xii, 66, 103, 115, 116, 117, 118, 126, 127, 129, 131, 133, 136, 183, 184, 185, 316, 331, 332, 339, 348, 349, 351, 352, 356, 364, 379, 393
ロールズ, J.　vi, xxi, 159, 161, 175, 209, 210, 211, 213, 214, 215, 216, 217, 218, 222, 225, 226, 227, 231, 238, 277, 289, 293, 316, 354, 355, 362, 364, 365
ロスバード, M.　358
ロック, J.　xv, 60, 171, 175, 205, 217, 231, 236, 344, 350, 362, 376

アルファベット

Why be moral ?　xviii, xix, 289, 342, 352

文献

a

安彦一恵（1992）「『なぜ道徳的であるべきか』という問いはどのように論じられるべきか」安彦一恵・大庭健・溝口宏平編（1992）.
――――・大庭健・溝口宏平編（1992）『道徳の理由』昭和堂.
赤川学（1999）『セクシュアリティの歴史社会学』勁草書房.
Alston, W.（1991）"Searle on Illocutionary Acts," in Lepore, E. & Gulick, R. ed.（1991）.
Anscombe, G. E. M.（1957）*Intention,* Basil Blackwell. =（1984）菅豊彦訳『インテンション』産業図書.
青山治城（1990）「人間と社会」土方透編（1990）.
――――（1999）「戦争と責任」安彦一恵・魚住真・中岡成文編『戦争責任と「われわれ」』ナカニシヤ出版.
Apel, K. O.（1991）"Is Intentionality more Basic than Linguistic Meanings?," in Lepore. E & Gulick, R. ed.（1991）.
Arendt, H.（1958）*The Human Condition.* Univ. of Chicago Press. =（1994）志水速雄訳『人間の条件』筑摩書房.
――――（1951）*Elemante und Ursprünge Totaler Herrschaft,* Piper. =（1972）大久保和郎・大島通義・大島かおり訳『全体主義の起源』みすず書房.
浅野智彦（2001）『自己への物語論的接近』勁草書房.
Austin, J. L.（1962）*How to Do Things with Words,* Oxford UP. =（1978）坂本百大『言語と行為』大修館書店.
Axelrod, R.（1984）*The Evolution of Cooperation,* Basic Books. =（1987）松田裕之訳『つきあい方の科学』HBJ 出版局.

b

馬場靖雄（1988）「ルーマンの変貌」『社会学評論』39-1.
――――（1990）「正当性問題再考」土方透編（1990）.
――――（1992）「道徳への問いの道徳性」安彦一恵・大庭健・溝口宏平編（1992）.
――――（1998）「社会の機能分化と統合」『総合環境研究』1.

———— (2001)『ルーマンの社会理論』勁草書房.
————編 (2001)『反＝理論のアクチュアリティ』ナカニシヤ出版.
Baier, K. (1958) *The Moral Point of View,* Cornell UP.
Barnett, R. (1998) *The Structure of Liberty,* Oxford UP. = (2000) 嶋津格・森村進監訳『自由の構造』木鐸社.
Barry, B. (1995) *Justice as Impartiality,* Oxford UP.
Barry, N. (1986) *On Classical Liberalism and Libertarianism,* The Macmillan Press. = (1990) 足立幸男監訳『自由の正当性』木鐸社.
Benhabib, S. (1986) "The Generalized and the Concrete Other," = (1997)「一般化された他者と具体的な他者」マーティン・ジェイ編, 竹内真澄監訳『ハーバーマスとアメリカ・フランクフルト学派』青木書店.
———— (1992) "Models of Public Space," = (1999) 山本啓・新田滋訳「公共空間のモデル」in Calhoun, C. ed. (1992＝1999).
Bennet, J. (1988) *Events and their Names,* Oxford UP.
———— (1991) "How do Gestures Succeed?," in Lepore, E. & Gulick, R. ed. (1991).
Berlin, I. (1969) *Four Essays on Liberty,* Oxford UP. = (1971) 小川・小池・福田・生松訳『自由論』みすず書房.
Bernstein, R. (1991) *The New Constellation,* Blackwell. = (1997) 谷徹・谷優訳『手すりなき思考』産業図書.
Blake, C. N. (2000) "Private Life and Public Commitment," in Pettegrew, J. ed. *A Pragmatist's Progress?,* Rowman & Littlefield.
Blakemore, D. (1992) *Understanding Utterances,* Basil Blackwell. = (1994) 武内道子・山崎英一訳『ひとは発話をどう理解するか』ひつじ書房.
Boucher, D. & Kelly, P. (1994) *The Social Justice from Hobbes to Rawls,* Routledge. = (1997) 飯島昇蔵・佐藤正志訳者代表『社会契約論の系譜』ナカニシヤ出版.
———— (1998) *Social Justice from Hume to Walzer,* Routledge. = (2002), 飯島昇蔵・佐藤正志訳者代表『社会正義論の系譜』ナカニシヤ出版.
Bratman, M. E. (1987) *Intention, Plans, and Practical Reason,* the President and Fellows of Harvard College. = (1994) 門脇俊介・高橋久一郎 (訳)『意図と行為』産業図書.
Brock, G. ed. (1998) *Necessary Goods,* Rowman & Littlefield.
Brody, B. A. ed. (1988) *Moral Theory and Moral Judgment in Medical Ethics,* Kluwer Academic Publishers. = (1997) 長島・尾崎・北沢・日暮・黒須訳『生命倫理と道徳理論』梓出版社.
Bukharin, N. I (1923) Теория Истор Ического Материализма = (1974) 佐藤勝

隆・石川晃弘訳『史的唯物論』青木書店.
Burg, W. v.d.（1991）“The Slippery Slope Argument,” in *Ethics* 102.
Butler, J.（1990）*Gender Trouble,* Routledge. =（1999）竹村和子訳『ジェンダー・トラブル』青土社.
———（1997）*Excitable Speech,* Routledge.

C

Calhoun, C. ed.（1992）*Habermas and the Public Sphere.* MIT Prss. =（1999）山本啓・新田滋訳『ハーバマスと公共圏』未来社.
Changeux, J-P. ed.（1993）*Fondements Naturels de L'Éthique,* Éditions Odile Jacob. =（1995）松浦俊輔訳『倫理は自然の中に根拠をもつか』産業図書.
Chisholm, R. M.（1976）*Person and Object,* GeorgeAllen & Unwin. =（1991）中堀誠二訳『人と対象』みすず書房.
Chomsky, N.（1972）*Reflections on Language,* Fontana. =（1979）井上和子・神尾昭雄・西山佑司訳『言語論』大修館書店.
Churchland, P. M.（1995）*The Engine of Reason, the Seat of the Soul,* MIT Press. =（1997）信原幸弘・宮島昭二訳『認知哲学』産業図書.
Coicaud, J. M.（1997）*Legitimite et Politique,* Presses Universitaires de France. =（2000）田中治男・押村高・宇野重規訳『政治的正当性とは何か』藤原書店.
Connolly, W.（1991）*Identity／Difference,* Cornell UP =（1998）杉田敦・齋藤純一・権左武志訳『アイデンティティ／差異』岩波書店.
Copp, D.（1998）“Equality, Justice, and the Basic Needs,” in Brock, G. ed.（1998）.
Cornell, D.（1992）*The Philosophy of the Limit,* Routledge.
———（1995）*The Imaginary Domain,* Routledge.
———（1997）“Bodily Integrity and the Right to Abortion,” in Sarat, A. & Kearns, T. R. ed. *Identities, Politics, and Rights.* The Univ. of Michigan Press.
———（1998）*At the Heart of Freedom,* Princeton UP. =（2001）石岡・久保田・郷原・南野・佐藤・澤・仲正訳『自由のハートで』情況出版.
Cornforth, M.（1965）*Marxism and the Linguistic Philosophy,* Lawrence & Wishart. =（1972）湯川和夫・湯川新訳『マルクス主義と分析哲学』法政大学出版局.
Crisp, R. & Slote, M. ed.（1997）*Virtue Ethics*, Oxford UP.
Critchley, S.（1996）“Deconstruction and Pragmatism,” in Mouffe, C. ed.

(1996).

d

Daniels, N. (1979) "Wide Reflective Equilibrium and Theory Acceptance in Ethics," in *Journal of Philosophy,* 76.

Danto, A. (1965) *Analytical Philosophy of History,* Cambridge UP. = (1989) 河本英夫訳『物語としての歴史』国文社.

——— (1999) "Basic Actions and Basic Concepts," in *The Body／Body Problem,* Univ. of California Press.

Davidson, D. (1980) *Essays on Actions and Events,* Clarendon Press. = (1990) 服部裕幸・柴田正良訳『行為と出来事』勁草書房.

——— (1984) *Inquiries into Truth and Interpretation,* Clarendon Press. = (1991) 野本・植木・金子・高橋訳『真理と解釈』勁草書房.

——— (1986a) "A nice derangement of Epitaphs," in Lepore, E. ed. (1986).

——— (1986b) "A Coherence theory of Truth and Knowledge," in Lepore, E. ed. (1986). = (1989) 丹治信春訳「真理と知識の斉合説」『現代思想』17-7.

——— (1986c) "Judging interpersonal interests," in Elster, J. & Hylland, A. ed. (1986) *Foundations of Social Choice Theory,* Cambridge UP.

——— (1986d) "Deception and Division," in Elster, J. ed. (1986) *Multiple Self,* Cambridge UP.

Davion, V. & Wolf, C. ed. (2000) *The Idea of a Political Liberalism,* Rowman & Littelfield.

Davis, N. (1984) "The Doctrine of Double Effect : Problems of Interpretation ", in *Pacific Philosophical Quartary,* 65.

Delacoste, F. & Alexander, P. ed. (1987) *Sex Work,* Cleiss Prss. = (1993) 角田由紀子監修『セックス・ワーク』現代書館.

Dennet, D. (1987) *The Intentional Stances,* MIT Press. = (1996) 若島正・河田学訳『志向姿勢の哲学』白揚社.

——— (1996) *Darwin's Dangerous Idea,* Touchstone. = (2000) 山口泰司監訳『ダーウィンの危険な思想』青土社.

——— (1997) *Kinds of Minds,* BasicBooks. = (1997)『心はどこにあるのか』草思社.

Derrida, J. (1977) *Limited Inc., a, b, c,,* Galilée. = (1988) 高橋哲哉・増田一夫訳「有限責任会社　abc ……」『臨時増刊現代思想総特集デリダ』.

——— (1988) "The Politics of Friendship," in *Journal of Philosophy,* 11.

——— (1994) *Force de Loi,* Galilée. = (1999) 堅田研一訳『法の力』法政大

学出版局.
Douglas, B., Mara, G. & Richardson, H. ed. (1990) *Liberalism and the Good*, Clarendon Press.
Dray, W. (1966) *Philosophical Analysis and History,* Harper and Row.
Dummett, M. (1978) *Truth and Other Enigmas,* Gerald Duckworth and Company Ltd. = (1986) 藤田晋吾訳『真理という謎』勁草書房.
Durkheim, E. (1924) *Sociologie et Philosophie,* Nouvelle Édition. = (1943) 山田吉彦訳『社会学と哲学』創元社.
Dworkin, R. (1977) *Taking Rights Seriously,* Harvard UP. = (1986) 木下・小林・野坂訳『権利論』木鐸社, (2001) 小林公訳『権利論II』木鐸社.
——— (1990) "Foundation of Liberal Equality," in Grethe, B. P. ed. *Tanner Lectures on Human Values vol. XI,* Univ. of Utah Press.
——— (1994) *Life's Dominion,* Random House. = (1998) 水谷英夫・小島妙子訳『ライフズ・ドミニオン』信山社.

e

Eagleton, T. (1996) *The Illusions of Postmodernism,* Blackwell. = (1998) 森田典正訳『ポストモダニズムの幻想』大月書店.
Ebbs, G. (1997) *Rule-Following and Realism,* Harvard UP.
江口厚仁 (1990)「法システムの自己組織性」『九大法学』60.
——— (1993)「法・自己言及・オートポイエーシス」『法政研究』59-3, 4.
——— (1998)「法と道徳は一致すべきか」佐藤康邦・溝口宏平編 (1998).
江原由美子 (1985a)『生活世界の社会学』勁草書房.
——— (1985b)『女性解放という思想』勁草書房.
——— (2002)『自己決定権とジェンダー』岩波書店.
———編 (1992)『フェミニズムの主張』勁草書房.
———編 (1996)『生殖技術とジェンダー』勁草書房.
———編 (2001)『フェミニズムとリベラリズム』勁草書房.
Ekstrom, L. ed. (2001) *Agency and Responsibility,* Westview Press.
Elster, J. (1982) "Rationality," in Floistad, G. ed. *Contemporary Philosophy vol. 2,* Dordrecht.
遠藤知巳 (2000)「言説分析とその困難」『理論と方法』15-1.

f

Feinberg, J. (1968) "Action and Responsibility," in White, A. R. ed. *The*

Philosophy of Action, Oxford UP.
——— (1974) "The Rights of Animals and Unborn Generations," in *Philosophy & Environmental* Crisis, Univ. of Georgia Press. = (1990) 鵜木奎治郎訳「動物と生まれざる世代のさまざまな権利」『現代思想』18-11.
——— (1980) "Abortion," in Regan, T. ed. *Matters of Life and Death,* Random House. = (1988) 谷口佳津宏・佐々木能章訳「人格性の基準」加藤尚武・飯田亘之編『バイオエシックスの基礎』東海大学出版会.
Festenstein, M. & Thompson, S. ed. (2001) *Richard Rorty,* Polity Press.
Flew, A. & Vesey, G. (1987) *Agency and Necessity,* Basil Blackwell. = (1989) 服部裕幸訳『行為と必然性』産業図書.
Fodor, J. & Lepore, E. (1992) *Holism,* Basil Blackwell. = (1997) 柴田正良訳『意味の全体論』産業図書.
Føllesdal, D. (1994) "The status of Rationality Assumptions in Interpretation and in the Explanation of Action," in Martin, M. & McIntyre, L. ed. (1994) *Readings in the Philosophy of Social Science,* MIT Press.
Frankfurt, H. (1997) "The Problem of Action," in Mele. ed. (1997).
——— (2001) "Freedom of the Will and the Concept of a Person," in Ekstrom, L. ed. (2001).
Fraser, N. (1989) *Unruly Practice,* Univ. of Minnesota Press
——— (1992) "Rethinking the Public Sphere," in Callhoun, C. ed. (1999) = (1999) 山本啓・新田滋訳「公共圏の再考」in Calhoun, C. (1992=1999).
Freeden, M. (1991) *Rights,* Open UP. = (1992) 玉木秀敏・平井亮輔訳『権利』昭和堂.
French, P. A. (1985) "Finishing the Red Herrings Out of the Sea of Moral Responsibility," in LePore & McLaughlin. ed. (1985).
Friedlander, S. ed. (1992) *Probing the Limits of Representation,* Harvard UP. = (1994) 上村忠男・小沢弘明・岩崎稔訳『アウシュヴィッツと表象の限界』未来社.
福井康太 (2002)『法理論のルーマン』勁草書房.
Fuller, L. (1969) *The Morality of Law,* Yale Univ. Press.

g

Gander, E. (1999) *The Last Conceptual Revolution,* State Univ. of New York Press.
Gaus, G. (1998) "Respect for Persons and Environmental Values," in Kneller, J. & Axinn, S. ed. *Autonomy and Community,* State Univ. of New York

Press.
Gauthier, D. (1986) *Morals by Agreement,* Oxford UP. = (1999) 小林公訳『合意による道徳』木鐸社.
Gettier, E. L. (1963) "Is Justified True Belief Knowledge?," in *Analysis* 23. = (1996) 柴田正良訳「正当化された真なる信念は知識だろうか」森際康友編 (1996).
Gewirth, A. (1978) *Reasons and Morality,* Univ. of Chicago Press.
Gibbard, A. (1999) "Morality as Consistency in Living," in *Ethics* 110.
Giddens, A. (1976) *New Rules of Sociological Method,* Century Hutchinson. = (1987) 松尾精文・藤井達也・小幡正敏訳『社会学の新しい方法規準』而立書房.
——— (1977) *Studies in Social and Political Theory,* Basic Books. = (1986) 宮島・江原・森反・儘田・本間・田中・百々訳『社会理論の現代像』みすず書房.
——— (1979) *Central Problems in Social Theory,* Univ. of California Press. = (1989) 友枝敏雄・今田高俊・森重雄訳『社会理論の最前線』ハーベスト社.
Gilbert, M. (2000) *Sociality and Responsibility,* Rowman & Littlefield.
Gilligan, C. (1982) *In a Different Voice,* Harvard UP. = (1986) 岩男寿美子監訳『もうひとつの声』川島書店.
Gitlin, T. (1995) *The Twilight of Common Dreams,* Henry Holt. = (2001) 疋田三良・向井俊二・樋口映美訳『アメリカの文化戦争　たそがれゆく共通の夢』彩流社.
Grandy, R. E. & Warner, R. ed. (1986) *Philosophical Grounds of Rationality,* Clarendon Press.
Gray, J. (1989) *Liberalisms,* Routledge. = (2001) 山本貴之訳『自由主義論』ミネルヴァ書房.
——— & Smith, G. W. ed. (1991) *J. S. Mill, On Liberty in Focus,* Routledge. = (2000) 泉谷周三郎・大久保正健訳『ミル「自由論」再読』木鐸社.
Grayling, A. C. (1988) *Wittgenstein,* Oxford UP. = (1994) 岩坂彰訳『ウィトゲンシュタイン』講談社.
Grice, P. (1989) *Studies in the way of Words,* Harvard UP. = (1998) 清塚邦彦訳『論理と会話』勁草書房.
——— (1991) *The Conception of Value,* Clarendon Press.
Gutman, A. (1995) "Justice across the Sphere," in Miller, D. ed. *Pluralism, Justice, and Equality,* Oxford UP.

h

Habermas, J. (1981) *Theorie des kommunikatives Handeln,* Suhrkamp. = (1986) 河上倫逸監訳『コミュニケイション的行為の理論(中)』未来社.
——— (1982) "A Reply to my critics," in Thompson, J. B. & Held, D. ed. *Habermas : Critical Debates,* MIT Press.
——— (1983) *Moralbewusstsein und kommunikatives Handeln,* Suhrkamp. = (1991) 三島憲一・中野敏男・木前利秋訳『道徳意識とコミュニケーション行為』岩波書店.
——— (1984) *Vorstudien und Erganzungen zur Theorie des kommunikativesn Handelns,* Suhrkamp. = (1990) 森元孝・干川剛史訳『意識論から言語論へ』マルジュ社.
——— (1988) *Nachmetaphysisches Denken,* Suhrkamp. = (1990) 藤澤賢一郎・忽那敬三訳『ポスト形而上学の思想』未来社.
——— (1990) *Strukturwandel der Öffenlichkeit,* Suhrkamp. = (1994) 細谷貞雄・山田正行訳『公共性の構造転換』未来社.
——— (1991) *Vergangenheit als Zukunft,* Pendo-Verlag. = (1992) 河上倫逸・小黒孝友訳『未来としての過去』未来社.
——— (1992) *Faktizität und Geltung,* Suhrkamp. = (1996) Rehg, W. trans. *Between Facts and Norms,* Polity Press.
濱井修 (1982)『ヴェーバーの社会哲学』東京大学出版会.
浜野研三 (1997)「自然における人間の位置」藤本隆志・伊藤邦武編『分析哲学の現在』世界思想社.
——— (2000)「トロツキーと野性の蘭？」『思想』909.
花野裕康 (2001)「社会的世界の内部観測と精神疾患」馬場靖雄編 (2001).
Hare, R. M. (1961) *The Language of Morals,* Oxford UP. = (1982) 小泉仰・大久保正健訳『道徳の言語』勁草書房.
——— (1963) *Freedom and Reason,* Oxford UP. = (1982) 山内友三郎訳『自由と理性』理想社.
——— (1981) *Moral Thinking,* Oxford UP. = (1994) 内井惣七・山内友三郎監訳『道徳的に考えること』勁草書房.
——— (1989) *Essays in Ethical Theory,* Oxford UP.
Harman, G. (1977) *The Nature of Morality,* Oxford UP. = (1988) 大庭健・宇佐美公生訳『哲学的倫理学叙説』産業図書.
Harris, J. (1975) "Survival Lottery," in *Philosophy,* 50.
原口弥生 (1997)「マイノリティによる『環境正義』運動の生成と発展」『社会学論考』18.

Harsanyi, J. C. (1976) *Essays on Ethics*, Reidel.
Hart, H. L. A. (1995)"Are There Any Natural Right?" in *Philosophical Review* Vol LXIV. = (1987) 小林公訳「自然権は存在するか」小林公・森村進訳『権利・功利・自由』木鐸社.
——— *Essays in Jurisprudence and Philosophy,* Oxford UP. = (1990) 矢崎光圀・松浦好治訳者代表『法学・哲学論集』みすず書房. ("Rawls on Liberty and Its Priority," (1973) は小林公訳「ロールズにおける自由とその優先性」小林公・森村進訳『権利・功利・自由』木鐸社、1987年を用いた.)
——— & Honoré, T. (1959) *Causation in the Law,* Oxford UP. = (1991) 井上祐司・真鍋毅・植田博訳『法における因果性』九州大学出版会.
長谷正人 (2002)「『文化』のパースペクティヴと日本社会学のポストモダン的変容」『文化と社会』3.
長谷川晃 (1991)『権利・価値・共同体』弘文堂.
橋本努 (1994)『自由の論法』創文社.
——— (1999)『社会科学の人間学』勁草書房.
橋元良明 (1989)『背理のコミュニケーション』勁草書房.
——— (1990)「対話のパラドックス」『交換と所有』岩波書店.
——— (1995)「言語行為の構造」『他者・関係・コミュニケーション』岩波書店.
橋爪大三郎 (1981)「売春のどこがわるい」『女性の社会問題研究報告』4. →江原由美子編 (1992) に圧縮のうえ再録.
——— (1985)『言語ゲームと社会理論』勁草書房.
——— (1987)「文脈と権力」『クリティーク』9.
——— (1989)「予期が権力を生むのか, それとも, 権力が予期を生むのか」『思想』782.
——— (1993)『橋爪大三郎コレクションⅠ　身体論』勁草書房.
服部高宏 (1993)「現代法をどうとらえるか」田中成明編 (1993)『現代理論法学入門』法律文化社.
平井亮輔 (1999)「妥協としての法」井上達夫・嶋津格・松浦好治編 (1999).
平尾透 (2000)『倫理学の統一理論』ミネルヴァ書房.
廣松渉 (1972)『世界の共同主観的存在構造』勁草書房.
——— (1983)『物象化論の構図』岩波書店.
——— (1990)『今こそマルクスを読み返す』講談社.
土方透編 (1990)『ルーマン／来るべき知』勁草書房.
——— &アルミン・ナセヒ編『リスク』新泉社.
Hobbes, T. (1651) *Leviathan,* = (1979) 永井道雄・宗片邦義訳「リヴァイアサン」『世界の名著28』中央公論社.

Hoffe, O. (1987) *Politische Gerechtigkeit,* Suhrkamp. = (1994) 北尾宏之・平石隆敏・望月俊孝訳『政治的正義』法政大学出版局.
————(2001)有福孝岳・河上倫逸監訳『現代の実践哲学』風行社.
Hollis, M. (1987) *The Cunning of Reason,* Cambridge UP. = (1998) 槻木裕訳『ゲーム理論の哲学』晃洋書房.
Hooker, B. (2000) "Reflective Equilibrium and Rule Consequentialism," in Hooker, B. & Mason, E. & Miller, D. ed. (2000).
————, Mason, E. & Miller, D. ed. (2000) *Morality, Rules, and Consequences,* Edinburgh UP.
Hume, D. (1739-1740) *A Treatise of Human Nature,* = (1968) 土岐邦夫訳「人性論」(抄訳)『世界の名著27』中央公論社.
———— (1748) *On the Original Contract,* = (1968) 小西嘉四郎訳「原始契約について」『世界の名著27』中央公論社.

i

一ノ瀬正樹 (1994)「原因と結果の概念」河本英夫・一ノ瀬正樹編『真理への反逆』富士書店.
———— (1997)『人格知識論の生成』東京大学出版会.
———— (2001)『原因と結果の迷宮』勁草書房.
Ignatieff, M. (1984) *The Needs of Strangers,* Chatto and Windus. = (1999) 添谷育志・金田耕一訳『ニーズ・オブ・ストレンジャーズ』風行社.
飯島昇藏 (2001)『社会契約』東京大学出版会.
池上哲司・永井均・斎藤慶典・品川哲彦編 (1994)『自己と他者』昭和堂.
稲葉振一郎 (1999)『リベラリズムの存在証明』紀伊国屋書店.
Inglis, F. (1993) *Cultural Studies,* Blackwell.
井上達夫 (1986)『共生の作法』創文社.
———— (1996)「胎児・女性・リベラリズム」江原由美子編 (1996).
———— (1997)「〈正義への企て〉としての法」『現代法学の思想と方法』岩波書店.
———— (1999a)『他者への自由』創文社.
———— (1999b)「法の支配」井上達夫・松浦好治・嶋津格編 (1999).
————・松浦好治・嶋津格編 (1999)『法的思考の再定位』東京大学出版会.
Institut für Marxismus-Leninismus beim 2k der SED (1959) *Karl Marx-Friedlich Engels Werke 4,* Dietz Verlag. = (1960) 大内兵衛・細川嘉六監訳『マルクス=エンゲルス全集　第四巻』大月書店.
入江重吉 (2000)『ダーウィニズムの人間論』昭和堂.

石戸教嗣（2000）『ルーマンの教育システム論』恒星社恒星閣.
石川伊織（2002）『倫理の危機？』廣済堂出版.
岩田靖夫（1994）『倫理の復権』岩波書店.

j

Jackson, F.（1985）“Davidson on Moral Conflict,” in LePore & McLaughlin. ed.（1985）.
Jagger, A. ed.（1994）*Living with Contradictions,* Westview Press.
Jonas, H.（1979）*Das Prinzip Verantwortung,* Insel Verlag. =（2000）加藤尚武監訳『責任という原理』東信堂.

k

門脇俊介（2002）『理由の空間の現象学』創文社.
金菱清（2001）「大規模公共施設における公共性と環境正義」『社会学評論』52-3.
神野慧一郎（2002）『我々はなぜ道徳的か』勁草書房.
Kant, I.（1781）*Kritik der reinen Vernunft,* =（1961）篠田英雄訳『純粋理性批判㈲』岩波書店.
————（1784）*Beantwortung der Frage : Was ist Aufklärung,* =（1950）篠田英雄訳『啓蒙とは何か』岩波書店.
————（1785）*Grundlegung zur Metaphysik der Sitten,* =（1960）篠田英雄訳『道徳形而上学原論』岩波書店.
————（1788）*Kritik der praktischen Vernunft,* =（1979）波多野精一・宮本和吉・篠田英雄訳『実践理性批判』岩波書店.
————（1795）“Zum Ewigen Frieden,” in *Kleinere Schriften zur Geschichtsphilosophie Ethik und Politik,* Verlag von Felix Meiner. =（1985）宇都宮芳明訳『永遠平和のために』岩波文庫.
————（1797）*Metaphysik der Sitten,* =（1972）加藤新平・三島淑臣訳「人倫の形而上学」『世界の名著32』中央公論社.
柏端達也（1997）『行為と出来事の存在論』勁草書房.
加藤秀一（1996a）「女性の自己決定権の擁護」江原由美子編（1996）.
————（1996b）「『女性の自己決定権の擁護』再論」江原由美子編（1996）.
————（1998）『性現象論』勁草書房.
加藤泰史（1991）「言語遂行論と倫理学の可能性」『アカデミア』53号.
————（1992）「〈定言命法〉・普遍化・他者」カント研究会編『実践哲学とその射程』晃洋書房.

桂木隆夫（1988）『自由と懐疑』木鐸社.
Kaulbach, F.（1974）*Ethik und Metaethik,* Wissenschaftliche Buchgesellschaft, =（1980）池上・有福・西谷・川島・鷲田訳『倫理学の根本問題』晃洋書房.
川畑智子（1995）「性的奴隷制からの解放を求めて」江原由美子編（1995）.
河合幹雄（1999）「アウトローの法社会学」井上達夫・松浦好治・嶋津格編（1999）『秩序像の転換』東京大学出版会.
河上睦子（2001）「中絶論と身体」『アソシエ』V.
河上倫逸編（1991）『社会システム論と法の歴史と現在』未来社.
河本英夫（1995）『第三世代システム　オートポイエーシス』青土社.
川本隆史（1995）『現代倫理学の冒険』創文社.
————（1997）『ロールズ』講談社.
————（1998）「自由と平等は両立するのか」佐藤康邦・溝口宏平編（1998）.
————・高橋久一郎編『応用倫理学の転換』ナカニシヤ出版.
川崎修（1998）『アレント』講談社.
Kim, J.（1993）*Supervenience and Mind,* Cambridge UP.
北田暁大（1995）「信念と理解」『ソシオロゴス』19.
————（1998a）「《観察者》としての受け手」『マス・コミュニケーション研究』53.
————（1998b）「構築主義と実在論の不可思議な結婚」『Sociology Today』9.
————（2001a）「〈構築されざるもの〉の権利をめぐって」上野千鶴子編『構築主義とは何か』勁草書房.
————（2001b）「政治と／の哲学，そして正義」馬場靖雄編（2001）.
————（2002）「道徳をゲームとみなすことの『倫理』」『大航海』42.
Kneer, G. & Nassehi, A.（1993）*Niklas Luhmanns Theorie Sozialer Systeme,* Wilhelm Fink Verlag. =（1995）舘野受男・池田貞夫・野崎和義訳『ルーマン　社会システム理論』新泉社.
小林公（1983）「刑罰・責任・言語」長尾龍一・田中成明編『実定法の基礎理論』東京大学出版会.
————（1986）「権利概念に関する一考察」『法の理論 7 』成文堂.
————（1991）『合理的選択と契約』弘文堂.
小林道憲（2000）『複雑系社会の倫理学』ミネルヴァ書房.
小松美彦（1996）『死は共鳴する』勁草書房.
Korsgaard, C. M.（1996）*The Sources of Normativity,* Cambridge UP.
Kripke, S. A.（1982）*Wittgenstein on Rules and Private Language,* Basil Blackwell. =（1983）黒崎宏訳『ウィトゲンシュタインのパラドックス』産業図書.

Kukathas, C. & Pettit, P.（1990）*Rawls,* Polity Press. =（1996）山田八千子・嶋津格訳『ロールズ』勁草書房.
熊野純彦（2000）「生死・時間・身体」川本隆史・高橋久一郎編『応用倫理学の転換』ナカニシヤ出版.
———（2001）「所有と非所有の〈あわい〉で㊤㊦」『思想』922-3.
栗原彬・小森陽一・成田龍一・吉見俊哉（2000）『内破する知』東京大学出版会.
黒田亘（1983）『知識と行為』東京大学出版会.
———（1992）『行為と規範』勁草書房.
Kymlicka, W.（1990）*Contemporary Political Philosophy,* Oxford UP. =（2002）岡崎・木村・坂本・施・関口・田中・千葉訳『現代政治理論』日本経済評論社.

l

Laclau, E.（1995）"The Time is Out of Joint," *Diacritics,* 25-2. =（1998）長原豊訳「この世の関節がはずれてしまったのだ」『情況』98年10月号.
———（1997）"Deconstruction, Pragmatism, Hegemony," in Mouffe, C. ed.（1997）.
——— & Mouffe, C.（1985）*Hegemony and Socialist Strategy,* Verso and New Left Books. =（1992）山崎カヲル・石澤武訳『ポスト・マルクス主義と政治』大村書店.
Lepore, E. ed.（1986）*Truth and Interpretation,* Basil Blackwell.
——— & McLaughlin, B. P. ed.（1985）*Actions and Events,* Basil Blackwell.
——— & Gulick, R. ed.（1991）*John Searle and his Critics,* Basil Blackwell.
Litowitz, D. E.（1997）*Postmodern Philosophy and Law,* The Univ. Press of Kansas.
Luhmann, N.（1964）*Funktionen und Folgen formaler Organisation,* Duncker & Humblot. =（1992）沢谷豊・関口光春・長谷川幸一訳『公式組織の機能とその派生的問題　上』新泉社.
———（1965）*Grundrechte als Institution,* Duncker & Humbolt. =（1989）今井弘道・大野達司訳『制度としての基本権』木鐸社.
———（1968）*Zweckbegriff und Systemrationalität,* Suhrkamp. =（1990）馬場靖雄・上村隆広訳『目的概念とシステム合理性』勁草書房.
———（1972）*Rechtssoziologie,* Rowohlt Taschenbuch. =（1977）村上淳一・六本佳平訳『法社会学』岩波書店.

――――（1978）“Soziologie der Moral,” in Luhmann, N. & Pfürtner, S. H. hrsg. *Theorietechnik und Moral,* Suhrkamp.
――――（1982a）“Durkheim on Morality and the division of Labor,” in his *The Differentiation of Society,* Colombia UP.
――――（1982b）*Liebe als Passion,* Suhrkamp.
――――（1984）*Soziale Systeme,* Suhrkamp. =（1993）佐藤勉監訳『社会システム理論(上)』恒星社厚生閣.
――――（1985）“Die Autopoiesis des Bewuβtstein,” *Soziale Welt,* 36.
――――（1986a）*Ökologische Kommunikation,* Westdeutscher. =（1992）土方昭『エコロジーの社会理論』新泉社.
――――（1986b）“Die Lebenswelt,” *Archiv für Rechts-und Sozialphilosophie,* LXXII. =（1998）青山治城訳「生活世界――現象学者たちとの対話のために」『情況』1998年1・2月合併号.
――――（1986c）*Die Soziologische Beobachtung des Recht,* Alfred Metzner. =（2000）土方透訳『法の社会学的観察』ミネルヴァ書房.
――――（1987a）“Autopoiesis als Sozialogischer Begriff,” in Haferkamp, H. & Schmid, M, hrsg. *Sinn, Kommunikation und sozial Differenzierung,* Suhrkamp. =（1993）馬場靖雄訳「社会学的概念としてのオートポイエーシス」『現代思想』21-10.
――――（1987b）“The Morality of Risk and the Risk of Morality,” *International Review of Sociology,* 3.
――――（1989）*Paradigm Lost,* Suhrkamp. =（1992）土方昭訳『パラダイム・ロスト』国文社.
――――（1990a）*Die Wissenschaft der Gesellschaft,* Suhrkamp.
――――（1990b）*Soziologische Auflärung 5,* Westdeutscher.
――――（1990c）*Essays on Self-Reference,* Columbia UP. =（1996）土方透・大澤善信訳『自己言及性について』国文社.
――――（1990d）*Political Theory in the Welfare State,* trans. Bednartz, J. De Gruyter.
――――（1992）“Operationale Geschlossenheit psychischer und sozialer Systeme,” in Fischer, H. R. et al. hrsg. *Das Ende der groβen Entwürfe.*
――――（1993）*Das Recht der Gesellschaft,* Suhrkamp.
――――（1994）“Politician, Honesty and the higher Amorality of Politics,” *Theory Culture and Society,* 11.
――――（1997）*Die Gesellschaft der Gesellschaft,* Suhrkamp.
Lyons, D.（1996）“Liberty and Harm to Others,” in Stewart ed.（1996）.

m

MacIntyre, A.（1967）*A Short History of Ethics,* Routledge & Kegan Paul. =（1986）深谷昭三訳『西洋倫理学史』以文社.
————（1981）*After Virtue,* Univ. of Notre Dame Press. =（1993）篠崎榮訳『美徳なき時代』みすず書房.
Mackie, J. L.（1977）*Ethics,* Penguin Books. =（1990）加藤尚武監訳『倫理学』哲書房.
MacKinnon, C.（1989）*Toward a Feminist Theory of the State,* Harvard UP.
真木悠介（1977）『現代社会の存立構造』筑摩書房.
————（1993）『自我の起源』岩波書店.
Malcolm, N.（1986）*Nothing is Hidden,* Basil Blackwell. =（1991）黒崎宏訳『何も隠されてはいない』産業図書.
Manent, P.（1987）*Histoire Intellectuelle du libéralisme,* Calmann-Lévy, =（1995）高橋誠・藤田勝次郎訳『自由主義の政治思想』新評論.
Marmor, A.（1992）*Interpretation and Legal Theoty,* Clarendon press.
Maus, I.（1986）*Rechtstheorie und Politische Theorie im Industoriekapitalismus,* Wilhelm Fink Verlag. =（2002）河上倫逸監訳『産業資本主義の法と政治』法政大学出版局.
McCarthy, T.（1993）*Ideals and Illusions,* MIT press.
McDowell, J.（1998）*Mind, Value, and Reality,* Harvard UP.
McGinn, C.（1984）*Wittgenstein on Meaning,* Basil Blackwell. =（1990）植木哲也・塚原典央・野矢茂樹訳『ウィトゲンシュタインの言語論』勁草書房.
Mead, G. H.（1934）*Mind, Self and Society.* Univ. of Chicago Press. =（1973）稲葉三千男・滝沢正樹・中野収訳『精神・自我・社会』青木書店.
Mele, A. ed.（1997）*The Philosophy of Action,* Oxford UP.
Mendus, S.（1989）*Toleration and the Limits of Liberalism,* Macmillan Press. =（1997）谷本光男・北尾宏之・平石隆敏訳『寛容と自由主義の限界』ナカニシヤ出版.
Mill, J. S.（1859）*On Liberty,* =（1971）塩尻公明・木村健康訳『自由論』岩波書店.
Miller, D.（1990）"Equality," in Hunt, G. ed. *Philosophy and Politics,* Cambridge UP.
宮台真司（1985）「人称図式論――範疇的行為理論の拡張」『ソシオロゴス』9.
————（1989）『権力の予期理論』勁草書房.
————（1994）『制服少女たちの選択』講談社.
————編（1998）『〈性の自己決定〉原論』紀伊国屋書店.

宮原浩二郎（2001）「『故意』と『過失』の行為美学」棚瀬孝雄編（2001）.
望月清世（2001）「ライツトークの語れなさ」棚瀬孝雄編（2001）.
森際康友編（1996）『知識という環境』名古屋大学出版会.
森村進（1987）「生命技術・自由主義・逆ユートピア」長尾龍一・米本昌平編『メタ・バイオエシックス』日本評論社.
————（1989）『権利と人格』創文社.
————（1997a）『ロック所有論の再生』有斐閣.
————（1997b）「人権概念の問題」日本法哲学会編『20世紀の法哲学』.
————（2001）『自由はどこまで可能か』講談社.
森岡正博（1988）『生命学への招待』勁草書房.
————（1989）『脳死の人』東京書籍.
————（2001）『生命学に何ができるか』勁草書房.
Mouffe, C.（1993）*The Return of the Political,* Verso. =（1998）千葉・土井・田中・山田訳『政治的なるものの再興』日本経済評論社.
————（1996）"Deconstruction, Pragmatism, and the Politics of Democracy," in Mouffe, C. ed.（1996）.
———— ed.（1996）*Deconstruction and Pragmatism,* Routledge.
村上淳一（1990）『ドイツ現代法の基層』東京大学出版会.
————（1993）「ポストモダンの法理論」『社会変動のなかの法』岩波書店.
————（2000）『システムと自己観察』東京大学出版会.
村松聡（2001）『ヒトはいつ人になるのか』日本評論社.
村中知子（1996）『ルーマン理論の可能性』恒星社厚生閣.

n

永井均（1986）『〈私〉のメタフィジックス』勁草書房.
————（1991）『〈魂〉に対する態度』勁草書房.
————（1995）『ウィトゲンシュタイン入門』筑摩書房.
————（1996）『〈子ども〉のための哲学』講談社.
————（1997）『ルサンチマンの哲学』河出書房新社.
————（1998）『〈私〉の存在の比類なさ』勁草書房.
————（2000a）「なぜ悪いことをしても〈よい〉のか」大庭健・安彦一恵・永井均編（2000）.
————（2000b）「世界の利己主義としての倫理」大庭健・安彦一恵・永井均編（2000）.
————・小泉義之（1998）『なぜ人を殺してはいけないのか？』河出書房新社.
長尾龍一（1981）『思想史斜断』木鐸社.

長岡克行（1997）「コミュニケーションと行為」佐藤勉編『コミュニケーションと社会システム』恒星社厚生閣.
永田えり子（1987）「交換の論理，権力の論理」『ソシオロゴス』11.
———（1988）「権力と制度の理論」『理論と方法』4.
———（2001）「『性的自己決定権』批判」江原由美子編（2001）.
Nagel, T.（1970）*The Possibility of Altruism,* Oxford UP.
———（1979）*Mortal Questions,* Cambridge UP, =（1989）永井均訳『コウモリであるとはどのようなことか』勁草書房.
———（1986）*The View from Nowhere,* Oxford UP.
———（1991）*Equality and Partiality,* Oxford UP.
———（1999）"One-to-One," *London Review of Books* 21-3.（オンラインのマテリアルを参照した.）
中金聡（2000）『政治の生理学』勁草書房.
中河伸俊（1999）『社会問題の社会学』世界思想社.
———・平英美編（2000）『構築主義の社会学』世界思想社.
———・北澤毅・土井隆義編（2001）『社会構築主義のスペクトラム』ナカニシヤ出版.
仲正昌樹（2001）『〈法〉と〈法外なもの〉』御茶の水書房.
———（2002）『ポストモダンの左旋回』情況出版.
中村文哉（1998）「社会的行為とレリヴァンス」西原・張江・井出・佐野編『現象学的社会学は何を問うのか』勁草書房.
中野敏男（1983）『マックス・ウェーバーと現代』三一書房.
———（1993a）「ルーマン法システム理論の規範性の行方」『ゲルマニスティックの最前線』リブロポート.
———（1993b）『近代法システムと批判』弘文堂.
———（1993c）「物象化——それはどうして『批判』概念たりうるのか」『理想』652.
———（1994）「社会のシステム化と道徳の機能変容」『社会システムと自己組織性』岩波書店.
中岡成文（1996）『ハーバーマス』講談社.
———（2001）『臨床的理性批判』岩波書店.
中山元編（2002）『発言　米同時多発テロと23人の思想家たち』朝日出版社.
中島みち（1985）『見えない死』文藝春秋.
成田和信（1997）「動機付けに関する合理主義の批判的検討」『倫理学年報』46.
Nash, R. F.（1990）*The Rights of Nature,* The University of Wisconsin Press. =（1999）松野弘訳『自然の権利』筑摩書房.
Neckel, S. & Wolf, J.（1994）"The Fascination of Amorality," *Theory,*

Culture and Society, 11.
Nietzsche, F. (1989) *Götzen-dämmerung : Der antichrist,* = (1994) 原佑訳『偶像の黄昏／反キリスト者』筑摩書房.
西山佑司（1984）「言語学は認知科学の一分野か」『理想』617.
西阪仰（1987）「普遍語用論の周縁」『ハーバーマスと現代』新評論.
———— (1988)「非公式権力」『理論と方法』3-2.
———— (1990)「コミュニケーションのパラドクス」土方透編（1990）.
———— (1995)「関連性理論の限界」『言語』24-4.
新田孝彦（1993）『カントと自由の問題』北海道大学図書刊行会.
信原幸弘（1997）「意識と機能主義」藤本隆志・伊藤邦武編『分析哲学の現在』世界思想社.
———— (1999)『心の現代哲学』勁草書房.
野家啓一（1993）『言語行為の現象学』勁草書房.
Noiriel, G. (1996) *Sur la "crise" de l'histoire,* Éditions Belin. = (1997) 小田中直樹訳『歴史学の〈危機〉』木鐸社.
Norman, R. (1998) *The Moral Philosophers,* Oxford UP. = (2001) 塚崎智・石崎嘉彦・樫則章監訳『道徳の哲学者たち』ナカニシヤ書店.
野矢茂樹（1995）『心と他者』勁草書房.
———— (1999)『哲学・航海日誌』春秋社.
Nozick, R. (1974) *Anarchy, State, and Utopia,* Basic Books. = (2000) 嶋津格訳『アナーキー・国家・ユートピア』木鐸社.
Nussbaum, M. C. (1998) "Aristotelian Social Democracy," in Brock, C. ed. (1998).
———— & Sen, A. (1993) *Quality of Life,* Clarendon Press.

O

大庭健（1989）『他者とは誰のことか　自己組織システムの倫理学』勁草書房.
———— (1990)「平等の正当化」『差別』岩波書店.
———— (1991)『権力とはどんな力か』勁草書房.
———— (1992)「なぜ道徳を気にしなければならないのか」安彦一恵・大庭健・溝口宏平編（1992）.
———— (1994)「コメント　なぜシステム論なのか？　近代の世が複雑になったからなのか？」佐藤康邦・中岡成文・中野敏男編『システムと共同性』昭和堂.
———— (1997)『自分であるとはどんなことか』勁草書房.
———— (2000a)「やってはいけないことは，やってはいけないのだ」大庭健・

安彦一恵・永井均編（2000）.
――――（2000b）「はじめに悪があった……」大庭健・安彦一恵・永井均編（2000）.
――――（2000c）「どうして，こうも悪を水増しするのだろう？」大庭健・安彦一恵・永井均編（2000）.
――――（2001）『私という迷宮』専修大学出版局.
――――・安彦一恵・永井均編（2000）『なぜ悪いことをしてはいけないのか』ナカニシヤ出版.
――――・鷲田清一編（2000）『所有のエチカ』ナカニシヤ出版.
Oderberg, D.（2000）*Moral Theory,* Blackwell.
荻野美穂（2001）『中絶論争とアメリカ社会』岩波書店.
――――（2002）『ジェンダー化される身体』勁草書房.
岡野八代（2002）『法の政治学』青土社.
大川正彦（1999）『正義』岩波書店.
奥野満里子（1997）「パーフィットの功利主義擁護論」『哲学研究』564.
――――（1999）『シジウィックと現代功利主義』勁草書房.
O'Nneill, O.（1998）"Rights, Obligation, and Needs" in Brock, C. ed.（1998）.
大沢秀介（1988）「ＡＩ・素朴心理学・合理性」『理想』640.
大澤真幸（1985）「言語行為論をどう評価するか」『ソシオロゴス』9.
――――（1988a）『行為の代数学』青土社.
――――（1988b）「権力現象の基底」『理論と方法』3-2.
――――（1998）「自由の牢獄　リベラリズムを越えて」『季刊アステイオン』夏号.
――――（1999-2000）「〈自由〉の条件　1-24」『群像』99年１月～2000年12月号.
――――（2000a）「責任論」『論座』１月号.
――――（2000b）『〈不気味なもの〉の政治学』新書館.
O'Shaughnessy, B.（1997）"Trying（as the mental 'pineal gland'），" in Mele, A. ed.（1997）.
太田勝造（2000）『法律』東京大学出版会.
小谷朋弘（2000）「法化論」鈴木広監修『理論社会学の現在』ミネルヴァ書房.
Owen, D.（2001）"The Avoidance of Cruelty," in Festenstein & Thompson ed.（2001）.
Owens, D.（2000）*Reason without Freedom,* Routledge.
尾関周二（1995）「コミュニケーション的行為と人間・社会観の基底」吉田傑俊『ハーバマスを読む』大月書店.

p

Paradis, J. & Williams, G. C. (1989) *Evolution and Ethics,* Princeton UP. = (1995) 小林・小川・吉川訳『進化と倫理』産業図書.

Parfit, D. (1984) *Reasons and Persons,* Oxford UP. = (1998) 森村進訳『理由と人格』勁草書房.

Pateman, C. (1987) "Feminist Critiques of the Public/Private Dichotomy," in Phillips, A. ed. *Feminism and Equality,* Blackwell.

Pitkin, H. F. (1972→1993) *Wittgenstein and Justice* [*with a new Preface*], Univ. of California Press.

Plato (1900-1907), = *Platonis Opera vol. IV,* Oxford Classical Texts. (ed. Burnet, J.) = (1979) 藤沢令夫訳『国家(上)』岩波書店.

Popper, K. (1945) *The Open Society and Its Enemies vol. 1-2,* George Routledge & Sons. = (1980) 内田詔夫・小笠原誠訳『開かれた社会とその敵』(第一部, 第二部) 未来社.

——— (1957) *The Poverty of Historicism,* Routledge & Kegan Paul. = (1961) 市井三郎・久野収訳『歴史主義の貧困』中央公論社.

ポパー哲学研究会 (2001)『批判的合理主義』未来社.

Potter, J. (1996) *Representing Reality,* SAGE.

Putnam, H. (1981) *Reason, Truth, and History,* Cambridge UP. = (1994) 野本・中川・三上・金子訳『理性・真理・歴史』法政大学出版局.

——— (1990) *Realism with a Human Face,* Harvard UP.

——— (1996) "On Wittgenstein's Philosophy of Mathematics," in *Aristotelian Society.* = (1998) 津留竜馬訳「ウィトゲンシュタインの数学の哲学について」『現代思想』26-1.

q

Quine, W. v. O. (1960) *Word and Object,* MIT Press. = (1984) 大出晁・宮館恵訳『ことばと対象』勁草書房.

r

Rachels, J. ed. (1998) *Ethical Theory 2,* Oxford UP.

Rasch, W. (2000) *Niklas Luhmann's Modernity,* Stanford UP.

Rasmussen, D. ed. (1995) *Universalism vs. Communitarianism,* MIT Press. = (1998) 菊池理夫・山口晃・有賀誠訳『普遍主義対共同体主義』日本経済評

論社.
Rawls, J. (1971) *A Theory of Justice,* Harvard UP. = (1979) 矢島鈞次監訳『正義論』紀伊国屋書店.
──── (1980→1989) "Kantian Constructivism in Moral Theory," in Rawls, J. (1999).
──── (1993) *Political Liberalism,* Columbia UP.
──── (1999) *Collected Papers, Freeman,* S. ed., Harvard UP.
Raz, J. (1986) *The Morality of Freedom,* Clarendon Press.
──── (1996) 森際康友編訳『自由と権利』勁草書房.
Recanati, F. (1987) *Meaning and Force,* Cambridge UP.
Rees, J. C. (1960→1991) "A Re-reading of Mill on Liberty," in Gray, J. & Smith (1991＝2000).
Rescher, N. ed. (1969) *Essays in Honor of Carl G. Hempel,* Reidel.
Ringer, F. (1997) *Max Weber's Methodology,* Harvard UP.
Roemer, J. E. (1996) *Theories of Distributive Justice,* the President and Fellows of Harvard Colledge. = (2001) 木谷忍・川本隆史訳『分配的正義の理論』木鐸社.
Rorty, R. (1982) *Consequences of Pragmatism,* Univ. of Minnesota Press.
──── (1989) *Contingency Irony and Solidarity,* Cambridge UP. = (2000) 齋藤純一・山岡龍一・大川正彦訳『偶然性・アイロニー・連帯──リベラル・ユートピアの可能性』岩波書店.
──── (1991) *Objectivity, Relativism, and Truth* : *Philosophical Papers 1,* Cambridge UP.
──── (1991) *Essays on Heidegger and Others* : *Philosophical Papers 2,* Cambridge UP.
──── (1993) "Human Rights, Rationality and Sentiment, " in Shute, S. & Hurley, S. ed. *On Human Right,* Basic Books. = (1998) 中島吉弘・松田まゆみ訳「人権，理性，感情」『人権について』みすず書房.
──── (1996) "Response to Simon Critchley," in Moffe ed. (1996)
──── (1998a) *Achieving Our Country,* Harvard UP.
──── (1998b) *Truth and Progress,* : *Philosophical Papers 3,* Cambridge UP.
──── (1999) *Philosophy and Social Hope,* Penguin Books.
──── (2001) "Response to David Owen," in Festenstein & Thompson ed. (2001).
Rothleder, D. (1999) *The Work of Friendship,* State University of New York Press.

Runciman, W.（1972）*A Critique of Max Weber's Philosophy of Social Science,* Cambridge UP. =（1982）湯川新訳『マックス・ウェーバーの社会科学論』法政大学出版局.
Ruse, M. & Wilson, E. O.（1985）"The Evolution of Ethics," =（1992）「倫理の進化」『現代思想』20-5.

S

齋藤純一（2000）『公共性』岩波書店.
斎藤慶典（1994）「『我々』の倫理と『私』の倫理」池上・永井・斎藤・品川編（1994）.
斎藤友里子（1998）「ジャスティスの社会学　政策論の基礎」高坂健次・厚東洋輔編『理論と方法』東京大学出版会.
坂本百大（1980）『人間機械論の哲学』勁草書房.
佐倉統（1992）「道徳の進化的背景」安彦一恵・大庭健・溝口宏平編（1992）.
————（1997）『進化論の挑戦』角川書店.
Sandel, M.（1982）*Liberalism and the Limits of Justice,* Cambridge UP. =（1992）菊池理夫訳『自由主義と正義の限界』三嶺書房（本文中引用は第二版の翻訳による.）
————（1996）*Democracy's Discontents,* Belknap Press.
笹澤豊（1993）『〈権利〉の選択』勁草書房.
————（1995）『道徳とその外部』勁草書房.
佐藤健二（1987）『読書空間の近代』弘文堂.
佐藤俊樹（1993）『近代・組織・資本主義』ミネルヴァ書房.
————（1998）「近代を語る視線と文体」高坂健次・厚東洋輔編『理論と方法』東京大学出版会.
佐藤康邦・溝口宏平編（1998）『モラル・アポリア』ナカニシヤ出版.
Scanlon, T. M.（1982）"Contractualism and Utilitarianism," in Sen, A. & Williams, B. ed.（1982）.
————（1998）*What We Owe to Each Other,* Belknap Press.
Schmitt, C.（1932）*Der Begriff des Politischen,* Duncker & Humbolt. =（1970）田中浩・原田武雄訳『政治的なものの概念』未来社.
Schutz, A.（1932）*Der Sinnhafte Aufbau der sozialen Welt,* Springer. =（1982）佐藤嘉一訳『社会的世界の意味構成』木鐸社.
————（1962）*Collected Paper I : The Problem of Social Reality,* Martinus Nijhoff. =（1983）渡辺光・那須壽・西原和久訳『アルフレッド・シュッツ著作集第一巻』マルジュ社.

——— (1970) *Reflections on the Problem of Relevance,* Yale UP.
——— & Parsons, T. (1977) *Zur Theorie des sozialen Handelns : Ein Briefwechsel,* Suhrkamp. = (1980) 佐藤嘉一訳『シュッツ－パーソンズ往復書簡　社会理論の構成』木鐸社.
シュヴァイドラー，ヴァルター (1999)「積極的自由とは何か」古荘真敬訳『理想』663.
Searle, J. (1965) "What is a Speech Act?," in Black, M. ed. *Philosophy in America,* Cornell UP.
——— (1968) "Austin on Locutionary and Illocutionary Acts," in *Philosophical Review,* 77-4.
——— (1969) *Speech Act,* CambridgeUP. = (1986) 坂本百大・土屋俊訳『言語行為』勁草書房.
——— (1979) *Expression and Meanings,* Cambridge UP.
——— (1983) *Intentionality,* Cambridge UP.
——— (1989) "How Performatives Work," in *Linguistics and Philosophy,* 12.
——— (1991) "Response : Meaning, Intentionality, and Speech Acts," in Lepore & Gulick ed. (1991).
——— (1995) *The Construction of Social Reality,* The Free Press.
——— (2001) *Rationality in Action,* MIT Press.
瀬地山角 (1992)「よりよい性の商品化に向けて」江原由美子編 (1992).
——— (2001)「性の商品化とリベラリズム」江原由美子編 (2001).
盛山和夫 (1988)「実体としての権力は存在するか」『理論と方法』3-2.
——— (1995)『制度論の構図』創文社.
——— (2000)『権力』東京大学出版会.
——— (2001)「後期ロールズの『秩序問題』」2001年度日本社会学会報告レジュメ.
関雅美 (1990)『ポパーの科学論と社会論』勁草書房.
Sen, A. (1981) *Poverty and Famines,* Oxford UP. = (2000) 黒崎卓・山崎幸治訳『貧困と飢饉』岩波書店.
——— (1982) *Choice, Welfare and Measurement,* Basil Blackwell. = (1989) 大庭健・川本隆史訳『合理的な愚か者』勁草書房.
——— & Williams, B. ed. (1982) *Utilitarianism and Beyond,* Cambridge UP.
——— (1985) *Commodities and Capabilities,* North-Holland. = (1988) 鈴村興太郎訳『福祉の経済学』岩波書店.
——— (1987) *On Ethics & Economics,* Blackwell.

——— (1992) *Inequality Reexamined,* Harvard UP. = (1999) 池本幸生・野上裕・佐藤仁訳『不平等の再検討』岩波書店.
——— (1999) *Development as Freedom,* Alfred A. Knopf. = (2000) 石塚雅彦訳『自由と経済開発』日本経済新聞社.
柴田正良 (2001)『ロボットの心　7つの哲学物語』講談社.
柴崎文一 (1997)「価値判断の〈普遍化可能性〉」『倫理学年報』46.
志田基与師 (1987)「個人主義的権力理論の可能性」『ソシオロゴス』11.
清水幾太郎 (2000)『倫理学ノート』講談社.
清水哲郎 (2000)『医療現場に臨む哲学II』勁草書房.
塩野谷祐一 (2002)『経済と倫理』東京大学出版会.
Shklar, J. (1964) *Legalism,* Harvard UP. = (2000) 田中成明訳『リーガリズム』岩波書店.
——— (1984) *Ordinary Vices,* Harvard UP.
Shrader-Frechette, K. S. ed. (1991) *Environmental Ethics,* 2nd Edition, = (1993) 京都生命倫理研究会訳『環境の倫理上』晃洋書房.
Sidgewick, H. (1874) *The Methods of Ethics,* = (1898) 山辺知春・太田秀穂訳『倫理学説批判』大日本図書.
Singer, P. (1993) *Pratical Ethics,* 2nd Edition. = (1999) 山内友三郎・塚崎智監訳『実践の倫理　新版』昭和堂.
Smith, G. W. (1991) "J. S.Mill on Freedom," = (2000) 泉谷周三郎・大久保正健訳「社会的自由と自由な行為者」Gray & Smith ed. (1991=2000).
Sperber, D. & Wilson, D. (1986) *Relevances,* Blackwell. = (1993) 内田・中逵・宋・田中訳『関連性理論』研究社.
Spivak, G. C. (1988) "Can the Subaltern Speak?," in Nelson, C. & Grossberg, L. ed. *Marxism and the Interpretation of Culture,* Univ. of Illinois Press. = (1998) 上村忠男訳『サバルタンは語ることができるか』みすず書房.
Statman, D. ed. (1997) *Virtue Ethics,* Georgetown UP.
Steward, H. (1997) *The Ontology of Mind,* Oxford UP.
Stewart, R. ed. (1996) *Readings in Social & Political Philosophy,* Oxford UP.
Strawson, P. (1971) *Logico-Linguistic Papers,* Methuen.
数土直紀 (2000)『自由の社会理論』多賀出版.
——— (2001)『理解できない他者と理解されない自己』勁草書房.
菅野盾樹 (1985)『メタファーの記号論』勁草書房.
杉本健郎・裕好・千尋 (1986)『着たかもしれない制服』波書房.
須長史生 (1999)『ハゲを生きる』勁草書房.
須藤訓任 (2000)「対立の転換——ユートピアン=ローティ」『思想』909.
鈴村興太郎・後藤玲子 (2001)『アマルティア・セン』実教出版.

t

高橋徹（2002）『意味の歴史社会学』世界思想社.
高橋哲哉（1998）『デリダ』講談社.
――――（1999）『戦後責任論』講談社.
高増明・松井暁（1999）『アナリティカル・マルキシズム』ナカニシヤ出版.
竹内章郎（1999）『現代平等論ガイド』青木書店.
田村公江（1998）「『パーソン論』をめぐる使用上の注意」加藤尚武・加茂直樹編『生命倫理学を学ぶ人のために』世界思想社.
田村哲樹（2002）『国家・政治・市民社会』青木書店.
田中朋弘（2000）「道徳の手続き的形式性とコミュニケーション」入江幸男・霜田求編『コミュニケーション理論の射程』ナカニシヤ出版.
棚瀬孝雄（2002）『権利の言説』勁草書房.
――――編（2001）『法の言説分析』ミネルヴァ書房.
立岩真也（1997）『私的所有論』勁草書房.
――――（1998）「分配する最小国家の可能性について」『社会学評論』49-3.
――――（2000）『弱くある自由へ』青土社.
――――（2000）「死の決定について」大庭・鷲田編（2000）.
――――（2001）「自由の平等 (1)～(4)」『思想』922, 924, 927, 930.
Taylor, M.（1987）*Possibility of Cooperation,* Cambridge UP. =（1995）松原望訳『協力の可能性』木鐸社.
Taylor, R.（1966）*Action and Purpose,* Prentice-Hall.
Teubner, G.（1984）"Verrechtlichun," in F. Kübler（Hrsg.）, *Verrechitlichung von Wirtschaft, Arbeit und Sozialer Solidarität*, =（1990）樫沢秀木訳「法化」『九大法学』59.
――――（1989）*Recht als Autopoietisches System,* Suhrkamp. =（1994）土方透・野崎和義訳『オートポイエーシスシステムとしての法』未来社.
Thompson, J. B.（1981）*Critical Hermeneutics,* Cambridge UP. =（1992）山本啓・小川英司訳『批判的解釈学』法政大学出版局.
戸田山和久（1996）「認識論を正しく葬り去るために……」森際康友編（1996）.
冨田恭彦（1996）『アメリカ言語哲学の視点』世界思想社.
Trakman, L. & Gatien, S.（1999）*Rights and Responsibilities,* Univ. of Tronto Press.
Trianosky, G. V. Y.（1998）"Supererogation, Wrongdoing, and Vice" in Rachels ed.（1998）.
土屋俊（1983）「言語行為における『意図』の問題」『理想』596.
――――（1986a）『心の科学は可能か』東京大学出版会.

——— (1986b)「情報の流れと言語の理解」『現代思想』14-2.
——— (1991)「言語行為のなかの指示」飯田隆・土屋俊編『ウィトゲンシュタイン以後』東京大学出版会.
筒井康隆 (1982)『宇宙衛生博覧会』新潮社.
Turner, S. & Factor, R. (1981) "Objective Possibility and Adequate Causation in Weber's Methodological Writing," in *Sociological Review,* 29-1.

u

内井惣七 (1996)『進化論と倫理』世界思想社.
——— (1998-2000)「道徳起源論から進化倫理学へ　第一部，第二部」『哲学研究』566，567，569.
内田隆三 (1989)『社会記　序』弘文堂.
上野千鶴子 (1990)『家父長制と資本制』岩波書店.
——— (2002)『差異の政治学』岩波書店.
———・小倉千加子 (2002)『ザ・フェミニズム』筑摩書房.

v

Vanderveken, D. (1990) *Meaning and Speech Acts 1 : Principle of Language Use 2　Formal Semantics of Success and Sqatisfaction,* Cambridge UP.
——— (1994) *Principle of Speech Act Theory,* The Ca National Library of Canada. = (1995) 久保進訳『発話行為理論の原理』松柏社.
——— & Searle, J. (1985) *Foundations of Illocutionary Logic,* Cambridge UP.

w

和田仁孝 (1996)『法社会学の解体と再生』弘文堂.
Waldron, J. (1993) *Liberal Rights,* Cambridge UP.
Walzer, M. (1983) *Spheres of Justice,* Basic Books. = (1999) 山口晃訳『正義の領分』而立書房.
渡辺幹雄 (1999)『リチャード・ローティ　ポストモダンの魔術師』春秋社.
Weber, M. (1903) "Roscher und Knies und die logischen Probleme der historischen Nationalokonomie," = (1955) 松井秀親訳『ロッシャーとクニース』未来社.
——— (1906) "Kritische Studien auf dem Gebiet der Kulturwissenschaftli-

chen Logik," ＝（1965）森岡弘通訳『歴史は科学か』みすず書房.
Wheeler, S.（2000）*Deconstruction as Analytic Philosophy,* Stanford UP.
White, S. K.（1991）*Political Theory & Postmodernism,* Cambridge UP. ＝（1996）有賀誠・向山恭一訳『政治理論とポストモダニズム』昭和堂.
Widerker, D.（1995→2001）"Libertarianism and Frankfurt's Attack on the Principle of Alternative Possibilities," in Ekstrom ed.（2001）.
Williams, B.（1981）*Moral Luck,* Cambridge UP.
――――（1985）*Ethics and the Limits of Philosophy,* Harvard UP. ＝（1993）森際康友・下川潔訳『生き方について哲学は何が言えるか』産業図書.
Williams, M.（1999）*Wittgenstein, Mind and Meaning,* Routledge. ＝（2001）宍戸通庸訳『ウィトゲンシュタイン，心，意味』松柏社.
Wittgenstein, L.（1953）*Philosophische Untersuchungen,* Basil Blackwell. ＝（1976）藤本隆志訳『哲学探究』大修館書店.
――――（1980）*Bemerkungen über die Philosophie der Psychologie I,* Basil Blackwell. ＝（1985）佐藤徹郎訳『心理学の哲学Ｉ』大修館書店.
――――（1969/1967）*Über Gewißheit/Zettel,* Blackwell. ＝（1975）黒田亘・菅豊彦訳『確実性の問題／断片』大修館書店.
Wolf, C.（2000）"Fundamental Rights, Reasonable Pluralism, and the moral commitments of Liberalism," in Davion, V. & Wolf, C. ed.（2000）.
Wolf, S.（2001）"The Reason Views," in Ekstrom ed.（2001）.
Wolff, J.（1991）*Robert Nozik,* Basil Blackwell. ＝（1994）森村進・森村たまき訳『ノージック』勁草書房.
――――（1996）*An Introduction to Political Philosophy,* Oxford UP. ＝（2000）坂本知宏訳『政治哲学入門』晃洋書房.
Wolfe, C. & Hittinger, J. ed.（1994）*Liberalism at the Crossroads,* Rowman & Littlefield. ＝（1999）菊池・石川・有賀・向山訳『岐路に立つ自由主義』ナカニシヤ出版.

y

山岸俊男（1998）『信頼の構造』東京大学出版会.
山口厚・井田良・佐伯仁志（2001）『理論刑法学の最前線』岩波書店.
山口聡（1992）「社会発展と現代法の自律性」『法社会学』44.
山森亮（2000a）「福祉理論」有賀誠・伊藤恭彦・松井暁編『ポストリベラリズム』ナカニシヤ出版.
――――（2000b）「貧困・社会政策・絶対性」川本隆史・高橋久一郎編『応用倫理学の転換』ナカニシヤ出版.

山脇直司（1993）『包括的社会哲学』東京大学出版会.
吉見俊哉（2000）『カルチュラル・スタディーズ』岩波書店.
吉崎祥司（1998）『リベラリズム』青木書店.
行安茂編（1992）『H．シジウィック研究』以文社.

z

銭谷秋生（1987）「道徳的であることの根拠について」『茨城キリスト教短期大学研究紀要』27.
――――（1989）「理性の事実」浜田義文編『カント読本』法政大学出版局.
Zǐzěk, S. (2001) *Did Somebody Say Totalitarianism ?*, Verso. = (2002) 中山徹・清水知子訳『全体主義』青土社.